हिन्दी पत्रकारिता का स्वरूप
STRUCTURE OF HINDI JOURNALISM

हिन्दी पत्रकारिता का स्वरूप

STRUCTURE OF HINDI JOURNALISM

लेखक

डॉ० गोविन्द प्रसाद, रीडर

भूगोल विभाग

राणा प्रताप स्नातकोत्तर महाविद्यालय

सुलतानपुर (उ. प्र.)

एवं

अनुपम पाण्डेय

परास्नातक-भूगोल (प्रथम श्रेणी)

अनुसंधानरत-भूगोल (भूआकृति विज्ञान)

पर्यटन अध्ययन में डिप्लोमा (प्रथम श्रेणी)

रचनात्मक लेखन में स्नातकोत्तर डिप्लोमा (प्रथम श्रेणी)

डिस्कवरी पब्लिशिंग हाउस

नई दिल्ली–110 002

प्रथम संस्करण: 2007

ISBN: 978-93-5056-668-8

प्रकाशक
डिस्कवरी पब्लिशिंग हाउस
4831/24, अन्सारी रोड, दरियागंज
नई दिल्ली—110 002
दूरभाष—23279245
फैक्स—23253475
e-mail: dphbooks@rediffmail.com
dphtemp@indiatimes.com

मुद्रक
अरोड़ा ऑफसैट प्रेस
दिल्ली-110 092

प्रस्तावना

पत्रकारिता एक ऐसी कला जो दूरियां कम करती है, जो रात्रि के अंधकार में प्रकाश और शीतलता प्रदान करने वाले चंद्रमा में उपस्थित गड्ढों को बखूबी दिखाती है। यह माना जा सकता है कि पत्रकारिता प्रत्येक बात की गहराई तक पहुंचना चाहती है। कोई इसे धर्मयुद्ध कहता है, कोई समाज-सेवा तो कोई इसे लोकतंत्र के लिए आधरभूत नींव मानता है। कुछ मिलाकर यह कहना सत्य ही होगा कि पत्रकारिता मात्र एक व्यवसाय नहीं किन्तु विश्व में हो रहे परिवर्तन को उजागर करने वाले वे नेत्र हैं जो समय के साथ कुछ धुंधले से होते लग रहे हैं।

पत्रकारिता का उद्‌भव एवं विकास समग्र भारतीय पत्रकारिता के विकास की प्रक्रिया से विलग नहीं हैं। भारत में सबसे पहले अंग्रेजी पत्र ही निकले थे, जिन्हें मुख्यतया कुछ साहसी अंग्रेजों ने आरंभ किया था। इन पत्रों में हिन्दी अंग्रेजी प्रशासन के कार्यों की जानकारी के अलावा उनकी नीति की आलोचना भी होती थी। अपने स्वतन्त्र विचारों के कारण कई अंग्रेज सम्पादकों को भारी कीमत चुकानी पड़ी और इरा देश को छोड़कर वापरा इंगलैड जाना पड़ा या उनके पत्रों पर अनेक पाबंदियाँ लगा दी गईं। भारतीय भाषाओं के पत्रों के विकास में प्रसिद्ध

भारतीय विचारक तथा सुधारक राजा राममोहन राय का प्रमुख योगदान रहा। वे बंगला पत्रों के साथ-साथ हिन्दी पत्रों के भी प्रेरणा-स्रोत रहे। राजा राममोहन राय ने हिन्दू समाज की अनेक कुरीतियों के विरूद्ध आवाज उठायी थी। सती-प्रथा जैसी कुरूतियों को उन्होंने जमकर विरोध किया था। अनेक बंगला तथा हिन्दी पत्रों ने सुधारवादी आन्दोलन को आगे बढ़ाया। साथ ही कुछ ऐसे पत्र भी थे जो रूढ़िवाद या कट्टरपंथी विचारों का समर्थन करते थे, किन्तु सुधारवादी पत्रों का अधिक बोलबाला रहा। सुधारवादी दृष्टिकोण के बावजूद प्रारम्भिक हिन्दी पत्र भाषा, पत्रकारिता की तकनीक आदि की दृष्टि से प्रयोग की अवस्था में था।

हिन्दी पत्रकारिता एक लम्बे संघर्ष के बाद अपने वर्तमान स्वरूप को ग्रहण किया है। सम्प्रति इलेक्ट्रिानिक मिडिया के प्रवेश ने हिन्दी पत्रकारिता के स्वरूप को ही बदल दिया है। प्रस्तुत पुस्तक में हिन्दी पत्रकारिता और आधुनिक तकनीकी का तुलनात्मक विश्लेषण किया गया है। पुस्तक में भारतीय पत्रकारिता के ऐतिहासिक पृष्ठभूमि को स्पष्ट कर वतर्मान स्वरूप को स्पष्ट करने का प्रयास किया गया है। सहज व सुबोध भाषा शैली तथा विषय वस्तु का तार्किक विश्लेषण पुस्तक को आवश्य ही उपयोगी बनायेगी ऐसी हमारी आशा है।

—लेखक

अनुक्रम

1

पत्रकारिता : विविध विधाएँ

पत्रकारिता शब्द की व्युत्पत्ति 'पत्र' से हुई है जिसका आशय है 'सूचना या सन्देश' प्रसारित अथवा प्रेषित करने वाला उपकरण। आरंभ में भावों और विचारों की अभिव्यक्ति पत्र लिखकर प्रकट की जाती थी। फिर चाहे वह एक व्यक्ति, सार्वजनिक अथवा निजी प्रतिष्ठान के माध्यम से राजनीतिक सूचनाएं तथा संदेश दूसरों को प्रेषित करने के लिए ही क्यों न भेजे जायें। समाचार को भी संदेश या सूचना का प्रर्याय माना गया है, इसलिए समाचार युक्त पत्रों को समाचार पत्र की संज्ञा प्रदान की गयी। यह समाचार-पत्र प्रारंभिक-काल में 'पत्र' शब्द के ही पर्याय थे, अतएव जब आंग्ल भाषा में न्यूज पेपर' छपने लगे या 'साप्राहिक, पाक्षिक, मासिक जर्नल प्रकाशित होने लगे तो हिन्दी में उन्हें समाचार-पत्र' तथा जर्नल को 'पत्रिका' शब्द से रेखांकित किया गया। कालांतर में जर्नल से बना शब्द जर्नलिज्म से रूप में प्रचलित हो गया तथा पत्र या पत्रिका से, समाचार-पत्र, पत्रिकाओं से सम्बद्ध लेखन कार्य को 'पत्रकारिता' कहा गया।

पत्रकारिता को अंग्रेजी जर्नलिज्म है। जर्नल का शाब्दिक अर्थ है 'दैनिक विवरण' यह शब्द फ्रैंच भाषा के 'जर्नी' शब्द से निकला है। इसका अर्थ है 'दैनिक

कार्यों का विवरण देना' तथा हिन्दी में इस अंग्रेजी के 'जर्नलिज्म' का अर्थ किया गया है 'पत्रकारिता'।

इस सन्दर्भ में **प्रो. एडविन एमरी** ने लिखा है, "पत्रकारिता अल्प अथवा नियत कालावधि में समाचारों एवं विचारों को अभिधारक कथन तथा सर्जनात्मक विधाओं के माध्यम से व्यापक स्तर पर वृहत्तम सम्प्रेषण की कला है। इसके माध्यम से विश्व के समग्र वाङ्मयम, सामयिक लोकजीवन के परिवर्तन चक्र, सभ्यता, संस्कृति के विविध आयामों और ज्ञान-विज्ञान युक्त विचार-श्रृंखला को समझने एवं महसूस करने की गहरी निर्लिप्त दृष्टि एवं वैज्ञानिक तर्क-प्रज्ञा प्राप्त होती है।"

सी.जी. मूलर का विचार है—पत्रकारिता एक व्यवसाय है जिसका सीधा संबंध सामाजिक ज्ञान से है। इस व्यवसाय के तहत तथ्यों की प्राप्ति, ध्यानपूर्वक उसका मूल्यांकन तथा सम्यक् प्रस्तुति जरूरी है।

न्यू वेस्टर शब्दकोश का विचार है—प्रकाशन, सम्पादन, लेखन या प्रसारण सहित समाचार-माध्यम के संचालन के व्यवसाय को पत्रकारिता कहते हैं।

महात्मा गांधी का विचार है—पत्रकारिता का उद्देश्य सेवा करना है।

इन्द्र विद्यावाचस्पति का विचार है—पत्रकारिता पांचवां वेद है, जिसके जरिए ज्ञान-विज्ञान सम्बन्धी बातों को जान कर हम अपनी बुद्धि का विकास करते हैं।

डब्ल्यू.बी. स्टीड का विचार है—पत्रकारिता जन सेवा है, कला है।

According to **Joseph Pulitzer**—Nothing less than the highest ideals, the most scrupulous anxiety to do right, the most accurate knowledge of the problems it has to meet, and a sincere sense of social responsibility will save journalism.

According to **David Benright**—Journalism is communication. It is the event of the day distilled into a few words, sounds of pictures, processed by the machanics of communication to satisfy the human curiosity of a world that is always eager to know what's news:

डॉ. भंवर सुराणा के मतानुसार—पत्रकारिता वह धर्म है जो पत्रकार को उसके कर्म से इस प्रकार जोड़ती है कि वह सभी तात्कालिक घटनाओं एवं समस्याओं का सच्ची एवं निष्पक्ष विवरण पाठकों तक प्रस्तुत करे और जन जागरण के लिए कार्य करे।

जवाहर लाल नेहरू के अनुसार—पत्रकारिता समय और अभिभावक है, प्रति दर्पण और सूर्य है।

डॉ. अर्जुन तिवारी के अनुसार–समाज के संदर्भ में सजग उत्कृष्ट नागरिकों में जिम्मेदारी बोध कराने की कला को पत्रकारिता कहते हैं। गीता में जगह-जगह 'शुभ-दृष्टि' का प्रयोग है। यह शुभ-दृष्टि ही पत्रकारिता है, जिसमें गुणों को परखना तथा मंगलकारी तत्वों को प्रकाश में लाना शामिल है। राष्ट्रपिता महात्मा गांधी तो इसमें 'सम दृष्टि' को महत्व देते थे। समान हित में सम्यक प्रकाशन को पत्रकारिता कहा जाता है। असत्य, अशिव एवं असुन्दर पर 'सत्यम् शिवम् सुन्दरम्' की शंख ध्वनि ही पत्रकारिता है।

डॉ. कृष्ण बिहारी मिश्र के मतानुसार–पत्रकारों के कार्यों, कर्तव्यों एवं उद्देश्यों की विवेचना करने का माध्यम है पत्रकारिता। यह एक विद्या है जो वर्त्तमान समय में अपने संबंध में लिखा जाए, वही पत्रकारिता है।

हिन्दी शब्द सागर के मतानुसार–पत्रकारिता का काम अथवा व्यवसाय पत्रकारिता है।

एन. सी. पंत के मतानुसार–पत्रकारिता का सन्धि विच्छेद है पत्र + कारिता, जिसका स्पष्ट तात्पर्य है कि पत्र के लिए काम करना। जो व्यक्ति पत्र के लिए कार्य करता है उसे पत्रकार के नाम से जाना जाता है। पत्रकारिता के अन्तर्गत पत्र को केवल समाचार-पत्र के रूप में ही जाना जाता है।

डॉ. रामचन्द्र तिवारी के मतानुसार–पत्रकारिता को परिभाषित करते हुए कहते हैं समग्ररुपेण पत्रकारिता व्यवसाय है और राष्ट्रीय लोक चेतना को उद्धिप्त करने का सशक्त साधन है।

प्रकाश चन्द्र भुवालपुरी के मतानुसार–पत्रकार समय और समाज के परिप्रेक्ष्य में प्रबुद्ध रहकर जो जिम्मेदारी बोध कराता है, समाज कल्याण के लिए उसका समयोचित प्रकाशन ही पत्रकारिता है।

रामचन्द्र तिवारी के मतानुसार–पत्रकारिता विशिष्ट देशकाल, परिस्थितिगत तथ्यों का अमूर्त, परोक्ष मूल्यों के संदर्भ एवं आलोक उपस्थित करती है।

According to **Chambers University**–Journalism : the profession of conducting or writing for public journals.

According to **Anonymous**–Journalism is being and doing, not theorising.

इसलिए पत्रकारिता की आत्मा के स्पन्दन कहाँ होते हैं, हम इस बात को अनुभव कर सकते हैं। यह मनुष्य की सहजानुभूतिक और संवेदनात्मकता में विद्यमान है। यह बड़े ही प्रत्यक्ष रूप से वर्तमानकालीन पत्रकारिता के श्रव्य और

दृश्य माध्यमों में संश्लिष्ट रहकर सम्प्रषित विचारों तथा प्रस्तुतियों में निहित हो रही है। दंगो, दुर्घटनाओं, राजकीय, जातीय अथवा वैयक्तिक अत्याचारों के दृश्य और समाचार-विचार सहज ही सामाजिक प्रतिक्रियाओं को जन्म देते हैं। यह प्रतिक्रियाएँ नियत तौर पर पत्रकारिता की आत्मा कही जा सकती हैं। जिस लोकोपवाद से मनुष्य सर्वदा से पराजित रहा है, वह इसकी आत्मा में अत्याचारों, अनाचारों के खिलाफ स्वयंमेव प्रस्फुटित होता है, जिसे सहन करना कोई साधारण बात नहीं है। इसलिए चाहे वह सामाजिक अनाचार हो अथवा राजनीतिक अन्याय, पत्रकारिता की आत्म दृष्टि जब उसे देखती है तो उससे चिंगारियाँ प्रकट होती हैं। इसी कारण इसे लोकतन्त्र में 'फोर्थ स्टेट' अथवा 'पावर बिहाइण्ड द थ्रोन' या 'चतुर्थ स्तम्भ' कहा गया है।

यहाँ एक गूढ़ प्रश्न यह है कि पत्रकारिता से जन-जागृति जुड़ी है या जन-जागृति से पत्रकारिता? इसकी विवेचना करना तो कठिन है, लेकिन आज पत्रकारिता के विभिन्न रूपों को देखकर यही लगता है कि जन-जागृति ने पत्रकारिता को अलग-अलग प्रकारों में प्रकट कर उसे बहुरूपिया बना दिया है।

समाचार पत्र आकाशवाणी दूरदर्शन एवं इण्टरनेट पत्रकारिता के प्रमुख साधन हैं। इनमें समाचार-पत्र, आकाशवाणी तथा दूरदर्शन अभी तक व्यापक रूप में प्रचलित साधन हैं। इन्हीं साधन प्रकारों के माध्यम से पत्रकारिता ने लोक-जरूरत के रूप में उभकर अपने विराट स्वरूप को स्थापित किया है, क्योंकि आज वह अपने कार्य-प्रकारों के माध्यम से मनुष्य के हर कार्य-व्यवहार, सोच-विचार एवं रुचि के प्रागन में पहुँच गई है। उसके अपने कार्य क्षेत्र का विभाजित जहाँ एक तरफ मानव जीवन की स्थूल स्थितियों से सम्बद्ध होकर विभक्त किया है, वहीं दूसरी तरफ उसने मनुष्य के सामान्य जीवन व्यवहार, धर्म, ज्ञान, शिक्षा, क्रीड़ा, व्यवसाय और रुचि क्षेत्रों में भी अपने पैर पसार लिये हैं तथा राजनीति उसका परम प्रिय क्षेत्र है। इसके अतिरिक्त वह मनुष्य के जिज्ञासा क्षेत्र में भी प्रवेश पा लिया है।

मनुष्य की आवासीय स्थिति उसके निवास क्षेत्रों में विभाजित है, जैसे—शहरों और ग्रामों में। इसलिए स्वाभाविक है कि मानव के सभी सोच-विचार तथा सांस्कृतिक, सामाजिक और राजनीतिक चिन्तन इन्हीं क्षेत्रों के वातावरण में विभाजित हैं। पत्रकारिता को इस आधार पर इनसे सम्बन्धित किया जा सकता है।

पत्रकारिता का उद्भव शहरी क्षेत्र से हुआ; जहाँ मानव समाज के सभी क्रिया-कलाप के व्यवहार केन्द्र थे। मानव समाज ने अपनी विकास क्रिया में स्वयं को शहरों में केन्द्रित करना आरंभ किया था, वहीं राजनीतिक तथा राज-व्यवस्था

अभिकरणों की स्थापना प्रारम्भ हुई थी, जिनका लोक के प्रति स्पष्ट उत्तरदायित्व था। अतः पत्रकारिता का उद्गम केन्द्र भी नगर बने तथा पत्रकारिता ने जनहित में अपना कार्य क्षेत्र शहरों को ही बनाया।

एक लम्बे समय तक ग्रामीण क्षेत्र पत्रकारिता से उपेक्षित रहा। इसका कारण सिवाय इसके कुछ न था कि ग्रामीण जीवन मनुष्य के कार्यों, सोच-विचारों और व्यवहारों की सीमाएँ सीमित थी। यूरोप में हुए औद्योगिक जागरण का प्रभाव जैसे-जैसे संसार में फैलता गया, इसका प्रभाव प्रारम्भिक काल में ग्रामीण जीवन पर प्रतिकूल ही पड़ा, लेकिन कालान्तर में इसके व्यापक प्रभाव से ग्राम्य जीवन को भी अपना महत्व प्रदान किया। अतएव स्वाभाविक रूप से उसे उद्योगों से संयुक्त होना पड़ा। यूरोप जैसे विकसित द्वीपों में शहरी जीवन तथा ग्राम्य जीवन से नाता भी जोड़ लिया तथा पत्रकारिता के क्षेत्र ने दोनों के मध्य की दूरी को अपने कार्य क्षेत्र में खत्म कर दिया, परन्तु भारत में अभी तक ऐसा नहीं हो पाया है। इसी कारण सरकार यह प्रयास करती रही है कि ग्रामीण पत्रकारिता स्वतन्त्र तौर पर भी विकसित हो। समाचार-पत्रीय पत्रकारिता आकाशवाणी तथा दूरदर्शन पत्रकारिता तौर पर में जब दो कदम आगे बढ़ी, तब ग्रामीण पत्रकारिता स्वयंमेव पत्रकारिता के विराट क्षेत्र में प्रविष्ट होने लगी है।

अतएव आधुनिक जीवन संस्कृति के अनुकूल पत्रकारिता निम्नांकित तरह से विकसित हुई—

(1) राष्ट्रीय पत्रकारिता—इसके आयाम में स्वतन्त्र देश की अलग-अलग समस्याओं, विविध योजनाओं उथल-पुथल और सांस्कृतिक पक्ष पर विचार तथा वैचारिक मन्थन, घटनाओं का चिन्तन आदि आते हैं।

(2) अन्तर्राष्ट्रीय पत्रकारिता—आधुनिक युग में विश्व के देशों की जैसी व्यापारिक, आर्थिक तथा सामाजिक नजदीकी है, वैसी कभी ऐतिहासिक युग में नहीं रही। अतएव पत्रकारिता भी वर्तमान इतिहास का साक्ष्य बनकर उभरी है। उसका अन्तर्राष्ट्रीय मानव जीवन से भी उतना ही नजदीकी सम्बन्ध है जितना उसके राष्ट्रीय जीवन से, क्योंकि दोनों एक-दूसरे के प्रभाव क्षेत्र में आ गये हैं। आज के युग में देश-विदेश राजनीतिक समीकरणों और सामाजिक, आर्थिक तथा सांस्कृतिक सोच व्यवहार में पूरी मनुष्य जाति का साझा हो चुका है।

पत्रकारिता की वैचारिक सीमा

पत्रकारिता चाहे राष्ट्रीय स्तर की हो या अन्तर्राष्ट्रीय स्तर की, उसकी वैचारिक सीमाएँ इन तीन हिस्सों में बँटी दिखाई देती हैं—

(1) सामाजिक पत्रकारिता,
(2) सांस्कृतिक पत्रकारिता, तथा
(3) राजनीतिक पत्रकारिता।

(1) सामाजिक पत्रकारिता-इस प्रकार की पत्रकारिता का क्षेत्र स्थूल रूप से स्पष्ट दिखाई देने वाले मनुष्य के सामाजिक व्यवहार तथा कार्यो से सम्बन्धित किया जा सकता है। जिसमें उसका भौतिक आचरण समाहित है।

(2) सांस्कृतिक पत्रकारिता-इस प्रकार की पत्रकारिता का क्षेत्र मनुष्य के चिन्तन तथा आस्थाओं से परिवेष्टित किया जा सकता है, जिनके अनुसार मनुष्य जातिगत विशेषता के साथ भौगोलिक सीमाओं में अपने जीवन से केन्द्रित कर लेता है तथा विविध समाजों के रूप में अपनी अस्तित्व रचना करता है, इसका आधार उसकी वैचारिक दर्शन-आस्था (धर्म), और रूढ़ियाँ तथा परम्पराएँ होती है।

(3) राजनीतिक पत्रकारिता-पत्रकारिता का यह क्षेत्र मानव के राजनीतिक व्यवहार से सम्बन्धित है, जिसके के माध्यम से वह अपने देश, समाज, संस्कृति तथा व्यक्ति के हितों के लिए प्रशासनिक व्यवस्था का संगठन करता है तथा उसे व्यवहार में लाता है।

मानव जीवन की रूप रचना के यही मूल आधार हैं, जिनसे लौकिकीय सुख-सुविधाओं, मानसिक शान्ति तथा तृष्णा के चक्रव्यूहों में उत्थान-पतन, निर्माण-विनाश चलता है। इनमें घूमता हुआ मानव अपने बौद्धिक रूप को व्यक्त करता है, जिसके लिये कई शास्त्रों के कलेवर बनते हैं। इस दृष्टि से पत्रकारिता ने उन सभी को अपने अंदर समेट लिया है, जिन्हें इस विविध नामों से अंकित कर सकते हैं, उदाहरण के तौर पर नारी पत्रकारिता, साहित्य पत्रकारिता, बाल पत्रकारिता, विज्ञान पत्रकारिता, यौन पत्रकारिता, स्वास्थ्य पत्रकारिता, कृषि पत्रकारिता, आर्थिक पत्रकारिता, उद्योग-वाणिज्य पत्रकारिता, चलचित्र पत्रकारिता, दूरदर्शन पत्रकारिता, राजनीति पत्रकारिता, शैक्षिक पत्रकारिता आदि।

पत्रकारिता के विभिन्न रूप

सम्प्रति पत्रकारिता मात्र समाचार पत्र-पत्रिकाओं तक ही सीमित नहीं रही है, बल्कि संचार के विभिन्न माध्यमों जैसे—दूरदर्शन, फिल्म, आकाशवाणी आदि क्षेत्रों तक इसका प्रसार हो गया है। आज राष्ट्रीय चेतना पत्रकारिता की एक मात्र शपथ नहीं रही, पर स्वतन्त्र देश की अलग-अलग समस्याओं, विभिन्न योजनाओं, देश की खुशहाली के लिए किए जाने वाले प्रयत्न की ओर लोगों को आकर्षित

करने में संचार माध्यमों की भूमिका महत्वपूर्ण है। अतिरिक्त इसके, देश-विदेश के राजनीतिक समीकरणों, आर्थिक नाकाबंदी अथवा साझा बाजार, आदि की ओर भी पत्रकारों ने जनसाधारण का ध्यान आकर्षित करना प्रारम्भ किया है। भारतीय जनता का एक बहुत बड़ा वर्ग ज्यादातर इन समस्त निर्माणात्मक प्रयत्नों की प्रति उदासीन था, लेकिन पत्रकारिता ने अपने सीमित क्षेत्र से निकल कर विभिन्न क्षेत्रों को अपने में समाजोजित कर लिया है।

(1) इलेक्ट्रॉनिक माध्यम की पत्रकारिता—रेडियों पत्रकारिता सामान्य रूप से समाचारों की उद्घोषणा, सामयिकी, जिले या राज्य की खबरें, समाचार-दर्शन से सम्बन्धित होती है। घोषित समाचार एवं अन्य मुख्य जानकारी 'समाचार सेवा प्रभाग' तैयार करता है। इलेक्ट्रॉनिक माध्यम की पत्रकारिता का एक अन्य तरह दूरदर्शन से जुड़ा है। टेलीविजन कार्यक्रम दृश्य श्रव्य होने के कारण अधिक महत्वपूर्ण है। अतएव पत्रकार को दूरदर्शन हेतु अपने तरीके से संवाद तैयार करना पड़ता है।

(2) संसदीय पत्रकारिता—राजनीतिक समाचार संसद समाचार, विधामण्डल ऐसे स्रोत है जो देश-विदेश की हलचलों के प्रमाणित और प्राथमिक सूचनाएँ जनसंचार माध्यमों को देते हैं। समाचार-पत्रों में इन राजनीतिक, आर्थिक और समाजिक बदलावों की हलचलों का प्रमुखता से प्रकाशन किया जाता है।

(3) खेल-पत्रकारिता—वर्तमान में खेल और खिलाड़ियों की ओर लोगों का रूझान बढ़ा है। शिक्षा, स्वास्थ्य संबंधी प्रसारण एवं राष्ट्रीयता की भावना ने खेलों को लोकप्रिय बनाने में प्रमुख भूमिका अदा की है। राष्ट्रीय-अंतर्राष्ट्रीय क्रिकेट, हॉकी, बिबल्डन, स्पर्धात्मक दौड़ें, गोल्फ, कबड्डी और शतरंज आदि खेलों की तरफ जनता का आकर्षण बढ़ा है। ओलंपिक, एशिया व अंतराष्ट्रीय प्रतियोगिताओं के आयोजनों ने भी क्रीड़ा भावना उत्पन्न की है। अतएव जनसंचार के विभिन्न माध्यमों का यह उत्तरदायित्व हो जाता है कि जनता को खेलों की जानकारी दें, मैचों की सूचनाएँ दें, खिलाड़ियों के विषय में विशद जानकारी दें। उनका जीवन, खेल में उनकी रुचि, उनका खेल रिकार्ड, उनकी सम्भावनाएँ तथा सीमाओं आदि पर लेखन प्रकाशन ने इस पत्रकारिता को विशेष महत्व प्रदान किया है। सभी आधुनिक संचार माध्यमों में खेलों के लिए 'स्पेस' तथा 'समय' निर्धारित कर दिया गया। समाचार-पत्रों में तो एक पूरा पृष्ठ इनके लिए दिया जाता है। कुछ खेल पत्रिकाएँ भी प्रकाशित हो रही हैं, जिनमें खेल की जानकारी, ऐतिहासिक मैच के हार-जीत के विवरण के साथ-साथ खिलाड़ियों के संबंध में भी बहुत जरूरी रोचक सामग्री दी गई होती है।

(4) अनुसन्धनात्मक पत्रकारिता एवं अन्वेषणात्मक पत्रकारिता-अनुसन्धानात्मक तथा अन्वेषणात्मक पत्रकारिता एक-दूसरे के पर्यायवाची प्रतीत होते हैं, लेकिन इनमें भी कुछ महत्वपूर्ण अंतर है। अनुसन्धानात्मक पत्रकारिता में किसी महत्वपूर्ण घटना, व्यक्ति तथ्य या अप्रकट दस्वावेज को अपने शोध प्रयत्नों से उद्घाटित करने का प्रयास किया जाता है। इससे मिले निष्कर्ष एवं प्रमाण राष्ट्रीय जीवन को भी प्रभावित करते है। लेकिन किसी व्यक्ति के चरित्र हनन, किसी संस्था को बदनाम करने के लिए अनुसन्धानात्मक पत्रकारिता का प्रयोग स्वस्थ, निर्भीक, जनहित को समर्पित आचरण की शुद्धता की पत्रकारिता को 'पीत पत्रकारिता' में परिवर्तित कर देता है।

अन्वेषणात्मक पत्रकारिता अथवा अन्वेषी पत्रकारिता में तथ्य की सप्रमाण खोज ही मुख्य होती है, लेकिन इसमें अनुसन्धानात्मक पत्रकारिता के समान घटना या स्थिति का विधिवत् योजनाबद्धपरक पत्रकारिता की शर्त ही ऐसा अध्ययन है। मुख्य तौर पर अन्वेषण पत्रकारिता में प्रासंगिक विषयों, स्थितियों या कथ्यों के तर्कसम्मत अध्ययन, सर्वेक्षण तथा अनुसन्धान का परीक्षण कर किन्हीं निष्कर्षों पर पहुँचा जाता है। इसके अतिरिक्तदूरदर्शन, आकाशवाणी के कार्यक्रमों के स्तर, विविध जन-माध्यमों का प्रभाव, पाठक, श्रोता और दर्शक के रुझान एवं प्रतिक्रियाओं का अध्ययन, इस पत्रकारिता के तहत आता है।

(5) ग्रामीण एवं कृषि पत्रकारिता-आधुनिक पत्रकारिता बनाम भारतीय भाषाओं की पत्रकारिता की विशेष रुचि अंग्रेजी अखबारों में नहीं, बल्कि भारतीय भाषाओं के समाचार पत्रों में है। इस पत्रकारिता का संबंध मात्र घटनाओं की पड़ताल करना-कराना नहीं है, अपितु ग्रामीण जीवन के विभिन्न पहलुओं-परिवार कल्याण, परिवार नियोजन, स्वास्थ्य, कृषि के उन्नत उत्पादन की तकनीकी और ग्रामीणों के विकास की विभिन्न योजनाओं की विशद जानकारी प्रदान करना भी है। विकास की जानकारी का उत्तरदायित्व समाचार-पत्रों एवं पत्रकारिता के अन्य रूपों पर है। पत्रकार इस बात से भलीभाँति परिचित हैं कि सुदूर के गाँवों में नवीन चेतना तथा वैज्ञानिक, औद्योगिक देश की तकरीबन 80% जनता गाँवों में निवास करती है। इनका भाग्य गाँव की विभिन्न फसलों से जुड़ा हुआ है। **डॉ. मदनमोहन गुप्त** ने ग्रामीण पत्रकारिता की परिभाषा देते हुए लिखा है–"जिन समाचार पत्रों में 40% से ज्यादा सामग्री गाँवों के बारे में कृषि, पशुपालन, बीज, कीटनाशक, पंचायती राज, सहकारिता आदि विषयों पर होगी, उन्हीं पत्रों को ग्रामीण पत्र माना जाएगा।" इनके अलावा बागबानी (Horticulture), पादप रोग विज्ञान (Plant

Pathology) और भूमि संरक्षण (Soil Conservation) आदि विषयों का भी समावेश होता है। इनके अतिरिक्त परम्परागत लोक कला, लोक संस्कृति, कुटीर उद्योग, ग्रामीण स्वास्थ्य और श्वेत एवं हरित क्रान्ति के विकास के लिए समर्पित पत्रकारिता ग्रामीण पत्रकारिता कही जाएगी।

(6) बाल पत्रकारिता—इस पत्रकारिता में बालजीवन से सम्बन्धित पढ़ाई-लिखाई, खेल-कूद, कविता-कहानी, उपन्यास तथा नाटक आदि विभिन्न साहित्यिक विधाओं का समावेश हो जाता है। इसमें सम्पादकों को बच्चों के विद्यालयीन जीवन की समस्याओं की तरफ ध्यान दिलाना होता है। पढ़ाई-लिखाई का बोझ, होमवर्क की परेशानी, महँगी फीस आदि विभिन्न पक्षों पर अपनी पत्रिका में सामग्री देनी होती है। उन्हें बच्चों पर पढ़ाई का बोझ, माँ-बाप के माध्यम से किए जाने वाले होमवर्क आदि के विरोध में जनमत तैयार करना होता है। साथ ही साथ बच्चों की प्रतिभा तथा उपलब्धियों को भी पत्रिका में स्थान देना होता है, जिससे अन्य बाल पाठकों पर उसका विशेष प्रभाव पड़े। उसका कौतूहल, भाव तथा उत्सुकता का समाधान हो सके। इसी तरह उन्हें अलग-अलग खेल-कूदों का विषय में समाचार देने के अलावा खेल खेलने की विधि और खेलों के इतिहास से भी बच्चों को परिचित कराना होता है। उसे विज्ञान की नूतन उपलब्धियों का ज्ञान देना होता है।

दस्तकारी एवं चित्रकारी के विषय में भी जानकारी देनी होती है। सम्पादक को बच्चों के मानसिक स्तर और युगबोध के वर्तमान परिवेश का ध्यान रखकर पत्रिका में कहानी, कविता आदि प्रकाशित करनी होती है। ये कविताएँ, कहानियाँ परी कथा तथा राजा-रानियों पर ही नहीं होती, लेकिन उनके पात्र पाठक बच्चों की प्रकार ही परेशानियाँ उठाते हैं। वर्तमान जीवन के यथार्थ से साक्षात्कार करते हैं। परिवर्तनशील सामाजिक परिवेश के माध्यम से संचालित होते हैं। एक-दूसरे की सहायता करते हैं। उनकी कठिनाइयों को दूर करने में किसी साधू, जादूगर या जिन्न के सहयोग के साथ-साथ बच्चों की आज की कहानियाँ कल्पना की तुलना में यथार्थपरक होती है। वे उन्हें भटकाव, अन्धविश्वास तथा फ्लायनवादी होने से बचाती हैं। उनमें जीवन में जूझने तथा संघर्ष की भावना जगाती है। सम्पादक को बाल-मानस एवं बाल-मनोविज्ञान तथा उनके शिक्षा-स्तर का ध्यान रखकर कहानी-कविता छापना चाहिए अन्यथा बच्चों के लिए प्रकाशित किया गया साहित्य बच्चों के बजाय बड़ों के पढ़ने की चीज बन जाता है।

मुद्रण कला एवं फोटाग्राफी के विकास का फायदा भी सम्पादक को उठाना चाहिए जिससे पत्रिका सुन्दर, रम्य तथा रोचक बन सके। इसी तरह बाल

पत्रकारिता में सम्पादक को ऐसी भाषा का उपयोग करना चाहिए, ऐसे चित्रों का उपयोग करना चाहिए जो बाल सुलभ हों। आजकल 'चंदामामा', 'नन्दन' आदि कई मासिक, अर्धमासिक पत्रिकाएँ प्रकाशित की जा रही हैं, इसी प्रकार दैनिक पत्रों में प्रति सप्ताह कम-से-कम एक बार बाल स्तम्भ छापा जाता है।

(7) साहित्यिक-सांस्कृतिक पत्रकारिता—पत्रकारिता मात्र सूचनाओं को प्राप्त करने का माध्यम नहीं है तथा न ही भारी-भरकम साहित्यिक लेखों का संग्रहालय। इसमें साहित्य की विविध विधाओं, पुस्तक विमोचन, समीक्षा, सहित्यिक गाष्ठियों, संगोष्ठियों एवं कवि सम्मेलन आदि की रिपोर्ट को विस्तार से प्रकाशित किया जाए। साथ ही साथ संगीत-सभाओं, नृत्य समारोहों और कला-प्रदर्शनों पर भी पत्र में प्रामणिकता से उनके प्रस्तुतीकरण पर लिखा जाए। साहित्यिक तथा सांस्कृतिक समाचारों से ही पत्र एवं पत्रकार के चरित्र की पहचान की जा सकती है। उससे पाठक वर्ग की साहित्यिक-सांस्कृतिक अभिरुचियों का भी पता चलता है। आज व्यावसायिक आग्रह के कारण अच्छे से अच्छा समाचार-पत्र मार-काट, हत्या, हिंसा अपराध आदि के समाचारों से भरा रहता है। सवाल पत्रकारिता की साफगोई तथा सच्चाई का न होकर राष्ट्रीय जीवन में उसकी भूमिका को लेकर उन्नति हो जाता है। भय, आतंक, निराशा और हताशा को प्रस्तुत करने वाले पत्रकार क्या देश की उन्नति के रचनात्मक पक्ष के प्रति अपने कर्त्तव्य का निर्वाह कर रहे हैं। सभी क्षेत्रों में सीमित साधन सुविधाएँ उपलब्ध होने पर भी इस देश के नव-निर्माण का संघर्षशील इतिहास इन्हें इस बात के लिए प्रेरित करता है कि वह अपने पाठकों को विभाजित करने वाले तथ्यों की अपेक्षा संयोजित करने वाले तथ्यों से परिचित कराये।

अगर हिन्दी पत्रकारिता की बात की जाए तो कुछ वर्षों से हिन्दी में लघु पत्रिकाओं की बाढ़ आ गई है। व्यावसायिक तथा बड़ी पत्रिकाएँ ज्यादातर उदीयमान लेखकों-कवियों को स्थान नहीं दे पाती है। अतः अपने लेखन के प्रकाशन, प्रसार एवं प्रचार के लिए हिन्दी में लघुपत्रिकाओं का प्रचलन बढ़ा। प्रारम्भ में इन पत्रिकाओं ने अपनी मूल प्रतिज्ञा का पालन किया, लेकिन कालान्तर में लघुपत्रिका भी लेखक-प्रकाशन तथा उसके साहित्यिक गुट तक सीमित रह गया तथा कुछ चतुर छुटभैया लेखक इन पत्रिकाओं को सेतु के जैसा उपयोग कर बड़ी पत्रिकाओं में अपने लिए रास्ता बना लेते हैं। वे सामान्यरूप से चौबीस पृष्ठों की होती है। 'पहले', 'वातायन' और 'युग-चेतना' आदि लघु पत्रिकाओं की उपलब्धियों को नकारा नहीं जा सकता।

उपरोक्त तरह की पत्रकारिता को भी निम्नलिखित रूपों में विभाजित किया जा सकता है—

(क) आदर्श तथा व्यावहारिक पत्रकारिता।

(ख) स्वतन्त्र तथा प्रतिबन्धित पत्रकारिता।

हर जीव स्वभाव से ही स्वार्थ एवं आत्मकेन्द्रित होता है तथा मनुष्य भी उसका अपवाद नहीं है। मूल तौर पर मनुष्य की बौद्धिक चेतना हर आदमी से सर्वोपरि होती। इसलिए वह अपने निजी स्वार्थों को सामाजिक परिवेश में संश्लिष्ट करने की कला का निरन्तर विकास करता रहता है, जिससे वह हर बाधा-व्याघात से छुटकारा पाता है। इस बात को सदैव याद रखना चाहिए।

(8) विज्ञान पत्रकारिता—सम्प्रति हमारे जीवन के रग-रग में विज्ञान का प्रवेश हो गया है। हम यों कहें कि अपनी छोटी-छोटी जरूरतों के लिए भी विज्ञान पर निर्भर हो गए हैं। व्यक्ति ही क्या सम्पूर्ण देश ही अपने विकास हेतु वैज्ञानिक उपलब्धियों के प्रति कृतज्ञ है। अतः पत्रकार का यह दायित्व हो जाता है कि वह विज्ञान की अद्यतन शोधों और खोजों का परिचय कराये। वह वैज्ञानिक शब्दावली एवं दुरूहता को बचाते हुए पाठक की वैज्ञानिक उपलब्धियों की उपादेयता पर अपने पत्र के माध्यम से प्रकाश डाले।

(9) वाणिज्यिक या आर्थिक पत्रकारिता—कुछ समय पूर्व तक आर्थिक समाचारों के प्रकाशन-विश्लेषण में अमूमन हिन्दी पत्रकारों की रुचि नहीं थी। देश-विदेश से जुड़ी आर्थिक गतिविधियों के प्रति वह उदासीन ही था। लेकिन बदलते समय एवं सरोकारों ने जागरूक पत्रकार के उथल-पुथल को पूर्वानुमान, विदेशी मुद्रा, पंचवर्षीय योजना, ग्रामोद्योग, राष्ट्रीय आय आदि की ओर आकृष्ट किया। शेयर बाजार, सट्टा बाजार, धातु बाजार, तेल तिलहन बाजार और कपड़ा बाजार आदि में आती मन्दी या तेजी से पत्रकार बेखबर नहीं रहा। वह अपने पत्र में विभिन्न अर्थशस्त्रियों, बाजार से सम्बन्धित व्यक्तियों और दलालों के लेख एवं भेटबात को प्रकाशित करने लगा। इससे पत्र की बिक्री पर काफी प्रभाव पड़ा।

हिन्दी में अथवा तो समाचार-पत्र पत्रिकाओं के नियत सीमित पृष्ठों में विभिन्न आर्थिक पक्षों को स्थान दिया गया और कतिपय स्वतन्त्र पत्र-पत्रिकाएँ प्रकाशित होने लगीं। व्यापार, शेयर आदि ऐसी ही पत्र-पत्रिकाएँ हैं।

(10) शिक्षक पत्रकारिता—शैक्षिक पत्रकारिता की श्रेणी में शिक्षा से जुड़ी प्रवृत्तियों के बारे में लेख, समाचार, शिक्षा जगत् की अन्य गतिविधियों से जनसंचार माध्यम के द्वारा जनता को परिचित कराना आता है। एक ओर शिक्षा क्षेत्र के

विभिन्न पहलुओं उदाहरण के तौर पर विद्यार्थियों पर पढ़ाई-लिखाई का अकल्पनीय बोझ, माध्यम की समस्या, डिग्री प्राप्ति के बाद बेकारी की समस्या, महँगी होती शिक्षा, आज के जीवन से असंयुक्त शिक्षा, प्रवेश की समस्या आदि समस्याओं की ओर जनसामान्य, छात्रों के अभिभावकों, शिक्षा क्षेत्र से जुड़े पदाधिकारी एवं सत्ता दल का ध्यान आकर्षित कराना शैक्षिक पत्रकारिता का केन्द्र बिन्दु है।

कोचिंग क्लास, गाइडों की मात्रा, प्रायवेट ट्यूटर्स, उत्तीर्ण होने एवं विशिष्ट योग्यता प्राप्त श्रेणी का क्रय-विक्रय, परीक्षा-पद्धति की सीमाएँ, शिक्षा क्षेत्र के खण्डहर होते तक्षशिलाओं की पोल खोलना शैक्षिक पत्रकारिता का प्रमुख अभियान होता है। इसके साथ ही साथ शिक्षकों की अपनी समस्याएँ, प्रबन्ध समितियों का दबाव, सरकार की उदासीनता से ग्रस्त शोषित-पीड़ित शिक्षक वर्ग से साक्षात्कार कराना शैक्षिक पत्रकारिता की अपनी विशेषता होती है। पत्रकारिता यदि सामाजिक बदलाव का हथियार है तो शिक्षा की भी मानव विकास में और उसे सामाजिक प्राणी बनाने में महत्वपूर्ण भूमिका है। शिक्षा और पत्रकारिता का यह समोचित संश्लिष्ट रूप शैक्षिक पत्रकारिता कहा जा सकता है।

(11) फिल्म पत्रकारिता–आरंभ में अच्छे, स्वस्थ एवं पारिवारिक पत्रों ने फिल्मों को पत्रकारिता में कोई विशेष स्थान नहीं दिया। कालान्तर में फिल्मी तकनीक और फिल्मों के विषय में प्रस्तुतीकरण में आए परिवर्तन भी पत्रकारिता के एक प्रमुख भाग के रूप में स्वीकार किये जाने लगे। देश-विदेश के पुरस्कारों ने फिल्म को भी पत्रकारिता के क्षेत्र में अपना स्थान बनाने में सहायता दी है। आज तो हिन्दी में कई फिल्मी पत्रिकाएँ प्रकाशित हो रही है।

पत्रकारिता के सर्वमान्य सिद्धान्त

ऐसा प्रायः देखने को मिलता है कि जब भी कोई घटना घटित होती है वहाँ आस-पास के लोग इकट्ठा हो जाते हैं। वे घटना के विषय में जानना चाहते हैं। वे यथार्थ तक पहुँचना चाहते हैं। उनकी जिज्ञासा तब तक शान्त नहीं होती, जब तक उन्हें घटना-सम्बन्धित यथार्थ की जानकारी न हो जाय।

ऐसा ही आलम नगरों, शहरों, राज्यों और विदेशों में, जो कुछ घटित होता है, उसे भी जान लेने की होती है। वैज्ञानिक प्रगति के साथ लोग समाचार प्रसारित करने वाले माध्यमों से स्वयं को सहज रूप से जोड़ते चले गये हैं तथा जिस प्रकार शरीर की भूख शान्त करने के लिये भोजन की आवश्यकता प्रमुख रूप से महत्वपूर्ण है, उसी प्रकार वर्तमान युग में समाचारों से अवगत होने की क्षुधा भी सामाजिक

क्षेत्र में प्रबल रूप से जागृत हो चुकी है। यहाँ यह कहना अतिशयोक्ति न माना जाय कि समाचार को जानने की भूख भी भोजन की भूख से कम प्रबल नहीं रही है।

आधुनिक संचार माध्यम ने ज्यादातर सामाजिक रुचि के हर क्षेत्र के समाचारों तथा उनसे सम्बन्धित वैचारिक विश्लेषण प्रस्तुत करना आरंभ कर दिया है। यहाँ तक कि कई समाचार-पत्र तो एक ही विषय से सम्बन्धित होते है, वह एक विषय के अतिरिक्त दूसरे किसी विषय को स्थान नहीं होता। यदि अभाव होता तो व्यावहारिक स्तर पर यह समाचार-पत्र पनप ही नहीं सकते थे। ऐसे समाचार-पत्रों के समाचार और वैचारिक विश्लेषण देने वाली सामग्री की पूर्ति भी सम्बन्धित विषय के पत्रकार ही करते हैं।

वर्तमान समय में इसी कारण पत्रकारिता के सिद्धान्तों में आदर्शवादिता को खोंज पाना कठिन ही है, फिर भी अतिरिक्त समाचार-पत्रों का आरम्भ तथा पत्रकारिता कतिपय आदर्श लेकर ही प्रकट हुई थीं। मनुष्य के मन में आदर्शों का जागरण और उनका वमन कैसे तथा कब या किन परिस्थितियों में होता है, यहाँ इस सम्बन्ध में विशद विवेचन करना समीचीन न होते हुए भी यह कहा जा सकता है कि यह विशेष परिस्थित्तियों में ही जागृत होती है। उदाहरण के तौर पर निराश्रित, निर्धन, दुखी याचक को देखकर मनुष्य के मन में उदारता उदय होकर उसे ऐसे भिक्षार्थी कों कुछ देने की प्रेरणा देती हैं न्यायप्रिय उदार स्वामी के प्रति जो अपने सेवकों के दुःख-सुख को अपना दुःखःसुख मानता है, कि सेवकों के मन में उसके प्रति आस्था पैदा होती है। परिवार में वृद्ध माता-पिता को दुखी न देखने की प्रेरणा सन्तान के हृदय में उत्पन्न होती है। इसी तरह के पारस्परिक व्यवहारों के लिये मनुष्य समाज में एक नैतिक आचार संहिता का स्वाभाविक रूप से जन्म हुआ होगा। कालान्तर में वह स्वाभाविक रूप से ग्रहण की गई आचार संहिता ही नैतिकता के सिद्धान्त बनकर प्रकट हुई। इसी तरह जब प्रेस का आविष्कार हुआ तथा सामान्य जनता की विविध समाचारों को जानने के स्वभाव का सहज अनुमान कुछ लोगों को हुआ होगा, तो जनता की इस अभिरुचि को सनतुष्ट करने के लिए ही समाचार-पत्र का प्रकाशन शुरू हुआ होगा। इससे पहले समाचार संग्रह करने तथा उन्हें जानने का प्रयोजन कभी किसी सुदूर अतीत में शासकों का ही था तथा वह अपने गुप्तचरों को इस कार्य के लिए अपने राज्य में नियुक्त करते थे। परन्तु उसका उद्देश्य सामान्य जनता के विचारों और क्रियाकलापों को जानने तक सीमित था। वह सम्भवतः पत्रकारिता का प्रथम अधिकारिक रूप था। इससे पहले सामान्य जनता में खबरों का आदान-प्रदान व्यक्तिगत ही था तथा कई लोग ऐसे भी रहे होंगे,

जिन्हें तरह-तरह की खबरों को स्वयंमेव जनता को सुनाने में आनन्द आता रहा हो तथा वह लोगों में खबर फैलाते रहे हों। शासकों की ओर से प्रसारित सार्वजनिक सूचनाएँ प्रसारित करने के भी अपने साधन थे। अस्तु वर्तमान युग में पत्रकारिता का जब उदय हुआ तो उसके सामान्यतः क्या सिद्धान्त रहे होंगे, यह सिर्फ अनुमान की ही बात है, अन्यथा यह समझा जा सकता है कि औद्योगिक क्रान्ति के काल में समाचार पत्रों का उद्देश्य क्रान्ति के कारण शोषण का शिकार हो रही जनता की आवाज को बुलन्द करना ही होगा।

अतः पत्रकारिता के सिद्धान्तों ने नैतिक आधार पर 'जन-कल्याण' और 'जन-जागृति' नामक दो सिद्धान्तों को आधार मानकर पत्रकारिता को पवित्रता प्रदान करने के आदर्शों का अनुसरण किया होगा। जनता के दुखों को प्रकाश में लाकर, जिनके कारण उसे दुख प्राप्त हो रहा था, उनके मन में उदारता आदि नैतिक भावों की सृष्टि करना और शासन का ध्यान आकृष्ट करना लक्ष्य रहा होगा, क्योंकि इसी कार्य के माध्यम से पत्रकारिता के इन दोनों सिद्धान्तों का पालन हो सकता था-जनता को जाग्रत करना और तात्कालिक वस्तु-स्थिति का ज्ञान कराना। अतः पत्रकारिता ने एक आदर्श कार्य का उत्तरदायित्व अपने ऊपर लिया।

पत्रकारिता के सिद्धान्त उसके महत्त्व में दिखाई पड़ते हैं। इस सम्बन्ध में **डा. वेद प्रताप वैदिक** का विचार है—"विधायिका, कार्यपालिका और खबर पालिका भी लोकतन्त्र का महत्वपूर्ण स्तम्भ है। पत्रकार को किसी विशेषाधिकार की आकांक्षा न रखते हुए न्यायाधीश की सी निष्पक्षता तथा योद्धा की सी सच्चाई उजागर करनी चाहिए। वे अपनी स्वयं की आचार संहिता के साथ पत्रकारिता में प्रवेश करें।"

अर्थात् पत्रकारिता के मूल सिद्धान्त निम्न होना चाहिये—

(क) योद्धा की सी निर्भीकता

(ख) किसी विशेषाधिकार के प्रति स्पृहाहीनता,

(ग) न्यायाधीश जैसी निष्पक्षता।

प्रभाष जोशी का पत्रकारिता के दायितव के विषय में विचार है—"न्यायपालिका, कार्यपालिका, विधायिका तथा प्रेस में अगर पत्रकारिता चौथा खम्भा है तो पत्रकार होने के नाते मेरा अधिकार तथा कर्त्तव्य है कि इन तीन खम्भों को मैं 'जज' करूँ।" इस सम्बन्ध में **जेम्स मैक्डोनल** का विचार है—"पत्रकारिता को मैं रंगभूमि से भी ज्यादा बड़ी चीज मानता हूँ, यह कोई पेशा नहीं, अपितु पेशे से कोई ऊँची चीज है।" पत्रकारिता के दायित्व के सम्बन्ध में **डॉ. रमेश कुमार जैन** का विचार है कि

"प्रेस जनता की संसद है, जिसका अधिवेशन कभी भी समाप्त नहीं होता है। एक वास्तविकता है कि जहाँ प्रेस जनता का जागरूक प्रहरी होता है वहाँ वह सरकार तथा जनता के मध्य एक विश्वसनीय सम्पर्क सूत्र की भूमिका भी निभाता है।" इस सम्बन्ध में **डॉ. रामचन्द्र तिवारी** का विचार है–"समग्र रूपेण पत्रकारिता व्यवसाय है, कला है तथा राष्ट्रीय चेतना को उद्दीप्त करने का सशक्त माध्यम है।"

इतने प्रकार से पत्रकारिता का विश्लेषण स्वयं ही इसके सिद्धान्तों को स्थापित कर देता है। अतएव हम इसके सिद्धान्तों का परिचय निम्नांकित रूप में भली भाँति दे सकते है–

(1) प्रेस अर्थात् जनता का जागरूक प्रहरी एवं प्रेस अर्थात् सरकार के माध्यम से जनता के मध्य एक विश्वसनीय सम्पर्क सूत्र की भूमिका का निर्वाहकर्त्ता।

(2) पत्रकारिता के सिद्धान्त की सर्वोपरि व्याख्या कर दी गई है कि वह युद्धभूमि से भी अधिक बड़ी चीज है। रणभूमि में युद्ध होता है, संघर्ष होता है, विपरीत आक्रमणों को त्वरित गति से प्रतिरोधित करने की कला एवं कौशल की परीक्षा होती है, परन्तु उससे भी बड़ी चीज के रूप में तो हमें यही मानना होगा कि पत्रकारिता का नियम होना चाहिये 'जनहित' तथा जन-जागृति की दिशा में युद्ध के परिणाम पाने की सफल योजना का संयोजना तरह-इसी प्रकार जब हम कहते हैं कि यह कोई पेशा नही है, उससे भी बड़ी चीज के रूप में अर्थात् किसी भी लोभ, लालच, भय, आतंक आदि से कलंकित न होने की चीज है, क्योंकि पेशे तो हजार प्रलोभनों के चक्र में ज्यादातर फ्रंस ही जाते हैं, अतः पत्रकारिता का सिद्धान्त क्या है स्वयं समझा जा सकता है।

(3) किसी लोकतन्त्र या राजतन्त्र में 'संसद' के क्या कर्त्तव्य हो सकते हैं, जनता के प्रति उसके क्या दायित्व होते हैं-इन्हीं को दृष्टि में रखकर हम एक ऐसी संसद के सिद्धान्तों की कल्पना कर सकते हैं जो लगातार अधिवेशन में रहती है। हम समझते है कि इससे बड़ा तथा महान सिद्धान्त तथा पत्रकारिता का क्या हो सकता है?

(4) समग्ररूपेण पत्रकारिता है–'एक व्यवसाय', परन्तु कैसा? एक कला, परन्तु कैसी? तथा 'राष्ट्रीय चेतना को उद्दीप्त करने का एक सशक्त माध्यम', परन्तु किस प्रकार? स्वाभाविक है कि स्वस्थ रूप में.... इन सभी प्रश्नों का उत्तर है 'जनहित तथा जन-जागृति' जिस तरह भी हो। नियत रूप से जनहित तथा 'जन-जागृति' के सिद्धान्तों को लेकर पत्रकारिता चलती है, तो

उसका यह दायित्व सचमुच न्यायपालिका, कार्यपालिका और विधायिका का 'जज' बनने का अधिकार देता है, अन्यथा वह सरकार के चौथे स्त्मभ होने के कर्त्तव्य का पालन नहीं कर सकती।

कई मौकों पर ऐसा देखा जाता है कि हर क्षेत्र में सिद्धान्तों को सामाजिक व्यवहार सदैव ही प्रभावित करते हैं तथा सांसारिक कार्यक्रम सिद्धान्तों के कम व्यवहारों के ज्यादा मुखापेक्षी होते हैं। हम इस कथ्य को विश्व के किसी भी कार्य व्यवहार पर घटित कर सकते हैं। वह यथार्थ हमें पारिवारिक सिद्धान्तों तथा व्यवहारों के रूप में भी देखने को मिलता है। परिवार चूँकि समाज की मूल संगठित इकाई होती है, अतः विश्व की हर बात की आधरशिला भी परिवार ही होता है। परिवार से समाज से अनेक संगठन बनते हैं। यदि समाज के सभी व्यवहारों को एकरूपित करके देखा जाय तो हमें यह स्पष्ट दिखाई देगा कि हर क्षेत्र में मानव के सामाजिक व्यवहार सिद्धान्तों के साथ छल करते हैं। यही स्थिति पत्रकारिता की है।

प्रायः हर व्यक्ति के साथ उसका नैतिक चरित्र और अनैतिक चरित्र जुड़ा हुआ है। जहाँ तक नैतिक चरित्र का प्रश्न है, ज्यादातर मानव उसे छिपाता नहीं है, क्योंकि वह समाज में उसे प्रशंसा का पात्र बनाता है, परन्तु अनैतिक चरित्र पर पर्दा डालने की प्रवृत्ति होती है, क्योंकि उसके उजागर होने से व्यक्ति आलोचनाओं का शिकार होता है। अतएव मनुष्य का व्यवहार कूटनीतिक सिद्धान्तों का आविष्कार करता है- अर्थात् वह यह चेष्टा करता है कि उसका व्यवहार ऐसा हो कि स्वयं नैतिकता के परिवेश में प्रस्तुत कर सके। नैतिक व्यवहारों में उसे कोई अड़चन नहीं आती, किन्तु सारी अड़चन उसे ऐसे कार्यो, उपदेशों अथवा प्रचार में आती है, जहाँ वह स्वयं भी यह समझता है कि उसकी प्रतिक्रियाएँ क्या हो सकती है। कभी मनुष्य अपने अहं या व्यक्तित्वपरक तुष्टि के लिये ऐसे कार्य करता है, ऐसे वचन देता है अथवा ऐसा व्यवहार करता है जिससे वह अपने ही जैसी प्रतिद्वन्द्वात्मक व्यवहारपरकता पर हावी होने का इच्छुक होता है। यदि इसे नैतिक वृत में रखा जाय, तो हालाँकि अनुचित ही होगा, लेकिन फिर भी उसके अनुगामी ऐसे अनौचित्य को ओढ़कर व्यवहार करते हैं, क्योंकि ऐसा करने से उन्हें कतिपय सांसारिक लाभी प्राप्त होते हैं। अतएव ऐसी व्यावहारिकता ही विश्व के कार्य व्यवहारों को संचालित करती है, विश्व में विभिन्न मतों, विभिन्न सत्ताओं और विचारधाराओं को जन्म देती है। यह निर्धारित है कि यह मत, सत्ता और विचारधाराएँ हमेशा ही अपूर्ण तथा एकांगी होती है, क्योंकि मानव की सोचने-समझने की सीमाएँ असीमित नहीं होती। वह हर सवाल का हल तात्कालिक परिस्थितियों को देखकर निकालता है। यही कारण है कि—

(1) किसी भी सन्त महात्मा के माध्यम से चलाया गया धर्म भी व्यवहारसम्मत होकर अलग-अलग शाखाओं में विभक्त हो जाता है तथा हर शाखा दार्शनिक चिन्तन में परिवृद्धि तथा परिवर्तन करके मूल धर्म को नया रूप देने का प्रयास करती है।

(2) किसी भी राजनीतिक या समाज सुधारक के सिद्धान्त भी स्थिर नहीं रह पाते।

निश्चित रूप से संसार की यही लौकिक समीक्षा है। लौकिक जीवन और व्यवहार से सम्बद्ध रहते हुए नैतिक ही नहीं अनैतिक सिद्धान्त भी क्रियात्मक क्षेत्र में बिखर जाते हैं। इसका कारण है कि हर मनुष्य को ईश्वर के माध्यम से मिली बुद्धि तथा उसमें उठने वाले वैचारिक कुतूहल, तदुपरान्त मीमांसा। मनुष्य अपने बौद्धिक आवेश को हर स्तर पर प्रकट करता है, जिसे हम सांसारिक उन्नति अथवा विकास कहते हैं, क्योंकि यदि ऐसा नहीं हो तो सांसरिक प्रगति या विकास नहीं हो सकता। पत्रकारिता के सन्दर्भ में उक्त प्रक्रिया बड़े प्रभावी एवं तीव्र गति से चलती है क्योंकि उसके प्रभाव-क्षेत्र में एक विशाल जनसमूह होता है तथा उस जनसमूह के लोग न तो समान विचारों के होते हैं तथा न परिपक्व बुद्धि के। इसलिए उनमें स्वाभाविक रूप से व्यवस्था तथा सामाजिक गम्भीरता का अभाव होता है।

वैचारिकता के क्षेत्र में लोग स्वंय ही अपनी धारणाओं के अनुरूप विभाजित रहते है। यहाँ तक कि वैचारिक स्तर पर एक ही परिवार के व्यक्ति भी बँटे रहते हैं-कुछ तो स्वार्थवश, कुछ अहंवश तथा कुछ स्वाभाविक रुचि-अरुचिवश। मनुष्य की रुचि-अरुचि से ही अहं का गहरा सम्बन्ध होता हैं। स्वार्थ उसे तथा भी अन्धा बना देते है। स्वाभाविक रूप से लोगों के व्यावहारिक पक्ष में निष्ठुरता ही अधिक दिखाई देती है, जो चाहे प्रत्यक्ष हो अथवा अप्रत्यक्ष। दूसरे शब्दों में पत्रकारिता इसी सामाजिक व्यवहार का दर्पण होती है। अतः भले ही पत्रकारिता के सिद्धान्त 'जनहित', 'सत्यता' से अनुप्राणित हों, लेकिन मूलरूप में इसका भी मूल सिद्धान्त 'सामाजिक व्यवहारों को प्रभावित करना' ही होता है और सामाजिक व्यवहारों को कितने पत्रकार मात्र जनहित की दृष्टि से सत्यता से प्रकट करते हैं या उनके बारे में अपने विचार प्रेषित करते हैं, इसका चित्र प्रस्तुत करना असम्भव सा ही है।

'वैचारिक प्रेक्षण' चाहे वह किसी घटना के दृश्यावलोकन का हो, अथवा उराके कारणों, विश्लेषणों से सम्बन्धित हो, अथवा किसी मत-प्रतिपादन, सलाह-निवेदन के तौर पर हो, शायद ही कभी सत्य को सत्य रूप में स्पष्ट करने की क्षमता रखता

हो, क्योंकि हर एक घटना का एक पक्ष स्पष्ट दिखाई देता है तो दूसरा पक्ष मानव की व्यवहार बुद्धि से ढका रहता है। इसलिये यदि कहा जाय कि पत्रकारिता के मूल सिद्धान्त आदर्श नैतिकता तथा आदर्श सत्यता नहीं हो सकते तो अधिक उपयुक्त होगा। पत्रकारिता कि मूल सिद्धान्त व्यावहारिक नैतिकता तथा व्यावहारिक सत्यता ही हो सकते हैं, परन्तु इनकी सापेक्षता भी पत्रकार के 'निर्णय' को प्रभावित करती है, जिससे सम्बन्धगत भावनाओं के बन्धन के कारण हर एक पत्रकार पत्रकारिता के मान्य सिद्धान्तों का हनन करता ही रहता है। वर्तमान औद्योगिक संस्कृति में तो यह प्रायः होता ही रहता है, क्योंकि पत्रकारिता व्यावसायिक हो गई है तथा अक्सर पत्रकारों के लेखकीय कौशल के रूप में हम नित्य ही समाचार पत्रों में इस व्यावसायिकता को देख सकते हैं।

एक शब्द अथवा वाक्य का हेर-फेर समाचार या वैचारिक लेखन की आत्मा को ही बदल देता है। यदि स्थूल रूप में हम समाचार अथवा किसी बात के प्रकाश-सम्प्रेषण को ही पत्रकारिता मानें तो उसमें नैतिक व्यवहारिकता जैसा भी कोई सिद्धान्त नहीं था, क्योंकि इसका जन्म समाजोद्‌भव के साथ ही हुआ था तथा तब विस्मयकारी सत्यासत्य समाचार एक जगह से दूसरे जगह तक मनुष्यों के आवागमन माध्यम के माध्यम से वाक्‌कौशल से संस्करण-संकरित होकर फैला करते थे। पत्रकारिता के इस रूप को **रंजक पत्रकारिता** कहा जा सकता है। जैसा कि प्रकृति का नियम है कि हर क्रिया की प्रतिक्रिया होती है, इस रंजक पत्रकारिता ने गल्प पत्रकारिता का रूप लिया होगा, तदुपरान्त कथावर्ता तथा लीला-नाटक पत्रकारिता का। स्वाभाविक है कि इस विकास के साथ चाहे यह क्रियाएँ पत्रकारिता नहीं कहलाती थीं परन्तु इनके भी वही सैद्धान्तिक आधार बने जो वर्तमान पत्रकारिता के माने गये हैं। परन्तु इसके कई उपयोग स्पष्ट हुए तो उस काल में भी नाट्य तथा लीला मण्डलियों, कथा सम्मेलनों, बात-गोष्ठियों आदि के रूप में पत्रकारिता के व्यावसायिक और सामाजिक तथा राजनीतिक परिवेश स्पष्ट हुए।

सम्प्रति पत्रकारिता का यही इतिहास दुहराकर सामने आया है तथा नियत तौर पर इसके आदि सिद्धान्त ही आज भी वही हैं। लेकिन जिस प्रकार समाज का स्वरूप औद्योगिक हुआ है, उसी प्रकार पत्रकारिता का स्वरूप भी औद्योगिक होकर नितान्त व्यापारिक हो गया है। कहने को तो आज भी जब इसके सिद्धान्तों की बात कही जाती है, तो वह आदर्श नैतिकता प्रभूत ही कहे जाते हैं, परन्तु वह व्यावहारिक नैतिकता को भी सामाजिक तथा राजनीतिक जटिलताओं के कारण ज्यादातर छोड़ बैठे है। वर्तमान काल में हर राष्ट्र के प्रति उसकी पत्रकारिता अपनी राष्ट्रीय आस्थाः के प्रति प्रतिबद्ध होना चाहिए।

गणतन्त्रात्मक शासन में जहाँ कई दलों की राजनीति है तथा उनकी पृथक्-पृथक् सैद्धान्तिक विचारधाराएँ है, वहाँ दलीय पत्रकारिता पनप चुकी है इसलिए अपने विभिन्न रूपों मे वह दलगत सिद्धान्तों के प्रति निष्ठित है। इस स्थिति में पत्रकारिता विभिन्न बानों में अपना काम कर रही है तथा वह अपने हर क्षेत्र को पंत्रकारिता के मूल सिद्धान्त 'जनहित और सत्यता' से जोड़े हुए है।

पत्रकारिता का एक छद्‌म सिद्धान्त यह है, जनता के सामने हर भले बुरे को प्रकाश में लाना, प्रकट करना। जनता के हित में ऐसा करना उसका अधिकारिक सिद्धान्त है। जहाँ तक चोर को या चोरी को इंगित करना पत्रकारतिा के सिद्धान्त के अनुकूल हो सकता है परन्तु सिर्फ सनसनी फैलाने के लिए ही इस कार्य को व्यावसायिक फायदा के लिये करना 'जन-हितीय सिद्धान्त' का पोषण अथवा अनुसरण नहीं कहा जा सकता। ऐसी पत्रकारिता आधुनिक काल की औद्योगिक संस्कृति की देन है, जिसके किसी न किसी अंग से पत्रकारिता के व्यावसायिक स्वार्थ जुड़े हुए है। यही कारण है कि पत्रकारिता के व्यासायिक सिद्धान्त कुछ और रूप में विकसित हो गये हैं जबकि सही मायने में वह है कुछ और। इसी कारण उसको मात्र जन-हिताय या सत्यता को प्रकाश में लाने वाले सिद्धान्तों को पत्रकारिता नहीं कहा जा सकता। जनहित एवं सत्य की परिभाषाएँ कौशल-कला ने अपने-अपने चश्मों के रंगों में रंग रखी है।

औद्योगिक क्रान्ति के साथ चाहे वह इंग्लैण्ड में हुई थी या भारत में अथवा अन्य किसी देश में, पत्रकारिता का यन्त्र युग प्रवेश जनहित के सिद्धान्तों से ही अभिप्रेरित था। औद्योगिक क्रान्ति ने व्यापक तौर पर मानवीय कष्टों का प्रसार किया था। अपने व्यापारिक फायदा के लिये गरीबों का जीवन नारकीय कर दिया था, सामाजिक तथा धार्मिक परम्पराएँ भी मानव जीवन को नैतिक अन्धकार में घसीट रही थीं, अतः उनसे मनुष्य को स्वतंत्र करने के लिए समाचार-पत्रों और पत्रकारों ने बीड़ा उठाया था। ऐसे पत्रकारों ने पत्रकारिता के आदर्श सिद्धान्तों का पालन किया था। उन्होंने त्यागमय निर्भीकता का परिचय दिया था, लेकिन औद्योगिक संस्कृति ने वह सब आत्मसात कर लिया ऐसा स्पष्ट होता है।

डॉ. मीरा रानी बल का विचार है "पत्रकारिता नित्य-परिवर्तित होते सामयिक जनजीवन, भौतिक घटनाचक्र, राष्ट्रीय कार्य-कलापों का संकलन एवं प्रस्तुतीकरण मात्र नहीं है; यह कला, व्यापक जनसंवेदना, परावर्ती मानवीय अनुभूतियों एवं अमूर्त भावनाओं को संप्रेक्षित करने का विश्वसनीय लोकप्रिय जनमाध्यम भी है।"

सही मायने में पत्रकारिता की आत्मा तो ज्ञान-सुधा ही है एवं इस क्षुधा का कोई अन्त नहीं। सामयिक आयामों का जिस प्रकार विस्तार होता है उसी तरह पत्रकारिता की आत्मा उसे धारण करती है तथा उसका स्वरूप परिष्कृत होता है। मानव के समस्त कार्य-व्यवहारों तथा चिन्तन का प्रेरक उसका स्वभाव जो जिज्ञासा, उत्सुकता एवं कर्म-प्रवृति को उसके भीतर जागृत करता है, उसकी ज्ञान-क्षुधा को अर्थात् उसमें पूर्ण रूप से समाया रहता है। किसी को कुछ बताने तथा किसी से अथवा अपने चारों तरफ के वातारण के विषय में जानने की इच्छा मानव जीवन को गति प्रदान करती है। इस सबको प्रकाश में लाकर उसे विस्तार देने के कार्य को, जब कागज नहीं था, कलम नहीं थी, प्रेस नहीं थी, विभिन्न नामों से पुकारा जाता रहा होगा। अपने लघु रूप एवं सीमित साधनों से मनुष्य ने पत्रकारिता की नींव से पुकारा जाता रहा होगा। अपने लघु रूप एवं सीमित साधनों से मनुष्य ने पत्रकारिता की नींव किसी न किसी नाम से डाली थी जो वर्तमान युग में निःसीम साधनों का परिवेश प्राप्त कर अपनी पूर्ण युवावस्था को प्राप्त हो गई है अर्थात् साधन भी जिनसे सामयिक ज्ञान को विस्तार दिया जा सकता है, पत्रकारिता के स्वरूप को निर्धारित करते हैं। सभ्यता के विकास के साथ सुलभ तौर पर उपलब्ध साधनों के माध्यम से इस कार्य को जिन्होंने जारी रखा होगा, वह पत्रकार भले ही न कहलाते थे परन्तु उनके कोई न कोई नाम रहे ही होंगे। एक प्रकार से उस काल के धर्मोपदेशक भी पत्रकार ही थे जो अपने उपदेशों के साथ-साथ इधर-उधर के समाचारों का प्रसार करते रहे होंगे। इतना भी नियत है कि सदैव से ही समाचारों के संस्करण भी उनके प्रसार के साथ होते रहे होंगे। मूल समाचार की विवेचना तथा वैचारिक व्याख्याएँ समाचार संवाहकों का स्वाभाविक कार्य रहा होगा तथा उनकी अपनी रुचि तथा विवेक के अनुरूप उनके संस्करण भी। पत्रकारिता का यही आदि स्वरूप होगा। वह किस-किस प्रकार का किस-किस युग में रहा, इसका एक अनुमानपरक चित्र तो बनाया जा सकता है, लेकिन इसे वास्तविक रूप नहीं दिया जा सकता। आधुनिक पत्रकारिता के सन्दर्भ में **रा. ए. खाडिलकर** का विचार है, "ज्ञान तथा विचार, शब्दों और चित्रों के रूप में दूसरे तक पहुँचना पत्रकला है।" सही मायने में यह परिभाषा वर्तमान पत्रकारिता को ही निर्दिष्ट नहीं करती, बल्कि यह उसके सर्वकालिक स्वरूप को भी प्रस्तुत करती है।

पत्रकारिता के स्वरूप का गठन पत्रकला ही करती है। किसी भी बात का संप्रेक्षण जिस तरह से जनहित तथा जनउत्सुकता के लिए सम्भव है करना ही पत्रकला है। अतः इसके स्वरूप की व्यापकता समय-समय पर एक जैसी नहीं रही।

हरबर्ट ब्रूकर ने पत्रकारिता के स्वरूप की व्याख्या इन शब्दों में की है–"यह वह माध्यम है जिसके के माध्यम से हम अपने मस्तिष्क में उस विश्व के बारे मे सूचनाएँ संकलित करते हैं, जिन्हें हम स्वतः कभी नहीं जान सकते।" अर्थात विश्व के बारे में सूचनाएँ संचित करने का कार्य कम दूसरे संप्रेषण माध्यमों से ही कर पाते है। अतएव पत्रकारिता, जन-सम्पर्क एवं जन-समप्रेषण के आधार रूप में अपना कार्य करती है।

प्राच्य इतिहास में जब विज्ञान के विकसित रूप ने सम्प्रेक्षण के इतने माध्यम नहीं दिये थे, तब भी जन-सम्प्रेषण की प्रतिक्रियाएँ बड़ा व्यापक रूप ग्रहण कर लेती थीं तथा बड़े-बड़े राजनीतिक, धार्मिक एवं सामाजिक अलट-फेर हो जाया करते थे, अतः सम्प्रेक्षण शक्ति बड़ी प्रबल होती है। आधुनिक काल में तो उसकी शक्ति का अनुमान करना भी कठिन है। इसी कारण 'प्रेस'को अर्थात् पत्रकारिता को जन्तन्त्र का चतुर्थ स्तम्भ माना जाने लगा है।

पत्रकारिता तथा मानवीय सहजानुभूति और संवेदनशीलता

पत्रकारिता अर्थात् समाचार सम्प्रेषण में सहजानुभूति तत्व तथा संवेदनशीलता का स्वाभाविक संचरण विद्यमान होता है। नियत रूप से कहीं कोई दुर्घटना हो जाय तथा दो-चार-छः या सैकडों-हजारों व्यक्ति उसके शिकार हो जायें तो मानव स्वभाव सहज रूप से संवेदनात्मक अनुभूति से विषादित हो जाता है तथा घटना की व्याख्या करने लगता है। यदि उसमें किसी का दोष है तो दोषी के प्रति जन-समुदाय को रोष-आक्रोश भी पैदा होता है। कभी काफी समय पहले ऐसी घटनाएँ जितना प्रभाव डालती थी, आज पत्रकारिता के व्यापक स्वरूप ने वैसी घटनाओं को बड़ी गहराई तक संवेदनात्मक बना दिया है। निर्धारित तौर पर इसकी प्रतिक्रियास्वरूप उन व्यक्तियों का ध्यान आकर्षित होता है, जिनकी लापरवाही से ऐसी दुर्घटनाएँ होती है, या सरकार भी 'आगे ऐसी दुर्घटनाएँ न हों' इसकी चौकसी करने को उद्यत होती है। मृतश्रितों को सहायता आदि देने की सहजानुभूतिक प्रतिक्रिया भी आरंभ हो जाती है।

भूकम्प, बाढ़, अकाल आदि प्राकृतिक आपदाओं की घटनाएँ तो समाचार सम्प्रेषण की प्रतिक्रियास्वरूप ही पूरे संसार की सहायता-सहानुभूति बनकर प्रकट होती है। जन-आन्दोलनों के समाचार भी इसी प्रकार ऐसे क्षेत्रों में आन्दोलनों के बीज वो देते है जहाँ उनका कोई अस्तित्व पहले से नहीं होता। यह पत्रकारिता का ही प्रभाव है कि वर्तमान सरकारें ऐसे कई जनकल्याण कार्यक्रमों का आरम्भ कर चुकी है अथवा करती है, जिनका पहले कोई वजूछ नहीं था। मध्यकालीन और

ब्रिटिश सरकार के प्रारम्भिक शासन काल में जनकल्याण कार्यक्रम तो नितान्त सरकारी कृपा एवं उदारता के मुखापेक्षी थे। हिन्दी की दुर्दशा, जाति प्रथा, विधवा विवाह और विधवाओं की दुर्दशा, जाति प्रथा आदि के सन्दर्भ व्यापक रूप में बदलाव किय। ब्रिटिश सरकार ने भी कानून बनाकर भारतीय समाज को भयावह स्थिति से उबारा। हिन्दुस्तान में पत्रकारिता की प्रारम्भिक सेवा ने समस्त देश को प्रभावित किया। **डा. मीरा रानी बल** के शब्दों में, "पत्रकारिता अनदेखी सामयिक घटनाओं एवं इन्द्रियगोचर समाचारों का बिना लाग-लपेट के निष्पक्ष वितरण ही नहीं वरन् समाचारों-विचारों मे व्यबाप्त मानवीय अनुभूतियों का सम्वेदनशील सम्पूर्तन भी है।"

भारतीय पत्रकारिता का स्वरूप

भारत में प्रेस तथा पत्रकारिता का प्रारम्भिक स्वरूप—ईस्ट इण्डिया कम्पनी के भारत आगमन काल से पहले ही प्रेस भारत में आ चुका था तथा पुर्तगाली अखबार और अन्य समाचार-विचार सम्प्रेषण सामग्री भी प्रकाशित करने लगे थे। लेकिन वह सब समाचार सामग्री ईसाई धर्म को फैलाने के लिए थी, उसका कोई जन-कल्याणीकारी महत्व नहीं थी। अंग्रेजों के माध्यम से भी पत्रकारिता का प्रयोग ईसाई धर्म प्रसार के लिए किया गया। ईसाई पादरियों का प्रमुख उद्देश्य हिन्दू धर्म की बुराइयों को प्रकाशित करना और जातिगत विद्वेष फैलाकर निम्न जाति के लोगों को ईसाई बनाना था। अतएव उस काल में पत्रकारिता का स्वरूप बड़ा संकीर्ण था, जिसे पत्रकारिता नहीं कहा जा सकता।

ईसाई मिशनरी में जो साहित्य छपते थे उसका प्रयोजन अपने निहित स्वार्थों का पोषण करना मात्र था, परन्तु इस रूप को अंग्रेज पत्रकारों ने बदला भी तथा पत्रकारिता ने व्यापक दृष्टिकोण अपनाने के लिए कदम बढ़ाये। जिन अंग्रेज पत्रकारों ने साहस के साथ पत्रकारिता के स्वरूप में बदलाव किया, उन्हें इसका दण्ड भी भोगना पड़ा, क्योंकि ईस्ट इण्डिया कम्पनी की पत्रकारिता के प्रति स्वाधीनता विरोधी नीति थी। उसके अधिकारी वर्ग को यह आशंका रहती थी कि अंग्रेजी समाचार-पत्रों के माध्यम से भ्रष्टाचार, लूट, पक्षपात आदि निंदनीय भ्रष्ट कार्यों की इंग्लैण्ड तक सूचना पहुँच जायेगी। अतएव प्रेस तथा सरकार के बीच संघर्ष की परम्परा शुरू से ही पड़ गई थी।

भारत में विलियम बोल्ट नामक व्यापारी ने सन् 1768 ई. में कलकत्ता के सार्वजनिक स्थलों पर नोटिस लगाकर समाचार पत्र का प्रकाशन किया। उसे कम्पनी के माध्यम से तुरन्त यूरोप वापस भेज दिया गया।

29 फरवरी, 1780 ई. में जेम्स आगस्ट हिक्की ने भारत की धरा पर पहला अँग्रेजी समाचार-पत्र 'बंगाल गजट ऑफ कैलकटा जनरल एडवरटाइजर' प्रकाशित किया। यह दो पृष्ठीय साप्ताहिक ही भारत में निर्भीकता, दुःसाहसिकता स्वाधीन चेतना भरी पत्रकारिता की नींव रखने वाला साप्ताहिक था। हिक्की को अपनी निर्भीकता की कीमत चुकानी पड़ी। उसे भी पहले दण्ड दिया गया तथा बाद में कारवास में डाला गया, फिर जल्दी ही भारत से विदा कर दिया गया। अर्थात भारत में पत्रकारिता का निर्भीक स्वरूप भी अंग्रेजी पत्रकारिता के माध्यम से ही प्रकट हुआ। वास्तविकता यह है कि इंग्लैण्ड में वैचारिक स्वतन्त्रता का युग उस समय तक प्रारंभ हो चुका था, उसी के कारण हिक्की ने भी निर्भीक होकर 'बंगाल गजट' प्रकाशित कराया था, लेकिन भारत तो इंग्लैण्ड नहीं था। ईस्ट इण्डिया कम्पनी को नियंत्रित करने वाला नहीं था। उस समय उसके छोटे से छोटे कर्मचारी भी भारतीयों का मनमाना उत्पीड़न करते थे तथा उनमें आपसी नैतिक अनाचार भी कम नहीं था। हिक्की ने कम्पनी के कर्मचारियों की इसी कमजोर नस को दबाया था। हिक्की के साथ जो भी हुआ, वह भारत में पत्रकारिता के जन्मकाल में उसको लगा एक गहरा आघात था, परन्तु भारतीय पत्रकारिता के लिये इसने मार्गदर्शन का काम किया था। उसी मार्गदर्शन ने आने वाले समय में भारतीय पत्रकारिता के रूप की रचना की।

पत्रकारिता का ब्रिटिश शासनकालीन स्वरूप—वर्तमान पत्रकारिता के स्वरूप पर कुछ कहने से पूर्व यह उचित है कि हम पत्रकारिता के उस स्वरूप का वर्णन करें जो इसके उदय काल से भारत के माध्यम से आजादी प्राप्त करने के समय तक रहा। इस अवधि में पत्रकारिता का स्वरूप उसके उन पावन उद्देश्यों के अनुकूल था, जो मूल रूप में माने गये हैं अर्थात जन-हितकारी समाचार विचार, उद्बोधन और ज्ञान प्रभा का लोकोपकारी प्रकाशन। इतिहासविद भारत में नव-जागरण को अँग्रेंजों की देन मानते हैं। ईस्ट इण्डिया कम्पनी कि शासन ने नियत रूप से भारत में अपनी सुविधा तथा संस्कृति का प्रसार करने के लिए जो काम किये, वह उनके अपने स्वार्थ संलिप्त थे। ऐसा होना स्वाभाविक भी था, क्योंकि दूसरे देशों तथा सभ्यता पर जब कभी तथा जहाँ कहीं विदेशी जातियों एवं धर्मावलम्बियों ने शासन स्थापित किये हैं, वहाँ सभी स्थान पर विदेशी विजेताओं ने, विजित सभ्यता तथा संस्कृतियों को विनष्ट करके अपने वर्चस्व को शाश्वत करने की चेष्टा की है।

इस्लाम ने भी भारत में पैर जमाकर यही प्रयत्न किया था तथा यही काम अँग्रेंजो ने भी करना आरंभ किया। यह प्रयत्न रखना चाहिये कि उसी समय इंग्लैण्ड

में औघोगिक क्रान्ति भी थी अतः अँग्रेंजो को अपने उघोगों के संवर्द्धन के लिए बाजार और कच्चे माल की भारी जरूरत थी तथा भारत में कच्चा माल भी उपलब्ध था और बाजार भी। अतः कम्पनी की व्यापारिक प्रगति के लिए के लिये उन्हें ऐसे भारतीय लोगों के सहयोग की भारी आवश्यकता थी। उन्होने साम, दाम, दण्ड तथा भेद, सभी प्रकार से भारतवासियों को अपने पक्ष में किया। व्यापारिक कार्य में लगी कम्पनी के लिए यह कार्य कठिन नहीं था।

बंगाल-उड़ीसा की दीवानी प्राप्त कर लेने के बाद अँग्रेंजों को खुलकर खेलने का मौका प्राप्त हुआ। इंग्लैण्ड के ओघोगिक विकास के लिये उनको भारत में प्रशासनिक शान्ति कायम करके स्वयं को शासकों के रूप में स्थापित करना भी आवश्यक था। इसके अलावा ईसाई मिशनरियों को धर्म प्रसार की छूट मिल ही गई थी। अतः भारत में अँग्रेंजों ने सास्कृतिक आक्रमण की नीति अपनाई तथा इसके लिये उन्हें भारतीय रूढ़ परम्पराओं, रीति-रिवाजों, जाति प्रथा का सबसे कमजोर नस अस्पृश्यता भी प्राप्त हुआ। इन्हीं को लेकर उन्होंने हिन्दू समाज को तोड़ने की क्रिया आरंभ की तथा हिन्दू धर्म के कटु आलोचक अखबार'समाचार दर्शन','दिग्दर्शन' आदि निकाले गये। इतिहास अँग्रेंजों के माध्यम से शिक्षा पद्वति के बदलाव को ही सम्भवतः नव-जागरण का कारक मानते है।ऐसा नहीं है कि उनके प्रयोजन को वह न समझते हों, परन्तु अँग्रेंजो ने अपने के माध्यम से निर्धारित शिक्षा नीति का आरोपण इतनी कुशलता से किया कि उसे भारतीयों ने सहर्ष स्वीकार लिया क्योंकि उसमें कम्पनी में नौकरियाँ मिलने का प्रलोभन भी था। इस शिक्षा नीति के कारण गाँव-गाँव में चलने वाली पाठशालाएँ खत्म हो गई।

कुटीर उघोगो के नष्ट हो जाने के कारण फैली दरिद्रता तथा व्यापारिक ह्रास से जर्जर हुए लोग अँग्रेंजी पढ़ने के लिए स्वाभाविक रूप से कम्पनी तथा कम्पनी सरकार की नौकरी पाने की इच्छा से लालायित हुए। इस आधारभूत नीति के दुष्प्रभाव को समझने वाला अगर भारत में काई पहला व्यक्ति था, तो वह राजा राममोहन राय थे। डा. मीरा रानी बल ने डा. कृष्ण बिहारी मिश्र के शब्दों में लिखा है, "देशी पत्रकारिता की महान प्रेरक शक्ति राजा राममोहन राय ने पत्रकारिता को जनहितों से जोड़कर जहाँ एक तथा हिन्दू धर्म के कटु आलोचक मिशनरी पत्रों 'समाचार दर्पण','दिग्दर्शन' आदि का मुँह तोड़ प्रतिकार प्रकिया वहीं दूसरी ओर ताराचन्द दत्त, भावानीचरण बनर्जी, हरचन्द्र राय, गंगाकिशोर भट्टाचार्य, आदि ने बंगाल गजट (अँग्रेजी), संवाद कौमुदी (बंगाल), ब्रह्मनैकिल मैग्जीन (अँग्रेजी),मीरात उल अखबार (फारसी), बंगदूत (बंगाल, हिन्दी), बंगाल हैरल्ड आदि पत्रिकाएँ प्रकाशित की।

राजा राममोहन राय ने अँग्रेजी कम्पनी,रूढ़िवादी भारतीयों,ईसाई मिशनरियोंके आक्रमणों का लोहा लेने के लिए 'शिव प्रसाद शर्मा' के नाम से कई लेख लिखे और सुप्रीम कोर्ट में एडम के माध्यम से लागू किये गये 'प्रेस अध्यादेश(1923ई.) के खिलाफ सुप्रीम कोर्ट में अर्जी दी, जिसे नामंजूर करने पर उन्होने विरोधस्वरूप 'मिरात-उल-अखबार' का प्रकाशन बन्द कर दिया था।

सितम्बर 1828 ई. की जी. स्टाक वैल की रपट के अनुरूप अँग्रेजी भाषा के दो दैनिक, तीन अर्द्ध-साप्ताहिक, एक फारसी का साप्ताहिक पत्र प्रकाशित होता था। भारतीय भाषाओं के 6 पत्र (3 बंगाल,2 फारसी, एक हिन्दी) छपते थे। 1830 ई. में भारतीय भाषाओ के समाचार पत्रों की संख्या 16 हो गई थी। उपर्युक्त सभी देशी भाषाओं के पत्रों का प्रकाशन तकरीबन एक ही समय में आरंभ हुआ था। अँग्रेजी पत्रकारिता सरकारी (कम्पनी सरकार) संरक्षण प्राप्त कर फल फूल रही थी। यही बात उर्दू पत्रों की थी। वह राजाओं के प्रोत्साहन में प्रगति के पथ पर आगे बढ़ रहे थे। 1837 ई.में पश्चिमोत्तर प्रदेश की अदालती भाषा उर्दू कर दी गई थी, अतः हिन्दी की शिक्षा का कोई जीविकोपार्जन के लिए सरकारी सेवा की दृष्टि से कोई प्रयोग नहीं होने के कारण उपेक्षित हो गई थी, अतः यह स्वाभाविक था कि हिन्दी के छात्रों की संख्या कम होती जा रही थी।

शुरूआती समय में उर्दू पत्रों का प्रकाशन ज्यादातर हिन्दू सम्पादकों के माध्यम से किया गया था। सन् 1822 ई. में उर्दू फारसी के पत्र 'जामें जहाँनुमा' और ' मिरात-उल-अखबार' के सम्पादक क्रमशः हरिहर दत्त तथा राजा राममोहन राय थे। सन् 1850 में 'कोहेनूर' लाहौर में मुंशी हरसुख राय के सम्पादक में निकला था। 'आफताबे पंजाब' दीवान खूटासिंह,'अवध अखबार' मुंशी नवल किशोर,'अखबारे आम' पं. मुकुन्द राय के सम्पादकत्व में निकाले गये थे। सन् 1813 में ईसाई धर्म प्रचारकों को 'विल्व फोर्ड एक्ट' ने निर्विरोध धर्म-प्रचार की स्वतंत्रता मिल चुकी थी। 'यूनाइटेड मिशन ऑफ इण्डिया' तथा उसकी प्रशाखाओं ने हिन्दी तथा बंगाल में हिन्दू धर्म की कटु आलोचना करने के लिए कई पत्र निकालने आरंभ कर दिये थे। इन पत्रों को हिन्दी पत्रकारिता के स्वरूप में सिर्फ इसी आधार पर संयुक्त किया जा सकता है कि हिन्दू धर्म की आलोचना करने के कारण इनका प्रतिक्रियात्मक प्रभाव हुआ। यह स्मरणीय बात है कि जब तक इन पत्रों की प्रतिक्रियास्वरूप हिन्दू समाज में प्रतिक्रियात्मक सामाजिक उत्तेजना का प्रादुर्भाव नहीं हुआ, कोई जागृति नहीं हुई।

इतिहासकारों का कहना है कि भारत में अँग्रेजी शिक्षा के फलस्वरूप 'नव-जागरण' हुआ, यह धारणा अँग्रेजों के प्रचार और दृष्टिकोण ने दी, जो स्वंय

को भारतीयों की नजर मे कल्याणकारी साबित करना चाहते थे। निश्चय ही वह इस कार्य में सफल हुए, क्योंकि इतिहासकारों ने 'हिन्दी पत्रकारिता' के उस अध्याय को नकार दिया, जो ईसाई मिशनरियों के माध्यम से हिन्दू धर्म की कटु आलोचना करने के कारण प्रारंभ हुआ था। राजा राममोहन राय और उनके साथियों ने ईसाई धर्म प्रचारकों के पत्रों के माध्यम से हिन्दू धर्म के खिलाफ जो जहर उगला जा रहा था, उसके खिलाफ समाचार-पत्र निकालकर लिखना आरम्भ के माध्यम से किया था। जब तक यह पत्र नहीं निकले थे, यह ध्यान देने की बात है कि अँग्रेंजो के माध्यम से दिये गये शिक्षा ज्ञान के फलस्वरूप कोई नव-जागरण जैसी बात नहीं बोए थे, क्योंकि वह भारत को उतना ही देना चाहते थे, जिससे उन्हें फायदा प्राप्त हो तथा उनके शासन के लिये उपयोगी हो।

सबसे पहले राजा राममोहन राय ने ही यह अनुभव किया कि ईसाई साहित्य तथा विचारधारा का ज्ञान प्राप्त करने के लिए भारत के लिये अँग्रजी भाषा कितनी आवश्यक थी। उसके बिना ईसाई धर्म प्रचारकों के आक्रमण का जवाब नहीं दिया जा सकता, जो उन्होंने अँग्रेजी, हिन्दी तथा बंगाली भाषा में समाचार-पत्र निकालकर दिखाया तथा अँग्रेजों के इस मत का कि भारत में अँग्रेंजी भाषा शिक्षा का माध्यम हो, का भी समर्थन किया। वास्तविक बात यह है कि राजा राममोहन राय का दृष्टिकोण अँग्रेजों के दृष्टिकोण से पृथक था, जो उनके माध्यम से निकाले गये पत्रों से स्पष्ट जाहिर होता है। अतः हिन्दी पत्रकारिता अथवा यों कहें कि देशी पत्रकारिता के उद्‌भव में ईसाई प्रचारकों के माध्यम से प्रकाशित किये जाने वाले समाचार-पत्रों से हुई प्रतिक्रियात्मक प्रेरणा मुख्य थी तथा इस तरह देशी पत्रकारिता की नींव मिशनरी पत्रों से हुई प्रतिक्रियात्मक प्रेरणा से ही रखी गई।

भारत में नव-जागरण की भूमिका भी इसी पत्रकारिता के माध्यम से प्रादुर्भूत हुई थी। पत्रकारिता क्या है, इसका ज्ञान भारत में अँग्रेंजों के माध्यम से निकाले गये आग्ल समाचार पत्रों से ही हुआ, जो 18 वीं शताब्दी में (कलकत्ता गजट-1780; बंगाल जनरल-1785; आरिएण्टल मैगजीन-1785; कलकत्ता क्रानिकल-1786; मद्रास कूरियर-1785; बम्बई हेरल्ड-1789; आदि) प्रकाशित हुए। सन् 1780 से 1823 की अवधि में अँग्रेंजी पत्र-पत्रिकाओं को अपनी ही शासक जाति के कठोर नियन्त्रण, सेरूर, इंग्लैण्ड-निर्वासन, जुर्माना आदि का दण्ड सरकारी कार्यो की आलोचना के कारण भुगतना पड़ा था (हेमचन्द्र घोष-द न्यूज पेपर इन इण्डिया) मई, 1799 ई. के प्रेस अधिनियम के अन्तर्गत मुद्रक, प्रकाशक, सम्पादक क़ो अपने नाम, छपी सामग्री की घोषणा सचिव के समक्ष करनी होती थी।

नियमों में शासित क्षेत्रों में विद्रोह भड़काने वाली टिप्पणियों, कम्पनी की वित्तीय स्थिति, निजी घोटलों, आदि को न छापने की चेतावनी थी (एम. चलपति राव-समाचार पत्र) 7 अप्रैल, 1807 ई. में सार्वजनिक सभाओं पर रोक लगा दी गई थी अतः उसके पश्चात् भूमिगत पत्रों का प्रकाशन आरम्भ हुआ। जैसा कि डा. मीरा रानी बल ने लिखा है कि भारतीय विचारकों की यह धारणा थी कि, ''अँग्रेजी पत्रकारिता का प्रकाशन मात्र आंग्ल भाषा में अँग्रेज सम्पादकों, प्रकाशकों, अँग्रेज व्यापारी पाठकों के मनोरंजन तथा जानकारी देने के उद्देश्य की पूर्ति के लिये हुआ था। भारतीय जनता का न तो इन पत्रों से प्रत्यक्ष सम्बन्ध था, न ये पत्र उनके हितों का प्रतिनिधित्व करते थे, न इन पत्रों की भारतीयों के लिए उपयोगिता थी।'' उचित नहीं है। वास्तव में आंग्ल भाषा का ज्ञान भली प्रकार फैल चुका था तथा बंगाल के बुद्धिवादी अँग्रेजी पत्रकारिता की साहसिकता से परिचित हो रहे थे।

यह एक ऐसा ऐतिहासिक सत्य है कि भारत में ईस्ट इण्डिया कम्पनी के समानान्तर व्यापार में संलग्न अन्य अँग्रेज व्यापारी ईस्ट इण्डिया कम्पनी के व्यापारिक प्रतिस्पर्द्धी थे तथा वह अपने व्यापारिक फायदा के लिए ईस्ट इण्डिया कम्पनी के कारनामों को उजागर करने के लिए पत्र निकालते थे। उनके पत्रकार कम्पनी के भीतर की बातों को निकाल लाते थे। उन बातों की जानकारी बंगाल के शिक्षित वर्ग को भी होती थी। शिक्षित बर्व के बौद्धिक लोगों में निर्धारित तौर पर प्रतिक्रियाएँ होती थीं। ईसाई मिशनरियों के माध्यम से हिन्दू धर्म की कटु आलोचना ने बंगाल के बुद्धिजीवियों में स्वाभाविक तौर पर सनसनी फैला दी थी। अतः बंगाल में देशी पत्रकारिता के लिए स्वाभाविक रूप से ही भूमिका बन उठी थी। हमें इसी भूमिका को भारत में नव-जागरण का कारण मानना चाहिये, न कि इस बात को कि अँगेजों ने भारत पर कृपा करके अँगेजी शिक्षा तथा यूरोप में हुई औद्योगिक क्रान्ति के कुछ बीज बोकर भारत में नव-जागरण का सूत्रपात किया तथा भारत में पाश्चात्य ज्ञान से नव-जागरण हुआ।

भारत में यों तो'नव-जागरण' का आधार उस अँग्रजी पत्रकारिता ने ही किया था जो ईस्ट इण्डिया कम्पनी के घोटालों, भ्रष्टाचार एवं अत्याचारों को उजागर कर रही थी। इस कथ्य की इतिहासकारों ने इसलिये उपेक्षा की, क्योंकि देशी पत्रकारिता के तत्कालीन स्वरूप की कला प्रत्यक्ष रूप से शासकीय अंकुश का अतिक्रमण करने में सक्षम नहीं थी। उसका ऐतिहासिक विश्लेषण कायम के माध्यम से निर्धारित अपनी सदाशयता को कायम करने वाला ज्यों का त्यों स्वीकार कर लिया। डा. मीरा रानी बल ने समकालीन अँग्रेजी पत्रकारिता के स्वरूप तथा पत्रों को

हालाँकि भारतीयों के लिए उपयोगी न मानकर महत्वपूर्ण नहीं माना है, फिर भी वह इतना अवश्यक मानती हैं कि-"इनका ऐतिहासिक महत्व इतना जरूर माना जा सकता है कि इन्होंने भारतीय भाषाओं की पत्रकारिता के लिये नींव तथा ढाँचे का सृजन कर दिया था और पत्रकारिता की स्वतंत्रता के लिए संघर्ष-परम्परा का सूत्रपात किया।

सिल्क बकिंघम के 'कैलकटा जनरल' जैसे स्वाधीन पत्रों ने भारतीय पत्रकारिता के समक्ष, स्वतन्त्र संघर्षपूर्ण पत्रकारिता का आदर्श दृष्टान्त प्रस्तुत कर उन्हें प्रेरित प्रभावित किया था।" सम्भवतः डा. मीरा रानी बल ने यह मानकर भी कि कैलकटा जनरल जैसे पत्रों ने भारतीय पत्रकारिता के समक्ष एक आदर्श उपस्थित किया था, उसे भारतीयों के लिए उपयोगी या महत्वपूर्ण इसलिये नहीं माना, क्योंकि तत्कालीन अँग्रेजी पत्र आम भारतीयों के पठन-पाठन की पहुँच में नहीं थे, परन्तु उन्हें भी यह सोचना चाहिये था कि देशी पत्रकारिता, जिसे अँगेजी पत्रकारिता ने प्रभावित किया, बौद्धिक वर्ग की देन थी एवं अँगेजी पत्र उसके पठन-पाठन की सीमा में थे।

अतएव उनकी प्रतिक्रिया भारत के बौद्धिक वर्ग के माध्यम से ही आम भारतीयों तक पहुँचती थी। वही हुआ भी, राजा राममोहन राय और उनके मित्रों ने 'देशी पत्रकारिता' को जन्म ही नहीं दिया, बल्कि उसके स्वाधीन तथा संघर्षपूर्ण स्वरूप को भी जन्म लेते ही प्रतिष्ठित कर दिया। पत्रकारिता कला में तत्कालीन दक्षता जिस प्रकार हुई, वह देशी पत्रकारिता के सम्बन्ध में रेवरेण्ड जे.लॉग (1859) की इस टिप्पणी से समझी जा सकती है–

"भारतीय समाचार-पत्र देखने में विनीत मालूम होते है, लेकिन किसी जाति के युद्ध गीतों की भाँति यहाँ काम करते हैं तथा जैसे तिनकों के उड़ने से हवा का रुख पता लगता है उसी से ये दिशा-निर्देश देते है। इनमें सती प्रथा, जाति प्रथा, विधवा विवाह, बहु-विवाह के प्रश्नों पर दोनों पक्षों के विचार बड़ी कुशलता से प्रस्तुत किये जाते हैं।" इस टिप्पणी से ज्ञात होता है कि भारतीय पत्रकारिता का स्वरूप प्रारंभ से ही राष्ट्रीय जागरण ज्ञात भारतीय जनमत तैयार करने में लग गया था।

राजा राजमोहन राय ने भारतीय पत्रकारिता के उन सभी राजनीतिक बिन्दुओं को चिन्हित किया, जो स्वाधीनता आन्दोलन के आधार बनकर उभरे। यह बात सन् 1859 ई. में ही अर्थात् सन् 1857 के विप्लव के बाद दी गई रेवरेणड जे. लोंग की उक्त टिप्पणी से भी स्पष्ट हो जाती है। स्पष्ट है कि देशी पत्रकारिता का

कलापूर्ण स्वरूप इस प्रकार प्रकट हो गया था, जैसे वह परिपक्वता के क्षेत्र में पहुँच गई हों, क्योंकि उसने कानूनी पकड़ से बचते हुए देश में राष्ट्रीय जागरण की भूमिका रचनी प्रारंभ कर दी थी।

भारत के राष्ट्रीय जागरण में शुरूआती काल से ही पत्रकारिता का प्रमुख योगदान रहा था। पत्रकारिता ने भारत की उस बन्द वाणी को खोल दिया था, जो तकरीबन पिछले आठ सौ साल से मुखर उठने को भीतर घुट रही थी। इतिहासकारों ने ज्यादातर इस तरफ ध्यान नहीं दिया हैं। भारतीय नव-जागरण न तो औद्योगिक क्रान्ति के फलस्वरूप हुआ था तथा न इस कारण कि अँग्रेजी शिक्षा ने उसे नयी वैज्ञानिक चेतना दी थी, क्योंकि यह जिस काल की बात है, उसमें अँगेज लड़ाइयाँ लड़ने में लगे थे तथा कम्पनी के सेवानिवृत्त कुछ कर्मचारियों ने मात्र चाय बागान बनाने तथा नील की खेती में ही रुचि ली थी।

अँग्रेजी शिक्षा का व्यापक विकास भी ईस्ट इण्डिया कम्पनी की सेवा के अतिरिक्त किसी अन्य प्रयोजन से नहीं हुआ था। हालाँाकि प्रत्यक्ष में ऐसा प्रतीत होता है कि राष्ट्रीय नव-जागरण की प्रक्रिया बहुत जटिल, गहन, एवं अन्तर्विरोधों से युक्त थी; उसके मूल में न जाने कितनी प्रेरक शक्तियाँ, ऐतिहासिक अन्तर्धाराएँ, सामयिक परिस्थितियाँ तथा मनोवैज्ञानिक प्रतिक्रियाएँ काम कर रही थीं जिनका अन्तः सम्बन्ध नव-जागरण की आत्मा से था। राष्ट्रीय पूनर्जागरण के सन्दर्भ में अँग्रेजी इतिहासकारों, शासकों, पाश्चात्य चिन्तकों और राष्ट्रवादी विचारकों, पत्रकारों एवं साहित्यकारों के विचार इसी कारण परस्पर विरोधी रहे हैं। स्वाभाविक है कि ऐसा ही होना भी चाहिए, क्योंकि उन्होंने ईसाई मिशनरी की पीत पत्रकारिता तथा उसकी प्रतिक्रिया पर ध्यान नहीं दिया।

भारत सांस्कृतिक रूप से एक था, अतः उसकी चोट सीधी भारतीय संस्कृति और धर्म पर थी। यही कारण है कि भारत को अपनी सांस्कृतिक रक्षा के लिए जब पत्रकारिता का शस्त्र हाथ लगा तो एक स्वर में बोल उठने में देर नहीं लगी तथा वही स्वर राष्ट्रीय जागरण के रूप में सामने आये। सामयिक परिस्थितियाँ जो ब्रिटिश शासन के कारण उत्पन्न हुई थीं।, वह भी उनमें तीव्रता लाने का कारण बनीं। परिस्थितियों ने ही भारत में अँग्रेजी शिक्षा का शिलान्यास कराया था, अतः वह भी पत्रकारिता के सहसा जागृत हो चुके व्यवधान के कारण अँगेजी को भारत पर लाद दिया था। द्वितीय राजकीय भाषा के रूप में उन्होंने उर्दू को प्रतिष्ठित किया, परन्तु वह भी हिन्दू संस्कृति को राष्ट्रीय स्तर पर जागृत होने से नहीं रोक सकी तथा उसी के कारण भारतीय राष्ट्र स्वाधीनता आन्दोलन की तपिश पाकर एक दम जाग उठा।

भारतीय मध्य बुद्धिजीवी वर्ग जाति व्यवस्था की जकड़ एवं पूँजी के अभाव में अँग्रेजी सत्ता पर, पहचान तथा प्रतिष्ठा प्राप्त होने के लिए उत्सुक रहता था। किन्तु ब्रिटिश औपनिवेशिक शासन भारतीयों में वैज्ञानिक ज्ञान-क्षितिज के विस्तार का आकांक्षी नहीं था। उसकी शिक्षा नीति के मात्र दो लक्ष्य थे-औपनिवेशिक सिद्धान्तों का प्रचार तथा प्रशासनिक आवश्यकताओं की उपयोगिता। उनका उद्देश्य राष्ट्रीयता तथा नवचेतना उत्पन्न करना नहीं, अपितु उस चेतना को उत्पन्न होने से रोकने के लिए उसकी जड़ तक खोद डालना था। *(हरिशचन्द्र मैग्नीज अक्टूबर 25, 1973)।* निस्सन्देह भारत की राष्ट्रीयता तथा नवचेतना को जड़ तक खोदने का काम उस समय ईसाई मिशनरी युद्ध स्तर पर कर रही थी।

सही मायने में तत्कालीन शिक्षित मध्य वर्ग दोहरी जिन्दगी जी रहा था। जैसा कि कुबेरनाथ राय ने 'सरस्वती' मार्च 1964 में लिखा है, "जहाँ एक ओर राजा राममोहन राय तथा नेहरू के बीच के समय में मध्य वित्त वर्ग को ब्रिटिश औपनिवेशिक मूल्यों तथा सिद्धान्तों के प्रभाव के नीचे झुकते हुए देखा जा सकता है। "विपिनचन्द्र के शब्दों में "वहीं दूसरी ओर भारतीय अर्थतन्त्र के दोहन तथा राजनीति में उनके विरुद्ध संघर्षरत भी वही वर्ग था और भारतीय संस्कृति, आदर्शों, पेशेवर कला-कौशल का रखवाला भी वही था।" *(सं. विपिनचनद्र पृ. 56)।*

इस कथ्य को स्वभावतः अनदेखा नहीं किया जा सकता कि अँग्रेजी शिक्षा तथा यूरोप के संसर्ग में आने से भारतीय पत्रकारिता में बौद्धिक मंथन ने भी स्थान धारण किया, परन्तु उसका केन्द्रबिन्दु भी भारतीय राष्ट्रीयता की तरफ था।

अन्तर्राष्ट्रीय क्रान्तियों के विवरण भारतीय राष्ट्रीयता को गहराने वाले सहयोगी वृतांत बने। सन् 1863 ई. में महर्षि दयानन्द सरस्वती के आर्य समाज नामक धर्म-सुधार आन्दोलन को चुनौतीपूर्ण शास्त्रार्थ एवं तर्कयुक्त धार्मिक चिन्तन ने हिन्दू धर्म को ईसाई एवं इसलाम के आक्रमणों के सामने खड़े होकर प्रति-आक्रमक होने की शक्ति दी। वाणी कों मुखर होकर प्रकट होने की शक्ति का पुनर्जागरण भी इस काल की पत्रकारिता के सहारे ही हुआ। आर्य समाज राष्ट्रीय एकता, अस्मिता, गौरव व चेतना का उत्थान कर भारतीयों को समन्वित तौर पर चैतन्य करने वाला आन्दोलन था। वह शिक्षा, मानव-समानाधिकार, स्वराष्ट्र एवं स्वभाषा को गौरवान्वित करने वाला गैर-राजनीतिक प्रगतिशील प्रवाह था, परन्तु उसका राजनीतिक प्रगतिशील प्रवाह था, परन्तु उसका राजनीतिक महत्व भी था। इस सम्बन्ध में ए. दे. रीनकोर्ट का विचार है, "आज इसमें जरा भी सन्देह नहीं कि सन् 1905 का बंगाल का महान विद्रोह परोक्ष रूप से आर्य समाज की धार्मिक राष्ट्रीयता का ही परिणाम था

तथा महर्षि दयानन्द का संगठन राजनीतिक राष्ट्रीयता का प्रथम मूर्त केन्द्र बिन्दु था।" (**ए. दे. रीनकोर्ट**-द *सोल आफ इण्डिया पृ.* 277)। भारतीय चिन्तक आर्य समाज को कट्टरता का उद्रेक प्रवाही मानते हैं, परन्तु उस पर यह दोषारोपण समय वह यह भूल जाते हैं कि ईसाई तथा इसलामी कट्टरतापूर्ण आक्रमण का उस समय हिन्दू धर्म की रक्षा के लिए यही सम्भव उपाय था।

स्वतंत्रता आन्दोलन के मूर्त रूपित होने से पहले ही पत्रकारिता का युगीन परिवेश राष्ट्रीय प्रभामण्डल से आभूषित होने लगा था। डा. **मीरा रानी बल** ने लिखा है, "ईसाई धर्म प्रचार तथा अँग्रेजी शासकों की लूट तथा शोषण नीति से भारतीय सांस्कृतिक और आर्थिक वैशिष्ट्य का नामोनिशां मिटने लगा था। प्रतिक्रियास्वरूप लोक-मानस की विचारधारा तथा परिवेश में उद्वेलन तथा उत्क्रांति आरंभ हो गई थी।" *(राष्ट्रीय जागरण तथा हिन्दी पत्रकारिता-पृष्ठ 80)*। **'कवि वचन सुधा'** (फरवरी 1884) के अनुसार, "1884 ई. में 43 स्वदेशीय संस्थाएँ जन-जागृति फैला रही थीं।" काँग्रेस के उदय से पूर्व राजा राजमोहन राय, द्वारकानाथ ठाकुर, सुरेन्द्रनाथ बनर्जी, नौरोजी, आगरकर, चिपलूणकर, लोक हितवादी आदि ने भारतीय राजनीति और आर्थिक नीति की मजबूत आधारशिला रख दी थी। काँग्रेस के उदय के साथ-साथ भारतीय पत्रकारिता का परिवेश इसी सज्जा से सुशोभित होकर अदम्य साहस के साथ चमकने लगा। वास्तविकता यह है कि भारत का तात्कालिक युगबोध उस समय की पत्रकारिता में खुलकर स्पष्ट हुआ।

दक्षिण भारत में अँग्रेजों तथा फ्रांसीसियों को मराठों तथा मुसलमान नवाबों पारिवारिक कलह की संधि में घुसने का मौका सबसे पहले प्राप्त हुआ था। उस समय भारतीय जीवन में प्रेस की कोई भूमिका आरंभ भी हुई थी तो वह योरोपियन ईसाई धर्म प्रचारकों के माध्यम से हुई थी, जिसकी प्रभावी प्रतिक्रिया नहीं हो सकी थी। बंगाल में प्लासी तथा बक्सर के युद्ध से पूर्व भी जो साहित्य मिशनरी छापते रहे, उस पर भी किसी प्रभावी प्रतिक्रिया का चित्र प्राप्त नहीं होता। बक्सर के युद्ध (1757 ई.) के पश्चात् 1857 ई. के महाविप्लव तक सौ वर्ष का युग भारतीय जन-जीवन की आक्रान्त दशा एवं अँग्रेजी शासन के भारत में दृढ़ होने और मनमाने ढ़ग से प्रशासनिक तथा शैक्षिक परिवर्तन करने का काल था। इस मध्य ईसाई मिशनरी को भी पैर पसारने का बहुत समय मिला था तथा उसकी प्रतिक्रिया आरंभ हो गई थी। यह राजा राजमोहन राय के माध्यम से प्रकाशित समाचार पत्रों के माध्यम से सन् 1821 ई. से आरंभ हुई।

राष्ट्रीय काँग्रेस का जन्म भी सन् 1885 में हुआ। डा. **मीरा रानी बल** ने लिखा है, "जब किसी हताशा राष्ट्र में नव-जागरण तथा नव-जीवन का उन्मेष होने

लगता है तो उससे जीवन का कोई अंग अथवा क्षेत्र अछूता नहीं रहता। राजनीति, धर्म, संस्कृति, समाज, साहित्य तथा पत्रकारिता आदि में परिवर्तनों की ध्वनियाँ साफ सुनाई पड़ने लगती है।'' अतः जब हिन्दू धर्म तथा संस्कृति पर आक्रमण हुए, तो धर्म के क्षेत्र से ही पुनर्जागरण के नये क्षितिज, नूतन स्पन्दन तथा आन्दोलनों ने जन्म लिया। पत्रकारिता ने इसका नेतृत्व किया। सर वैलेन्टाइन सिरोल का मत भी है कि हिन्दुओं के सामाजिक एवं धार्मिक पुनरुत्थान से ही भारत के राष्ट्रीय आन्दोलन का प्रादुर्भाव हुआ। (*विशाल भारत सितम्बर* 1960, पृ. 185) इस अवधि के पत्रकार मात्र सम्पादक तथा साहित्यिक रचनाकार ही नहीं थे, उन्होंने एक साथ राष्ट्रीय उन्नायक, समाज-सुधारक, राजनीतिक कार्यकर्त्ता, दार्शनिक विचारक तथा क्रान्तिकारी आन्दोलनकर्त्ता के दायित्व भी पूरी आस्था से निभाये। एक तरफ सम्पादक राजनीतिक मोर्चे पर अँगेजी शासन के दमन तथा शोषण के विरुद्ध आग उगलते डटे रहते थे, दूसरी तरफ सामाजिक-धार्मिक रूढ़िवादिता तथा अन्ध परम्परा से दृढ़तापूर्वक टक्कर लेते थे।

साहसी योद्धा के समान उनके अहर्निश संघर्ष जीवन के हर स्तरों पर एक साथ समान रूप से चलते रहते थे। यह पत्रकारिता का भारतेन्दु युग था। मात्र 30-32 वर्षों के अन्तराल में तकरीबन 22 आर्य समाज, 33 सनातन धर्म और 8 जैन धर्म के पत्र प्रकाशित हुए। इस युग में जहाँ एक तथा आर्य समाज, सनातन धर्म तथा जैन सम्प्रदाय के बीच तनातनी थी, वहीं ईसाई मिशनरी और अन्य साम्प्रदायिक धर्मों की पत्र-पत्रिकाओं में तार्किक वाद-विवाद चरम सीमा तक पहुँच चुका था। अपने-अपने विचारों और धर्म रक्षा के लिये किये गये वैचारिक धर्म युद्धों ने घुणाक्षर न्याय से सम्पूर्ण समाज को जगा दिया था। सभी पत्रकार एक ही महायज्ञ के समर्पित साधक थे एवं देश को जागृत करने के प्रयास में जुटे थे।

पत्रकारिता के तात्कालिक स्वरूप को देखते हुए जो बात स्पष्ट होती है, वह बहुत ही विस्मयकारी है। वह था-धार्मिक विवादों से हुई जन-जागृति के पृथक्-पृथक् मनकों में पिरोया जाता राष्ट्रीयता का मजबूत धागा जिसने स्वतन्त्रता आन्दोलन को निस्पृह त्याग तथा साधना के पिण्ड में बाँधा। यदि हम गहराई से देखें तो तत्कालीन पत्रकारिता एक तरफ तो पूरे सामाजिक परिवेश में प्रविष्ट होकर भले ही धर्म (दर्शन, कर्मकाण्ड, बाह्यआडम्बर, इहलौकिक-पारलौकिक चिन्तन) एवं समाज (जाति प्रथा, सती-बाल, बृद्ध, विधवा विवाह और दहेज प्रथा) सुधार की चेतना को जागृत किया, परन्तु इन सबका गड्डमड्डीकरण से राष्ट्रीय हित में ही इन प्रथाओं में सुधार होने लगा। अतएव इस काल में पत्रकारिता ने एक नये

सांस्कृतिक स्वरूप की नींव भी डाली, जिसे बगैर किसी भेदभाव के परस्पर धर्म-विवादों में शास्त्रीर्थ करते हिन्दु समाज के विभिन्न समुदाय ने अनजाने ही स्वीकार कर लिया। **तत्कालीन राष्ट्रीय अवधारण**-भारत में 19वीं सदी में जो राष्ट्रीय अस्मिता तथा भारत-माता की आवधारणा उभरी थी, वह यूरोपीय **पुनर्जागरण**, आधुनिक और प्राचीन भारतीय राष्ट्रीयता से भिन्न थी।

भारत में उस समय अधिकाधिक 'भारतीय' बनने की माँग ज्यादा से ज्यादा धार्मिक-सामाजिक सुधार तथा अतीत के गौरव के प्रति जागरूक सम्मानवीय अभिव्यक्ति राष्ट्रीयता के प्रारूप थे। राजनीतिक चेतना जागृत करने के लिए जनसामान्य को औपनिवेशिक अर्थतन्त्र एवं शोषण दोहन का ज्ञान कराना तथा उसके खिलाफ वातावरण उत्पन्न करना राष्ट्रीय चेतना के विकास का अवश्यक अंग था। सन् 1857 के जनविप्लव के बाद साम्राज्यवाद के ब्रिटिश कारनामों तथा भयावह दुर्भिक्षों की लम्बी शृंखला का दुखद दृश्य भारत के सामने प्रकट हुआ था। राजनीतिक चेतित अग्नि को प्रज्ज्वलित रखने के लिए हिन्दी के प्रबुद्ध साहित्यकारों ने स्वयं पत्र-पत्रिकाएँ प्रकाशित कर राष्ट्रघाती ब्रिटिश नीतियों, ध्वंसात्मक असरों तथा अमानवीय शोषक चरित्र को अनावृत किया तथा भारतीयों में सचेत राजनीतिक मानसिकता का अंकुरण किया। "ब्रिटिश कूटनीति शासकों एवं अँग्रेज इतिहासकारों ने सुनियोजित व्यापक प्रचार-तन्त्र के माध्यम से निरन्तर परतंत्र भारतीयों में यही मोहक भ्रमजाल फैलाया था कि वे भारत में शान्ति, सुव्यवस्था तथा सभ्यता के विस्तार के लिए शासन कर रहे हैं, अपने आर्थिक हितों के लिए नहीं।"-देखिये-(1) कवि वचन सुधाः 8 फरवरी, 1874, पुनर्उद्धत भारतेन्दु युग; (2) जे. ए. हाबसन, इंपीरियल, ए स्टडी तीसरा संस्करणः पृ. 287; (3) रंजनी पामदत्तः आज का भारत (इण्डियन इण्डस्ट्रियल रिपोर्ट, पृ.7) पृष्ठ 45।

'मित्र विलास' लाहौर ने इसी व्यूह रचना का भूदन करते हुए अँग्रेजी हुकूमत के षड़यन्त्र का यह कच्चा खाका खींचा था—"हिन्दुस्तान अँग्रेजों के राज्य का एक बड़ा अंश है... अँग्रेजों का अपना देश अर्थात् ग्रेट ब्रिटेन एक छोटा टापू है.... सौदागरों का एक दल आकर 23,00,000 वर्ग मील के एक राज्य को अपने नियंत्रण में करना किसको सत्य प्रतीत होता था... कौन मानता था कि कभी के यह सौदागर जो हम लोगों से गिड़गिड़ा कर सौदा ले जाने तथा एक इंच मजीन के लिए हमारे पाँव चूमते थे, कभी ये हमी लोगों पर पातालीय जीवों के न्याईं आ धमकेंगे तथा हम लोगों को भेड़-बकरी न्याईं मारते चराते रहेंगे।.... यद्यपि अँगेज यूरोप में एक उच्च पदवी देश है लेकिन वह पदवी एक हिन्दुस्तान के कारण है।

यदि हिन्दुसतान अँग्रेज के पास न हो तो वह भी ग्रीस इटली की न्याई एक छोटे राजा गिने जाते....'' जागरणकालीन पत्र-पत्रिकाओं ने अँग्रेजी राज की चकाचौंध भरी उपलब्धियों के झाँसे में न आकर भारतीय दुर्दशा का नग्न रूप उजागर कर उनके भारतीयों को सभ्य और उन्नत बनाने के असली मुखौओं को बेनकाब कर दिया था। 'हिन्दी प्रदीप' ने बड़ी निर्भीकता से अँग्रेजी राज्य की वास्तविक देन का चित्र इस प्रकार प्रसतुत किया था-''कानून की कड़ाई कैसी होती है, कोई जानता नहीं था। हर चीज इतनी सस्ती थी कि पूरा गृहस्थ 20 आदमी के कुनबे वाला 10 या 15 रुपये में लाल गुलाल था.... वैसा ही सब प्रकार का रोजगार, देशी वस्तुओं का चलन, देशी कारीगरों की चाह रहने से देश में धन समाता नहीं था।.... अस्तु वे दिन सपने हो गये। अब के समान बड़े से बड़ा इम्तहान पास कर ठिकरा लिये भीख माँगते न फिरते थे.... विलायत की सभ्यता सब ओर टाँग पसार रही है। रेल हिन्दुस्तान के नस-नस में व्याप गई....... देशी कारीगरों, देश वस्तुओं का रोजगार एक कलम बन्द हो गया। सिवाय नौकरी और खेती के कोई जीविका नहीं रह गई।''

भारतीय पत्रकारिता की धार अपने आरम्भिक काल से ही बड़ी तीखी हो गई थी। उसने अँग्रेजों की रंगभेद नीति के खिलाफ उद्घोष किया। भारतीयों को चीफ कमिश्नर अथवा लेफ्टीनेण्ट या अन्य अँग्रेज अधिकारियों से मिलने के लिए जूता उतारने का आदेश था। उन दिनों भारतीयों को अँग्रेजों के माध्यम से मारना-पीटना आम बात थी। 'भारत जीवन' ने इन बातों की खुलकर भर्त्सना की। रेल व्यवस्था का भी यही हाल था। अँग्रेज अधिकारियों के लिये पृथक डिब्बे होते थे। न्याय व्यवस्था में रंगभेद के खिलाफ अखबारों ने लिखने में कोताही नहीं की। सिविल सर्विस में भारतीयकरण की माँग की गई। हिन्दी पत्रकारिता ने खुलकर इस परीक्षा प्रवेश की आयु (क्योंकि 1833, 1853 के **चार्टर एक्ट,** 1858 के **क्वीन विक्टोरिया के घोषणा पत्र** और 1801 ई. के **'इण्डियन सर्विस एक्ट'** में बिना भेदभाव के सिविल सर्विस परीक्षा में उत्तीर्ण भारतीयों को सभी उच्च पदों पर बिना किसी भेदभाव के नियुक्त करने का आश्वासन दिया गया था, परन्तु व्यवहार में सब कुछ इसके प्रतिकूल था। 1863 ई. में जब देवेनद्रनाथ टैगोर ने यह परीक्षा उत्तीर्ण कर ली तो आयु 19 साल कर दी गई।) के सन्दर्भ में अँग्रेजी सरकार की आलोचना की। इसके बावजूद भी अँग्रेजी सरकार अँग्रेजों का दबदला बनाये रखने को भारतीयों को बराबरी के स्तर पर पद, वेतन तथा प्रतिष्ठा नहीं देते थे। 'भारत बन्धु', 'मित्र विलास',

'हिन्दी प्रदीप' इत्यादि अधिकांश पत्रों ने भारतीयों के प्रति दुर्भावना तथा विभेद नीति किो मुखर किया था। वेतन, पद, आदि में मात्र सिविल सर्विस में ही विभेद नहीं था अतिपु सेना, न्याय, शिक्षा आदि सभी क्षेत्रों में था।

अँग्रेजों को अँग्रेजी शिक्षा के चलन की नीति ने एक लक्ष्य की प्राप्ति करा दी थी। वह था अँग्रेजी शिक्षित धनाढ्य एवं राजे-महाराजे वर्ग की भारतीय आम जनता से खुद को पृथक समझने की प्रवृति का पनपना। राष्ट्रीय एकता में सबसे बड़ी बाधा शिक्षित वर्ग की अँग्रेजी सत्ता के प्रति राजभक्ति और चाटुकार वृत्ति थी। 'कति वचन सुधा' ने अँग्रेजों के गुणगान में लिप्त भारतीयों को सचेत करते हुए लिखा-"निश्चय रखो यह साहिब की मुलाकात किसी काम न आयेगी और ये (केवल लम्बी-लम्बी बातों वाली) कमेटियाँ देश का कुछ हित न कर सकेंगी।. .... जब तुम्हारा सबका चित्त एक है तो कमेटी होके क्या होगी....... दरबार की कुर्सियों को मान का कारण न समझो।" (21 फरवरी, 1872) इसी तरह **'सार सुधा निधि (वर्ष 2, अंक 25)** ने लिखा "हे प्रिय भारतवासियों, यह न समझो कि भारत दुर्भाग्य से हमको क्या। हमारा तो एक प्रकार निर्वाह होता है।. ..... भारत के दुर्भाग्य को अपना दुर्भाग्य तथा भारत के सौभाग्य को अपना सौभाग्य समझो, नहीं तो भारत का दुर्भाग्य कभी दूर नहीं होगा।" **उचित वक्ता** ' ने देशीय एकता पर जोर देते हुए अँग्रेज जाति की राष्ट्रीय एकता का दृष्टान्त प्रसतुत किया तथा कहा-एकता, जिसके अभाव से यह अगण्य भारतवासी पुष्टि प्रमाण लोगों के पद दलित हो रहे हैं........... आजकल जो अँग्रेज लोग भारतवासियों पर यथेच्छाचार बरत रहे है और सभ्यता का बखान कर शेखी मारते है इसका क्या कारण है, वही एकता.......।" सन् 1857 ई. के बाद "भारतीय राष्ट्रीयता' तथा राजनीति का उत्रयन होना आरंभ हो गया, जिसकी नींव राजा राजमोहन राय रख चुके थे। भारतेन्दु हरिशचन्द्र की पत्रिकाओं के माध्यम से स्वदेशी आन्दोलन तथा राजनीतिक आर्थिक चेतना की सूत्रधारिता तीव्र तौर पर प्रकट हुई। भारत की पूँजी के विदेशी शोषण के भारतेन्दु सबसे पहले आलोचक थे। उनके साहित्य की मूल भावना देशभक्ति था। सन् 1874 ई. में कुछ नरेशों, भारतेन्दु हरिशचन्द्र और तटीय समाज के सदस्यों ने विदेशी वस्त्र न पहनने का संकल्प लिया था तथा भारतेन्दु ने विदेशी परिधानों को त्यागने का अभियान चलाया था। "उचित वक्ता' ने देशी वस्तु क्यों नहीं पसन्द आती' शीर्षक अग्रलेख के माध्यम से भारतीय रईसों पर तीखे कटाक्ष किये। 'भारत जीवन' के अनुरूप विदेशी वस्तुओं के बहिष्कार के लिये बम्बई प्रान्त में जोरदार बहिष्कार

आन्दोजन हुआ जैसा कि नॉर्थ वैसटर्न प्रोविन्सेज (एन. डब्ल्यू. पी.) में पहले से ही पत्रकारिता ने चलाया हुआ था। 'साहित्य सरोज' ने 'सवदेशी वस्तु प्रचार' अग्रलेख में लिखा "यह मनोहर मंगल का लक्षण है कि चारों ओर स्वदेशी वस्तु प्रचार करने का आन्दोलन हो रहा है।" (15 जुलाई, 1896 ई.)

'उचित वक्ता' ने सबसे पहले अपने अग्रलेख (2 जून, 1883 ई.) में ब्रिटिश संसद में भारतीय प्रतिनिधित्व न होने पर लिखा था, "देखिये यदि आज हमारी ओर से विलायत में कोई प्रतिनिधि होता तो क्या सुरेन्द्र बाबू को अन्याय विचार के माध्यम से आज तक जेल में पड़े रहना पड़ता, कदापि नहीं।" 'हिन्दुस्तान' ने भारतीयों को उद्वेलित करते हुए उत्तेजना दी थी कि वे खुद आन्दोलन करें ओर ब्रिटिश संसाद में प्रवेश लें। पत्रकारिता के आन्दोलन का ही प्रतिफल था कि दादा भाई नौरोजी को सन् 1886 ई. में ब्रिटिश संसद में प्रतिनिधित्व मिला था।

साम्प्रदायिकता के विरुद्ध चेतावनी, भाषा राजनीति, वित्तीय शोषण, प्रशासनिक यथेच्छाचार तात्पर्य कोई क्षेत्र ऐसा नहीं था, जिसे पत्रकारों ने आन्दोलन की प्रकृति प्रदान की हो। कहने का तात्पर्य यह है कि उस युग में पत्रकारिता का स्वरूप जनसेवा, जन हित तथा देशभक्ति का था। लोग पत्रकार बनकर देश की सेवा में जुट जाते थे, भूखे रहकर अखबार निकालते थे, अर्थ फायदे की तो किंचित इच्छा उन्हें नहीं थी। आर्थिक हीनता की वजह से साबित कई प्रखर समाचार-पत्र अपनी युवावस्था प्राप्त करके भी बन्द हो गये। किंतु पत्रकारिता का यह स्वरूप भारत के स्वतनत्र होने यानी गाँधी जी के युग तक ही रहा। सम्भवतः आधुनिक भारत के दुर्भाग्य की यह कथा भी बड़ी दुखद ही साबित हो सकती है, यदि आधुनिक पत्रकारिता ने अपने कदम कोरी व्यापारिक प्रवृति की तरफ से स्वदेश भक्ति की तरफ नहीं मोड़े।

पत्रकारिता के मानदण्ड

'अमेरिकी समाचार-पत्र सम्पादक सोसायटी' के माध्यम से सन् 1923 ई. में पत्रकारिता के निम्नवत मानदण्ड बताये गये थे–

(1) निर्भीकता–पत्रकारिता को किसी दबाव, भय, चेतावनी, धमकी की वजह से सत्य को प्रकट करने से पीछे नहीं हटना चाहिए। ज्यादातर सत्य को मदोन्मत, निरंकुश, भ्रष्टाचारी, दम्भी तथा उद्दण्ड, धूर्त लोग सहन नहीं कर पाते। वह पत्रकरों को यथार्थ निरूपण करने में सहस्त्रों बाधाएँ उत्पन्न करते हैं यहाँ तक कि वह उनके प्राण हरण की भी चेष्टा करते हैं, परन्तु पत्रकारों में निर्भीकता होनी चाहिये।

(2) ईमानदारी, सटीकता तथा सत्यता—हरएक कार्य को ही यह तीनों गुण प्रतिष्ठा का गौरव प्रदान करते हैं। पत्रकारिता में तो इनके आश्रित रहना बहुत आवश्यक है। हो सकता है कि इन्हें ग्रहण करने पर भी पत्रकार को वह सब न मिले जो अपेक्षित हो, किन्तु पत्रकार को किसी तुलना से रहित रहकर न तो ईमान का त्याग करना चाहिए, न विभ्रमित संशयात्मक लेखन करना चाहिये तथा से सत्य को छोड़ना चाहिये।

(3) उत्तरदायित्व—समाचार संवाहन क्रिया में जन-कल्याण की भावना निहित होनी चाहिये, यानी जनता के प्रति एक उत्तरदायी भावना का होना ही जन-जागरण के प्रति पत्रकार को प्रेरित कर सकता है। स्वार्थ सिद्धि या असामाजिक पक्ष का पोषण उत्तरदायित्व विहीनता है।

(4) प्रेस की स्वतन्त्रता—लोक-कल्याण के मार्ग में जो भी अवरोध आते हों, उन्हें हटाने की चेष्टा करना प्रेस का काम है। इसलिए यह आवश्यक है कि उस पर कोई बन्धन नहीं हो, वह किसी असर में परातन्त्र न हो और वह अत्याचार-अनाचार के खिलाफ आवाज उठाने में किसी अवरोध से बाधित नहीं हो। इसके साथ ही प्रेस का यह भी दायित्व है कि वह नैतिकता के मूल्यों की रक्षा करते हुए अपनी आजादी का उपभोग सिर्फ निष्पक्ष होकर करे।

उसकी इस क्षुधा का कोई अन्त नहीं। सामायिक आयामों का जिस प्रकार विस्तार होता है, उसी तरह पत्रकारिता की आत्मा उसे धारण करती है तथा उसका स्वरूप परिकृष्त होता है। मनुष्य के समस्त कार्य-व्यवहारों तथा चिन्तन का प्रेरक उसका स्वभाव जो जिज्ञासा, उत्सुकता तथा कर्म-प्रवृति को उसके भीतर जागृत करता है, उसकी ज्ञान क्षुधा को तृप्त करते हैं, यानी उसमें पूरा युगबोध समाया रहता है। किसी को कुछ बताने तथा किसी से या अपने चारों तरफ के वातावरण के विषय में जानने की इच्छा मानव जीवन को गति प्रदान करती है। इस सबको प्रकाश में लाकर उसे विस्तार देने के कार्य को जब कागज नहीं था, कलम नहीं थी, प्रेस नहीं थी, विभिन्न नामों से पुकारा जाता रहा होगा। अपने लघु रूप और सीमित साधनों से मनुष्य ने पत्रकारिता की नींव किसी न किसी नाम से डाली थी, जो आज के युग में निःसीम साधनों का परिवेश प्राप्त कर अपनी पूर्ण युवावस्था को प्राप्त हो गई है। अर्थात् साधन भी, जिनसे सामाजिक ज्ञान को विस्तार दिया या सकता है पत्रकारिता के स्वरूप को निर्धारित करते हैं। सभ्यात के विकास के साथ सुलभ रूप से प्राप्त साधनों के माध्यम से इस काम को जिन्होंने जारी रखा होगा, वह पत्रकार भले ही न

कहलाते थे, किन्तु उनके कोई न कोई नाम रहे ही होंगे। एक प्रकार से उस काल के धर्मोपदेश भी पत्रकार ही थे जो अपने उपदेशों के साथ-साथ इधर-उधर के समाचारों का प्रसार करते रहे होंगे।

पत्रकारिता में नवाचार

वीडियो पत्रकारिता

वीडियो क्रान्ति ने सम्पूर्ण जगत को बहुत आकर्षित किया है। 'इण्डियन बुक हाउस' ने वीडियो कैमरे पर एक पत्रिका मूवी वीडियो का प्रकाशन सन् 1988 में शुरू किया। 'इन साइट' तथा 'न्यूज ट्रैक' जैसी अंग्रेजी वीडियो समाचार पत्रिकाओं के पश्चात् अब हिन्दी में भी वीडियो पत्रकारिता का जन्म हो चुका है। फिल्म्स वीडियो पत्रिकाओं की सफलता से प्ररित होकर मद्रास की 'गणभूमि विजन' से रामायण, महाभारत, वेद-पुराण से सम्बन्धित 'गुणभूमि वीडियो' पत्रिका प्रकाशित की है। सन् 1988 तक वीडियो पत्रकारिता का बाजार बहुत कम विकसित था; जबकि अयोध्या, मंडल तथा मेहम जैसे कांडों के फलस्वरूप वीडियो पत्रकारिता की विकासोन्मुखी नजर विस्तार पा रही है।

फोटो पत्रकारिता

फोटो के माध्यम से समाचारों के प्रसारण की शुरूआत सन् 1842 में 'इलस्ट्रेटेड लंदन न्यूज' के माध्यम से सम्पन्न हुई। उसके बाद अमेरिका से कई सचित्र समाचार-पत्र तथा पत्रिकाएँ प्रकाशित हुई। फोटो पत्रकारिता का इतिहास बहुत प्राचीन है तथा पत्रकारिता के फलक में फोटोज का महत्त्व भी स्वीकार जाता है; जबकि खेद का विषय है कि भारत में न तो सुप्रशिक्षित फोटोग्राफर हैं, न ही साज-सज्जा, सूक्ष्मग्राही सामग्री, न न्यूजप्रिंट और न उपयुक्त कागज। ज्यादातर सम्पादक अधिकार चित्र या तो समाचार एजेंसियों से लेते हैं अथवा नगर के एक-दो छायाकारों के साथ अनुबंध करके।

फोटो पत्रकारिता के फलक में यह बहुत जरूरी है कि चित्र सांस्कृतिक वैभिन्य के द्योतक हों। आज भी ग्रामीण एवं आदिवासी जीवन के चित्र ज्यादा प्रिय हैं। इन लोगों की स्थिति का गहन अध्ययन एवं निरीक्षण बहुत आवश्यक है। वही चित्र पत्र-पत्रिकाओं में आकर्षक का केन्द्र बनते हैं जिनमें दलितों तथा विजड़ितों को पीड़ाओं की गूँज हो। जिन चित्रों में लम्बी यात्रा से उपजा लेखकीय अनुभव

हो, जिनमें सांस्कृतिक आंदोलन को अग्रसर करने की क्षमता हो, वही पत्र-पत्रकारिता के समाचार प्रसारण में उपयुक्त होते हैं। फोटो पत्रकारिता के अन्तर्गत संपादक तथा फोटो पत्रकार के मध्य संगति का होना जरूरी है। समाचार के अनुकूल चित्र ही अधिक प्रभावी एवं स्टीक होते हैं, अतः यह जरूरी है कि चित्र पत्रिकाओं की जरूरत के अनुकूल हों।

विज्ञान पत्रकारिता

वैज्ञानिक पत्रिकाओं को दो समूहों में वर्गीकृत किया जा सकता है—शोध पत्रिकाएँ तथा लोक विज्ञान पत्रिकाएँ। हिन्दी की वैज्ञानिक पत्रिकाओं में 'विज्ञान प्रगति' तथा 'आविष्कार' जैसी कतिपय पत्रिकाएँ हैं जो विषयवस्तु, साज-सज्जा तथा मुद्रण की दृष्टि से उच्चस्तरीय हैं। 'विज्ञान प्रगति' तो सर्वश्रेष्ठ मुद्रण के पुरस्कार से दो बार सम्मानित भी हो चुकी है। हिन्दी की वैज्ञानिक पत्रिकाओं के मार्ग में जो बाधाएँ हैं, उनमें ग्राहकों की गिरती संख्या, कागज तथा मुद्रण की बढ़ती दरें, निष्कर्षों को अंग्रेजी साधन में प्रकाशित कराने की आकांक्षा या शिक्षित वर्ग में हिन्दी के प्रति उदासीनता उल्लेखनीय हैं।

आज हिन्दी में ऐसे कई विचारक हैं जो रोचक शैली में विज्ञान लेखन की दिशा में पूर्ण सक्षम हैं। 'राष्ट्रीय शैक्षिक अनुसंधान एवं प्रशिक्षण परिषद्' बाल साहित्य की राष्ट्रीय प्रतियोगिता का आयोजन कराती है, जिससे पैंतीस विद्वान् पुरस्कृत हो चुके हैं। पर आश्चर्य की बात है कि राष्ट्रीय स्तर पर इन विचारकों को लोकप्रिय बनाने की बात पर सब मौन हैं तथा ऐसे पुरस्कृत लोगों की उपेक्षा करते हैं।

विज्ञान समाचारों का आज के वैज्ञानिक युग में विशेष महत्त्व है, जिनकी जानकारी से पाठक समूह और देश की जनता लाभ उठा सकती है।

छवि चित्र पत्रकारिता

फिल्म पत्रकारिता को प्रोत्साहित करने के प्रयोजन से हिन्दी और अन्य प्रांतीय भाषाओं में सैंकड़ों पत्रिकाएँ प्रकाशित होती है। यही नहीं, कबरी हर समाचार-पत्र में फिल्मी समाचारों हेतु स्थान नियत होता है। फिल्म जगत् से सम्बद्ध कई विज्ञापन भी समय-समय पर पत्रिकाओं की शोभा बढ़ाते हैं। आकाशवाणी में भी फिल्मी दुनिया से जुड़े कार्यक्रमों का आयोजन होता है। प्रायः चित्रपट संगीत, सुगत संगीत, महफिल, मनभावन, छाया गीत जैसे कार्यक्रम के प्रसारण आकाशवाणी से सुने जाते हैं।

फिल्म पत्रकारिता को अग्रसर करने में दूरदर्शन का भी काफी योगदान है। दूरदर्शन में भी गीत बहार, चित्रहार, रंगोली इत्यादि कार्यक्रम फिल्मी गीतों पर ही आधारित हैं। सप्ताह में कितनी ही फीचर फिल्मों का प्रसारण तथा फिल्म जगत् से संबद्ध समारोहों का प्रदर्शन, साक्षात्कार जैसे कार्यक्रम भी फिल्म पत्रकारिता की प्रगति में सहयोगी सीमित हुए हैं।

2

भारतीय पत्रकारिता का इतिहास

सन् 1757 से पूर्व भारत में पत्रकारिता के प्रमाण नहीं मिले हैं। इसलिए भारतीय पत्रकारिता के इतिहास का श्रीगणेश प्लासी युद्ध के बाद से माना जाता है। सन् 1768 में विलियम बोल्ट नामक व्यापारी ने कलकत्ता के सार्वजनिक स्थलों पर नोटिस लगाकर समाचार पत्र का प्रकाशन किया। हालांकि उसे कम्पनी के माध्यम से तुरन्त यूरोप वापस भेज दिया गया। इस तरह हम कह सकते हैं कि वह अंग्रेज ही भारतीय पत्रकार का जनक तथा उसका पत्र आधुनिक भारतीय पत्रों का 'आदिपुरुष' रहा है।

सन् 1780 ईसवी की 29 जनवरी को कलकता से 'बंगाल गजट' के नाम से एक पत्र प्रकाशित हुआ। पत्र का आकार छोटा था, पृष्ठ संख्या मात्र दो थी। बारह इंच लम्बे तथा आठ इंच चौड़े इस पत्र का प्रकाशन 'जेम्स आगस्टस हिकी' नामक एक अंग्रेज के सम्पादकत्व में हुआ। इसी कारण भारतीय पत्रकार के इतिहास में वह पत्र 'हिकी गजेट' के नाम से प्रसिद्ध हुआ। हिकी ने अपने लक्ष्य की व्याख्या करते हुए लिखा 'मुझे अपने शरीर को बन्धन में बाँधने में सुख मिल रहा है क्योंकि उसके माध्यम से मैं अपनी आत्मा तथा मन की स्वतन्त्रता प्राप्त

करने की आशा करता हूँ। मेरे इस साप्ताहिक पत्र के स्तम्भ यद्यपि सभी राजनीतिक तथा व्यावसायिक वर्गों तथा मतमतान्तरों हेतु खुले रहेंगे तथापि वे किसी के भी प्रभाव तथा दबाव से मुक्त रहेंगे।'

हिन्दुस्तानी पत्रकार के विकास का सन्तोषजनक, विशद तथा समीचीन इतिहास अभी तक नहीं लिखा गया है। आंगल भाषा में यद्यपि तद्विषयक दो-एक ग्रन्थ प्रकाशित हो चुके हैं, लेकिन राष्ट्रभाषा हिन्दी का क्षेत्र उतने से भी वंचित है। इस अत्यंत जरूरी, स्पृहणीय तथा प्रशंसनीय प्रयास का भार किसी योग्य व्यक्ति को उठाना बाकी है जो दृढ़ अध्यवसाय एवं गम्भीर अनुशीलन के उपरांत भारतीय पत्रकारिता का प्रामाणिक इतिहास हिन्दी-जगत को प्रदान करने का श्रेय प्राप्त करेगा। यद्यपि ऐसी स्थिति में अपने राष्ट्र के पत्रों तथा पत्रकारी के विकास पर अधिक प्रकाश डालना सम्भव नहीं है तथापि उक्त विषय के सम्बन्ध में संक्षिप्त जानकारी प्रदान की जा रही है।

सम्प्रति जो साधन उपलब्ध हैं उनके आधार पर हम कह सकते हैं कि अठारहवीं सदी के अन्तिम युग में भारत में पत्रकारी का प्रजनन उपर्युक्त अंग्रेजी के माध्यम से हुआ। इस प्रकार एक सौ आठ वर्ष से ज्यादा हो चुका जब पत्रकारी का कोमलांकर इस देश की उर्वर भूमि में अंकुरित हुआ था। इस युग पर जब हम दृष्टिपात करते हैं तो यह पाते हैं कि उक्त अंकुर तब से उत्तरोत्तर परिपुष्ट और विकसित होता गया है। जब हम यह देखते हैं कि भारतीय पत्रकारिता विरोधी तथा अवान्छनीय वातावरण का प्रचण्डाघात सहन करते हुए, न जाने कितनों का प्रहार और क्रोध एवं शत्रुता का सामना करते हुए, न जाने कितनी अकथनीय समस्याओं तथा बाधाओं की उपेक्षा करते हुए अपने जीवन की रक्षा में समर्थ हुई है तो हमें उस पर गर्व होता है। जैसा कि पूर्व के पृष्ठों में कहा जा चुका है धरती के ज्यादातर सभी कोने में, जहाँ भी जब पत्रों ने जन्म धारण किया है उनमें आरंभ से ही उन वर्गों को आघात अपने वक्षःस्थल पर धारण करना पड़ा है जो तत्कालीन शासनसत्ता और समाज के सूत्रधार रहे हैं। लेकिन भारत के पत्रों पर हुआ आघात तुलनात्मक रूप सं सबसे अधिक उग्र तथा निष्ठुर रहा है।

विदेशी शासकों की निरंकुश तथा पशुबलाश्रित सरकार के चरणों के नीचे पड़े हुए भारत के पत्रों पर यदि आरम्भ से ही ऐसा दमन हुआ हो जो स्वार्थी शासकों की क्रूरता के इतिहास में बेजोड़ हो तो उस पर आश्चर्य करने की आवश्यकता नहीं है। पत्र अगर जन भावना का प्रतिनिधित्व करता है, यदि वह जन-स्वातन्त्र्य का प्रतीक होता है तो ऐसी स्वच्छन्द शासन-सत्ता का जो मात्र अपने

लिए ही जीवित रहती है, उसके निर्दलन हेतु सचेष्ट होना जरूरी है। उसका अस्तित्व ही जन-समाज के निर्दलन पर आश्रित होता है। यही कारण है कि हम भारतीय पत्रकारी के विकास के इतिहास पर जब दृष्टिपात करते हैं तो जो बात सबसे अधिक तथा मुख्य रूप से सामने प्रस्तुत होती है वह यही है कि उसका इतिहास एक ओर जहाँ शासकों की दमनप्रियता तथा निरंकुशता का इतिहास है वहीं दूसरी ओर भारतीय पत्रकारों के तप, त्याग तथा उज्ज्वल संघर्ष का इतिहास है जिसके के माध्यम से उन्होंने जनहित और पत्रकारी के आदर्श और जन-स्वातन्त्र की रक्षा में जीवन को उत्सर्ग कर देने के पवित्र पथ का सृजन किया है। साथ ही साथ हमें यह स्वीकार करना पड़ता है कि इस दिशा में भारत को उन्नयन कराने का श्रेय उन अंग्रेज पत्रकारों को प्राप्त है जिन्होंने इस दिशा में पत्रकारिता का सूत्रपात किया। भारत के राष्ट्रीय जीवन के विकास में कुछ आदरणीय अंग्रेजों ने जो हिस्सा लिया है उसके लिए भारत हमेशा उनका ऋणी रहेगा, लेकिन उन अंग्रेजों के ऋण से तो हम कभी उऋण हो ही नहीं सकते जो सही मायने में हमारे राष्ट्रीय जीवन के जनक रहे हैं।

भारत के राष्ट्रीय जीवन के इतिहास में हमारी दृष्टि में दो घटनाएँ समान तौर पर ऐसी हैं जो अंग्रेजों के माध्यम से भारतीय मदद की दृष्टि से महत्त्व रखती हैं। प्रथम घटना तो वह है जब कुछ आदरणीय अंग्रेजों ने पहले पहल पत्रकार को इस देश में प्रदान किया तथा दूसरी घटना है कांग्रेस की स्थापना जिसके लिए स्वर्गीय श्री ह्यूम का नाम भारतीय इतिहास में अमर हो चुका है। इन पंक्तियों में हम प्रथम घटना का उल्लेख कर रहे हैं तथा उसी के सम्बन्ध में अध्यायारम्भ में 'हिकी' के नाम की चर्चा की गई है। फलस्वरूप 'हिक्की गजट' भारतीय पत्रकारिता के इतिहास में भारतीय पत्रों के 'आदिपुरुष' के पद पर प्रतिष्ठित हैं। हम देखते हैं कि अपने जन्म के साथ-साथ यह पत्र तत्कालीन सरकार की उस दमनात्मक प्रवृत्ति को भी उत्तेजित करता अवतीर्ण हुआ जिसका सामना आज तक भारतीय दैनिक पत्र करते जा रहे हैं। वह जमाना था जब वारेन हेस्टिंग्स भारत के गवर्नर जनरल थे। तब तक देश में कोई प्रेस सम्बन्धी कानून भी नहीं बना था। डाक-विभाग में भी वह व्यवस्था उत्पन्न नहीं हुई थी जो आज है। उस समय डाक भेजने के लिए प्रेषक को आज की प्रकार टिकट अथवा कार्ड के रूप में पहले ही फीस अदा कर देने की प्रथा न थी। वह फीस अदा होती थी उसके माध्यम से जिसके नाम चिट्ठी भेजी जाती थी।

'हिकी गजट' तत्कालीन गवर्नर जनरल वारेन हेस्टिंग्स का कठोर आलोचक था। अपने सम्बन्ध में उक्त पत्र की निर्भीक आलोचना देखकर वारेन हेस्टिंग्स

क्षुब्ध हो उठे। एक साल भी नहीं बीत पाया था कि उनकी क्रूर दृष्टि उस पर पड़ी। उन्होंने 14 नवम्बर, सन् 1780 ईसवी को 'हिकी गजट' पर पहला प्रहार किया। पत्र को डाक से भेजने की जो सुविधा प्राप्त थी वह गवर्नर जनरल की आज्ञा से बंद कर दी गई। कहा जाता है कि वारेन हेस्टिंग्स को यह सन्देह था कि 'हिकी गजेट' के स्तम्भों में उनकी जो टीका-टिपण्णी की जाती है उसके मूल कारण श्री फ्रांसिस हैं। फ्रांसिस गवर्नर जनरल की शासन-परिषद् के एक सदस्य जो वारेन हेस्टिंग्स के प्रचण्ड विरोधी थे। हेस्टिंग्स का यह सन्देह साधार रहा हो अथवा निराधार पर उसका परिणाम 'हिकी गजट' को भोगना ही पड़ा। जब डाक से पत्र भेजने की सुविधा छीन ली गई तो आगस्टस हिकी ने अपने स्तम्भों में सरकारी नीति की तथा भी तीव्र टीका और कठोर आलोचना आरंभ कर दी। हिकी को अपनी इस निर्भीकता का गहरा मूल्य चुकाना पड़ा। वह पहले व्यक्ति थे जिन्हें पत्रकार के कर्तव्यों की पूर्ति करते हुए भारत में प्रतिष्ठित अपने ही देश की सरकार का कोपभाजन बनकर जेल की यात्रा करनी पड़ी। पत्र-व्यवसाय में भी गहरी हानि उठाने के लिए वे बाध्य हुए।

'हिकी गजट' के प्रकाशन के पश्चात् बंगाल में कतिपय दूसरे पत्र भी प्रकाशित होने लगे। सन् 1780 ईसवी में ही नवम्बर महीने से कलकता में श्री मेलिन तथा पीटर रीड नामक दो अंग्रेजों ने 'इंडियन गजट' के नाम से एक तथा पत्र प्रकाशित करना आरंभ किया। उसके चार वर्ष बाद सरकार की ओर से 'कलकत्ता गजेट' प्रकाशित होने लगा। सन् 1784 ईसवी में टामस जोंस के प्रयत्न से 'बंगाल जर्नल' प्रकाशित होने लगा। विलियम डुआनी नामक एक अमेरिकन पत्रकार सन् 1791 ईसवी में उक्त पत्र के सम्पादक बने। डुआनी ने 'इंडियन वर्ल्ड' नामक एक अन्य पत्र की स्थापना भी साथ-साथ की। डुआनी की स्पष्टवादिता और पत्रकार-सुलभ सूझ के कारण सरकार उन पर जल्दी ही क्रुद्ध हो गई तथा एक दिन वे ब्रिटिश जलपोत पर बिठाकर इंग्लैंड भेज दिए गए। इस निर्वासन से डुआनी को भारी सम्पत्ति की हानि भी उठानी पड़ी। सन् 1785 ईसवी में कलकता से 'ओरियण्टल मेगजीन' नामक एक मासिक पत्र भी प्रकाशित होने लगा था। इस प्रकार हम देखते हैं कि 'हिकी गजेट' के प्रकाशन के उपरांत तत्काल ही कलकता से ही कतिपय पत्र प्रकाशित होने लगे।

उपरोक्त विश्लेषणों से यह नहीं समझना चाहिए कि पत्रों का जन्म बंगाल तक ही सीमित था। भारत के अन्य प्रान्तों में भी हमें समकालीन पत्रों का वजूद मिलता है। सम्भवतः भारत में उस युग का आगमन हो गया था जब जनता क्रमशः

पत्रों की आवश्यकता का अनुभव करने लगी थी। सन् 1785 ईसवी के 12 अक्तूबर को मद्रास में रिचर्ड जान्स्टन नामक अंग्रेज सज्जन ने 'मद्रास केरियर' के नाम से एक साप्ताहिक पत्र की स्थापना की। मद्रास का प्रथम समाचार पत्र कदाचित 'मद्रास केरियर' ही था। रिचर्ड जान्स्टन सरकारी मुद्रक थे। 'मद्रास केरियर' चार पृष्ठों का पत्र था जो एक सरकारी कर्मचारी से सम्बद्ध होने के कारण सरकार का कृपापात्र आरंभ से ही बन गया। रिचर्ड जान्स्टन को सरकार ने इंग्लैण्ड से छापने की कल और टाइप वगैरह मँगाने की सुविधा भी प्रदान की। इसके दस वर्ष पश्चात् सन् 1795 ईसवी में मद्रास में 'मद्रास गजेट' भी प्रकाशित होने लगा। पर ये दोनों पत्र सरकारी कृपा पर निर्भर थे। इसी समय तीसरा पत्र भी प्रकाशित हुआ। हंफ्रेस नामक एक अन्य अंग्रेज ने मद्रास में ही 'इण्डिया हेरल्ड' नामक पत्र का प्रकाशन आरंभ किया। उस समय जो पत्र निकलते थे उनके लिए प्रकाशन के पूर्व सरकार से लाइसेन्स प्राप्त करने की आवश्यकता होती थीं। हंफ्रेस ने जब लाइसेन्स हेतु सरकार से प्रार्थना की तो वह अस्वीकृत कर दी गई। हंफ्रेस इतने से ही निराश होने वाले व्यक्ति न थे। उन्होंने बिना सरकारी लाइसेन्स के ही 'इण्डिया हेरल्ड' प्रकाशित करना आरंभ कर दिया।

उसके बाद निरंकुश शासकों के क्रोध का कोई जबाव न रहा। वे हिंस्र पशु की भांति 'इण्डिया हेरल्ड' पर टूट पड़े। सरकार ने हंफ्रेस पर यह अभियोग लगाया कि उसने पत्र में सरकार की नीति के खिलाफ और इंग्लैंड के युवराज के सम्बन्ध में आपत्तिजनक बातें प्रकाशित की हैं। इसी अपराध के नाम पर मद्रास सरकार ने हंफ्रेस के विरुद्ध कड़ी कारवाई की, उसे गिरफ्तार किया, भारत से निर्वासित कर दिया तथा एक जहाज पर बैठाकर इंग्लैंड के लिए रवाना कर दिया।

उधर बम्बई में भी पत्रों का प्रकाशन आरंभ हुआ। सन् 1789 ईसवी में 'बाम्बे हेरल्ड' नामक एक साप्ताहिक पत्र प्रकाशित हुआ। उसके एक वर्ष बाद एक अंग्रेज ने 'बाम्बे केरियर' की स्थापना की। आगे चलकर यह 'बाम्बे केरियर' ही 'टाइम्स ऑफ इंडिया' के रूप में अवतीर्ण हुआ जो आज तक प्रकाशित होता है एवं भारत के अधगोरे पत्रों में प्रमुख स्थान रखता है। दो वर्ष के पश्चात् बम्बई से 'बाम्बे गजेट' नामक एक तथा पत्र भी प्रकाशित होने लगा। भारतीय पत्रकारी के विकास के इतिहास पर दृष्टिपात करते हुए हम यह पाते हैं कि अठारहवीं शती के अन्तिम चरण में इस देश के तीन प्रान्तों अर्थात् बंगाल, मद्रास तथा बम्बई में अंग्रेजी भाषा में साप्ताहिक तथा मासिक पत्र निकलने लगे थे। अब तक दैनिकों का युग नहीं आया था तथा न भारतीय भाषाओं में कोई पत्र प्रकाशित होता था।

यही नहीं प्रत्युत अब तक भारतीय देखरेख में, भारतीय के सम्पादकत्व में भी पत्र प्रकाशित नहीं हुए थे। जो प्रकाशन हो रहा था उसका श्रेय अंग्रेज पत्रकारों को ही हैं जिन्होंने भारत को पत्रकार प्रदान करते हुए स्वयं अपनी सरकार की निष्ठुरता का आघात सहन किया एवं उसके लिए कष्ट उठाने को बाध्य हुए। अठारहवीं सदी की समाप्ति होते होते, अर्थात् सन् 1799 ईसवी तक उपर्युक्त पत्रों के सिवा बंगाल, मद्रास तथा बम्बई से कुछ अन्य पत्र भी प्रकाशित होने लगे थे। बंगाल हरकारू, मार्निंग पोस्ट, कलकत्ता केरियर, टेलिग्राफ, ओरियण्टल स्टार, इण्डिया गजट, एशियाटिक मिरर आदि पत्र प्रकाशित हो रहे थे।

सन् 1780 ईसवी से लेकर सन् 1799 ईसवीं के मध्य सरकार की ओर से थोड़े से अंग्रेज पत्रकारों तथा पत्रों पर जो आघात होता रहा है उसकी चर्चा की जा चुकी है। मार्के की बात यह है कि जैसे-जैसे पत्रों की संख्या बढ़ती गई तथा पत्रकार का विकास होता गया वैसे-वैसे सरकारी दमन की मात्रा तथा उग्रता बढ़ती गई। अठारहवीं सदी के अन्त होते-होते सरकार हेतु पत्रों को अब तथा अधिक दिनों के लिए स्वतन्त्र छोड़ देना सम्भव न रहा। हम यह देखते हैं कि सन् 1799 ईसवी में भारत के तत्कालीन वाइसराय लार्ड वेलेजली ने भारत में प्रकाशित होने वाले पत्रों का गला घोंट देने के लिए अपना नग्न रूप प्रकट कर दिया। यही वर्ष था जब पत्रों की स्वतन्त्रता अपहरण करने हेतु सरकार की घृणित कुप्रवृत्ति ने कानून का रूप धारण किया। अलग-अलग प्रान्तों में वहाँ के गवर्नर अपने प्रान्तीय पत्रों पर वर्षों पूर्व खंगहस्त हो ही चुके थे। मद्रास में पत्रों के दमन की चेष्टा आरम्भ से ही अपेक्षाकृत द्रुत थी। वहाँ सन् 1795 ईसवी में ही पत्रों के कठोर 'सेन्सर' की आज्ञा जारी हो चुकी थी। 'मद्रास गजट' को यह आदेश दिया गया था कि प्रकाशन के पूर्व वह अपने पत्र के उन समस्त स्तम्भों का 'सेन्सर' करा लिया करे जो प्रकाशित होने वाले हों। शनैः-शनैः यह आदेश मात्र 'मद्रास गजेट' तक ही सीमित न रहा। सारे प्रान्त के समस्त पत्रों को यह आम हुक्म दे दिया गया था कि पत्र के प्रकाशन के पूर्व अपना 'सेन्सर' करा लेना आवश्यक है। पर अब तक केन्द्रीय सरकार अपनी सारी रियासत हेतु कोई विधान नहीं बना सकी थी।

1799 ईसवी में एक विधान बनाया गया जिसके सृजन का श्रेय लार्ड वेलेजली को प्राप्त हुआ। वेलेजली भारत के वाइसराय जनकर आए। भारत में उनका पदार्पण 1798 ईसवी में हुआ। उस समय दक्षिणी भारत में अंग्रेजों का युद्ध टीपू सुलतान से चल रहा था। वेलेजली को आए एक वर्ष भी पूरा नहीं हुआ कि कलकता के पत्रों का नियन्त्रण करने हेतु प्रेस सम्बन्धी पहला कानून बना डाला गया। इस कानून के अनुसार–

1. पत्र के सम्पादक एवं स्वामीत्व हेतु यह अनिवार्य कर दिया गया कि वह अपने निवास स्थान का पूरा पता सरकार के सचिव को लिखकर बता दे।
2. पत्र के मुद्रक के लिए पत्र के अन्त में अपना नाम प्रकाशित करना जरूरी कर दिया गया।
3. जब तक सरकारी सचिव या उसके माध्यम से नियुक्त कोई अधिकारी प्रकाशन के पूर्व पत्र का निरीक्षण न कर ले तब तक किसी भी पत्र को प्रकाशित करने की मनाही कर दी गई।
4. यह आदेश दे दिया गया कि रविवार को किसी पत्र का प्रकाशन न किया जाए।

अब तक जो पत्र प्रकाशित हुए थे वे आंग्ल भाषा के ही थे जिनके संस्थापक तथा सम्पादक भी अंग्रेज ही थे। ऐसी स्थिति में अंग्रेज सम्पादकों को आवश्यकता पड़ने पर भारत से निर्वासित करके इंग्लैंड भेज देना पर्याप्त दण्ड समझा जाता था जिसकी व्यवस्था उक्त कानून में कर दी गई। इस कानून में यह व्याख्या कर दी गई कि सरकार किन बातों का प्रकाशित किया जाना आपत्तिजनक समझती है। ईस्ट इंडिया कम्पनी के माध्यम से वसूल किए जाने वाले कर अथवा सरकारी कर्ज सम्बन्धी विषयों पर टीका टिप्पणी करना, सेना के आगमन अथवा सैनिक तथा जल सैनिक, किसी तरह की तैयारी को सम्बन्ध में किसी तरह का मत प्रकट करना, किसी जहाज के आगमन या उसके नष्ट हो जाने की सूचना प्रकाशित करना, सरकार के किसी कर्मचारी को चाहे वह फौजी, मुल्की, व्यावसायिक अथवा कुछ ही क्यों न हो, आचरण के सम्बन्ध में किसी प्रकार की टीका करना, किसी व्यक्ति के प्रति अपमानजनक बातें छापना, किसी देशी राजा से कम्पनी सरकार के सन्धि-विग्रह के सम्बन्ध में कोई सूचना प्रकाशित करना, कम्पनी सरकार प्रजा में भय उत्पन्न करने वाली बातें अथवा ऐसी बातें जिनसे शत्रु को कुछ सूचना मिल सकती हो प्रकाशित करना और अन्ततः यूरोप के किसी पत्र में प्रकाशित ऐसी बातों को उद्धृत करना जो सरकार के प्रभाव तथा उसकी साख को इस राष्ट्र में ठेस पहुँचाने वाली हों छापना सरकार की दृष्टि में आपत्तिजनक माना जाएगा।

लार्ड वेलेजली के माध्यम से निर्मित इस कानून का आशय क्या था यह बताने की जरूरत नहीं है। स्पष्ट है कि भारतीय पत्रों की स्वतन्त्रता पर आघात करने हेतु और उनके कार्य-क्षेत्र को बहुत संकुचित कर देने के लक्ष्य का साधन करना ही इस कानून का उद्देश्य था। विशेषता यह है कि इस कानून का सृजन किए बगैर भारत के उन विदेशी शासकों ने जिनके अपने देश में प्रेस को अक्षुण्ण

स्वतन्त्र प्रदान कर दी गई थी। जिस ब्रिटिश जनता तथा जिन ब्रिटिश पत्रों ने अपने त्याग और कष्ट सहन के बल पर लिखने तथा मत प्रकट करने और टीका टिप्पणी करने की स्वतन्त्रता को जनाधिकार का मूलाधार स्वीकार करके उसकी प्राप्ति की चेष्टा की थी उसी ब्रिटेन की ईस्ट इण्डिया कम्पनी की भारत स्थित सरकार भारतीय पत्रों का गला घोंट रही थी। स्मरण रखने की बात है कि ब्रिटेन के पत्रों के उपर्युक्त घटना के ज्यादातर एक सदी पूर्व अर्थात् 1695 ईसवी में ही अपनी स्वतन्त्रता प्राप्त कर ली थी तथा पार्लमेण्ट ने कानूनन उस स्वतन्त्रता को स्वीकार कर लिया था। आज सौ वर्ष पश्चात् भारत के अंग्रेज शासक अपनी सारी परम्परा को भूलकर, अपने उज्ज्वल इतिहास तथा धवल सुनाम को नगण्य तथा कलुषित करके जन-स्वातन्त्र्य का मूलोच्छेद करने में दत्तचित्त थे।

सही मायने में यह कानून कलकतिया पत्रों के नियन्त्रण के लिए बना था। परन्तु क्रमशः बम्बई तथा मद्रास में भी वह लागू कर दिया गया। सरकार का सेंसर विभाग बड़ी उग्रता के साथ पत्रों का अंगच्छेदन करता रहा। मजाल नहीं थी कोई पत्र प्रकाशित होने के पूर्व सेंसर अधिकारी का दर्शन न कर आए। लगातार अठारह वर्षों तक इस कानून की तलवार भारतीय पत्रों की ग्रीवा पर झूलती रही। कभी-कभी खनखनाहट टूट भी पड़ती। पत्रों की स्वतन्त्रता अपहरण करके सरकार ने न सिर्फ नैसर्गिक और सभ्य-समाज-सम्मत जनाधिकार पर प्रहार किया था अपितु जनसाधारण में पत्रों के माध्यम से होने वाले ज्ञान-प्रसार और बौद्धिक विकास का मार्ग भी बाधित किया। वेलेजली से लेकर मिण्टो के शासनकाल की समाप्ति तक भारतीय पत्रों की यही स्थिति रही। जब लार्ड हेस्टिंग्स ने भारत की गवर्नर-जेनरल का सूत्र अपने हाथ में लिया तो 1818 ईसवी में स्थिति में कुछ बदलाव हुआ। उन्होंने उपर्युक्त कानून में कुछ सुधार किया जिसके फलस्वरूप उसकी कठोरता में भी कमी हुई। लार्ड हेस्टिंग्स ने प्रकाशन के पूर्व सेंसर करने की प्रथा खत्म की तथा पत्रों को रविवार को भी प्रकाशित होने की स्वतन्त्रता प्रदान कर दी। 19 अगस्त को हेस्टिंग्स की सरकार ने यह नियत किया कि सेंसर करने की प्रथा तो समाप्त की जाती है किन्तु उसके स्थान पर नीचे लिखे सामान्य नियम बना दिए जाते हैं जिनकी मदद से सम्पादक वर्ग यह भली-भांति समझ जाए कि कौन-सी बातें ऐसी हैं जिन्हें प्रकाशित न करना ही उचित होगा तथा इस प्रकार इस देश में स्थापित सरकार की प्रतिष्ठा को ठेस पहुँचाने के अपराध से बचाया जा सकेगा।

जो नियम बनाए गए उनमें कहा गया कि पत्रों में निम्न लिखी बातें प्रकाशित न की जाएँ—

1. कोर्ट ऑफ डाइरेक्टर्स अथवा ब्रिटिश सरकार के किसी उस विभाग के, जिसका सम्बन्ध भारत-सरकार से हो किसी निर्णय या कार्यवाई को प्रकाशित न किया जाए एवं न कौंसिल के सदस्यों, सुप्रीम कोर्ट के न्यायाधीशों और कलकता के बड़े पादरी के किसी सार्वजनिक कार्य पर अपमानजनक उद्‌गार प्रकट किए जाएँ।
2. भारत की प्रजा में आतंक तथा सन्देह उत्पन्न करने वाली या किसी वर्ग के धार्मिक विश्वासों और उसकी भावनाओं पर आघात पहुँचाने वाली किसी बात का प्रकाशन न किया जाए।
3. किसी व्यक्ति के खिलाफ अपमानजनक बातें न छापी जाएँ तथा न विदेशी पत्रों में प्रकाशित किसी ऐसे लेख या लेखांश का उद्धरण उपस्थित किया जाए जो भारत में स्थापित ब्रिटिश सरकार के पद तथा शक्ति को कमजोर करने वाला हो।

इस तरह हेस्टिंग्स की सरकार ने वेलेजली के माध्यम से प्रवर्तित दमनात्मक प्रेस-कानून की कठोरता कुछ कम करके कुण्ठित हुई भारतीय पत्रकारी को कुछ पनपने का अवसर प्रदान किया। पत्रकारी के इतिहास की दृष्टि से सन् 1818 ईसवी इसी कारण अपना विशेष स्थान रखता है।

सरकार की ओर से थोड़ी-सी ढील मिलने का जो प्रभाव भारतीय पत्रों पर पड़ना जरूरी था वह स्पष्ट पड़ा दिखाई देता है। पत्रों का पथावरोध यत्किंचित ही कम हुआ था कि इसी वर्ष न सिर्फ भारतीय धन, प्रबन्ध तथा अवधान में भारतीय पत्र निकलने लगे अपितु भारतीय भाषाओं में भी पहले पहल उनका सूत्रपात इसी समय हुआ। इसी कारण सन् 1818 ईसवी भारतीय पत्रकारिता के इतिहास में स्मरणीय रहेगा।

सन् 1818 में भारत की पत्रकारी ने सौभाग्य से राजा के समान भव्य व्यक्तित्व का नेतृत्व प्राप्त किया। उनकी उत्प्रेरणा उनका समर्थन तथा उनका निर्भीक नेतृत्व प्राप्त करके उसने नई दिशा की तरफ कदम बढ़ाया। राजा राममोहन राय की उद्‌बोधिनी प्रतिभा ने वस्तुतः उसमें प्राण-संचार कर दिया। उनकी आत्मीय सभा के दो सदस्य तथा उनके मित्र श्री हरचन राय तथा श्री गंगाकिशोर भट्टाचार्य के सहयोग से भारतीय भाषा में पहला भारतीय पत्र 'बंगाल गजट' इसी साल प्रकाशित हुआ। 'बंगाल गजट' बंगला भाषा का प्रथम साप्ताहिक पत्र था जो भारतीय देखरेख में प्रकाशित हुआ। इसी समय भारत में ईसाई धर्म का प्रचार करने वाली मिशनरी संस्थाओं के पत्र भी प्रकाशित हुए। शिवरामपुर के

ईसाई धर्म-प्रचारकों की एक संस्था की ओर से बंगला में 'दिग्दर्शन' नाम का मासिक पत्र और 'समाचारदर्पण' नामक साप्ताहिक पत्र प्रकाशित हुआ। इन्हीं ईसाइयों ने 'फ्रेंड ऑफ इंडिया' नामक अंग्रेजी भाषा का पत्र भी प्रकाशित किया।

'बंगाल गजट' उस काल का प्रगतिशील पत्र था। जल्द ही उसने अच्छी लोकप्रियता भी प्राप्त की। ईसाइयों के समाचार का प्रथम उद्देश्य यद्यपि अपने धर्म का प्रचार करना ही था तथापि जनता का समर्थन प्राप्त करने के लिए और उसके जीवन में प्रवेश करने की इच्छा से प्रेरित होकर उन्होंने भी अपने पत्रों में भारतीय समाचारों तथा समस्याओं का समावेश किया। लेकिन तत्कालीन पत्रकार के क्षेत्र में श्री जेम्स सिल्क बकिंघम के सम्पादकत्व में प्रकाशित होने वाले 'कलकत्ता जर्नल' को मुख्य स्थान प्रदान करना होगा। अंग्रेजी भाषा में प्रकाशित होने वाले इस पत्र ने अपने सुयोग्य, आदर्शवादी तथा निर्भीक सम्पादक के सम्पादकत्व में भारत की पत्रकारी को नई दिशा प्रदान की। प्रसिद्ध है कि उस युग में भी जब निरंकुशता का बोलबाला था 'कलकत्ता जर्नल' ने जिस स्वतन्त्रता, जन-हितप्रियता और निष्पक्ष तथा निर्भय टीका टिप्पणी को स्थान दिया उसे देखकर भारत और इंग्लैंड के कट्टरपन्थियों का आसन डोल उठा। 'कलकत्ता जर्नल' सरकार की भी खरी आलोचना करता था। प्रगतिशील तथा मानवता सम्मत विचारों और नीति के समर्थक इस पत्र ने अन्य पत्रों के सम्मुख आदर्श की प्रतिष्ठा की। अपने कष्टों तथा शिकायतों को प्रकट करने की सुविधा जनता को अब तक किसी पत्र में प्राप्त न थी। 'कलकत्ता जर्नल' ने अपने स्तम्भों को इसके लिए भी खोल दिया। स्थानीय तथा वैयक्तिक शिकायतों के सम्बन्ध में पत्र लिखकर अपने भावों को प्रकट करने और अधिकारियों का ध्यान उन बातों की ओर आकर्षित करने का अवसर जनसाधारण को इस पत्र के माध्यम से प्राप्त हुआ।

'कलकत्ता जर्नल' भारत का प्रथम पत्र था जिसने इस देश में प्रगतिशील और उदार नीति-सम्पन्न पत्रकारिता को स्वरूप प्रदान किया तथा तन्मतावलम्बी पत्रों का विकास होने पर उनका नेतृत्व धारण किया। इस पत्र की स्पष्टवादिता एवं स्वतन्त्रता से लार्ड हेस्टिंग्स की शासन परिषद् के कतिपय दकियानूस और कट्टर साम्राज्यवादी सदस्य तो इतने बौखला उठे थे कि उन्होंने गवर्नर-जनरल को पत्रों की रोकथाम के लिए पुराने सेंसर के नियमों को पुनः जारी कर देने हेतु दबाव आरंभ किया। लार्ड हेस्टिंग्स इस बात हेतु प्रशंसा के पात्र हैं कि प्रतिगामियों के प्रभाव से वे अपने को मुक्त रख सके। उनकी हजार चेष्टाओं की उपेक्षा करके भी हेस्टिंग्स ने पुराने गलाघोंटू कानूनों को पुनरुज्जीवित करना अस्वीकार कर दिया।

फलस्वरूप 'कलकत्ता जर्नल' के बढ़ते हुए प्रभाव से कट्टरपन्थी गुट ऐसा त्रस्त हुआ कि सन् 1821 में उसके विरोध में जान बुल' नामक अपना पत्र उसने प्रकाशित किया। पर यह पत्र अधिक सफलता न प्राप्त कर सका क्योंकि आरंभ से ही उसकी नीति सरकारी पक्ष का समर्थन करने की ही थी। स्वाभाविक था कि वह सन्देहात्मक दृष्टि से देखा जाता। अधिक उसका प्रभाव भी स्थापित न हो सका। कहा जाता है कि जेम्स सिल्क बकिंघम ने अन्दर-ही-अन्दर राजा राममोहन का समर्थन तथा उनकी मदद प्राप्त थी। इसी समय से शनैः-शनैः प्रजा पक्ष का समर्थन करने वाले पत्रों का प्रभाव देश के जीवन पर स्थापित होता गया। राजा राममोहन के प्रयत्न से सन् 1820 ईसवी में 'संवादकुमुदिनी' नामक एक तथा बंगला साप्ताहिक पत्रिका प्रकाशित होने लगी। उसके एक वर्ष पश्चात् उन्होंने 'ब्राह्मनिकल मेगजीन' नामक पत्र भी प्रकाशित करना आरंभ किया। यह पत्र बँगला तथा अंग्रेजी दोनों भाषाओं में प्रकाशित होता रहा। इसी समय राजा साहब ने अखिल-भारतीय पत्र प्रकाशित करने की चेष्टा भी की उस समय सार्वदेशिक प्रचलित भाषा फारसी थी। बंगला अथवा अंग्रेजी का क्षेत्र परिसीमित था अतः 'मिरातुल-अखबार' के नाम से उन्हीं की प्रेरणा से फारसी साप्ताहिक भी प्रकाशित होने लगा।

राजा राममोहन ने भारतीय पत्रकारिता के विकास को जो दशा तथा दिशा प्रदान की उसका व्यापक प्रभाव देश के जीवन पर व्यापक रूप से पड़ा। जनाधिकार और जनहित का प्रतिनिधित्व निर्भयतापूर्वक करने का आदर्श कायम करके उन्होंने पत्रों को देश में नई चेतना उत्पन्न करने का साधन बनाया। पत्रों के इस नए स्वरूप ने स्पष्टतः उनमें दो पक्ष उत्पन्न कर दिए। एक वर्ग तो उन पत्रों का हो गया जो प्रगतिशील विचारों के समर्थक, उदारनीति के प्रवर्तक और जनहित के पक्षपाती थे; दूसरा वर्ग उन पत्रों का हो गया जो रूढ़ियों और अन्धपरम्पराओं के समर्थक, कट्टरता के प्रवर्तक और शासकों तथा स्थापित शासक सत्ता के पक्षपाती हो गए। प्रगतिशील पत्रों के विकास ने जनजीवन में चेतना की लहर लहरा दी।

सन् 1818 ईसवी में जहां एक तरफ जन-जागृति के प्रतीक स्वरूप हम भारतीय पत्रों का विकास होते देखते हैं वहीं यह भी देखते हैं कि विदेशी सरकार उन्हें कुचल देने के लिए तत्पर थी। न्यायालय में बिन मुकदमा चलाए तथा बिना अपराध साबित हुए किसी व्यक्ति की स्वतन्त्रता अपहरण करके उसे अनिश्चित काल तक जेल में बन्द कर रखने का कानून पहले पहल इसी साल आया। सन् 1818 के रेगुलेशन 3 को कोई भारतीय नहीं भूल सकता। महात्मा गांधी जैसे नेता

भी इस पापपूर्ण कानून के शिकार हो चुके हैं। लेकिन सरकार की दमन-प्रवृत्ति की परिसीमा यहीं खत्म नहीं होती। प्रगतिशील पत्रों के विकास को भी सशंक दृष्टि से देखा गया। जैसा कि कहा जा चुका है गवर्नर जनरल की शासन परिषद के कतिपय कट्टरपंथी सदस्यों ने उपरोक्त के पत्रों को कुचल देने हेतु सेंसर सम्बन्धी पुराने कानूनों को जारी कर देने की माँग पेश कर दी। कम्पनी के कोर्ट ऑफ डाइरेक्टर्स के सदस्य भी इसके पक्षपाती थे। वाइसराय एवं शासन-परिषद के सदस्यों में जान आदम इसके सबसे बड़े समर्थक थे।

जब तक हेस्टिंग्स गवर्नर-जनरल थे तब तक यह प्रयत्न सफल न हो सका। सन् 1823 ईसवी में लार्ड हेस्टिंग्स ने अवकाश लिया। उनके जाने के पश्चात् जॉन आदम ही भारत के स्थानापन्न गवर्नर-जनरल नियुक्त हुए। आदम ने अवसर पाते ही अपनी मनमानी कर डालने का निश्चय किया। इस दिशा में प्रथम प्रहार उन्होंने 'कलकत्ता जर्नल' तथा उसके सम्पादक जेम्स सिल्क बकिंघम पर किया। आदम की आज्ञा से बकिंघम गिरफ्तार किए गए एवं तत्काल भारत से निर्वासित करके इंग्लैंड भेज दिए गए। पर इतने से ही उन्हें संतोष नहीं हुआ। अब वह समय आ गया था जब कुछ भारतीय पत्र भारतीय सम्पादकों के सम्पादकत्व में प्रकाशित हो रहे थे। अंग्रेज पत्रकारों को तो निर्वासित कर देने से काम चल जा सकता था पर भारतीयों के नियन्त्रण तथा दमन के लिए कुछ तथा व्यवस्था करना आवश्यक हो गया। फलतः 4 अप्रैल सन् 1823 को आदम साहब ने समाचार पत्र और प्रेस सम्बन्धी नए कानून जारी किए। ये नए कानून वेलेजली की पुरानी व्यवस्था से भी कहीं ज्यादा कठोर थे। उसमें कहा गया था कि–

1. हर व्यक्ति जो सरकार से लाइसेन्स की प्राप्ति के लिए प्रार्थनापत्र पेश करे, एक हलफनामा भी दायर करे जिसमें प्रकाशित होने वाले समाचारपत्र, पत्रिका अथवा पुस्तिका के मुद्रक अथवा प्रकाशक का नाम और पूरा पता दिया गया हो। प्रेस के मालिक का नाम देना भी आवश्यक है। यदि मालिकों की संख्या दो से अधिक हो तो उनमें से जो सबसे बड़े हिस्सेदार हों और जो बंगाल में रहते हों उनका नाम मय पूरे पते के दाखिल किया जाए। यह भी आवश्यक है कि जिस भवन में समाचारपत्र अथवा अन्य तत्सम प्रकाशन होता हो उसका विशद विवरण एवं स्वरूप अंकित कर दिया जाए।
2. कोई व्यक्ति अथवा व्यक्तियों का समूह बिना सरकार की स्वीकृति के फोर्ट विलियम की जनसंख्या के क्षेत्र में इस प्रकार का कोई समाचार पत्र, पत्रिका,

पुस्तिका, विज्ञप्ति अथवा पुस्तक प्रकाशित न करेगा जिसमें किसी भाषा में भी सरकार की नीति या कार्यपद्धति के सम्बन्ध में किसी प्रकार की सूचना का समाचार दिया गया हो या टीका-टिप्पणी की गई हो।

३. बगैर लाइसेंस लिए यदि कोई समाचार पत्र प्रकाशित किया जाएगा तो प्रकाशक को चार सौ रुपए जुर्माने या चार महीने सजा का दण्ड दिया जाएगा।

इसके साथ-साथ यह आज्ञा भी जारी की गई कि छापाखाने के लिए भी लाइसेन्स लेने की आवश्यकता है। बिना लाइसेन्स के छापाखाना खोलनेवाले को छः महीने का जेल और सौ रुपए तक जुर्माने क़ी सजा दी जा सकती है। सरकार को यह भी अधिकार होगा कि ऐसे छापाखानों को जब्त कर ले। जिन पत्रों का प्रकाशन बंद कर दिया गया हो उन्हें वितरित कराने वाले को एक हजार रुपए तक जुर्माने अथवा दो महीने कारावास का दण्ड दिया जा सकेगा।

भारतीय पत्रों की स्वतन्त्रता पर विदेशी सरकार की तरफ से यह प्रचण्ड तथा निष्ठुर आघात था। जिस ब्रिटेन में ब्रिटिश जनता की निजी स्वतन्त्रता सत्रहवीं शती में घोषित कर दी गई थी, जहाँ के पत्रों की स्वतन्त्रता भी उसी समय स्वीकार कर ली गई थी वहाँ के भारत-स्थित शासकों ने भारतीय समाचार पत्रों की स्वतन्त्रता की हत्या कर डाली। सौभाग्य से उस समय राजा राममोहन के समान तेजस्वी व्यक्ति जीवित थे। भारतीय पत्रों की तरफ से उक्त बर्बर विधान का प्रतिरोध करने के लिए वे अग्रसर हुए। सुप्रीम कोर्ट में उन्होंने इस कानून के खिलाफ अपील की। राजा राममोहन राय ने जो मन्तव्य सुप्रीम कोर्ट के सामने उपस्थित किया उसके कुछ अंश यहाँ प्रस्तुत किये जा रहे हैं। उसमें कहा गया था कि 'सम्राट विशद साम्राज्य में फैली हुई उनकी प्रजा अपने कष्टों को उन तक पहुँचाने के अधिकार से वंचित की जा रही है। इस कानून का परिणाम यह होगा कि सरकार अपने कर्मचारियों के माध्यम से की गई गलतियों, भूलों तथा अन्यायों से परिचित नहीं हो सकेगी क्योंकि इन बातों का प्रकाशन भविष्य में असम्भव हो जाएगा। हर भला शासक जो मनुष्य-स्वभाव की दुर्बलताओं से परिचित है एवं जो प्रभुओं के भी प्रभु की सत्ता में आस्था रखता है यह स्वीकार करेगा कि किसी विशद और महान साम्राज्य की व्यवस्था करने का अधिकार प्राप्त करके उसने महान उत्तरदायित्व उठाया है जिसका निर्वाह करने के लिए हर व्यक्ति को ऐसा अवसर प्रदान करना आवश्यक है जिसमें वह अपने कष्टों को अपने शासकों के सम्मुख जल्दी उपस्थित कर सके। इस लक्ष्य की प्राप्ति का एकमात्र उपाय यह है

कि संवादपत्रों को अकुण्ठित स्वतन्त्रता मुहैया की जाए।' सर्वोच्च कोर्ट ने राजा राममोहन की अपील अस्वीकृत कर दी। ईस्ट इंडिया कम्पनी के विधाताओं ने खुल्लमखुल्ला जान आदम की इस नीति का समर्थन किया।

आदम स्थानापन्न वाइसराय थे इसलिए जब लार्ड एम्हर्स्ट गवर्नर जनरल नियुक्त हुए तो उन्होंने भी आदम की नीति से सहमति प्रकट की। राजा राममोहन इससे भी निराश न हुए। उन्होंने सम्राट की सेवा में प्रार्थनापत्र भेजकर इस कानून का प्रतिवाद किया जिसमें नम्रतापूर्वक यह निवेदन किया कि आज की अपेक्षा कहीं अधिक निरंकुश स्वच्छन्द मुगल शासकों के शासन काल में भी भारतीय प्रजा अधिक सुरक्षित थी क्योंकि अधिकारियों के माध्यम से अधिकार में सम्भव दुरुपयोग का नियन्त्रण करने के लिए उचित व्यवस्था की स्थापना में वे सफल हुए थे। प्रिवी कौंसिल ने इस अपील को भी यह कहकर अस्वीकार कर दिया कि किसी स्वतन्त्र राष्ट्र के समाचार पत्रों की स्वतन्त्रता आवश्यक हो सकती है लेकिन भारत की असाधारण स्थिति और हमारे शासन के वर्तमान स्वरूप से वहाँ के पत्रों का स्वतन्त्रता का नियम संगत नहीं है।

ब्रिटेन की जनता मनुष्य थी लेकिन भारत में बसने वाले मानो मनुष्य नहीं थे क्योंकि वो सिद्धान्त तथा व्यवस्था वहाँ संगत है वही भारत में असंगत थी। नए प्रेस-कानून का पहला शिकार राजा राममोहन का फारसी भाषा का समाचार पत्र 'मिरातुल-अखबार' हुआ। उनके समान तेजस्वी व्यक्तित्व के लिए उक्त कानून के माध्यम से उद्भूत अपमानजनक परिस्थितियों में समाचार पत्र प्रकाशित करना असम्भव हो गया। परिणामतः 4 अप्रैल सन्, 1823 को उन्होंने पत्र का अन्तिम संस्करण प्रकाशित करते हुए उसके स्तम्भों में यह घोषणा की कि 'जो परिस्थिति उत्पन्न हो गई है उसमें पत्र का प्रकाशन रोक देना ही एकमात्र रास्ता रह गया है। जो नियम बने हैं उनके अनुसार किसी यूरोपियन सज्जन के लिए जिनकी पहुँच सरकार के मुख्य सचिव तक सरलता के साथ हो जाती है। सरकार से लाइसेंस लेकर पत्र निकाल देना आसान है। लेकिन भारत के किसी निवासी हेतु जो सरकारी भवन की देहरी लाँघने में भी समर्थ नहीं हो पाता, पत्र-प्रकाशन के लिए सरकारी आज्ञा प्राप्त करना दुस्तर कार्य हो गया है। फिर खुली अदालत में हलफनामा दायर करना भी कम अपमानजनक नहीं है। लाइसेंस के छिन जाने का खतरा भी सदैव सिर पर झूला करता है। ऐसी दशा में पत्र का प्रकाशन रोक देना ही सही है।'

इस कानून का दूसरा शिकार 'कलकत्ता जर्नल' हुआ जिसके प्रथम सम्पादक जेम्स बकिंघम पहले निर्वासित किए जा चुके थे। अब उसके सम्पादक श्री सैण्डी

आरनाट थे। उन पर सरकार की कठोर दृष्टि पड़ी। वे गिरफ्तार किए गए, उनका निर्वासन हुआ एवं 'कलकत्ता जर्नल' बन्द कर दिया गया।

छः सालों तक भारतीय पत्रों का क्रूर कण्ठावरोधन निरंकुश और अबाध गति से चल रहा था। लार्ड हेस्टिंग्स की उदारता ने प्रगतिशील पत्रकारों के लिए जिस वातावरण का सर्जन किया था वह नष्ट हो चुका था तथा दमन और परतन्त्रता की घृणित श्रृंखला भारतीय समाचार पत्रों को कठोरतापूर्वक कसती जा रही थी। लेकिन सौभाग्य से यह स्थिति अधिक दिनों तक न रही। लार्ड एम्हर्स्ट ने गवर्नर जनरली का सूत्र रखा तथा लार्ड विलियम बेण्टिक ने शासन-भार उठाया तो परिस्थिति में पुनः परिवर्तन हुआ। बेण्टिक उदार तथा प्रगतिशील विचार के व्यक्ति थे। भारत में ब्रिटिश राज के इतिहास में वे अपनी उदारता के लिए विख्यात हैं। उन्होंने उक्त पद धारण करते ही यह घोषणा की कि वे पत्रों की स्वतन्त्रता को सुशासन की स्थापना हेतु मददगार समझते हैं। उनके इस भाव ने एक बार पुनः असमय में मसल दी गई भारतीय पत्रकारिता की कोमल लतिका का सिंचन किया। प्रगतिशील विचारों को उभड़ने का अवसर पुनः मिला।

राजा राममोहन पुनः आगे बढ़े तथा एक बार भारतीय पत्रों का नेतृत्व पुनश्च धारण किया। सन् 1829 में उन्होंने अंग्रेजी भाषा में 'बंगाल हेरल्ड' नामक साप्ताहिक पत्र की स्थापना की जो एक अंगरेज पत्रकार के सम्पादन में प्रकाशित होने लगा। इसी समय नीलरतन हालदार के सम्पादकत्व में 'बंगदूत' भी प्रकाशित होने लगा। इस समाचार पत्र का प्रकाशन बंगला, हिन्दी तथा फारसी लिपियों में होता था। श्री नीलरतन राजा राममोहन के मित्र और अनुयायी थे। सौभाग्य से इस समय राजा साहब को कुछ अन्य सहायक और मित्र मिल गए जिनका उल्लेख कर देना आवश्यक है। कुमार द्वारिकानाथ टैगोर और कुमार प्रसन्नकुमार टैगोर उस विख्यात टैगोर-परिवार के सदस्य थे जिसमें आगे चलकर स्वर्गीय रवि बाबू का अवतार हुआ। द्वारिकानाथ रवि बाबू के पितामह थे। इसी धनी और सम्पन्न परिवार ने तत्कालीन पत्रकारिता की सेवा अपने धन से की। टैगोर का कुल अपनी प्रगतिशीलता, उदारता और व्यापक दृष्टिकोण के कारण सदैव प्रसिद्ध रहा है। श्री द्वारिकानाथ तथा श्री प्रसन्नकुमार पर राजा राममोहन का गहरा प्रभाव था। उनकी प्रेरणा से श्री द्वारिकानाथ ने बंगाल के कुछ गोरे पत्रों को खरीद लिया। 'बंगाल हरकारू' पहले उनके हाथ आया। कुछ वर्षों के पश्चात् कट्टर और साम्राज्यवादी यूरोपियन का सुप्रसिद्ध 'जान बुल' भी बिका जिसे द्वारिकानाथ ने खरीद लिया। इस 'जान बुल' ने नए स्वामियों तथा प्रबन्धकों के हाथ में पड़कर अपना नाम तथा

रूप परिवर्तित किया जो 'इंग्लिशमैन' के नाम से प्रकाशित होने लगा। 'इंग्लिशमैन' अपने शुरूआती दौर में प्रगतिशील संवाद पत्र के रूप में विख्यात था। श्री प्रसन्न कुमार ने 'रिफार्मर' नामक पत्र का प्रकाशन शुरू किया जो आगे चलकर राष्ट्र का प्रमुख और आदरणीय पत्र हो गया।

इस प्रकार हम यह देखते हैं कि बेण्टिंक के पदारोहण करने के दो-तीन वर्षों के अंदर भारतीय पत्रकारिता का क्षेत्र विशद होने लगा। राष्ट्र में पैदा चेतना सामाजिक सुधार और रूढ़ियों के उन्मूलन की तरफ उन्मुख होने लगी थी। बेण्टिंक का ही काल था जो सती-प्रथा की समाप्ति हेतु विख्यात् है। उस समय तक ऐसे सुधारकों का वर्ग उदीयमान हो चुका था जो उक्त प्रथा का विरोध करने के लिए अग्रसर होने का साहस प्रकट कर रहे थे। स्वयं राजा राममोहन उस आन्दोलन के नेता थे। तत्कालीन प्रगतिशील भारतीय पत्रों के स्तम्भ में उसके लिए जोरदार संघर्ष चल रहा था।

इस समय प्रगतिशील विचारों का विरोध करने वाले रूढ़ि पूजकों का वर्ग भी चुप न था। वह भी उसी प्रकार सक्रिय था। कट्टरपंथियों के पत्र भी प्रकाशित हो रहे थे जो किसी तरह के सामाजिक सुधार के खिलाफ थे। 'समाचारचन्द्रिका' नामक पत्र ऐसे गुटों का मुखपत्र था। लेकिन उन्नति के पथ का विरोध करने में प्रतिगामी ज्यादा दिनों तक सफल नहीं होते। भारत की नव चेतना का समय शनैः-शनैः आ रहा था जिसका स्पष्ट संकेत देने वाले प्रगतिशील पत्र उसके अग्रदूत थे। फलस्वरूप भारत के उद्‌बुद्ध शिक्षित वर्ग की माँग अबाध गति से द्रुत होती गई जिसके फलस्वरूप बेण्टिक की सरकार ने सती प्रथा की समाप्ति कानून बनाकर खत्म दी। प्रगतिशील पत्रों की यह प्रथम विजय थी। इस सफलता ने पत्रकारिता को तथा विशेषकार प्रगतिशील पत्रकारिता को विकसित होने में तथा ज्यादा उत्प्रेरणा और सहायता प्रदान की। सन् 1831 ईसवी में श्री ईश्वरचन्द्र गुप्त का 'संवाद प्रभाकर' प्रकाशित हुआ। समय पाकर यह पत्र काफी प्रसिद्ध हुआ तथा श्री द्वारिकानाथ और उनके बाद श्री देवेन्द्रनाथ टैगोर की सहायता तथा उनका समर्थन पाकर सन् 1836 में दैनिक में परिवर्तित हो गया। यही बंगाल का बंगला भाषा में प्रथम दैनिक पत्र था।

जहाँ तक हिन्दी पत्र का प्रश्न है तो हिन्दी भाषा का पहला समाचार पत्र 'उदन्तमार्तण्ड' भी बंगाल में सन् 1836 ईसवी में प्रकाशित हुआ। फारसी भाषा के 'मिरातुल-अखबार' का उल्लेख पूर्व के पृष्ठों में किया ही जा चुका है। इस प्रकार हम देखते हैं कि बंगाल को ही हिन्दी, बंगला और फारसी के प्रथम पत्रों को

प्रकाशित करने का श्रेय प्राप्त है। लेकिन पत्रों के विकास की गति बंगाल तक ही सीमित न थी। सन् 1830 ईसवी में बम्बई में गुजराती भाषा के समाचार पत्र प्रकाशित होने लगे थे। 'मुम्बई वर्तमान', 'जामे-जमशेद' आदि कुछ पत्र प्रकाशित हो रहे थे। इसी समय वैज्ञानिक तथा ऐतिहासिक पत्रों का जन्म भी हुआ। बंगाल की 'एशियाटिक सोसाइटी' की स्थापना सन् 1784 ईसवी में सर विलियम जोन्स ने की थी। ऐतिहासिक अनुशीलन का प्रमुख कार्य इस संस्था के माध्यम से होता था पर अब तक उसका अपना कोई पत्र प्रकाशित नहीं होता था।

सन् 1832 ईसवी से श्री जेम्स प्रिंसेप के सम्पादकत्व में 'जर्नल ऑफ दि रायल सोसाइटी ऑफ बंगाल' का प्रकाशन होने लगा। उधर मद्रास में भी 'एशियाटिक सोसाइटी' की शाखा-संस्था–'मद्रास लिटरेरी सोसाइटी'–का 'जर्नल ऑफ लिटरेचर एण्ड साइंस' प्रकाशित होने लगा। सन् 1843 ईसवी में महर्षि देवेन्द्रनाथ टैगोर की 'तत्वबोधिनी पत्रिका' भी प्रकाशित होने लगी जो प्रथम पत्रिका थी जिसमें भारतीय भाषा और लिपि में वैज्ञानिक तथा ऐतिहासिक लेख प्रकाशित होने लगे थे।

सन् 1835 ईसवी में लार्ड बेंटिक ने अवकाश धारण किया। उनकी उदार नीति ने भारतीय पत्रकार-कला को तथा भारतीय पत्रों को विकसित होने का मौका प्रदान किया था पर अब उनके पदत्याग का अवसर देखकर भारतीय पत्रकारों में भविष्य सम्बन्धी आशंका प्रकट हुई।

आदम के माध्यम से बनाया गया कानून अब भी विधान-पुस्तक पर स्थित था। यह बेण्टिंक का सौजन्य, साहस और उनकी उदारता थीं कि वह अप्रयुक्त स्थिति में पड़ा रहा, पर भविष्य में भी उसका उपयोग न होगा यह कौन कह सकता था। फलतः इसके पूर्व कि बेण्टिंक अपना पदभार छोड़ें, देश के प्रमुख नेताओं तथा पत्रकारों ने विशद प्रार्थना-पत्र पेश किया जिसमें यह माँग की गई कि आदम के माध्यम से रचित कानूनों का विलोप करके उनके स्थान पर नया किन्तु ज्यादा उदार नियमों की रचना की जाए। यह प्रार्थना-पत्र बेकार नहीं गया। यद्यपि बेंटिक उन कानूनों को खत्म करने के पूर्व ही गवर्नर जनरल से अलग होने के लिए बाध्य हुए थे तथापि जाने के पूर्व वे यह स्वीकार करते गए कि 'प्रेस सम्बन्धी कानून असन्तोषजनक है जिसकी ओर गवर्नर जनरल का ध्यान आकर्षित हो चुका है। उन्हें विश्वास है कि निकट भविष्य में ऐसे कानूनों की रचना हो सकेगी जिससे एक तरफ जहाँ पत्रों को यह अधिकार प्रदान करेंगे कि वे सरकारी नीति की उचित टीका-टिप्पणी कर सके वहीं दूसरी ओर यह व्यवस्था भी करेंगे कि सरकार के प्रति

विद्रोह के भाव न फैलाए जा सकें एवं न किसी व्यक्ति का अपमान किसी पत्र के माध्यम से किया जा सके।' बेंटिक के पदत्याग के बाद सर चार्ल्स मेटकाफ भारत के गवर्नर जनरल हुए। सौभाग्य से मेटकाफ ने तत्काल ही इस प्रश्न की तरफ ध्यान दिया। उन्होंने मेकाले से यह अनुरोध किया कि वे प्रेस के सम्बन्ध में नए कानून का मसविदा तैयार करें।

मेटकाफ ने यह आधार भी स्थिर किया कि विचारों को प्रकट करने की स्वतन्त्रता हर व्यक्ति को मिलनी चाहिए तथा इसी सिद्धान्त के आधार पर नए कानूनों की रचना का अनुरोध किया। परिणामतः 3 अगस्त, 1935 ई. को नया कानून बनकर स्वीकृत हुआ जिसने आदम के माध्यम से रचित नियमों को खत्म करके उनका स्थान धारण किया तथा सारे देश में लागू किया गया। मेटकाक एवं मेकाले के माध्यम से बनाया गया कानून उदार था। भारतीय पत्रों ने राहत की साँस ली, जनता ने गवर्नर जनरल के प्रति कृतज्ञता प्रकट की, पर स्वयं मेटकाफ हेतु इसका परिणाम उत्तम नहीं रहा। 'कोर्ट ऑफ डाइरेक्टर्स' उनकी इस नीति से क्षुब्ध हो उठा। उसे यह कब सहन हो सकता था कि पद्‌दलित भारतीयता के प्रति उदार नीति व्यवहृत की जाए। कोर्ट ऑफ डाइरेक्टर्स स्पष्ट शब्दों में मेटकाफ की निन्दा की, उन्हें गवर्नर-जनरल से हटाकर पश्चिमोत्तर सीमा-प्रान्त ऐसे छोटे से प्रान्त का गर्वनर बनाकर भेज दिया तथा दो साल के अन्दर बाध्य किया वे भारत छोड़कर इंग्लैंड वापस चले जाएँ। यद्यपि सर चार्ल्स मेटकाफ को अपनी प्रगतिशीलता तथा उदार-हृदयता का भारी मूल्य चुकाना पड़ा पर भारतीय पत्रकारिता के लिए वे मार्ग अवश्य प्रशस्त कर गए। सन् 1839 ईसवी में मात्र 26 यूरोपियन पत्र प्रकाशित होते थे जिनमें 9 दैनिक थे। इनके सिवा 9 भारतीय पत्र प्रकाशित होते थे।

बम्बई में दस गोरे तथा चार भारतीय तथा मद्रास में नौ गोरे पत्र प्रकाशित हो रहें थे। इन तीनों प्रमुख शहरों के अलावा लुधियाना, दिल्ली, आगरा, शिव-रामपुर, मोलमीन आदि स्थानों में भी पत्र प्रकाशित होने लगे थे। सर सैयद अहमद के अग्रज मुहम्मद खाँ के माध्यम से स्थापित 'सैयदुल-अखबार' नामक उर्दू का समाचार-पत्र सन् 1837 ईसवी में दिल्ली से प्रकाशित होने लगा था। उर्दू भाषा का यह प्रथम समाचार पत्र था। इसके बाद कुछ उर्दू पत्र दिल्ली से प्रकाशित हुए। स्पष्ट है कि सन् 1857 के पूर्व जब भारतीय स्वतन्त्रता के युद्ध का सूत्रपात हुआ था इस देश के कुछ प्रान्तों में मात्र अंग्रेज भाषा में प्रत्युत हिन्दी, उर्दू, फारसी, गुजराती, बँगला आदि भाषाओं के कुछ पत्र प्रकाशित होने लगे थे। सन् 1857 के

युग का व्यापक प्रभाव इन पत्रों पर पड़ा। लार्ड केनिंग इस समय भारत के गवर्नर-जनरल थे।

देश में समस्त गोरे पत्रों ने उनकी कड़ी निन्दा की और विद्रोह को न दबा सकने की सारी जिम्मेदारी उनके सिर मढ़ दी। वे सक्षोभ प्रतिशोध की माँग करते रहे। दूसरी तरफ भारतीय पत्र खुल्लमखुल्ला भारतीय जनवर्ग के अन्ध और निष्ठुर निर्दलन का विरोध करने लगे। इस समय भारतीय तथा गोरे पत्रों का जो विरोध स्पष्ट हुआ वह आज तक स्पष्ट बना हुआ है। श्री हरिश्चन्द्र मुखर्जी तथा श्री ईश्वरचन्द्र विद्यासागर के दो पत्र 'हिन्दू पेट्रियट' एवं 'सोमप्रकाश' इसी समय प्रकाशित हुए थे जो जनपक्ष के प्रबल समर्थक थे। जो स्थिति उस समय देश में व्याप्त थी उसमें स्वाभाविक था कि दोनों पक्षों में प्रबल उत्तेजना उत्पन्न हो जाती।

लार्ड केनिंग ने इस उत्तेजना का प्रतिरोध एवं नियन्त्रण करने के लिए प्रेस सम्बन्धी नए कानूनों का सृजन किया। वे नए कानून वस्तुतः आदम के माध्यम से रचित पुराने नियमों के प्रतिरूप थे, पर केनिंग ने इन कानूनों को सारे भारत में लागू करते हुए यह घोषणा की थी कि इनके जीवन की अवधि सिर्फ एक वर्ष की है। विद्रोह का शमन होते ही भारत के शासन का सारा प्रबन्ध ईस्ट इण्डिया कम्पनी के हाथों से हस्तान्तरित होकर ब्रिटिश सरकार के हाथों में पहुँचा। केनिंग के माध्यम से बनाया गया कानून एक वर्ष के पश्चात् खत्म हो गया। तबसे लेकर सन् 1867 तक मेटकाफ-मार्ले कानून ही परिचालित रहा जब उक्त वर्ष में दूसरा विशद विधान निर्मित हुआ जिसमें मेटकाफ-मार्ले कानून के सिवा प्रेस, समाचार-पत्र तथा ब्रिटिश भारत में प्रकाशित होने वाली पुस्तकों के सम्बन्ध में और उनकी रजिस्टरी कराने के लिए व्यवस्था की गई। 1857 से 1867 के बीच अर्थात् दस वर्षों में कतिपय प्रसिद्ध पत्रों का उदय हुआ जिनका प्रकाशन आज तक हो रहा है। बम्बई से प्रकाशित होने वाले 'टाइम्स आफ इण्डिया' का श्री गणेश सन् 1861 ईसवी से हुआ। पायोनियर की स्थापना सन् 1865 ईसवी में हुई। उस समय उसका प्रकाशन प्रयाग से होता था। कलकत्ता के विख्यात् 'स्टेट्समैन' का जन्म सन् 1875 ईसवी में हुआ। 'अमृतबाजार पत्रिका' का उदय सन् 1868 ईसवी में बंगाल के जैसोर जिले के एक छोटे से गाँव में हुआ। 'पत्रिका' की जीवन-कथा भारतीय पत्रकारी के इतिहास का उज्ज्वल अध्याय है। जैसोर के एक सामान्य से गाँव के घोष-परिवार में बसन्त कुमार, हेमन्त कुमार, शिशिर कुमार नामक तीन भाई थे जो पत्रिका के जनक रहे हैं। घोषवन्धु ब्रह्मसमाजी थे। ब्रह्मसमाज की स्थापना से देश के राष्ट्रीय जीवन में चेतना की नई लहर उत्पन्न होने लगी थी। पराधीनता हमेशा नैतिक

अधःपात का प्रजनन करती है। भारत के सम्मुख सन् 1857 के विद्रोह के पश्चात् वह युग उपस्थित हो गया था जो न सिर्फ नैतिक अधःपतन किन्तु सांस्कृतिक महाविनाश का कारण होने जा रहा था। देश की जनता दबी हुई, सहमी हुई, विज्ञान के अन्धकार से आच्छन्न धरती पर पड़ी हुई थी। देश का साक्षर वर्ग पराधीनता से प्रेम करने लगा था।

जब विदेशी शिक्षा-दीक्षा धीरे-धीरे भारतीयता का संहार कर रही थी; ऐसे समय ब्रह्मसमाज की स्थापना ने भारतीयों के नैतिक पतन को रोकने में बहुत हद तक सफलता प्राप्त की। वह एक ओर जहाँ रूढ़ि-पूजा, अन्धविश्वास तथा विघातक और निरर्थक शुष्क परम्पराओं का विरोधी था वहीं दूसरी तरफ व्यापक दृष्टिकोण, प्रगतिशील विचारों और भारतीयता का परिपोषक था। बंगाल में ब्रह्मसमाज का व्यापक प्रभाव था एवं जो नवयुवक उसके सन्देश से प्रभावित होते वे प्रगतिशील विचारों के पूजक हो जाते। उपरोक्त घोषबन्धु ऐसे ही युवकों में थे। शिशिर कुमार एवं हेमन्त कुमार डिप्टी-कलक्टर थे पर वसन्त कुमार अपने गाँव में ही रहते थे। वसन्त कुमार के हृदय में पत्र के प्रकाशन का भाव उत्पन्न हुआ। फलतः तीन सौ रुपए देकर उन्होंने अपने अनुज शिशिर को कलकता भेजा कि वे जाएँ तथा सम्भव हो तो छोटा-मोटा प्रेस खरीद लाएं। इस अकिंचन रकम का प्रयोग करके शिशिर ने कहीं से सड़ा-गला, लकड़ी का बना प्रेस और वैसे ही पुराने टाइप खरीद लिए। पर शिशिर इतने से ही सन्तुष्ट न हुए। उन्होंने कलकता में कुछ दिन रहकर स्वयं कम्पोज करना, छापना तथा यन्त्र के संचालन की दूसरी तमाम बातें भी सीख लीं। कुछ दिनों पश्चात् वह प्रेस गाँव में लाया गया तथा जल्दी 'अमृत-प्रवाहिनी' नामक पाक्षिक पत्रिका बंगाल में प्रकाशित होने लगी। अधिक दिन नहीं बीत पाए थे कि वसन्त कुमार का देहान्त हो गया। अब हेमन्त तथा शिशिर ने नौकरी छोड़ दी। उनके सबसे छोटे भाई मोतीलाल भी युवक हो चले थे।

तीनों भाइयों ने मिलकर 'अमृत-प्रवाहिनी' के स्थान पर बँगला में 'अमृतबाजार पत्रिका' के नाम से साप्ताहिक समाचार-पत्र प्रकाशित करना आरंभ किया। 'पत्रिका' के प्रवर्तकों के अध्यवसाय, दृढ़ संकल्प तथा कठोर तप की कहानी आदर्शवादी, देशभक्त भारतीय पत्रकारों का आख्यान है जिस पर किसी भी राष्ट्र का पत्रकार-वर्ग गर्व कर सकता है। पाठकों को यह जानकर आश्चर्य होगा कि शिशिर बाबू न मात्र सम्पादक, कम्पोजीटर, यन्त्रचालक थे अपितु स्याही तथा कागज का अभाव देखकर उन्होंने उनका सृजन करना भी सीख लिया। आवश्यकता पड़ने पर अपने पत्र के लिए कागज तथा स्याही भी वे बनाया करते।

'पत्रिका' की निर्भीक नीति ने आरंभ से ही उसे सरकार का कोपभोजन बना दिया। उसके प्रकाशन के दो वर्ष भी नहीं बीते थे कि उस पर एक भारतीय महिला पर अंग्रेज डिप्टी-मजिस्ट्रेट के माध्यम से किए गए बलात्कार का समाचार छापने के कारण मुकदमा चलाया गया जिसमें मुद्रक तथा समाचार-लेखक को कारावास का दण्ड दिया गया। सन् 1871 ईसवी में ग्रामीण जीवन का परित्याग करके 'पत्रिका' कलकत्ता से प्रकाशित होने लगी। उस समय उसका स्वरूप 'द्विसाप्ताहिक' और 'द्विभाषी' (अंग्रेजी तथा बंगला) हो गया। सन् 1878 ईसवी में 'पत्रिका' पूरी प्रकार अंग्रेजी भाषा में प्रकाशित होने लगी। सन् 1891 ईसवी में वह साप्ताहिक से दैनिक हो गई। सन् 1867 से 1877 के बीच भारतीय पत्रों का विस्तार तथा अधिक बढ़ा। दस वर्षों में 'पत्रिका' ही नहीं प्रत्युत प्रतिष्ठित प्रगतिशील तथा लोकप्रिय भारतीय पत्रों का उदय हुआ। बंगाल की पत्रकारी में तो विशेष रूप से प्राणसंचार हुआ दिखाई देता है।

बंगाल में पहले पहल 1870 ईसवी में एक पैसे वाले पत्रों का प्रकाशन आरंभ हुआ। श्री केशवचन्द्र सेन का 'सुलभ समाचार' एक पैसे का पत्र था जिसने गरीब भारतीय जनवर्ग तक पहुँचने की चेष्टा की। उस काल में भी इस पत्र की बिक्री असाधारण तौर पर बढ़ी तथा उसकी ग्राहक-संख्या चार-पाँच हजार तक पहुँच गई। 'भारत श्रमजीवी' इसी प्रकार का दूसरा समाचार प्रकाशित हुआ जो एक पैसे में बिका करता था। कहते हैं कि यह समाचार पत्र इतना लोकप्रिय था कि कुछ ही दिनों में उसकी ग्राहक-संख्या बढ़कर पन्द्रह हजार तक पहुँच गई। बंगला भाषा के इस साप्ताहिक पत्र की स्थापना शशिपद बन्दोपाध्याय ने की थी जो केशवचन्द्र सेन के मित्र तथा अनुयायी थे। इसी समय से हम बंगाल में साहित्यिक पत्रों का विकास होता भी पाते हैं।

बंकिमचन्द्र चट्टोपाध्याय का 'बंगदर्शन' सन् 1872 ईसवी में प्रकाशित होने लगा। उसके कुछ ही समय बाद द्विजेन्द्रनाथ ठाकुर की 'भारती' तथा 'आर्य-दर्शन', जोगेन्द्रनाथ विद्याभूषण का 'बान्धव', रविबाबू की 'साधना' आदि पत्र-पत्रिकाएँ प्रकाशित होने लगीं, जिन्होंने बंगला-साहित्य की प्रगति और सृजन तथा विस्तार का पथ प्रशस्त किया। भारतीय पत्रकारिता के इतिहास का यह युग कदाचित् सर्वाधिक महत्त्वपूर्ण है क्योंकि इसी समय हम भारतीय भाषाओं में प्रकाशित होने वाले पत्रों की संख्या असाधारण रूप से बढ़ती हुई पाते हैं। बंगाल ही नहीं प्रत्युत कतिपय अन्य प्रान्तों में भी वे अंकुरित तथा विकसित हुए। सन् 1876 ईसवी में जब लार्ड लिटन भारत के वाइसराय होकर आए, उस समय बम्बई प्रान्त में मराठी,

गुजराती, हिन्दी तथा फारसी भाषाओं में ज्यादातर 62 पत्र-पत्रिकाएँ प्रकाशित हो रही थीं।

पंजाब, अवध तथा मध्य प्रदेश में साठ, बंगाल में पचास, मद्रास में उन्नीस पत्र-पत्रिकाएँ हिन्दी, फारसी, उर्दू, बंगला, तमिल, तेलुगू, मलयालम आदि भाषाओं में प्रकाशित हो रही थीं। पंजाब के 'सिविल तथा मिलिटरी गजट' और लाहौर के विख्यात पत्र 'ट्रिब्यून' की स्थापना भी इसी समय हुई थी। 'ट्रिब्यून' की प्रतिष्ठा भारतीय पत्रों में उसके शुरूआती से ही रही है जो आज तक वैसी ही बनी हुई है। भारतीय भाषाओं के पत्रों के प्रकाशन का विस्तार समकालीन भारतीय जन-जागृति के विकास पर प्रकाश डालता है। सन् 1857 का विद्रोह यद्यपि असफल हो चुका था एवं भारतीय जनवर्ग का निरंकुश दमन करने में विदेशी साम्राज्यवादियों ने अपनी घृणित पशुता का चरम रूप प्रदर्शित कर दिया था तथापि विद्रोहोत्तर भारत शनैः-शनैः जागरण के पथ पर अग्रसर हो रहा था। हमारे इस पुरातन देश के हृदय में कोई ऐसा सजीव तत्त्व जरूर वर्तमान है जो उसे भयावनी विपत्तियों तथा प्राणघातक वातावरण से सदा पार ले जाता रहा है। हमारे इतिहास की इस विशेषता को कोई अस्वीकार नहीं कर सकता जिसका प्रदर्शन इस समय में भी हो रहा था। दलित तथा पराजित भारत पुनः उठने लगा था यह असन्दिग्ध है। क्या इसका प्रबल प्रमाण भारतीय भाषा के पत्रों के विकास में ही नहीं मिलता? हम देखते हैं कि ये पत्र जिन्हें 'वर्नाक्युलर प्रेस' कहा जाता है आरम्भ से ही राष्ट्रवादी तथा राष्ट्रीय स्वतन्त्रता के समर्थक रहे हैं। अपनी इस परम्परा का निर्वाह वे आज तक करते रहे हैं असहाय तथा प्रताड़ित जनवर्ग तक पहुँचना उसके उद्‌बोधन के पुनीत, महान और निर्भीक कार्य का बोझ उठाने में वे कभी नहीं चूके। यही कारण है कि भारत को गुलाम बनाकर रखने वालों ने सदा उसे संशक दृष्टि से देखा तथा उन पत्रों ने भी हमेशा उनसे लोहा लिया। इसके सिवाए एक बात तथा है जिसके कारण भारत की विदेशी सरकार की नीति हमेशा भारतीय भाषा के पत्रों के दमन की रही। उसे कभी यह इष्ट न था कि व्यापक जनसभा जागृत हो। शिक्षा तथा ज्ञान के प्रसार को इसी कारण रोका जाता रहा।

आवश्यक शिक्षा की योजना को मूलरूप से इसी कारण कभी विदेशी सरकार ने पनपने नहीं दिया। भारतीय भाषा के पत्र जनसमाज में प्रविष्ट हो जाते ओर नई चेतना और भावना को प्रवाहित करने में जरूर सफल होते, शिक्षा, साक्षरता तथा ज्ञान के प्रसार में मददगार होते, अतः उनका दलन करना आरंभ से लेकर आज तक समझा जाता रहा है।

जिस युग की बात हम कर रहे हैं उस समय भी इसी मनोवृत्ति का आभास पाते हैं। लार्ड लिटन के कार्यकाल के दौरान जब भारतीय भाषा के पत्रों की उपर्युक्त संख्या बढ़ोतरी, उनकी लोकप्रियता और जनजीवन में उनके प्रभाव को देखकर सरकार संशक हो उठी। यह आवश्यक हो गया कि उनके पथ का अवरोधन किया जाए।

लार्ड लिटन ने भारतीय भाषा के पत्रों की स्वतन्त्रता का हनन कर देने के लिए नए कानून की रचना का निर्णय किया। फलतः सन् 1878 ईसवी की 14 मार्च को **'वर्नाक्यूलर प्रेस एक्ट'** की घोषणा की गई। इस कानून के अनुरूप सरकार को यह अधिकार प्राप्त हुआ कि वह देशी भाषा के किसी पत्र के सम्पादक, प्रकाशक या मुद्रक को यह आदेश दे कि वह सरकार से यह इकरारनामा कर दे कि अपने पत्र में कभी कोई ऐसी बात प्रकाशित न करेगा जो जन-हृदय में सरकार के प्रति घृणा अथवा द्रोह के भाव का सर्जन कर सकती हो। अगर कोई प्रकाशक, मुद्रक अथवा सम्पादक इस इकरारनामे की शर्तों को भंग करेगा तो पहली बार उसे चेतावनी दे दी जाएगी।

दूसरी बार पुनः वही अपराध करने पर उसके प्रेस आदि की जब्ती कर लेने में ब्रिटिश स्वतन्त्र होगी। ब्रिटिश ने यह घोषणा भी कर दी कि जो पत्र इस कानून के खतरे से बचना चाहें वे पत्र में प्रकाशित होने के पूर्व समस्त स्तम्भों के प्रूफ का सेंसर करा ले सकते हैं जिसकी व्यवस्था सरकार की तरफ से कर दी जाएगी। ऐसे में यह आवश्यक हो गया कि इस कानून का प्रचण्ड विरोध किया जाए।

भारतीय पत्रों में इसके खिलाफ गहरा क्षोभ प्रगट किया गया, तथा शनैः-शनैः आन्दोलन बढ़ता गया। इस क्षोभ की प्रतिक्रिया लन्दन तक में हुई जब संसद की साधारण सभा में तत्कालीन ब्रिटिश उदार दल के नेता ग्लैडस्टन ने उक्त कानून को खत्म कर देने का प्रस्ताव किया। यद्यपि ग्लैडस्टन का प्रस्ताव सभा में गिर गया फिर भी जो आन्दोलन हुआ था वह कदापि निरर्थक नहीं गया इतना प्रभाव तो हुआ ही कि एक साल के अन्दर ही कानून का वह अंश निकाल दिया गया जिसमें प्रकांशन के पूर्व ही प्रकाशनीय स्तम्भों का सेंसर करने की व्यवस्था की गई थी। यह सब होते हुए भी देशी भाषा के कतिपय पत्र इसके शिकार हुए जिनमें कलकता का 'सोमप्रकाश' प्रमुख था। 'सोमप्रकाश' पण्डित ईश्वरचन्द्र विद्यासागर और पण्डित द्वारकानाथ विद्याभूषण का बंगला साप्ताहिक पत्र था जो अपने समय के सर्वोत्कृष्ट, प्रतिष्ठित और प्रभावशाली पत्रों में अग्रगण्य था। इसी कानून के कारण 'अमृतबाजार पत्रिका' ने अपना कायाकल्प कर डाला। अब तक 'पत्रिका' बंगला

भाषा का द्वि-साप्ताहिक समाचार पत्र था। बंगाल के तत्कालीन समाचार पत्र सर आशली इडेन शिशिर बाबू से असन्तुष्ट हो गए थे। कहा जाता है कि आशली इडेन ने पहले शिशिर बाबू को मिलाने की चेष्टा की थी एवं उन्हें प्रलोभन यदि था कि 'पत्रिका' सरकार की टीका-टिप्पणी छोड़कर यदि उसका समर्थन करे तो सरकार उसे आर्थिक मदद देने के लिए तैयार है। शिशिर बाबू ने गर्वनर को इस घृणित प्रस्ताव के लिए मुँहतोड़ उत्तर देते हुए कहा कि 'क्या आपकी यह इच्छा है कि देश भर में एक भी ईमानदार पत्रकार न रह जाए?'इस घटना के कुछ ही समय पश्चात् उक्त कानून की रचना हुई। बंगाल के गर्वनर ने सबसे आगे बढ़कर सोत्साह उसका स्वागत किया।

शिशिर बाबू की धारणा थी कि बंगाल में इस कानून को लागू करने में जो जल्दबाजी प्रदर्शित की गई है उसका मुख्य कारण 'पत्रिका' है जिससे गवर्नर बुरी प्रकार रुष्ट हैं। शिशिर बाबू ने इसका उत्तर भी असाधारण ढंग से दिया। 14 मार्च को उक्त कानून घोषित किया गया तथा उसके एक सप्ताह बाद अर्थात् 21 मार्च को पत्रिका का जो अंक प्रकाशित हुआ वह विशुद्ध अंग्रेजी भाषा में हुआ। रातो रात पत्रिका देशी भाषा के साप्ताहिक से आंगल भाषा की साप्ताहिक हो गई। 'वर्नाक्युलर प्रेस ऐक्ट' का विरोध लगातार तब तक होता रहा जब तक वह विधान के क्षेत्र से बहिर्गत नहीं कर दिया गया। लार्ड लिटन जब तक वाइसराय थे तब तक तो वह कानून जीवित रहा पर उनके जाने के पश्चात् भारत के शासन का सूत्र लार्ड रिपन के हाथों में आया।

लार्ड रिपन का शासनकाल उनकी उदारता और भारतीयों के प्रति सहानुभूति हेतु प्रसिद्ध है। उन्हीं के शासन काल में अखिल भारतीय राष्ट्रीय महासभा इण्डियन नेशनल कांग्रेस की स्थापना हुई जो तब से आज तक भारत का उन्नयन कर रही है लार्ड रिपन ने भारतीयों को स्थानीय म्युनिसिपल तथा लोकल बोर्डों की व्यवस्था में हिस्सा लेने का शुरूआती अधिकार प्रदान किया था। हम कह सकते हैं कि विद्रोहोत्तर भारत में लार्ड रिपन का शासन काल भारत के राष्ट्रीय एवं सामाजिक जीवन में होने वाला युगान्तर का सूचक था।

कांग्रेस की स्थापना जिस नई धारा का स्रोत हुई वह आज तक इस देश के जीवन का आलोड़न कर रही है। लार्ड रिपन ऐसे उदारचेता व्यक्ति ने जल्दी ही यह अनुभव कर लिया कि 'वर्नाक्यूलर प्रेस ऐक्ट' के समान दमनात्मक कानून भारत और ब्रिटेन के पारस्परिक सम्बन्ध को हमेशा विषाक्त करता रहेगा। परिणामस्वरूप उन्होंने उसको खत्म कर देने का निश्चय किया तथा इसके लिए 7 दिसम्बर सन्,

1881 ईसवी को यह घोषणा की कि 'सरकार की दृष्टि में 'वर्नाक्यूलर प्रेस ऐक्ट' की अब कोई आवश्यकता नहीं रही'। इस तरह 'वर्नाक्युलर प्रेस एक्ट' का विलोप हुआ। उन तीन सालों के अन्दर कुछ प्रमुख भारतीय पत्रों का जन्म भी हुआ।

मद्रास में प्रसिद्ध 'हिन्दू' की स्थापना सन् 1878 ईसवी में हुई। अब तक मद्रास में 'दि नेटिव पब्लिक ओपिनियन' तथा 'दि मद्रासी' नामक दो ही पत्र थे जो भारतीय थे एवं विशुद्ध भारतीय नियन्त्रण और स्वामित्व में प्रकाशित हो रहे थे। 'हिन्दू' ने प्रकाशित होकर उनकी संख्या तीन कर दी। आरंभ में वह साप्ताहिक ही प्रकाशित होता था। 'हिन्दू' की प्रतिष्ठा क्रमशः बढ़ती गई। सन् 1883 में वह अपना साप्ताहिक कलेवर परिवर्तित करके सप्ताह में तीन बार प्रकाशित होने लगा, और 1889 ईसवी का आरम्भ होते-होते वह दैनिक हो गया। बंगाल में तो पत्रकारिता तीव्र गति से विकसित हो रही थी। सन् 1879 में ईसवी में स्वर्गीय सुरेन्द्रनाथ बन्दोपाध्याय के सम्पादकत्व में 'बंगाली' का साप्ताहिक स्वरूप प्रकट हुआ।

बंगाल में अब तक 'इण्डियन मिरर' को छोड़कर समस्त संवादपत्र साप्ताहिक ही प्रकाशित हो रहे थे। सुरेन्द्र बाबू का 'बंगाली' अपनी राष्ट्रीयता एवं निर्भीक नीति के कारण जल्दी भारतीय पत्रों में अग्रगण्य हो गया। सरकार भी उसके बढ़ते हुए प्रभाव से क्षुब्ध हो उठी। सन् 1883 ईसवी में 'बंगाली' में कलकत्ता उच्च न्यायालय के किसी फैसले पर कुछ टीका प्रकाशित हुई। उसी को लेकर सुरेन्द्र बाबू पर अदालत का अपमान करने के अपराध में मुकदमा चलाया गया तथा उन्हें दो महीने का कारावास का दण्ड दिया गया सुरेन्द्र बाबू ने इस दण्ड को यह कहते हुए स्वीकार किया कि 'मैं इसे अपने लिए गौरव की वस्तु समझता हूँ क्योंकि सार्वजनिक कर्त्तव्य का पालन करते हुए जेल जाने का सौभाग्य प्राप्त करने वालों में अपने युग का मैं पहला भारतीय हूँ।' सुरेन्द्र बाबू की तेजस्विता तथा देशभक्ति ने सामान्यरूप से सारे देश के तथा विशेषकर बंगाल के पत्रकार-वर्ग में प्राणसंचार कर दिया। पत्रकारों के सम्मुख नए आदर्श की स्थापना हुई, देश की सेवा का नया मार्ग सामने प्रस्तुत हुआ।

19वीं शदी के अन्तिम युग में बंगाल में कतिपय नए पत्रों का जन्म हुआ। बंगला 'बंगवासी' और 'संजीवनी' नामक दो साप्ताहिक पत्र प्रकाशित हुए जो कम मूल्य वाले पत्रों की श्रेणी में होने के कारण व्यापक रूप से लोकप्रिय थे। सन् 1897 ईसवी में पत्रकारी के क्षेत्र में स्वर्गीय रामानन्द चटर्जी का उदय भी हुआ जो 'दासी, 'प्रदीप', 'प्रवासी' तथा 'मार्डन रिव्यू' के प्रवर्तन का कारण हुआ। अन्ततः वही

'विशाल भारत' के जनक भी हुए। इसी युग में 'पत्रिका' दैनिक हुई। नरेन्द्र नाथ सेन का 'इण्डिसन मिरर' दैनिक हो ही चुका था।

इस समय एक ओर सुरेन्द्र बाबू का 'बंगाली' ने भी दैनिक समाचार पत्र का रूप ग्रहण कर लिया तो दूसरी ओर उधर पूना में लोकमान्य के 'केसरी' की दहाड़ से ब्रिटिश सिंहासन थर्रा गया। बम्बई से 'इण्डियन सोशल रिफार्मर' का प्रकाशन होने लगा। सन् 1894 ईसवी में 'बिहार टाइम्स' समाचार पत्र प्रकाशन पटने से श्री सच्चिदानंद सिन्हा के प्रयत्न से होने लगा। इस युग के पत्रों में हम जागरूकता और जन पक्ष के उग्र समर्थन की स्पष्ट प्रवृत्ति पाते हैं। अखिल भारतीय राष्ट्रीय महासभा की स्थापना हो चुकी थी जिसके फलस्वरूप भारतीय पत्रकारी को सजीव उत्तर प्राप्त हो गया था। इसका प्रमाण हम तत्कालीन पत्रों में उठे कुछ आन्दोलनों में पाते हैं।

'अमृतबाजार पत्रिका' ने इसी समय कुछ देशी राजाओं की रक्षा के लिए सरकार के खिलाफ लेखनी उठाई। महाराज मल्हारराव गायकवाड़, महारानी रीवाँ, बेगम भोपाल आदि के मामलों को उठाकर और उनके पक्ष का समर्थन करके ख्याति अर्जित की। इसी समय काश्मीर-नरेश महाराज प्रताप सिंह का मामला उठा। भारत सरकार गिलगिट प्रदेश पर अपना अधिकार कायम करना चाहती थी तथा महाराज प्रताप सिंह के काश्मीर के राजसिंहासन पर रहते हुए यह सम्भव नहीं दिखाई देता था। फलस्वरूप किसी तरह सरकार उन्हें राज्यच्युत करने पर तुली हुई थी जिसके लिए षड़यन्त्र रचे जा रहे थे। 'पत्रिका' ने बड़ी निर्भीकता से इसका भण्डाफोड़ किया जिसमें सरकार को झुकना पड़ा।

सरकार नाराज अवश्य हुई लेकिन स्पष्टतः 'पत्रिका' के खिलाफ कोई कार्यवाही करना सम्भव नहीं था। सन् 1889 ईसवी में इस आशय का एक कानून बनाकर वह शान्त हो गई कि किसी समाचार-पत्र को यह अधिकार नहीं है कि वह सरकार की गुप्त सूचनाओं अथवा कागजों के आधार पर कोई संवाद प्रकाशित कर दे।'

सन् 1891 ईसवी में 'सहवास-सम्मति-वय' का कानून बनाया गया। इस कानून के खिलाफ ज्यादातर पत्रों में घोर आन्दोलन हुआ। पर सबसे महान् आन्दोलन सन् 1896 ईसवी में हुआ जब बम्बई में भयानक अकाल व्याप्त हो गया था। अकाल का पदानुसरण करते हुए प्रलयंकर प्लेग का प्रचण्ड प्रकोप जन-जीवन का नाश करने लगा। इस महामारी से जनता में भयानक आंतक छा गया। सरकार ने रोग को रोकने के लिए जिन उपायों का आश्रय लिया उनसे बीमारी तो न रुकी

पर विपत्ति की मारी जनता में तथा अधिक त्रास छा गया। तत्कालीन समाचार पत्रों ने इसका घोर प्रतिवाद आरंभ किया। सरकार को यह विरोध सहन न हुआ।

सरकार की नीति से जनता में भी ऐसा क्षोभ फैला कि सरकार के प्लेग-कमिश्नर की हत्या तक हो गई। अब सरकार क्रुद्ध सर्प की भाँति प्रतिरोधियों तथा विरोधियों पर टूट पड़ी। उन पत्रों का जोरदार दमन आरंभ हुआ जो सरकारी नीति के आलोचक थे। लोकमान्य तिलक स्वयं सरकारी कोप माजन के शिकार हुए। 'केसरी' में लिखे गए एक लेख के कारण उन पर मुकदमा चलाया गया एवं डेढ़ वर्ष का कारावास का दण्ड प्रदान किया गया। ये तमाम घटनाएँ इस बात का सूचक थीं कि एक समाजिक जहाँ भारतीय पत्रों पर सरकारी प्रहार दिन प्रति दिन बढ़ता और उग्र होता जा रहा था वहीं दूसरी ओर हमारे पत्र जन-हित और मातृभूमि की सेवा के पुनीत पथ पर दृढ़-संकल्प और अदम्य उत्साह के साथ उत्तरोत्तर बढ़ते चले जा रहे थे। इस प्रकार उन्नीसवीं सदी, काल के अनन्त पट पर अपना स्मृति-चिह्न छोड़ कर खत्म हुई।

20वीं सदी के सूत्रपात के साथ-साथ भारतीय पत्रकारी भी ज्यादा सजीव, सक्रिय और जागृत होकर अवतीर्ण हुई। इस समय बंगाल में 'पत्रिका' और 'बंगाली' एवं मद्रास में 'हिन्दू' दैनिक रूप में प्रकाशित हो रहे थे। बम्बई में ऐसे दैनिक के प्रकाशन का समय अभी नहीं आया था। यह श्रेय स्वर्गीय सर फिरोजशाह मेहता को प्राप्त होने वाला था जिन्होंने सन् 1913 ईसवी में 'बाम्बे क्रानिकल' की स्थापना की। वी. जी. हार्निमन आरंभ से इसके सम्पादक नियुक्त हुए। बीसवीं सदी के आरम्भिक काल की कुछ घटनाओं में जिन्होंने भारतीय पत्रकारिका को उत्तेजना प्रदान किया, बंग-भंग सर्वाधिक प्रमुख घटना है। लार्ड कर्जन ने वङ्ग की शस्यश्यामला भूमि को विभक्त करके भारतीय राष्ट्र के हृदय पर वह आघात किया जिसे सहन करना उसके लिए असम्भव हो गया।

बंग-भंग के विरोध में सारे देश में प्रचण्ड प्रतिरोध पैदा हुआ जिसने महान जनान्दोलन का रूप ग्रहण किया। तत्कालीन पत्रों में राष्ट्रीय जीवन की इस धारा का प्रतिबिम्बित होना जरूरत था। पत्र यदि जनजीवन के दर्पण नहीं हैं तो कुछ नहीं हैं। उन्होंने न सिर्फ देश के हृदय की प्रतिच्छाया उपस्थित की प्रत्युत उसके भावों के स्वयं प्रतीक बन गए। बंगाल के पत्रों में 'पत्रिका' एवं 'बंगाली' ने तो इस आन्दोलन का नयन किया। उनके कार्यालय तत्कालीन देशभक्त कर्मठों के मिलनस्थल हो गए थे। जन-भाव तथा जनचेतना से एकात्मता स्थापित करने वाले पत्रों का सामाजिक जीवन में आदरणीय स्थान हो जाना नियत था तथा उनके प्रभाद की बढ़ोतरी भी अनिवार्य थी।

तत्कालीन इतिहास पर हम दृष्टिपात करते हैं तो यह पाते हैं कि जनता भी पत्रों की तरफ अधिकाधिक आकर्षित हो रही थी तथा संवाद जानने की उसकी उत्सुकता क्रमशः बढ़ती ही चली जा रही थी। सम्भवतः यही कारण था कि सन् 1905 में 'एसोसियेटेड प्रेस' का संघटन हो सका।

सन 1909 ई. में मार्ले-मिण्टो सुण्धार भारत को मिला भारतीय राजनीति पर इन सुधारकों का व्यापक प्रभाव हुआ। सुधार ऐसे समय हुए थे जब बंग-भंग सम्बन्धी सरकार की नीति के कारण सारा देश क्षुब्ध हो चुका था। राष्ट्रीय जागृति का निरंकुश दमन करने की चेष्टा करके सरकार ने उस क्षोभ में घृत का ही प्रक्षेपन किया था। भारत में ब्रिटिश शासन के इतिहास पर जब हम दृष्टिपात करते हैं तो एक बात प्रत्यक्ष तौर पर पाते हैं। उसकी नीति सदा दुरंगी रही है—एक तरफ दमन तथा दूसरी ओर आप्यायन। जब-जब जनवर्ग जाागृत हुआ तब-तब ब्रिटिश शासन ने उसे अपने बल का भान कराने में कुछ कसर उठा नही रखा पर एक बार जनजागृति को कुचल देने के पश्चात् सुधारों के नाम पर अधिकार के थोड़े से टुकड़ों को फेंककर वह गत दुःखद और क्षोभकारक स्मृतियों और क्षतों को मिटाने की चेष्टा करती रही।

मार्ले-मिण्टो सुधार दमन के पश्चात् उसकी आप्यायन की नीति का ही प्रतिफल था। इसका जो परिणाम सरकार के लिए इष्ट है वह प्रकट भी होता है। सुधारों के आते ही भारतीय राजनीतिक वर्ग में दो दल उत्पन्न हो गए। गरम तथा नरम दल यद्यपि पूर्व से थे क्योंकि उनका मूल मनुष्य की नैसर्गिक मनोवृत्ति में होता है तथापि इन दोनों का स्पष्ट विभाग एवं बिलगाव एक प्रकार से इसी युग की घटना है। लोकमान्य तिलक, विपिनचन्द्र पाल, लाला लाजपतराय आदि गरम दल के नेता हो गए तथा दूसरी ओर गोखले, फिरोजशाह मेहता नरम दल के नेता दिखाई देने लगे। नरम दल के नेताओं का ही प्रयत्न था जिसके फलस्वरूप सन् 1909 में प्रयाग में 'लीडर' की स्थापना हुई। सुधारों के कारण देश में राष्ट्रीय जागृति को भी कुछ मदद ही मिली।

पत्रों पर उस जागृति की तथा देश के जीवन पर पत्रों की परस्पर क्रिया-प्रतिक्रिया हुई जिसके फलस्वरूप दोनों की सजीवता प्रकट हुई। सरकार के लिए देश के जीवन की इस गति को सहन करना असम्भव हुआ फलतः जिस प्रकार उसने जनान्दोलन का दमन किया उसी प्रकार पत्रों के दमन हेतु भी विशेष उपचार किए।

सन् 1910 ईसवी में उस प्रेस ऐक्ट की रचना की गई जिसके माध्यम से किसी छापेखाने के मुद्रक से पाँच हजार रुपए तक की जमानत माँगी जा सकती

थी। जमानत माँगने के लिए आधार यह था कि किसी छापाखाने में यदि कोई पत्र प्रकाशित होता हो तथा उस पत्र में सरकार के प्रति जनता में घृणा अथवा द्वेष फैलाने वाली कोई बात प्रकाशित हो तो सरकार उस छापाखाने के मुद्रक से उक्त रकम तक जमानत के रूप में माँग सकती है। मार्ले-मिण्टो सुधारों के अनुसार जो व्यवस्थापक सभा बनी थी। उसमें विचारार्थ यह कानून प्रयुक्त किया गया था। स्वर्गीय श्री गोखले-सदृश भारतीय नेता का समर्थन भी उसे मिल गया था। परिणाम यह हुआ कि सदा के लिए भारतीय पत्रों के गले पर कानून रूपी यह भयावना खड़ग लटका दिया गया।

सन् 1913 ईसवी में पहले-पहल 'अमृतबाजार पत्रिका' के गले पर वह वज्र की भाँति गिरा जब उससे असम के सिलहट जिले के एक डिविजलन कमिश्नर की किसी रिपोर्ट पर टीका करने के कारण पाँच हजार रुपए की जमानत माँगी गई। इस कानून ने अखबारों की स्वतन्त्रता पर कुठाराघात किया। उनकी सजीवता को नष्ट करने में वह बड़ी सीमा तक सफल हुआ। सरकार ने निस्संकोच भाव से कुछ पत्रों के खिलाफ उसका प्रयोग भी किया। पर इतने से ही वह सन्तुष्ट न हुई। 'अदालत का अपमान करने' के नाम पर अब तक न जाने कितने अखबारों का गला घोंटा जा चुका है।

सन् 1922 ईसवी में तत्कालीन केन्द्रीय व्यवस्थापक सभा ने 'प्रेस ऐक्ट' को खत्म कर दिया था लेकिन भारतीय पत्रों की जागृति और उनके बढ़ते हुए प्रभाव को रोकने में सरकार ने अपनी सम्पूर्ण शक्ति लगा दी। प्रथम महायुद्ध के छिड़ने पर तो पत्रों की सीमा काफी संकुचित कर दी गई। उनका विशद कार्यक्षेत्र एवं उनकी स्वतन्त्रता दोनों का अवरोधन किया गया।

युद्धकाल में यह स्थिति तो स्वतन्त्र देशों में भी उत्पन्न कर दी जाती है फिर भारत के समान उस समय के परतन्त्र देश की बात क्या कही जाए। लेकिन का खत्मा होते ही एक बार पुनः राष्ट्रीय जीवन में गहरी हलचल उत्पन्न हुई। युद्ध के बाद एक ओर माण्टेग्यू-चेम्सफोर्ड की चर्चा चलाई गई तथा दूसरी तथा रौलट-बिल सदृश दमनात्मक विधान की रचना की चेष्टा की गई। युद्धकाल में ब्रिटिश राजनीतिज्ञों एवं शासकों ने भारतीय स्वतन्त्रता के सम्बन्ध में न जाने कितनी घोषणाएँ की थीं। बार-बार भारतीयों के हृदय में यह विश्वास पैदा करने का प्रयत्न किया गया था कि युद्धोत्तर विश्व व्यवस्था में भारत स्वतन्त्र स्थान प्राप्त करेगा, उसे आदरणीय पद मिलेगा तथा आत्मनिर्णय का अधिकार होगा। लेकिन ये सारी घोषणाएँ विशुद्ध प्रवचनमात्र थीं।

युद्ध की समाप्ति होने पर भारत को भी निर्लज्जतापूर्वक अँगूठा दिखा दिया गया। भारत के सामने आया वह था–रौलट बिल और माण्टेग्यू-चेम्सफोर्ड के सुधारों के रूप में सड़ी-गली व्यवस्था। इससे भारतीय नेताओं की आँखें खुल गईं। उन्होंने ब्रिटेन की साम्राज्यवादी नीति का घिनौना रूप देखा। इससे एक बार जनजीवन में गहरा क्षोभ पैदा हुआ। भारतीय राजनीति में महात्मा गांधी के रूप में नई शक्ति का प्रादुर्भाव हुआ। रौलट बिल के खिलाफ उन्होंने सत्याग्रह का प्रस्ताव किया जिसके फलस्वरूप पंजाब में ब्रिटिश पशुता ने खुलकर खेलने का अवसर पाया। निरीह तथा निरस्त्र जनता पर जलियाँ वाला बाग में गोलियों की बौछार का होना, अमृतसर की गलियों में सम्भ्रान्त लोगों का पेट के बल रेंगाया जाना तथा खुली सड़कों पर सार्वजनिक तौर पर लोगों को कोड़ों से पीटा जाना एक तरफ जहाँ भारत की असहाय तथा पतित स्थिति का सूचक था वहीं ब्रिटिश बर्बरता, निरंकुशता तथा दम्भ का नग्न प्रदर्शन था। अवसर स्वाभाविक था कि भारत जैसा पुरातन देश इस घटना से हिल उठे।

राष्ट्र की इस जीवनधारा से तत्कालीन पत्र प्रभावित हुए। उन्होंने जन-क्षोभ को दृढ़ता के साथ प्रतिबिम्बित करना आरंभ किया। इधर राजनीतिक क्षेत्र में महात्मा गांधी के प्रवेश ने राष्ट्रीय प्रवाह को नई दिशा प्रदान कर दी। असहयोग तथा सत्याग्रह की योजना के रूप में भारत की विद्रोही आत्मा सजीव रूप में प्रकट हुई। राष्ट्रीय आत्मसम्मान अन्याय का प्रतिरोध, निर्भय होकर समस्त पशु शक्ति को ललकारने की वीर-भावना गांधी के तौर पर मूर्तिमान हुई। प्रतिफल के रूप में तत्कालीन भारतीय पत्रों को एक नया जीवन मिला। उसी समय से भारत के, विशेषकर देशी भाषा के पत्रों ने भारतीय विद्रोह का नेतृत्व धारण किया।

स्वयं गांधी जी ने इस क्षेत्र में नया आदर्श स्थापित किया तथा जिस प्रकार राजनीतिक जीवन में महती शक्ति के रूप में उन्होंने प्रवेश किया उसी प्रकार पत्रकारिता के क्षेत्र में भी अवतीर्ण हुए। उनके 'यंग इण्डिया' एवं 'नवजीवन' ऐसे दो पत्र थे जो देश के करोड़ों नर-नारियों को अपने संकेत पर नचाने की शक्ति रखते थे। 'यंग इण्डिया' में प्रकाशित हुए तीन लेखों के लिए गांधी जी को 6 वर्ष कारावास का दण्ड भी मिला। इसी समय दिल्ली में 'हिन्दुस्तान टाइम्स (सन् 1923 ईसवी) और इलाहाबाद में स्वर्गीय पण्डित मोतीलाल जी के 'इण्डिपेण्डेण्ट' की स्थापना हुई।

जब 'इण्डिपेण्डेण्ट' के प्रकाशन पर सरकार ने रोक लगा दी तो इस घटना ने सत्याग्रह का रूप घर लिया। महीनों तक हाथ से लिखकर, साइक्लोस्टाइल पर

छापकर 'इण्डिपेण्डेण्ट' प्रकाशित किया गया तथा खुलेआम उसकी बिक्री की गई। 'इण्डिपेण्डेण्ट' की उन प्रतियों का प्रकाशन, खरीद, बिक्री सभी को गैर कानूनी घोषित कर दिया गया। उन्हें बेचने वाले स्वयंसेवक गिरफ्तार किए जाते तथा पुलिस प्रतियों को छीनकर जब्त कर लेती थी। भारतीय पत्रों और पत्रकारों का जीवन तो आरम्भ से ही तप तथा उत्सर्ग और कष्ट सहन का जीवन रहा है। पर इस युग से लेकर आज तक उन्होंने देश की भावना के साथ एकात्मता स्थापित करके उपर्युक्त पथ को दृढ़ता के साथ अपनाया है। गत पचीस सालों में महात्मा गांधी के उज्ज्वल और पुनीत नेतृत्व में भारतीय देश ने अपनी अपहृत स्वतन्त्रता को प्राप्त करने हेतु, खोई हुई आत्मा का पुनः साक्षात्कार करने हेतु सतत् प्रयत्न किया। इस बीच कुछ महान् आन्दोलनों का प्रवर्तन हुआ है।

एक आदर्श पत्र के समान भारतीय पत्रों ने सदा न सिर्फ राष्ट्र का साथ दिया है बल्कि उसका उन्नयन करने का श्रेय प्राप्त किया है। यही कारण है कि सरकार का क्रूर प्रहार उन पर होता रहा है। सन् 1930 तथा 1932 में देश में जो व्यापार आन्दोलन हुए उनमें भारतीय पत्रों का गौरवपूर्ण स्थान रहा है। यही कारण है कि भारतीय पत्रों को नष्ट रकने की क्षमता रखते हुए भी सन् 1930 में प्रेस आर्डिनेन्स की रचना तत्कालीन वाइसराय लार्ड इरविन ने की। बाद में इस आर्डिनेन्स को 'प्रेस इमर्जेन्सी ऐक्ट' के नाम से स्थाई कानून का रूप दे दिया गया।

इसके अनुसार किसी भी अखबार को यह आदेश दिया जा सकता था कि वह पाँच सौ से लेकर दो हजार रुपए तक जमानत के रूए में जमा कर दे। जमानत की रकम के जब्त होने पर दूसरी बार एक हजार से लेकर दस हजार तक जमानत के रूप में माँगा जा सकता है। इसकी जब्ती के पश्चात् सरकार को यह अधिकार होगा कि वह चाहे तो प्रेस को ही जब्त कर ले। इस अध्यादेश के माध्यम से भारत सरकार ने पत्रों की पूरी हत्या ही कर डालने की चेष्टा की। उसके बनते ही सन् 1931, 1932 ईसवी में कुछ राष्ट्रवादी पत्र उसके शिकार हुए। उसकी धाराओं की व्यापकता को देखकर कोई समाचार पत्र अपने को सुरक्षित समझ ही नहीं सकता था। देश में तीव्र सत्याग्रह आन्दोलन चल रहा था। पत्र या तो राष्ट्रीय जीवन में उठे उस तूफान से अपने को पृथक् रखते, उसका समाचार प्रकाशित करने तथा उसका समर्थन करने से दूर रहते या पत्रों का प्रकाशन ही रोक देते।

देश के ज्यादातर राष्ट्रवादी पत्रों ने राष्ट्रीय धारा से पृथक् रहने में अपने कर्त्तव्य की अवहेलना देखी। उन्होंने देखा कि इस प्रकार जीवित रहना ही निरर्थक है। आवश्यकता के समय राष्ट्र के पार्श्व में यदि पत्र खड़े होने न पाएँ तो अपना

जीवन बनाए रखना ही व्यर्थ है। परिणामस्वरूप सारे देश में एक के पश्चात् दूसरे पत्र बन्द किए जाने लगे। देखते-देखते अधिकतर राष्ट्रीय पत्रों ने अपना प्रकाशन रोक दिया। इस प्रकार भारत के राष्ट्रीय पत्रों ने पत्रकारी के आदर्श, पत्रकारों के गौरव तथा राष्ट्र के मान तथा उसकी मर्यादा की रक्षा में अपने जीवन की बाजी लगा दी। इसी समय 'यूनाइटेड प्रेस आफ इण्डिया' नामक राष्ट्रीय संवाद-एजेन्सी की स्थापना भी की गई। सन् 1935 के भारत-शासन-विधान के अनुरूप देश के समस्त प्रान्तों में लोकप्रिय सरकारों की स्थापना हुई। ज्यादातर प्रान्तों में तो कांग्रेसी मन्त्रिमण्डल भी बने। कांग्रेसी मन्त्रिमण्डलों के शासनकाल में समाचार-पत्रों को पूर्ण स्वतन्त्रता प्राप्त हुई। ब्रिटिश-शासन के ज्यादातर पौने दो सदी के इतिहास में यह प्रथम अवसर था जब पत्रों ने राहत की साँस ली। उन्हें स्वतन्त्र वातावरण में जीवन-यापन करने का अवसर मिला। यह सच है कि कांग्रेसी मन्त्रिमण्डलों के शासन की अवधि मात्र ढाई वर्ष ही रही फिर भी पत्रों ने स्वतन्त्रता का हलका सा स्वाद पा ही लिया। खेद की बात यह है कि राष्ट्र के दुर्भाग्य से कतिपय साम्प्रदायिक पत्रों ने प्राप्त स्वतन्त्रता का दुरुपयोग करके राष्ट्रीय जीवन को अकल्पित क्षति पहुँचाई, फिर भी पत्रों की स्वतन्त्रता के आदर्श की रक्षा लोकप्रिय कांग्रेसी सरकारों ने की। यह स्थिति अधिक दिनों तक न रह सकी।

द्वितीय विश्वयुद्ध सन् 1939 ईसवी में ही छिड़ गया जिसके फलस्वरूप कांग्रेसी सरकारों को पदत्याग करना पड़ा। उनके पदत्याग के साथ-साथ पत्रों की स्वाधीनता भी नष्ट हो गई। युद्ध के नाम पर स्वतन्त्रताहरण का औचित्य भी साबित किया जाने लगा। फिर तो हमारे पत्रों की जो दुर्दशा की गई उसका वर्णन करना कठिन है।

1946-47 के बाद स्थिति पूर्णरूपेण परिवर्तित हो चुकी थी। हमारे पत्रों के स्वतन्त्र विकास के मार्ग का भयंकर रोड़ा विदेशी शासन सदा के लिए समाप्त हो गया था। उसके साथ-साथ वे सम्पूर्ण प्रतिबन्ध और दमनकारी कानून भी मृतप्राय हो गए थे जो अब तक समाचार पत्रों की स्वतन्त्रता का गला घोंटते आ रहे थे। 1946 में प्रान्तों में कांग्रेसी मन्त्रिमण्डल कायम हुए तथा उन्होंने युद्धकालीन प्रतिबन्धों का अन्त करके पत्रों को स्वतन्त्र वातावरण में अपने स्वतंत्र विचार व्यक्त करने का मौका दिया। बाद में केन्द्र में भी जनता की सरकार की स्थापना हो गई। यद्यपि अभी तक प्रेस सम्बन्धी कानूनों में बदलाव नहीं हो पाया है तथा यह काम शीघ्रातिशीघ्र कर डालने की आवश्यकता है। फिर भी व्यवहार में आज भारतीय पत्र सरकारी प्रतिबन्धों से स्वतन्त्र है। दुःख का विषय है कि कतिपय पत्रों ने इस स्वतन्त्रता का उपयोग पत्रकारोचित उच्चादर्श के अनुसार नहीं किया।

देश में साम्प्रदायिकता का जो विष बेल बढ़ा उसे उन्होंने अपने प्रचार का साधन बनाने की चेष्टा की। अतएव कुछ पत्रों के विरुद्ध समय-समय पर सरकार को कार्यवाही भी करनी पड़ी। लेकिन फिर भी कुल मिलकार हमारे राष्ट्र के पत्रों ने स्वतन्त्रता के साथ-साथ आए हुए उत्तरदायित्व का अनुभव किया है। वह दिन दूर नहीं जबकि भारतीय पत्र भी अन्य स्वतन्त्र राष्ट्रों के पत्रों की बराबरी में आ जाएँगे।

3

हिन्दी पत्रकारिता का विकास

सन् 1826 ईसवी में हिन्दी के प्रथम पत्र का जन्म कलकता में हुआ। कलकता को न सिर्फ प्रथम हिन्दी पत्र को जन्म देने का श्रेय प्राप्त है बल्कि उसे ही हिन्दी की प्रथम गद्य-पुस्तक को भी प्रकाशित करने का श्रेय प्राप्त है। पण्डित लल्लूलाल जी का 'प्रेमसागर' वह प्रथम गद्य-पुस्तक थी जो कलकता में प्रकाशित हुई तथा जिसे पाठ्य-पुस्तक बना कर तत्कालीन अंग्रेज सिविलियनों को हिन्दी भाषा की शिक्षा दी जाती थी। कलकता में ही सबसे पहले 'हिन्दी' अदालत की भाषा स्वीकार की गई। यह घटना सन् 1834 ईसवी की है। परिणामस्वरूप कलकता में ही हम हिन्दी के प्रथम पत्र को प्रकाशित हुआ पाते हैं।

कुछ वर्ष पहले तक यह माना जाता रहा है कि हिन्दी का प्रथम पत्र 'बनारस गजट' था जो काशी से सन् 1854 ईसवी में प्रकाशित होता था। इसके संस्थापक काशी के प्रतिष्ठित नागरिक राजा शिवप्रसाद थे। लेकिन आज की खोजों ने हिन्दी पत्र में जन्म की तिथि कई दशक तथा पहले सिद्ध कर दी है। 'उदन्त मार्त्तण्ड' नामक हिन्दी साप्ताहिक सन् 1826 ईसवी में कलकता से प्रकाशित हुआ जिसके संस्थापक तथा सम्पादक श्री युगलकिशोर शुक्ल नामक सज्जन थे। 9 फरवरी,

1826 को इसका डिक्लरेशन दाखिल हुआ था। उर्दू का प्रथम पत्र 'उर्दू अखबार' दिल्ली से बाकर हुसेन के सम्पादकत्व में 1833 ई. में तथा मराठी का पहला पत्र 'दिग्दर्शन' 1837 ई. में प्रकाशित हुआ। उर्दू में 1822 में 'जाये जहाँनामा' नामक एक साप्ताहिक निकला था पर उसकी सिर्फ 8 प्रतियाँ निकल पाईं। शुक्लजी कानपुर-निवासी थे जो कलकता की सदर दीवानी अदालत में अदालत की कार्यवाही-वाचक थे। उन्होंने 30 मई 1826 ईसवी को कलकता के कोलूटोला के 37 नं. अमरतल्ला से 'उदन्त मार्त्तण्ड' को प्रकाशित करके हिन्दी समाचार पत्र के प्रथम पत्रकार होने का गौरव प्राप्त किया।

शुरू में 'उदन्त मार्त्तण्ड' आठ पृष्ठों का समाचार पत्र था जिसका मासिक मूल्य दो रुपये था। इस प्रथम हिन्दी पत्र में सरकारी कर्मचारियों की नियुक्ति, तबादले, सरकारी विज्ञप्तियाँ, बाजार-दर, देश-विदेश के प्राप्त समाचार आदि छपते थे। अब तक सम्पादकीय लेखों और टिप्पणियों की परम्परा आरम्भ नहीं हुई थी। इस पत्र की भाषा 'मध्य प्रदेशीय भाषा' अर्थात खड़ी बोली थी। यह पत्र ज्यादातर डेढ़ वर्ष तक जीवित रहने के बाद समाप्त हो गया। 'विश्वमित्र' के 'रजत-जयन्ती विशेषाँक' में प्रकाशित एक लेख में श्री रामाशीष सिंह लिखते हैं कि 'उदन्त मार्त्तण्ड' के प्रथम और तृतीय अंक बंग-साहित्य-परिषद में सुरक्षित हैं। शुरूआत के तीन अंकों को छोड़कर पूरी फाइल कलकता के शोभाबाजार के राजा राधाकान्तदेव की पुस्तकालय में सुरक्षित रखी है।' ऐसा ज्ञात होता है कि श्री युगलकिशोर जी प्रकृत्या पत्रकार थे। 'उदन्त मार्त्तण्ड' के पश्चात् उन्होंने पुनः दूसरे पत्र के प्रकाशन की चेष्टा की तथा 'सामदन्त मार्त्तण्ड' के नाम से उसे प्रकाशित भी किया पर इसका कोई अंक अब तक उपलब्ध नहीं हुआ है। इसके पश्चात् तीसरा हिन्दी पत्र 'बंगदूत' के नाम से कलकता से ही प्रकाशित हुआ जिसके संस्थापक राजा राममोहन राय थे।

'बंगदूत' त्रैभाषिक विशुद्ध हिन्दी समाचार पत्र था। यह बंगला, फारसी और हिन्दी तीनों भाषाओं में प्रकाशित होता था। इसके अनन्तर कितने समाचार पत्र कहाँ-कहाँ से कब निकले इसकी प्रामाणिक खोज अब तक नहीं हो सकी है। राजा शिवप्रसाद के 'बनारस गजट' का पता जरूर मिलता है जो 'उदन्त मार्त्तण्ड' के ज्यादातर 20 वर्ष बाद बनारस से प्रकाशित हुआ। सन् 1871 ईसवी में अल्मोड़ा से भी 'अल्मोड़ा अखबार' का प्रकाशन हुआ। सन् 1872 में कलकता से मासिक रूप में 'दीप्ति प्रकाश' का प्रकाश फैला जिसके सम्पादक श्री कार्त्तिक प्रसाद खत्री थे। इसी समय हम राष्ट्र के अलग-अलग स्थानों से कुछ पत्रों को प्रकाशित हुआ पाते हैं।

दिल्ली से 'सदादर्श', सन् 1973 ईसवी में काशी से 'काशी पत्रिका', अलीगढ़ से 'भारत बन्धु', लाहौर से 'मित्रविलास', प्रयाग से पंडित बालकृष्ण भट्ट का 'हिन्दी प्रदीप', शाहजहाँपुर से 'आर्य दर्पण', कलकता से 'बिहारबन्धु' आदि प्रकाशित हुए। सन् 1878 ईसवी में पंडित दुर्गाप्रसाद मिश्र तथा पंडित छोटूलाल मिश्र के प्रयत्न से 'भारतमित्र' प्रकाशित हुआ। यह आरंभ में पाक्षिक रूप में निकला। इसके सम्पादक पण्डित छोटूलाल मिश्र तथा व्यवस्थापक पण्डित दुर्गाप्रसाद मिश्र बने। इसके एक वर्ष पश्चात् 'सार-सुधानिधि' तथा ज्यादातर एक दशक बाद प्रसिद्ध 'उचित वक्ता' ने कलकता में जन्म लिया जो तत्कालीन काश्मीर-नरेश महाराज प्रताप सिंह के मामले में सक्रिय हिस्सा लेने के कारण 'पत्रिका' की भाँति विख्यात हो गया था। ऐसा पता भी चलता है कि इसी समय कई पत्र राजपुताने से भी निकलने लगे थे।

उदयपुर का 'सज्जनकीर्ति' पत्र तत्कालीन महाराजा सज्जन सिंह के नाम पर प्रकाशित हो रहा था। जोधपुर से 'मारवाड़ गजट', अजमेर से 'राजस्थान समाचार' राजपूताने से प्रकाशित होने वाले पत्र थे। मिर्जापुर से भी 'नागरी-नीरद' तथा 'आनन्दकादम्बिनी' चौधरी बदरीनारायण के माध्यम से प्रकाशित होती थी। इसी समय कानपुर से पण्डित प्रतापनारायण मिश्र का 'ब्राह्मण' नामक समाचार पत्र प्रकाशित हो रहा था। बम्बई से प्रकाशित होने वाला 'श्रीवेंकटेश्वर समाचार' भी इन पत्रों का ही समकालीन है जो अब तक जीवित है। जिन पत्रों का वर्णन किया जा चुका है उनके अतिरिक्त 'भारतेन्दु', 'पीयुष-प्रवाह', 'दिनकरप्रकाश', 'धर्मदिवाकर', 'मित्र' आदि मासिकपत्र और 'चम्पारन-चन्द्रिका' 'मित्रविलास', 'देशबन्धु', 'शुभचिन्तक', 'प्रयाग-समाचार' आदि साप्ताहिक पत्र निकल रहे थे। उन्नीसवीं सदी के अन्तिम चरण में कलकता के 'बंगवासी प्रेस' से 'हिन्दी-बंगवासी' का प्रकाशन होने लगा था। इस तरह उन्नीसवीं सदी के आरम्भिक युग से ही शुरू होकर हिन्दी पत्रों ने शनैः-शनैः अपना विकास किया।

शुरू में जो भी पत्र प्रकाशित होते थे टाइप के प्रेसों में छपकर प्रकाशित होते थे। यह सच है कि उन्नीसवीं सदी के बीच में काशी से प्रकाशित होने वाला 'बनारस अखबार' यद्यपि लिथो प्रेस में छपता था तथापि कलकता में बहुत पहले ही नागरी टाइप के प्रेस स्थापित हो चुके थे। कहा जाता है कि विलियम केरी नामक एक विद्वान् पादरी ने संस्कृत पुस्तकें मुद्रित करने के लिए पहले पहल नागरी टाइपों को ढलवाया था। परिणामतः हम 1806 ईसवी में ही कलकता में श्री बाबूराम के माध्यम से स्थापित 'संस्कृत प्रेस' का वजूद पाते हैं। श्री बाबूराम का

यह प्रेस खिदिरपुर में था। श्री बाबूराम ब्राह्मण थे जो मिर्जापुर के रहने वाले थे। आप ही पहले भारतीय थे जिन्होंने प्रेस की स्थापना की थी।

ऐसा कहा जा सकता है कि 'उदन्त मार्त्तण्ड' के प्रकाशन के समय तक इसी कारण टाइप के प्रेस प्रचलित हो गए थे जिनमें उपरोक्त पत्रों का प्रकाशन होता था। 'उदन्त मार्त्तण्ड' से लेकर 'हिन्दी बंगवासी' तक जैसे-जैसे पत्र विकसित होते गए, जैसे-जैसे हिन्दी भाषा भी विकसित एवं परिमार्जित होती गई, वैसे-वैसे पत्रकार-कला भी अच्छी स्थिति में गई। यह सच है कि 'भारतमित्र' के प्रथम प्रकाशन, अर्थात् 1878 ईसवी तक हिन्दी भाषा उपेक्षित रही। उन दिनों हिन्दी पत्रों को पढ़ने वाले भी नहीं मिलते थे। पण्डित अम्बिका प्रसाद वाजपेयी तत्कालीन स्थिति का वर्णन करते हुए लिखते हैं कि "जब 'भारतमित्र' प्रकाशित हुआ था उस समय उसके प्रतिष्ठाता जब कलकता के हिन्दी भाषा-भाषियों से ग्राहक बनने को कहते तो वहाँ के देशवासी व्यवसायी उत्तर देते कि चन्दा आप भले ही ले जाएँ पर हमारे यहाँ पढ़ने वाला कोई नहीं है। इस पर दुर्गाप्रसाद जी पत्र पढ़कर कई ग्राहकों को सुना भी आया करते थे।" यह स्थिति थी हिन्दी भाषा के पत्रों की उस समय जब उन्नीसवीं सही अपने वयस के तीन पन समाप्त करके चौथे में पर्दापण कर चुकी थी। पत्रों का आकार भी अब तक छोटा होता था, ग्राहक कम होते थे एवं जो होते थे उन्हें मूल्य चुकाना भी बुरी तरह अखरता था।

'हिन्दी बंगवासी' जब प्रकाशित हुआ तब पहले-पहल स्थिति में परिवर्तन होने की सूचना मिलने लगी थी। 'हिन्दी बंगवासी' अपने पूर्ववर्ती पत्रों की अपेक्षा बड़े आकार में प्रकाशित होता था और अपेक्षाकृत सबसे अधिक लोकप्रिय भी था। उसकी ग्राहक-संख्या भी अपने समय के ज्यादातर समस्त पत्रों की अपेक्षा कहीं अधिक थी। कांग्रेस की स्थापना के कारण जो राजनीतिक चेतना देश में उत्पन्न हो रही थी उसी ने सम्भवतः भारतीय पत्रों तथा उनके महत्त्व की तरफ लोगों का ध्यान आकर्षित किया था। हिन्दी भाषा-भाषी जनसमुदाय भी शनैः-शनैः उक्त धारा से प्रभावित होने लगा था। पर यह सब होते हुए भी उस समय तक हिन्दी पत्रकारी का क्षेत्र बहुत संकुचित और पत्र-कला शैशवावस्था में ही थी।

पत्रों में जो समाचार प्रकाशित होते थे वे अंग्रेजी पत्रों से संचित होते थे। अंग्रेजी के अतिरिक्त ज्यादातर संवाद बँगला पत्रों की जूठन होते थे। समाचार भी ज्यादातर सामान्य होते थे—कहीं आग लग गई, कही चोरी हो गई, कहीं किसी अफसर का तबादला हो गया। प्रकाशित होने वाले लेखादि भी कहीं भाषा से, कहीं साहित्य-से, कहीं विधवा-विवाह से, कहीं सनातन धर्म और आर्यसमाज के झगड़ों

से ही सम्बन्धित होते थे। बहुधा वैयक्तिक टीका-टिप्पणी भी होती थी। किसी क्षेत्र के किसी प्रतिष्ठित व्यक्ति पर उसके विरोधी अथवा मतभेद रखने वाले के व्यंगात्मक लेख निकला करते थे। हाँ, इतना स्वीकार जरूर करना होगा कि उस समय की भाषा और लेख की शैली उत्तरोत्तर विकास को प्राप्त हो रही थी। इस प्रकार हिन्दी-पत्रकारी शनैः-शनैः उन्नत हो रही थी।

देशी भाषा के पत्रों में बँगला पत्रकार-कला बहुत अधिक समुन्नत हो चली थी जिसकी तुलना में हिन्दी समाचार समाचार पत्र नहीं टिक सकते थे। कदाचित् आज भी हिन्दी पत्र वर्तमान बँगला पत्रकार-कला का मुकाबला नहीं कर सकते। लेकिन यह सब होते हुए भी हिन्दी पत्रों का विकास होता जा रहा था। तत्कालीन पत्र-सम्पादकों में आदर्शवादिता, सेवाभाव और अपने राष्ट्र, अपनी भाषा तथा अपनी संस्कृति के प्रति प्रगाढ़ अनुराग था। पत्रकार-कला की आराधना में उन्होंने एकनिष्ठ भाव से जीवन अर्पण कर दिया था। परणामतः उनके तप के बल पर पत्रकार-कला का उन्नत्वभिमुख होना अनिवार्य था। इस प्रकार उन्नीसवीं सदी तो समाप्त हुई।

बीसवीं सदी के शुरू में कतिपय हिन्दी पत्र-पत्रिकाओं ने जन्म धारण किया। यह बंग-भंग से उद्भूत जागरण का युग था। परिणामस्वरूप कुछ जागृत तथा तेजस्वी पत्रों का उद्भव हुआ जिन्होंने पत्रकार-कला के क्षेत्र में अपना स्थान बना लिया। प्रयाग से पूज्यपाद मालवीय जी ने सन् 1900 ईसवी में 'अभ्युदय' प्रकाशित किया। कुछ समय पश्चात् नागपुर से 'हिन्दी केसरी' का प्रकाशन होने लगा। लोकमान्य के मराठी, 'केसरी' के लेखों का हिन्दी अनुवाद छापना 'हिन्दी केसरी' का उसी प्रकार लक्ष्य था जैसे 'हिन्दी नवजीवन' में गांधी जी के 'यंग इण्डिया' के आलेखों का हिन्दी अनुवाद प्रकाशित होता था।

'हिन्दी केसरी' जब नागपुर से प्रकाशित होता था तो उसकी बड़ी धाक थी। 'हिन्दी बंगवासी' तथा 'हिन्दी केसरी' ऐसे दो पत्र थे जिनका हिन्दी में प्रकाशित पत्रों में सबसे अधिक प्रचार था। अब न 'हिन्दी बंगवासी' जीवित है एवं न 'हिन्दी केसरी'। नागपुर से जब 'हिन्दी केसरी' का प्रकाशन बन्द हुआ तो काशी से कतिपय वर्षों तक श्री गंगाप्रसाद गुप्त उसका प्रकाशन करते रहे, पर शनैः-शनैः वह क्षीण होता गया तथा बहुत दिन हुए जब पूर्णतः विलुप्त हो गया। 'अभ्युदय' के पश्चात् तो हिन्दी में साप्ताहिकों ने वह परम्परा तथा वह आदर्श उपस्थित किया जिस पर किसी भी भाषा भाषी-समुदाय को गर्व हो सकता है।

स्वर्गीय गणेशशंकर जी का 'प्रताप', श्री माखनलाल जी का 'कर्मवीर', श्री सुन्दरलाल जी का 'भविष्य', गोरखपुर के श्रीदशरथ प्रसाद द्विवेदी के 'स्वदेश'

आदि साप्ताहिकों ने सन् 1918-19 ईसवी में हिन्दी भाषाभाषी क्षेत्र में जो धूम मचाई उस पर हिन्दी पत्रकारिता उचित गर्व कर सकती है। गत पचीस वर्षों में हिन्दी के साप्ताहिकों ने जो प्रगति की है, जिस प्रकार उन्होंने अपना स्तर ऊँचा किया है तथा देश के राजनीतिक, सामाजिक तथा साहित्यिक क्षेत्र में जो विशिष्ट स्थान प्राप्त किया है वह सब आँखों के सामने की घटना है, जिसके सम्बन्ध में अधिक लिखने की आवश्यकता नहीं है। अब तक हिन्दी पत्रों के विकास के सम्बन्ध में हमने लिखा है उसमें दैनिक पत्र की चर्चा नहीं की।

हिन्दी के दैनिक का इतिहास अधिक पुराना नहीं है। पाठक देख चुके होंगे कि प्रथम हिन्दी समाचार-पत्र का जन्म आज से सवा सौ वर्ष पहले हो चुका था। सन् 1911 ईसवी के नवम्बर से कलकता से दिल्ली दरबार के मौके पर 'भारतमित्र' दैनिक रूप में प्रकाशित होने लगा। यद्यपि यह या सन् 1912 ईसवी की जनवरी में बन्द हो गया था तथापि दो ही महीने पश्चात् उसका पुनः प्रकाशन आरम्भ हुआ तथा तब से वह बराबर 22 वर्षों तक प्रकाशित होता रहा। 'भारतमित्र' के दैनिक प्रकाशन के बाद शनैः-शनैः देश के अलग-अलग भागों में हिन्दी भाषा के कतिपय दैनिक प्रकाशित होने लगे। दैनिक पत्रों की परम्परा, उनकी एक शृंखला 'भारतमित्र' के दैनिक प्रकाशन के बाद आरंभ होती है। पर इसका अर्थ कदापि नहीं है कि हिन्दी भाषा का प्रथम दैनिक होने का पद 'भारतमित्र' को प्राप्त है अथवा सन् 1912 ईसवी के पूर्व कोई दैनिक प्रकाशित ही नहीं हुआ था।

हिन्दी का प्रथम दैनिक पत्र कलकता से प्रकाशित हो चुका था। 'समाचार-सुधावर्षक' नामक द्विभाषिक दैनिक पत्र सन् 1854 ईसवी में कलकता के बड़ाबाजार नामक मुहल्ले से श्री श्यामसुन्दर सेन के सम्पादकत्व में प्रकाशित होता था। यह पत्र हिन्दी और बँगला दोनों में प्रकाशित होता था। इसका प्रथम अंक उक्त सन् के जून में प्रकाशित हुआ था। यद्यपि इसके जीवन की अवधि अत्यल्प थी पर हिन्दी पत्रों के इतिहास में प्रथम दैनिक होने का श्रेय यह जरूर प्राप्त कर गया। कहते हैं कि इसके फुटकर अंक बंग साहित्य-परिषद, कलकत्ता, इम्पीरियल लाइब्रेरी और ब्रिटिश म्यूजियम में सुरक्षित रखे हैं। हिन्दी का दूसरा दैनिक पत्र सन् 1885 ईसवी में कानपुर से निकलना आरंभ हुआ। इस पत्र का नाम 'भारतोदय' था।

जब तक 'समाचार-सुधावर्षक' का पता नहीं चला था तब तक यही माना जाता था कि हिन्दी का प्रथम दैनिक कानपुर का वह 'भारतोदय' ही था। इसके संस्थापक श्री सीताराम जी थे। यह पत्र वर्षभर से अधिक नहीं चल सका। तीसरा

दैनिक 'हिन्दोस्थान' था जिसे प्रकाशित करने वाले कालाकाँकर के विख्यात और प्रगतिशील राजा रामपाल सिंह थे। राजा साहब इस पत्र को हिन्दी और अंग्रेजी में पहले इंग्लैण्ड से प्रकाशित करते रहे। भारत लौटने पर उन्होंने हिन्दी दैनिक के तौर पर उसका प्रकाशन आरम्भ किया।

पूज्यपाद मालवीय जी महाराज कुछ समय तक इसके सम्पादक रहे। पुराने कुछ विख्यात पत्रकारों की सेवा इसे प्राप्त हुई थी। पण्डित प्रतापनारायण मिश्र, पण्डित अमृतलाल चक्रवर्ती, श्री बालमुकन्द आदि इसमें काम कर चुके थे। राजा साहब के निधन के पश्चात् उनके उत्तराधिकारियों ने 'सम्राट' नामक दैनिक पत्र श्री बालकृष्ण भट्ट के सम्पादकत्व में प्रकाशित किया जो दो सालों तक चलने के पश्चात् अस्त हो गया। इस प्रकार बीसवीं सदी के आरम्भ तक हिन्दी दैनिक के प्रकाशन के कतिपय प्रयास किए गए पर हम यह देखते हैं कि उनमें कुछ अधिक सफलता नहीं मिली।

राजा रामपालसिंह का 'हिन्दोस्थान' अपेक्षाकृत सबसे अधिम समय तक टिका पर इसका कारण उनके समान श्रीसम्पन्न, प्रगतिशील व्यक्ति की सहायता तथा वरदान था। सम्भवतः अभी वह युग नहीं आया था जब जन-समाज दैनिक पत्र को धारण कर सकता। सन् 1897 ईसवी में 'भारतमित्र', जिसका प्रकाशन 1878 ईसवी से ही आरंभ हो गया था, दैनिक हुआ पर कुछ महीनों बाद बंद हो गया। दूसरी बार सन् 1898 ईसवी की जनवरी में दैनिक हुआ और सालभर चलता रहा पर पुनः बन्द हो गया। यह भी इस बात का प्रमाण है कि दैनिक के युग का प्रवर्तन अब तक नहीं हुआ था। वह युग आरंभ होता है उस समय से जब तीसरी बार 'भारतमित्र' का प्रकाशन दिल्ली के दरबार के अवसर पर होने लगा। उसके बाद से शनैः-शनैः दैनिकों का उदय होने लगा।

प्रथम महायुद्ध के आरंभ होने के बाद तो कलकत्ता समाचार, विश्वमित्र, वेंकटेश्वर समाचार, स्वतन्त्र आदि दैनिक तौर पर प्रकाशित होने लगे। इसके अनन्तर काशी से दैनिक 'आज' का प्रकाशन आरम्भ हुआ। फलतः ऐतिहासिक दृष्टि से हम 'भारतमित्र' को ही हिन्दी के दैनिकों की परम्परा स्थापित करने वाला मान सकते हैं। गत महायुद्ध और उसके पश्चात् भारत के राष्ट्रीय जीवन में जिस प्रकार गति-लहरी पैदा हो चली थी तथा जिस प्रकार सार्वजनिक जागृति और प्रवृत्ति का विकास होने लगा था उसी प्रकार हमारे दैनिकों का विकास भी होता गया। समाचार-पत्र अन्ततः सामाजिक जीवन के रजत-पट हैं जिन पर उनके छाया-चित्र भली-प्रकार प्रतिबिम्बित होते रहते हैं। पर उनका क्षेत्र यहीं खत्म नहीं

होता। वे समाज के प्रतिनिधि, उसके सेवक, उसके पथ-प्रदर्शक तथा उसके हितरक्षक भी होते हैं। फलतः पत्रों का विकास तभी सम्भव होता है जब सामाजिक चेतना विकसित हो।

समाज की सजीवता तथा स्पन्दन से पत्र भी सजीव और स्पन्दित हो उठते हैं पर जहाँ समाज की प्रतिक्रिया से पत्र प्रभावित होते हैं वहीं पत्र अपनी क्रिया में समाज को सजीव करने की चेष्टा करते हैं। ये दोनों परस्पर अन्योन्यभाव से समबद्ध हैं, एक-दूसरे पर निर्भर हैं तथा 'परस्परं भावयन्तः' की प्रणाली से ही जीवनयापन करते हैं। हमारे देश के हिन्दी भाषा-भाषी क्षेत्र में, व्यापक जनसमाज में, प्रथम महासमर की घटनाओं ने जिस जीवन का सर्जन किया, वह दैनिक पत्रों के विकास के लिए अनुकूल आधार हो गया। जनता की जागृति से उद्भूत जिज्ञासा का आप्यायन करने के लिए दैनिकों का प्रकाशन आवश्यक हो गया। यही कारण है कि उनका उदय हुआ तथा उनकी संख्या बढ़ने लगी। मात्र संख्या ही नहीं बढ़ी अपितु विकास की ओर उनके अभियान में एक के बाद दूसरे स्तर भी स्पष्टतः दृष्टिगोचर होने लगे।

'भारतमित्र' से दैनिकों की जिस परम्परा का आविर्भाव हुआ उसे दैनिकत्व की नई कल्पना और प्रवृत्ति से ओतप्रोत किया श्री मूलचन्द अग्रवाल के 'विश्वमित्र' ने जो सन् 1916 ईसवी से प्रकाशित होने लगा। 'विश्वमित्र' के पहले वाले दैनिकों का दैनिकत्व इतना था कि वे सप्ताह में छः दिन प्रकाशित होते रहते थे पर उनमें दैनिक की वह मौलिकता, वह नवीनता, वह आकर्षण, वह स्पन्दन कहाँ था जिसकी कल्पना लेकर लार्ड नार्थकिलफ ने इंग्लैण्ड में 'डेली मेल' की स्थापना की थी। अब तक हमारे दैनिकों का काम मात्र इतना था कि अंग्रेजी भाषा के दैनिकों में प्रकाशित हुए संवादों का अनुवाद करके अपने कलेवर को भर दें। पुराने, उचिछष्ट तथा सड़े हुए समाचारों को लेकर, अंग्रेजी पत्रों के चिल्लू से पानी पीकर हमारे दैनिक जीवित रहते थे।

आधुनिक, सामाजिक, राजनीतिक प्रश्नों के सम्बन्ध में न कोई अपनी दृष्टि होती थी तथा न किसी लक्ष्य से उत्प्रेरित हो करके अपना प्रकाशन करते थे। यह स्थिति तब बदली जब 'विश्वमित्र' का प्रकाशन श्री मूलचन्द्र अग्रवाल के प्रयत्न से होने लगा। इस पत्र ने सन् 1916 ईसवी में जन्म धारण किया। श्री मूलचन्द्र जी ने इस पत्र को वास्तविक आशय में दैनिक बनाया तथा उसे अंग्रेजी पत्रों के परावलम्बन से मुक्त किया। उन्होंने स्वतन्त्र रूप से तारों को लेना आरंभ किया, पत्र में नवीनता तथा मौलिकता भरी, वाणिज्य और सामाजिक तथा राजनीतिक

सवालों पर स्वतन्त्र रूप से लेखादि प्रकाशित करना आरम्भ किया। 'विश्वमित्र' की विभिन्नता तथा स्वतन्त्रता वास्तव में हिन्दी दैनिकों के क्रमिक विकास के नए स्तर की द्योतक थी। कुछ वर्षों पश्चात् जब काशी से पण्डित बाबूराव विष्णु पराड़कर के सम्पादकत्व में स्वर्गीय श्री शिवप्रसाद गुप्त ने दैनिक 'आज' का प्रकाशन किया तो उसने हिन्दी दैनिकों के सम्मुख नया आदर्श कायम कर दिया।

शिवप्रसाद जी की कल्पना यही थी कि हिन्दी में ऐसा दैनिक प्रकाशित हो जो अंग्रेजी अथवा अन्य किसी भी भाषा में प्रकाशित होने वाले किसी भी उच्च-कोटि के दैनिक के समकक्ष हो। पराड़कर जी ऐसे प्रौढ़, गम्भीर तथा आदर्शवादी सम्पादक के नेतृत्व में दैनिक 'आज' ने प्रकाशित होकर उस कल्पना की नींव डाली। 'आज' ने भाषा, भाव और शैली, विचार, विवेचना और विभिन्नता, मौलिकता, नवीनता और गम्भीरता, आदर्शवादिता, जनसेवा और निर्भीकता की दृष्टि से दैनिक पत्रों के सामने नए धरातल की सृष्टि कर दी। 'आज' के पश्चात् से न जाने कितने दैनिकों का प्रकाशन शनैः-शनैः होता गया।

सम्प्रति देश के विभिन्न भागों में कई साप्ताहिक और दैनिक पत्रों का प्रकाशन होने लगा है।

गत सवा सौ सालों में भारतीय पत्रकार-कला ने लम्बी यात्रा पूरी ही है। उसकी इस यात्रा की संक्षिप्त रूपरेखा उपस्थित करने की चेष्टा की गई है। अपने इस अभिगमन में उसे न जाने कितनी समस्याओं, प्रहारों और संघर्षों का सामना करना पड़ा है। प्रतिकूल परिस्थितियाँ, जिनकी जटिलता को भारत में आसीन विदेशी सत्ता ने तथा भी अधिक उग्र कर दिया है, उसका पथावरोधन करते रही हैं। परन्तु यह सब होते हुए भी वह मन्थर किन्तु स्थिर गति से आगे बढ़ती गई है। आज राष्ट्र में पत्र-पत्रिकाओं की संख्या भी काफी बढ़ चुकी है। 'टाइम्स आफ इण्डिया' के एडेल्फ मायर्स ने लिखा है कि 'आज इस देश में अलग-अलग प्रान्तीय भाषाओं में और अंग्रेजी में कुल मिलाकर—दो हजार से अधिक दैनिक तथा साप्ताहिक पत्र निकलते हैं। इनके सिवा तीन हजार से ज्यादा पाक्षिक, मासिक या त्रैमासिक पत्रिकाएँ भी निकलती हैं जो अलग-अलग क्षेत्रों तथा भाषाओं के साहित्य और ज्ञान को बढ़ा रही हैं।' श्रीमती बार्नस ने 'भारतीय पत्रकार-कला का इतिहास, नामक एक ग्रन्थ लिखा है। इस किताब में उन्होंने भारत में प्रकाशित होने वाले पत्रों की संख्या बहुत कम लिखी है। आप लिखती हैं कि 'भारत में अंग्रेजी भाषा के दैनिक पत्र बत्तीस, देशी भाषाओं के दैनिक पचहत्तर तथा दोनों भाषाओं के साप्ताहिकों की संख्या कुल एक सौ तीस है।' हम नहीं कह सकते कि

उपरोक्त दोनों विद्वानों में किसकी संख्या सही है पर इतना तो स्पष्ट है कि देश के अलग-अलग कोनों से पत्रों का प्रकाशन हो रहा है जो जन-जीवन का, देश की सामाजिक तथा राजनीतिक धारा का नयन, भाषा, साहित्य और ज्ञान की अभिवृद्धि और समाज का मनोरंजन कर रहे हैं। पर इसका आशय यह नहीं है कि हमारी पत्रकार-कला सर्वांगीण और समुन्नत हो गई है। हम जानते है कि वर्तमान जगत् में आज इस कला ने जिस स्तर को प्राप्त किया है उससे हम कहीं ज्यादा नीचे हैं। हिन्दी भाषा की पत्रकारी इंग्लैण्ड, अमेरिका के पत्रों की तुलना तो क्या करेगी वह इसी देश की कई देशी भाषाओं के पत्रों तथा उनकी पत्रकार-कला का मुकाबला भी नहीं कर सकती। बँगला और गुजराती तथा मराठी के पत्र हमसे कहीं अधिक उन्नतावस्था को पहुँच चुके हैं।

परन्तु इससे निराश होने की आवश्यकता नहीं है। हमारा भविष्य उज्जवल है क्योंकि हमारे पत्रकारों में तप, उत्सर्ग तथा आदर्शवादिता की कमी नहीं है। जिस गति से हमने अब तक यात्रा की है उसे तीव्र करने की आवश्यकता मात्र है। कोई कारण नहीं है कि भारतीय राष्ट्र तथा भारतीय राष्ट्रभाषा के नैष्ठिक आराधक इस वांछनीय तीव्रता का सर्जन न कर सकें। यदि हमारे पत्रकार दृढ़ संकल्प तथा कठोर अध्यवसाय का आश्रय लेकर अपने पथ पर अग्रसर होंगे तो इष्ट तीव्रता का आविर्भाव स्वयंमेव हो जाएगा।

4

हिन्दी पत्रकारिता तथा मीडिया लेखन की विविध विधाएँ

रेडियो नाटक लेखन

रेडियो नाटक हम देख नहीं सकते लेकिन सुनने से ही एहसास की दुनिया में आ जाते हैं। यह बात बहुत समझने की है जो सिर्फ सुना जा सकता है तथा जो सिर्फ सुनने से देखा जा सकता है उसमें वही सब कुछ नहीं सुलभ है जो दिखाया जा रहा है लेकिन बहुत कुछ योगदान उस अदृश्य का है जो हमारी कल्पना में वर्तमान में है। विचार या कल्पना का विस्तार किसी छोटी बड़ी पर्दों पर नहीं होता बल्कि मंच सजता है मन में। आँखों में सजने वाले इस मंच के अनुभव की कोई सीमा नहीं है कोई गतिरोध नहीं है। जहाँ जब जिस समय जिस जगह जाना चाहे, श्रोता जा सकता है। धरती पर पानी में आकाश पर, पाताल में जहाँ तक वह चाहे उड़ानें भरे। कहीं किसी दृष्टिगत दृश्य के लिये कैमरे की जरूरत नहीं है। जो कैमरे की आँखें नहीं देख सकती वह मन की आंख देख लेती है। जितना विस्तार श्रोता! के मन का होता है उतना ही विस्तार इस माध्यम का है। मन का विस्तार

अपने-अपने तौर पर होता है। एक शब्द लें रात जो दृश्य टेलीविजन पर आपको कैमरा दिखायेगा आप वही देखेंगे। मंच रात लाइट के साधन से दिखाया जायेगा तो आप रात देखेंगे परंतु रेडियो पर आप रात शब्द सुनते ही जैसी रात देखी है अथवा जो आपकी यादों में जुड़ी है आप वैसी ही रात अपनी कल्पना में बना लेंगे। यह जरूरी नहीं कि वह रात लेखक के माध्यम से सोची हुई रात हो। अतएव श्रोताओं के मन का जैसा विस्तार होगा वैसा ही वह विस्तार धारण करेगा इस माध्यम की यही सफलता या विवशता है।

यहाँ सबाल यह उठता है कि यदि रेडियो नाटक मात्र सुना जा सकता है देखा नहीं जा सकता तो उसकी आत्मा कहाँ है? मंच पर टेलीविजन पर या चलचित्र में? आपके समाने पात्र प्रस्तुत होता है क्रिया कलाप करता है तथा वापस चला जाता है। यदि वह एक भी शब्द न बोले तो भी आप उसके कथ्य को समझेंगे जबकि रेडियो में ऐसा नहीं संभव है। वहाँ दृश्य प्रस्तुत होता है संवाद से। संवाद ही रेडियो नाटक हैं। ब्राडकास्टर विलियम ऐश की पुस्तक हाऊ टू राइट रेडियो ड्रामा के अनुरूप भी संवाद ही रेडियो नाटक हैं। संवाद मंच पर भी महत्वपूर्ण हैं। संवाद के अलावा रेडियो नाटक में थोड़ा बहुत ध्वनि प्रभाव, संगीत मदद कर देते हैं, परंतु बिन संवाद के रेडियो प्राणाहीन हो जाता है। प्रश्न उठता है संवाद कैसे हों? संवाद लिखा हुआ शब्द न हो लिखा हुआ शब्द अधिक शास्त्रीय होता है। कसाव, तेजी, चुस्ती तीखापन, पात्रानुकूलता, घटनानुकूलता संवादों की महत्वपूर्णता हैं।

संवाद से ही रेडियो नाटक की कहानी की पर्तें खुलती हैं। पात्रों का परिचय संवाद से ही मिलता है। संवाद सही द्वंद्व उत्पन्न करता है। फिर तीव्रता लाते हैं। तीव्र होने पर द्वन्द्व संवाद के माध्यम से ही शीर्ष पर पहुँचता है तथा फिर नाटक की सम्पत्ति की सूचना भी संवाद दे देते हैं। रेडियो नाटक तथा किसी साधन की आशा नहीं करता। यहाँ शब्द ही सब कुछ है। शब्द की इतनी विशाल महत्ता किसी भी नाटक विधा में नहीं है। शब्द के बिना न तो किसी प्रकार की कल्पना की जा सकती है तथा न ही किसी प्रकार के रेडियो नाटक की कथा का अनुभव क्योंकि रेडियो नाटक में मात्र शब्दों तथा आवाज के उतार चढ़ाव से उसको समेटने तथा छोड़ने से बात श्रोता तक पहुँचती है इसलिए शब्द का प्रयोग उद्देश्य के साथ होना चाहिये।

रेडियो नाटक में प्रयुक्त शब्द के समझने हेतु अगर श्रोता को शब्दकोश देखना पड़े तो यह लेखक की सफलता नहीं है, चूंकि सुनने वालों के पास शब्दों

को लिखने समझने का समय नहीं होता। सबसे बड़ी प्रमुख है कि शब्दों का उपयोग किफायत से किया जाये। लम्बे विशद वाक्य रेडियो के लिए अनुचित हैं जैसे वह आयेगा इस वाक्य में मात्र आयेगा शब्द से ही काम चल सकता है।

अब सबाल यह उठता है कि संवादों की भाषा कैसी हो? रेडियो नाटक की भाषा स्वच्छ स्वस्थ होनी चाहिये। यह बात वर्तमान में सही प्रतीत नहीं होती है, जबकि रेडियो नाटक में यह सतर्कता अनिवार्य है, चूंकि रेडियो पर प्रसारित कार्यक्रम के श्रोता, माता पिता, दादी-दादा, भाई-बहन, बच्चे बहू-बेटी सबके साथ बैठकर सुन रहे होते हैं यह उनके कानों तक आवाज पहुँच सकती है। यह रेडियो नाटक का संस्कार है। अवश्य यह ध्यान रहे कि रेडियो नाटक में भाषा, द्वन्द्व के जन्म से उसका आँचल पकड़ कर, उसे तीव्रता की ओर ले जाकर समाप्ति तक छोड़ती है। इसलिए आवश्यकता इस बात की है कि शब्द कहानी के अनुरूप ही चले, पात्रों के सुख दुख कहें तथा घटित घटनाओं का परिचय दें। यह संवाद की भाषा की सार्थकता है। भाषा ऐसी हो जो बता सके कि स्थान कहाँ है? कैसा है? पहाड़ है अथवा सागर है? या झील या गाँव है? संवाद का माध्यम से ही यह परिचय मिलना चाहिए। रेडियो नाटक के लिए किसी पृथक सूत्रधार की स्थापना करना अच्छा नहीं माना जाता। संवाद से ही परिचय प्राप्त हो जाना चाहिए कि पात्र कैसा है? चेहरे की क्या पहचान है?

आदि इसी प्रकार कमरे की चर्चा हो तो कमरे की सजावट उसके अन्दर रखे सामान दीवारों के रंग इत्यादि की भी चर्चा संवादों में करनी चाहिये। खिड़की कहाँ है? हवा कहाँ से आ रही है? रात काली है या चाँदनी छिटकी है यह सब शब्दों से ही ज्ञात होना चाहिये।

संवादों के माध्यम से ही गतिविधियों की सूचना भी मिलनी चाहिए। कौन आया है? क्यों आया है? आया है तो क्या कर रहा है? जायेगा या रुकेगा? आदि-आदि।

रेडियो में शब्द का मुख्य काम होता है श्रोता की कल्पना को सचेतन करना पत्र है, चिट्ठी आई है, फोन आया है। ये सूचनायें अलग-अलग साउण्ड इफैण्ट से दर्शायी जा सकती हैं, जबकि लेखक की कुशलता इस बात पर निर्भर करती है कि शब्द से ही सूचनाएँ प्राप्त हों। जैस–

''नहीं।....... वह नहीं आया था।

....

लेकिन..........

नहीं! वह थोड़ी देर हेतु भी नहीं रुका...

..................?

हाँ! हाँ।

..................?

नहीं! अधिक खुश दिखाई दे रहा था।''

ऊपर दर्शाए गए बातचीत में कोई घंटी नहीं बजी। जबकि संवाद से आभास हो जाता है कि कोई टेलीफोन पर बात कर रहा है चूंकि टेलीफोन के संवाद विशेष प्रकार के होते हैं। जिस प्रयोग परीक्षाओं में खाली स्थान पूर्ति का प्रश्न होता है ठीक उसी प्रकार की नियम टेलीफोन संवाद लेखन में प्रयोग में साथी मानी है। हम सुने गये उत्तरों से यह आभास कर लेते हैं कि क्या प्रश्न किया गया होगा?

नियम विशेषताओं के साथ-साथ रेडियो नाटक की भाषा में यह जरूरी है कि उसमें रोजमर्रा आम बोलचाल की भाषा के शब्द हों। कुछ विशेष दशाओं में भाषा परिवर्तन हो जाता है। जैसे कि अगर कोई घटनाक्रम, कोई कथा, परिवेश साहित्यिक हो तो, उसके लिए साहित्यिक भाषा का होना आवश्यक है। उसी प्रकार साइंस फिक्शन में तकनीकी शब्दों का प्रयोग भी जरूरी है।

इसके अलावा रेडियो नाटक में समाज सापेक्षता का ध्यान रखना चाहिये। ध्यान रहे कि नाटककार कोशिश करे कि विकलांगता आदि पर आक्षेप, हँसी ठहाका और व्यंग्यात्मक शब्दों का प्रयोग न किया जाये ताकि किसी की इससे आधात न पहुँचे।

सबसे बड़ा बंधन रेडियो नाटक है समय का। मंच पर जो काम नाटक के दर्शक ढाई घंटे में देखते हैं, वहीं काम रेडियो पर घंटे भर में पूरा किया जाता है। मंच पर जो दिखाया जाता है, दर्शक वही देख सकते हैं परन्तु लेखक को अवधि के दायरे में कैद रहना पड़ता है।

मोनोलाग रेडियो नाटक की एक पद्धति है। इस विधि में एक ही पात्र होता है। वह अपने संवादों में लगातार उतार चढ़ाव बनाये रखते हुए कथा को श्रोता तक पहुँचाता है। मंच पर वह कैरिकेचर बन जाता है। रेडियो में एक ही पात्र को पृथक्-पृथक् पात्रों के किरदार निभा लेने का मौका प्राप्त कराया जाता है, अगर वे इस कला में पारंगत हों। 1955 में लाहौर से प्रसारित लाइट हाउस और भारतीय आकाशवाणी से पसारित विष्णु प्रभाकर का रेडियो मोनोलाग नये पुराने इसका उदाहरण हैं। रेडियो नाटक की दूसरी विधाओं में झलकी भी प्रमुख है जो करीब-करीब दस से पन्द्रह मिनट की होती है। उसमें भी रेडियो नाटक की भाँति भाषा प्रयुक्त होती है।

निष्कर्ष के तौर पर यह कहा जा सकता है कि संवाद रेडियो नाटक के प्राण हैं एवं शब्द उसकी आत्मा। इसकी भाषा साहित्यिक एतिहासिक वैज्ञानिक और परिवेशनुसार होनी चाहिए, परंतु सामान्य बोलचाल की शब्दावली भी जरूरी है। इसलिए रेडियो नाटक लेखक के लिए है कि वह जैसा महसूस करते हैं, या किया है, उसको वैसा ही सामाजिक रूप से लिखे।

रेडियो वार्ता लेखन

सामान्य रूप से वार्ता शब्द का तात्पर्य वृतांत बातचीत तथा ज्ञानवर्द्धक बातचीत है जिसे अंग्रेजी में स्पोकन वर्ड कहते हैं। आमतौर पर शब्द बात रेडियो के लिये रूढ़ होकर एक विशेष तरह के अर्थ का बोध भी कराता है। रेडियो से प्रसारित होने वाली बात वह नहीं, जो बात हमारे जीवन में हुआ करती है। बोलचाल की भाषा में जो बात है उसमें दो या दो से अधिक व्यक्ति आपस में बातचीत करते हैं। रेडियो बात का अर्थ कुछ विशेष होता है। इसमें दो पक्ष होते हैं। वक्ता तथा श्रोता। रेडियो बात में संवाद की संभावना का प्रतिनिधित्व जरूरी है। इसके लिये बात में वार्ताकार को दो चार वाक्यों के बाद एक ऐसा वाक्य या भाव लाना चाहिये, जिससे यह स्पष्ट होता हो कि वह तथा श्रोता आमने सामने हैं। रेडियों बात में श्रोता पक्ष की संवादी प्रवृति की जिम्मेदारी वार्ताकार की ही होती है। दूसरी भाषा में अपनी बात में वार्ताकार यह समझ ले कि श्रोता उसकी बात के साथ अपनी मानसिकता को अकड़े हुये है तथा उसकी अभिव्यक्तियों के साथ श्रोताओं का भाव बोध जुड़ा होता है।

बात रेडियो लेखन क तीन खण्डों में आती हैं। रेडियो के अधिकतर प्रसारणों में आलेख की आवश्यकता होती है, अतएव बात के लिये भी आलेख जरूरी हो सकता है। जबकि इस क्षेत्र में कुछ विवाद भी है। लेखन विधि के विपक्ष में मत रखने वालों के विचार है कि प्राकृतिक रूप में सजग वार्ताकार बात नहीं लिख सकता, चूंकि बात अपने सच्चे रूप में तभी संभव है, जब वक्ता बिना किसी प्रयोजन के बोले। लोग सामान्य रूप से तभी स्वाभाविक रह सकते हैं, जब बिना आलेख के बातचीत की जाये। ऐसे वार्ताकारों में एक पश्चिमी विद्वान श्रीमती रूजबेल्ट का नाम काफी विख्यात हैं। श्रीमती रूजबेल्ट बिना आलेख के रेडियो पर अपनी बात प्रसारण करती थीं। उनकी बात लिखित न होते हुए भी एक अच्छी बात की स्पष्ट विशेषताएँ समाहित रहती थीं। इस तरह के वार्ताकारों में भारत के श्री कपित देव सिंह का नाम भी अत्यन्त प्रसिद्ध है।

जहाँ आज इस प्रकार के वार्ताकारों की कमी हो गई है। वहीं एक महत्वपूर्ण बात यह भी हैं कि यदि इस प्रकार की बात शांतचित्र से आलेख तैयार कर लें, तो वह प्रसारण तथा भी उच्च स्तर हो सकता है। आलेख होने से आवश्यकता के अनुरूप डबिंग भी की जा सकती है। इसके न होने से उद्‌घोषक कभी-कभी कुछ का कुछ उद्‌घोषित आलेख के समर्थन में एक मुख्य वार्ताकार तथा अग्रेजी के लेखक जेनेथ डनबर सेट पर काफी लम्बे समय से प्रसारण सुनने के बाद मैं इस निष्कर्ष पर आया हूँ कि वार्ताकार के लिये आलेख एक अनिवार्यता है। वैसे आलेख प्रसारण का सिर्फ आधार मात्र ही हो सकता है, न कि बात के रूप में उसका प्रसारण। आलेख पाठ से पृथक् बात प्रसारण का अपना स्वरूप होता है। इस स्वरूप की महता की रक्षा उद्‌घोषक तथा वार्ताकारों के माध्यम से की जाती है।

कैसी बात रेडियो के लिये लिखी जाये, जो उत्तम तथा स्वाभाविक हो? क्या स्वाभाविक तथा रोचक बनाने के लिये यह जरूरी है कि हम जैसे बोलते हैं, वैसे ही लिखें? बातचीतनुमा बात के बारे में अंग्रेजी लेखक श्री डनवर ने कहा बात के लिये आलेख तैयार करने में बातचीत की अन्तर्धारा पर पैनी नजर होनी चाहिये। अगर आप लोगों को ध्यान से बातें करते हुए देखेंगे तो पायेंगे कि बातचीत का अपना एक विशेष तरीका होता है, जबकि पुस्तकों की प्रकार लम्बे वाक्य और विशेषण भरे वाक्य खण्ड को उपयोग में नहीं लाते। वे मुहावरों में और अच्छे वाक्यों मे बातें करते हैं।

यह बात विषय के आधार पर की कोशिश नहीं हैं कि उसे सिर्फ वही समुह सुन रहा है जो कि विषय से संबंधित है। अपितु विषय से इतर भी बात के श्रोता हो सकते हैं। इसलिए बात के माध्यम से उन्हें भी बाँधने की कोशिश करनी चाहिये। इसके लिए अनिवार्य होगा कि विषय का बड़े ही रोचक तथा ऐसी चुम्बकीय शक्ति से प्रस्तुत करें ताकि ऐसे श्रोता जो हमारे विषय फलक से पृथक के हैं वे भी हमारे अपने हो जायें।

कभी भी भाषा तथा शब्द के पण्डिताऊ रूप को बात में सम्मिलित नहीं करना चाहिये। रेडियो के लिए अनुसंधान करना बात लिखना अथवा लेख/निबन्ध लिखना नहीं है। शोध तथा लेख पाठकों के लिए होते हैं। रेडियो बात शब्दों का भागता हुआ तूफान है जो एक ही दिशा में हमेशा आगे बढ़ता रहता है। अतः प्रवाहमान शब्दों से जितना कुछ आप श्रोताओं से बातचीत कर सकें। वही आपकी और बात की महत्ता है। इसमें एक भी शब्द और भाव अनावश्यक नहीं जाना चाहिये।

पर्वतारोहण सोपनगमन नहीं, बल्कि लोहे के चने चबाने जैसा काम है जिसमें बड़े बड़े जीवटधारियों की महत्वाकाक्षाएँ हताशा में परिणत जाती है। इसको रेडियो बात के स्वरूप में ढालने के लिये यों लिखना होगा पर्वतारोहण बड़ा ही मुश्किल काम है, बड़े-बड़े जीवट वाले हताश होने लगते हैं।

यह बात लेखक के लिये आवश्यक है कि वह जो भी लिखे वह योजनावद्ध रूप में लिखे यानी विषय तथा उसके विस्तार को अच्छी प्रकार समझना बहुत जरूरी है। बात विश्लेषणात्मक ढंग से लिखी जानी चाहिये। ऐसा न करने पर बात के सभी उपादानों में व्याख्या नहीं हो पाती। उदाहरण के तौर पर साहित्य की प्रासंगिकता नामक बात में यदि साहित्य की ही व्याख्या आधे से ज्यादा समय की जाये तो बात की सामाप्ति तक उसके यदि अवयवों आधे से अधिक समय की जाये तो बात की सामाप्ति तक उसके सभी अवयवों की संतुलित व्याख्या नहीं हो पायेगी। इसलिये बात में संतुलन बनाये रखना अनिवार्य है।

समय का बात लेखन में विशेष ध्यान रखना चाहिये। बात कोई भी हो उसका निर्धारित समय होता है, उसी के भीतर प्रसारित की जाती है। अतः निर्धारित समय के भीतर अपनी बातों को पूर्णता और प्रभावकारी ढंग से कह देना भी बात तथा वार्ताकार की सफलता है।

वार्ताकार कभी-कभी कुछ ऐसे शब्दों को बार-बार प्रभावकारी दुहराता है जो आवश्यक नहीं है। बात में शब्द पुनरावृति नहीं होनी चाहिये उदाहरण के तौर पर हम तमाम लोग जब खुश होते हैं तो हँसते हैं, दुःखी होते हैं तो रोते हैं। खुश होते हैं तो चीखते चिल्लाते हैं और उदास होते हैं तो चुप रह जाते हैं। यहां पर होते हैं शब्द का तरह बार उपयोग किया गया है जो उपरोक्त होते हुए भी उचित नहीं। बात में अनावश्यक शब्द उपयोग भी वर्जित है।

बात में ध्वनि साम्य शब्दों को साथ-साथ नहीं लिखना चाहिये चूंकि ऐसे शब्दों के उच्चारण में छोटी सी भी भूल होने पर अर्थ का अनर्थ संभव हो सकता है। उदाहरण के तौर पर हम सब सभ्य समय को निहारते हैं। यहाँ सभय तथा समय कभी समय समय या समय-समय उच्चारित हो सकते हैं। अतः ऐसे शब्दों के उपयोग को टालना चाहिये।

तारतम्य अच्छी बात की एक विशेष विशेषता है। तारतम्य तथा विषय का सम्बन्ध कभी विच्छेद होने वाला नहीं होता है। विषय से जब कोई श्रोता जुड़ जाता है तो वह विषय के साथ चलना चाहता है। तारतम्य खत्म होते ही श्रोता स्वप्न भंग की स्थिति में पहुँच कर श्रवण से अपने को पृथक् कर लेता है।

उच्च कोटि की बात के लिए बात विशेष में उतार चढ़ाव एवं क्लाइमेक्स का समावेश आवश्यक है। ऐसी बात में श्रोता किसी प्रकार तनाव नहीं महसूस करते इसमें श्रोता बात के साथ चलता हुआ आनन्द महसूस करता है, चूंकि ऐसी बात से उसे कुछ प्राप्त है। बात में बिम्ब, हास्य-व्यंग्य और हाजिरजवाबी का समावेश आवश्यक है।

सूत्रात्मक वाक्यों का उपयोग बात के अन्तर्गत वर्जित है क्यों कि वे ही बातएँ सफल मानी जाती हैं जिसकी भाषा बोलचाल के निकट होने के साथ ही भावाभिव्यक्ति में सहजता लिये हुए हो।

एक वार्ताकार को बात के आरंभिक स्वरूप को कभी सुव्यवस्थित, मनोरंजक एवं प्रभावोत्पादक तौर पर व्यक्त करना चाहिये। अंग्रेजी में एक कहावत है अच्छा आरम्भ आधी सफलता।

बात के कुछ कार्यक्रम विशेष के आधार पर किये जाते हैं। जैसे बच्चों के लिए औरतों के लिए युवा वर्ग के लिये तथा विद्यार्थियों के लिये इत्यादि। इसके अतिरिक्त तथा भी किस्म-किस्म की बातएँ होती हैं समाचार, समाचार समीक्षा, परिचर्चा, व्यंग्य विनोद, खेत गृहस्थी तथा उद्घोषणाएँ इत्यादि। कुछ बातएँ ऐसी होती हैं जिनमें बात संबंधी समस्त विशेषताएँ लागू होकर भी अपनी एक पृथक पहचान बनाती है। जैसे तथ्यपरक बात, संस्मरणात्मक बार्त, आत्मकथात्मक बात, वैयक्तिक बात तथा विवादास्पद बात इत्यादि।

कथनों से तथ्यपरक बात को बोझिल नहीं होना चाहिये। तथ्यों का आवश्यकता के अनुरूप हो। इसमें कथना सम्बन्धी सूचना कभी भी गलत न हो। जैसे अगर से भी यदि कोई वार्ताकार यह कह गया लाल किला मुंबई में समुद्र के किनारे मुगल बादशाहत का अनोखा नमूना है। ऐसी भूल के लिये वार्ताकार के साथ साथ प्रोड्यूसर तथा रेडियो अधिकारियों की भी कार्य कुशलता पर प्रश्न चिह्न लग जायेगा। अपने तर्कों तथा कथनों को वार्ताकार थोड़ा अन्तराल देकर बदले श्रेष्ठ बात में अधिक समय तक एक ही बात को बार-बार नहीं दुहराना चाहिये, नहीं तो श्रोता तनावपूर्ण दशा में पहुँच जाता है। इसके अन्तर्गत शोध पूर्ण, वैज्ञानिक, डाक्टरी और कृषि उद्योग सम्बन्धी बातएँ हैं।

उच्च कोटि के बात लेखन का एक दूसरा रास्ता यह हो सकता है कि पहले उदाहरण दें यानी अपनी बात की पुष्टि के लिए एक कल्पित अथवा तथ्यपरक उदाहरण प्रस्तुत करें। यानी बात लेखक का विषय परिवार नियोजन अथवा अल्प बचत पर है तो हवा में व्याख्यान देने से अच्छा है कि किसी परिवार के माध्यम से

उन सच्चाईयों की प्रतिष्ठा करके ठोस आधार निर्धारित करें। ऐसी बात से श्रोता प्रभावित होगा, चूंकि उसे यह अनुभव होगा कि यह बात उपयोग के आधार पर सत्यापित की जा चुकी है।

अच्छी बात के लिये क्या जोड़ा जाये और क्या घटाया जाये? इसका एक नमूना उल्लेख नीचे है। बात का विषय है सागर तथा व्यक्ति। "कहते हैं जीवन की जल से हुआ, अतः जीवधारियों का आकर्षक इसके प्रति रहा है। यह आकर्षण सहज सौन्दर्य बोध के कारण नहीं, इसके पीछे व्यक्ति का स्वार्थ भी रहा है। (सभ्यता की शुरूआत से ही सागर, व्यापार वाणिज्य का माध्यम रहा। सागर के प्रति व्यक्ति के लगाव का एक तथा भी कारण है। सागर ने मनुष्य को सदैव से अनुप्राणित किया हैं) सागर में तैरती मछलियों और काइयों का पहले तो उसने काफी उत्साहित होकर देखा पर तत्पश्चात् भोजन हेतु प्रयोग में लाने लगा। मछुआ गीतों में सागर को माता कहा जाता है"

उपरोक्त लिखित बात में जो पंक्तियाँ बड़े कोष्ठक में दी गई हैं वे प्रोड्यूसर के माध्यम से जोड़ी गई हैं तथा जो छोटे कोष्ठक से धिरी हैं उन्हें आलेख से अलग कर प्रसारण का प्रस्ताव बनाया गया है। बात को सुग्राही तथा प्रभावकारी करने के लिये ऐसी काट छाँट अनिवार्य है।

रेडियो के लिये संस्मरण प्रधान बातएँ रुचिपूर्ण लाभकारी हैं। इस तरह की बात में कहीं न कहीं कथा तत्व का समावेश अनिवार्यतः रहता है, जो श्रोता को बात से पृथक नहीं होने देता। वर्ण्य विषय के आधार पर ही वार्ताकार संस्मरणात्मक बात में उस व्यक्ति घटना, स्थान इत्यादि से संबंध बातें करेगा। ऐसी बात में मैं का वाचन पूरी तरह निषेध है।

आत्मकथात्मक बात का सिद्धान्त संस्मरणात्मक बात के विपरीत होता है क्योंकि इसमें वातकार हेतु अपने बारे में कहने की काफी छूट रहती है। ऐसी बातओं का विषय किसी ख्यातिलब्ध तथा मुख्य व्यक्तित्व से सम्बन्धित होता है या एक साधारण आदमी से, जो कुछ ऐसी बातों को बतला रहा हो जिससे श्रोता चमत्कृत हो जाये।

"मैं" की वैयाक्तक बात में पर्याप्त संभावना होती है। इनमें बात किसी व्यक्ति से संबंध होती है, पर उसका आधार व्यक्ति न होकर कोई दूसरा विषय होता है जैसे पान पर बात दी गई। इसमें वार्ताकार अपनी धारणायें, अपनी कल्पना तथा अपने दृष्टिकोण को व्यक्त करता है। ऐसी बात गैर वैज्ञानिक के माध्यम से ही सम्भव है। अगर यह बात किसी वनस्पति शास्त्री को दी गई तो यह बात

वैयाक्तिक न होकर तथ्यपरक हो जायेगी। यहाँ बात के विषय का तात्पर्य है पान खाना।

अनेक बार ऐसा भी होता है कि श्रेष्ठ बात लिखी जाने के बावजूद भी वार्ताकार उसका वाचन शुद्ध रूप से नहीं कर पाता। कुछ वार्ताकार तो ऐसे भी होते हैं जो माइक्रोफोन के नजदीक जाकर फलस्वरूप हो जाते हैं। फलस्वरूप अच्छी बात चौपट हो जाती है। ऐसी स्थिति में वाचन का पूर्वाभ्यास अत्यंत हो जाता है। कभी कभी तो वार्ताकार दो चार वाक्य के पश्चात् विषय तथा व्याकरण दोनों को भुला बैठते हैं। ऐसी स्थिति में वार्ताकार को अपनी बात बार-बार पढ़कर वाचन तथा व्याकरण संबंधी त्रुटि को सुधार लेना चाहिये। इससे वार्ताकार में आत्मनिर्भरता आयेगी।

रेडियों बात शब्दों का महान स्थापत्य है, जिसे निरन्तर अभ्यास और उपस्थिति बुद्धि से ही सजाया सँवारा जा सकता है।

डाक्यूमेन्ट्री लेखन

''डाक्यूमेन्ट्री'' यानी वृत्तचित्र दूरदर्शन की विविध विधाओं में एक प्रमुख विधा है। ''डाक्यूमेन्ट्री'' की परिभाषा देना साधारण कार्य नहीं है, चूंकि इसका थोड़ा काफी विशद है। अंग्रेजी शब्दकोशों के अनुरूप ''डाक्यूमेन्ट्री शब्द का संबंध डॉक्यूमेंट शब्द से है। डॉक्यूमेंट का कोशीय अर्थ होता है। यानी लेख का सुबूत पत्र। इसके साथ डाक्यूमेन्ट्री के हिन्दी रूपान्तरण वत्तचित्र, के सम्बन्ध में कोश में उल्लिखित है शिलालेख, विशिष्ट घटना या कार्य की जानकारी हेतु दिखाया जाने वाला सिनेमा चित्र (न्यूजरील)। डाक्यूमेन्ट्री के उपरोक्त शब्दकोशीय अर्थ देखने से ''डाक्यूमेन्ट्री'' एवं वृत्तचित्र शब्द में प्रथम दृष्टया कोई समानता नहीं दिखायी पड़ता, परन्तु जब गम्भीरता से विश्लेषण किया जाता है तो इन दोनों अर्थों में एक तत्व में समानता परिस्थिति होती है, वह है सुबूत तथा सत्यता। ''डीड'' सरकारी स्वीकृति मौजूद प्रामाणिक प्रपत्र है तथा ''न्यूज'' भी सत्यता तथा प्रमाण की माँग करती है। शिलालेख प्रचार के प्रामाणिक, ऐतिहासिक साधन होते हैं तथा घटना का घटित होना सत्यता पर जोर देता है। लेख में सत्य तथ्यों तथा प्रमाण की माँग करती है। यानी उपरोक्त वर्णन के आधार पर कहा जाये तो यह कहा जा सकता है कि डाक्यूमेन्ट्री वह विधा है जो कि किसी कथन सूचना, सत्य घटना व्यक्तित्व तथा परिस्थिति पर आधारित होती है और जिसका सत्य मनोरंजन की अपेक्षा में शिक्षा तथा सूचना देना ज्यादा होता है। जब यह कार्य दृश्यों के माध्यम से जाता

है। तो इस प्रक्रिया को फिल्म अथवा टेलीविजन डाक्यूमेन्ट्री कहते हैं तथा जब ध्वनि साधन के माध्यम से प्रस्तुत किया जाये तो ध्वनि या रेडियो डाक्यूमेन्ट्री कहलाती है। ध्वनि या रेडियो डाक्यूमेन्ट्री रेडियो की विधा है, इसे रूपक में समाहित कर सकते हैं।

दूरदर्शन पर प्रसारित होने वाली "डाक्यूमेन्ट्री" अधिकांशतः चित्रों ध्वनि, संगीत सम्मिश्रित होती है। जबकि यह स्मरणीय है कि यह जरूरी नहीं है कि डाक्यूमेन्ट्री सदैव संवादात्मक हो या कमेन्ट्री के माध्यम से प्रस्तुत की जाये अपितु जरूरत अथवा उद्देश्यानुसार इसे मूक रूप में भी प्रस्तुत किया जा सकता है। डाकूयमेन्ट्री के साथ सामान्यतः तीन ट्रीटमेन्ट होते हैं। प्रथम डाक्यूड्रामा शैली द्वितीय जीवंत दृश्यों का संकलन तृतीय स्थिर चित्रों मे एकजुटता। डाक्यूड्रामा शैली में पात्र खुद कहानी कहते हैं, लेकिन अन्य दोनों विधाओं में कथा स्पष्ट होते हुए भी उद्घोषक या कमेन्टेटर की मदद से कथ्य को सम्प्रेषणीय बनाया जाता है। इसके अलावा एक बात तथा ध्यान में रखनी चाहिए कि डाक्यूमेन्ट्री में संकलन तथा तारतम्यता का तत्व विशेष रूप से समाहित है। उदाहरण रूप में पर सिनेमाघरों में फिल्म आरंभ होने से पूर्व दिखायी जाने वाली न्यूजरील की चर्चा की जा सकती है जो कि डाक्यूमेन्ट्री की विधा है। इसमें साप्ताहिक अथवा मासिक अथवा वार्षिक घटनाओं को एकत्रित करके क्रमबद्ध प्रस्तुत किया जाता है यानी डाक्यूमेन्ट्री में अन्य दृश्य विधाओं की तरह शॉट, सीन व सीकवेन्स का अधिक महत्व है।

आइये! अब डाक्यूमेन्ट्री लेखन की विधि पर ध्यान दें। टेलीविजन हेतु डाक्यूमेन्ट्री लिखने हेतु सबसे पहले विषय का चुनाव करना बहुत आवश्यक होता है। इसके बाद डाक्यूमेन्ट्री के प्रयोजन पर विचार किया जाना चाहिए। लक्ष्य का निर्धारण दर्शक वर्ग पर नियत होता है। इसके बाद जो सबसे जरूरी पहलू है वह है अवधि संबंधित विषय को कितने समय के कार्यक्रम के माध्यम से प्रस्तुत किया जा सकता है? इसका निर्धारण लेखक को ही करना पड़ता है परंतु यह सभी निर्णय लेने हेतु लेखक स्वतंत्र नहीं होता वरन् निर्माता की आर्थिक स्थिति और प्रस्तुतकर्ता विषय विशेषज्ञ इत्यादि से मिलकर किया गया विचार विमर्श अंतिम होता है। इसी विचार विमर्श में विषय की प्रस्तुति या कहें कथ्य के साथ किये जाने वाले ट्रीटमेंट का निर्धारण करना होता है यानी यह निर्धारित किया जाता है कि प्रस्तुति डाक्यूमेन्ट्री शैली में होगी अथवा कमेन्ट्री के माध्यम से अथवा एनीमेशन द्वारा। कभी-कभी ऐसे भी समय आते हैं कि किसी विशेष या जगह को प्रयोजन बनाकर

कैमरा टीम भेज दी जाती है तथा जब दृश्य बंधीकरण करके स्टूडियो आ जाता है तो उसे देख कर लेखक करता है तथा फिर उन एकत्रित दृश्यों को क्रमबद्ध करके, प्रस्तुति योग्य बनाया जाता है।

अवधि विषय तथ्यों का संकलन हेतु गंभीर शोध काफी आवश्यक हे चूंकि डाक्यूमेन्ट्री में सत्यता का तत्व अत्यंत आवश्यक है। तथ्य एकत्रित करने के बाद उन्हें एक आलेख के तौर पर प्रस्तुत किया जाता है। मान लीजिए आप फुटबाल पर एक वृत्तचित्र बनाना चाहते हैं। इस वृत्तचित्र को बनाने हेतु अवधि को ध्यान में रख पृथक्-पृथक् पहलुओं पर विचार करना पड़ेगा। सबसे पहले फुटबाल का महत्व लोक प्रचलन का वर्णन करने हेतु सामग्री एकत्रित करनी पड़ेगी, फुटबाल खेलने वाले देशों खिलाड़ियों का उल्लेख करना पड़ेगा मुख्य समारोह गिनाने पड़ेंगे। इतना ही नहीं विषय एवं समय के अनुरूप फुटबाल बनाने की प्रक्रिया, बनाने की सामग्री, उसका बाजार, कारीगरों की स्थिति इत्यादि का भी वर्णन करना उचित होगा। इसके पश्चात् पटकथा लेखक, कैमरामैन, ध्वनि व्यवस्थापक, अभिनेतों, रंगदीपक मंच व्यवस्थापक इत्यादि की आवश्यतानुसार संकेतों का वर्णन करते हुए, आलेख को पटकथा में परिवर्तित करना पड़ेगा।

पटकथा लेखक को दूरदर्शन पद्धति का ज्ञाता तथा कल्पनाशील होना बहुत जरूरी है क्योंकि उसे अपने मस्तिष्क में दृश्यों की काल्पनिक संरचना करते हुए संबद्ध व्यक्तियों को संकेत देने पड़ते हैं। जैसे कैसा होगा? उसकी उम्र, वेशभूषा, हाव-भाव, जाति वर्ण, वातावरण संस्कृति कैसा होगा? इसका संकेत भी देना पड़ता है। उसे कैमरामैन को संकेत देना होगा कि उसे कब क्लोजअप लेना है, कब बिग क्लोजअप लेना है, कब मिड शॉट तथा कब क्लासरूम शॉट इत्यादि? यहाँ तक कि अभिनेता से उम्मीद किए गए कार्य व्यापार, व्यवहार इत्यादि का संकेत की भी पटकथा लेखक से आशा की जाती है। इसके साथ ध्वनि व्यवस्थापक को कैसी ध्वनि देनी है, किस समय शूटिंग करनी हैं कौन कौन से दृश्य होंगे इत्यादि संकेत भी देने पड़ते हैं। इतना ही नहीं क्योंकि पटकथा लेखक के मस्तिष्क में अपने प्रोजेक्ट का खाका तैयार होता है इसलिए उससे यह भी आशा की जाती है कि यदि प्रस्तुति में वर्जित स्थान पर जाने हेतु किसी विशेष जानकारी की आवश्यकता हो तो उससे भी सदस्यों का परिचय करा दें, तो उचित है। जैसे कि सूर्योदय कब होगा या सूर्यास्त कब होगा? मौसम वहाँ होगा? जाने हेतु कौन-कौन से सामान आवश्यक हैं इत्यादि। कहने का मतलब यह कि पटकथा लेखक पर काफी जिम्मेदारी होती है।

लेखक में भाषा पर काफी अधिक ध्यान दिया जाता है वैसे तो मीडिया हेतु सामान्य नियम है कि भाषा आम बोलचाल की हो, संक्षिप्त वाक्यविन्यास हो, स्वाभाविकता सहजता विद्यमान हो। लेकिन दूरदर्शन पर प्रसतुत डाक्यूमेन्ट्री में लेखक को शब्द उपयोग में कंजूसी करनी चाहिए चूँकि दूरदर्शन कानों का नहीं आँखों का साधन है। वैसे भी सुनी हुई बात की अपेक्षा में देखी गई बात अधिक देर तक जिंदा रहती है। दूरदर्शन पर दृश्य सब कुछ स्वयं कहते हैं। इसलिए लेखक से यह आशा की जाती है कि वह अनावश्यक शब्दों के उपयोग से बचे लेकिन यह भी जरूरी है कि दृश्य ज्यादा संवेदनशीलता जो दर्शक को प्रभावित करें, इसलिए दृश्य तथा शब्द के बीच समन्वय होना काफी इसलिए है, क्योंकि यदि बोले हुए शब्द तथा दिखाए हुए दृश्य में थोड़ी सी भी असमानता दिखायी पड़ेगी तो सम्प्रेषणीयता प्रभावित होगी।

डाक्यूमेन्ट्री के प्रचलन एवं तकनीक के आधार पर कई रूप दिखाई पड़ते हैं। कुछ मुख्य डाक्यूमेन्ट्री के प्रकारों को हम इस प्रकार से विभक्त कर सकते हैं—

सामाजिक डाक्यूमेन्ट्री—इसमे समाज में होने वाले बदलाव उतार चढ़ाव एवं लोगों की मानसिकता को दर्शाया जातौं। गहन विचार तथा सच्चाई पर विशेष रूप से ध्यान दिया जाता है। इस विधा के माध्यम से लोगों की सामूहिक रूप में एवं राष्ट्रीय रूप में सहभागिता दिखायी जाती है। इतना ही नहीं, सामाजिकों की विचाराधारा एवं दुःख सुख को कथनों के साथ साथ या कृत्रिम दृश्यों के माध्यम से प्रस्तुत किया जाता है। जिससे दर्शकों के अंदर मानवीय भावनाएँ, शिक्षा, देशप्रेम, जन जागरूकता जन आन्दोलन पैदा हो सके। इस प्रकार के वृत्तचित्रों को दिखाये जाने का लक्ष्य सामाजिक बदलाव लाने हेतु प्रेरित करना होता है।

शोधपरक डाक्यूमेन्ट्री—इस प्रकार के डाक्यूमेन्ट्री का लक्ष्य किसी विषयवस्तु को लेकर उसकी खोज करना और अन्त में सच्चाई को उभारकर दर्शकों को सही गलत का आभास कराना है। जैसे अमेरिका के राष्ट्रपति जान कैनेडी की हत्या का पर्दाफाश इसी कोटि के अन्तर्गत आता है। नकली शराब पीने से होने वाली मौतों को सबके सामने रखना भी ऐसा ही है। कभी-कभी चरित्रों के माध्यम से अभिनय करवा कर असली स्थिति को काल्पनिक ढंग से दर्शाया जाता है। ताकि वही वातावरण प्रस्तुत किया जा सके।

ऐतिहासिक डाक्यूमेन्ट्री—इसमें कथ्य को पूरी प्रकार ऐतिहासिक तथ्यों मे दर्शाया जाता है। इसके अन्तर्गत किसी भी बात को कृत्रिम पात्रों तथा कल्पनिक विश्लेषणों से नहीं किया जाता है। ऐतिहासिक कथ्यों में व्यक्तित्व एवं सामाजिक

चेतना तथा संस्कृति एवं सामाजिक वित्तीय घटनाओं को भी उसी परिप्रेक्ष्य में दिखाया जाता है।

सूचनात्मक डाक्यूमेन्ट्री—आजकल इस प्रकार के वृत्तचित्रों का काफी प्रचलन है। इन्हें तथ्यों के आधार पर प्रस्तुत किया जाता है। किसी बारे में आधरित तथ्यों का चुनाव कर तथा अग्रणी मानकर उसी तथ्य को सुबूतों की मदद से आगे बढ़ाया जाता है। जैसे-जैसे तथ्य रखे जाते हैं वैसे-वैसे डाक्यूमेन्ट्री का असर लोगों पर पड़ता जाता है। इस प्रकार की डाक्यूमेन्ट्री का लक्ष्य लोगों को ज्ञान एवं कुछ सीखने का मौका प्रदान करना होता है। इस प्रकार के वृत्तचित्र लोगों को मानसिक व्यायाम कराने के साथ साथ उनके आत्मविश्वास को बढ़ाने में मदद करते हैं। इसलिए यह कह सकते हैं कि तथ्यों के माध्यम से सूचना देते हुए दर्शकों को कुछ सीखने का इसलिए देने वाले वृत्त चित्र सूचनात्मक वृत्तचित्र कहलाते हैं।

कहानी डाक्यूमेन्ट्री—इस का प्रचलन काफी कम है तथ्य को प्रस्तुत करने की सबसे सक्षम विधा है। किंतु इसका प्रचलन बहुत ही कम हो गया है। चूंकि इसका स्वरूप फीचर फिल्मों से काफी सामानता रखता है। इस विधा में एक चरित्र के माध्यम से कहानी को दर्शाया जाता है। उस चरित्र को सहायक चरित्रों और तथ्यों के माध्यम से उभारा एवं विकसित किया जाता है। दर्शक इन चरित्रों को अपने से पृथक् नहीं मानते हैं चूंकि ये चरित्र काल्पनिक होते हुये भी सत्यता से भरे हुए होते हैं। इस प्रकार की डाक्यूमेन्ट्रीज कल्पना से उद्‌भूत के बारे में बनायी जाती है।

न्यूज डाक्यूमेन्ट्री—इसके माध्यम से नामो विशेष विषयों को गंभीरता और गहराई से दर्शाया जाता है। इसमें विशेषज्ञ संबंधित कारणों होने वाले प्रभाव तथा घटनाओं को ज्यों का त्यों प्रस्तुत करता है जैसे घटित होते हैं या हुए हैं।

यात्रा वृत्तान्त डाक्यूमेन्ट्री—इस तरह की डाक्यूमेन्ट्री का स्वरूप पूर्व वृताचित्रों से पृथक होता है। इसमें तथ्य पहले से एकचित्र नहीं किये जाते वरन स्थान या उद्देश्य निर्धारित होने के बाद विशेषज्ञ, कैमरामैन इत्यादि को लेकर निकल पड़ता है नियत विषय के अनुरूप उसे जो भी सामग्री, दृश्य घटनाएँ साक्षात्कार आदि उपयोगी लगते हैं, वह उन्हें एकत्रित करके स्टूडियो ले जाता है। जहाँ पटकथा लेखक उस (संकलित दृश्यों) को देखकर एक वृतचित्र हेतु कमेन्ट्री लिख देते हैं। उदाहरण के तौर पर एक गोताखोर समुद्र के अन्दर जाकर गहराई में जो जीवन तथ्य जानकारी मिलेगी उसे वह अपनी आँखों से देखेगा और कैमरे के माध्यम से दृश्यांकन कर लेगा। इसी तरह यात्रायें आने वाली परेशानियों मौसम,

दृश्य, स्थान लोगों का चरित्र वहाँ का खान पान निवासियों के तथ्य वृत्तान्त इत्यादि को संगीत चित्रों एवं ध्वनि के साधनों से दिखायी जाने वाली चित्र कथा, इस विधा के अन्तर्गत आते हैं।

इसलिए यह स्पष्ट है कि टेलिविजन डाक्यूमेन्ट्री का फिलक काफी विशद है। यह डाक्यूमेन्ट्री किसी भी विषय पर शिक्षा, सूचना, ज्ञान अथवा मस्तिष्क व्यायाम हेतु किसी भी बिन्दु को आधार मानकर लिखी जा सकती है। इसके लिए लेखक मे सर्जनात्मकता और कल्पना के साथ-साथ कर्मठता, समयबद्धता, इत्यादि के गुण विकसित होने चाहिए। उपरोक्त उल्लेखनीय गुणों एवं टेलीविजन प्रसारण प्रक्रिया को प्राप्त करके कोई लेखक टेलीविजन हेतु अच्छा व्यावसायिक लेखक बन सकता है।

टी. वी. नाटक लेखन

नाटक, एक ही होता है चाहे फिल्म का हो या वह मंच का नाटक हो टी. वी. का या रेडियो का हो। परिभाषा के स्तर पर नाटक का ही रूप है। विभिन्न-विभिन्न माध्यमों की तकनीकी आवश्यकताओं के आधार पर उनके प्रस्तुतीकरण की विविधताओं को ध्यान में रखते हुए हम उनमें अंतर स्थापित कर सकते हैं।

नाटकों के जिन चार तरहों से हम परिचित हैं जैसे रेडियो रंगमंच टी.वी. तथा फिल्म। उनमें रेडियो नाटक को छोड़कर जो मात्र ध्वनियों तथा संवादों का साधन है शेष तीन रूप श्रव्य और दृश्य के मिश्रित साधन हैं। इन तीनों रूपों में भी रंगमंच नाटक का स्वरूप बिल्कुल विभिन्न है, जहाँ अभिनेता तथा दर्शक के बीच साक्षात सीधा तथा जीवंत संपर्क एवं सामंजस्य स्थापित हो जाता है तथा फिर अभिनेता अपने बलबूते पर नाटक को उठाता है या गिराता है।

मोटे तौर पर फिल्म तथा टी.वी. पर एक ही जैसे लगते हुए भी दोनों के बीच पर्याप्त है तथा शुरू में इस अंतर को समझना जरूरी होता है।

टी.वी. और फिल्म दोनों साधनों यद्यपि कैमरे का उपयोग होता है तथा आज अधिकांश टी.वी. नाटक तथा धारावाहिक जा बाहरी प्रोड्यूसरों के माध्यम से बनाए जाते हैं, फिल्म की तकनीक से ही बनते हैं। ऐसा करने से उनकी अपनी सुविधा का ज्यादा तथा माध्यम की आवश्यकता का कम विचार होता है।

दूरदर्शन नाटक कैमरे के प्रयोग के बावजूद फिल्म नहीं माना जा सकता है। दूरदर्शन रंगमंच भी नहीं है जबकि रंगमंच के ही जैसा इसमें सदैव निरंतरता बनी

रहती है। इसे हम यह भी कह सकते हैं कि सिनेमा और रंगमंच के कुछ प्रमुख तत्वों के समावेश से नाटक के इस स्वरूप का जन्म हुआ है।

प्रमुख रूप से टी.वी. नाटक स्टूडियो में वहाँ के साधनों से तैयार किया जाता है, लेकिन फिल्म और फिल्मी तकनीक से बनाए गए धारावाहिकों आदि में इस बंधन की कोई जरूरत नहीं होती। फिल्म सृजन में आमतौर से तथा मुख्य रूप से एक ही कैमरे का प्रयोग होता है, लेकिन टी.वी. में कम से कम दो अथवा तीन तथा आवश्यकता एवं सुविधा होने पर पाँच से सात कैमरे तक एक साथ उपयोग किये जाते हैं। फिल्म की शूटिंग तथा प्रोसेसिंग के बाद उसे काटकर जो़ कर पृथक्-पृथक् शॉट्स का कम बनाकर फिल्म की गति निरंतरता तथा या प्रदान करता है जबकि टी.वी. नाटक का सम्पादन प्रोड्यूसर के निर्देश पर, प्रोडक्शन पैनल से लगातार किया जाता रहा है, जिसे विजन मिक्सिग कहते हैं। टी.वी. नाटक के सटीक प्रसारण अथवा रिकार्डिंग के समय निर्देशक कलाकारों कया कैमरामैनों के साथ सेट पर नहीं रहता जैसा कि फिल्म की शूटिग में होता है वह प्रोडक्शन पैनल से सभी कैमरों का संचालन सम्पादन, ध्वनि प्रभाव या संगीत के उपयोग हेतु लगातार निर्देश करते रहता है चूंकि टी.वी. नाटक में यह सभी कार्य एक साथ किए जाते हैं। फिल्म की स्क्रीन बड़ा होने की वजह से लांग शॉट्स के माध्यम से अपना अर्थ तथा सुन्दरता दर्शकों तक पहुँचाने में योग्य है, जबकि टी.वी. स्क्रीन का छोटा आकार लांग शाट्स की सुन्दरता तथा सार्थकता को भी छाँट देते हैं। अतः टी.वी. को क्लोजअप का साधन माना गया है तथा यह धारणा आज भी बिल्कुल सही साबित होती है।

स्मरणीय है कि रंगमंच नाटक जहाँ एक ओर दर्शक हेतु जीवत अनुभव है वहीं दूसरी तरफ दर्शक एक विशेष स्थान पर बैठा हुआ, एक विशालकाय फ्रेम में घट रही गतिविधियों को एक निर्धारित पृष्ठभूमि में लगातार एक ही दृष्टिकोण से देखने हेतु मजबूर भी है लेखन टी.वी. कैमरा अनवरत चलता रहता है तथा दर्शक की आँख बनकर किसी भी कोण से दर्शक को निर्देशक की मर्जी के अनुरूप पूरा दृश्य अथवा उसका कोई भी अंश दिखा सकता है। दूसरे शब्दों में मंच नाटक के मुहावरे को कैमरा पुनःव्याख्यायित करता है। रंगमंच का नाटक लेखक से निर्देशक के हाथों में तथा वहाँ से अभिनेता के हाथों में चला जाता है। अतः अभियंता को नाटक को सफल या असफल बनाने सबसे बड़ा वजह माना जाता है जबकि टी. वी. का नाटक आरंभ से आखिर तक निर्देशक के कब्जे में रहता है तथा सारे स्याह सफेद का उत्तरदायी वही होता है। यही कारण है कि रंगमंच को अभिनेता का

माध्यम माना जाता है लेकिन फिल्म तथा टी.वी. निर्देशक के माध्यम माने जाते हैं। टी.वी. को निर्देशक का साधन बताकर लेख़क को गौण करना। मेरा निवेदन मात्र इतना है कि लेखक के माध्यम से रचित मानसिक बिम्बों तथा चरित्रों को निर्देशक स्थूल रूप देता है, मूलभाव की दृश्यात्मक व्याख्या करता है, विजुअल लैंग्वेज में नाटक की पुनर्रचना करता है। दूसरे शब्दों में आत्मा को शरीर प्रदान करता है। फिल्म तथा टी.वी. में लेखक तथा निर्देशक हाथ में हाथ डालकर काम करने वाले होते हैं। दोनों एक दूसरे के पूरक हैं, यह मेरी अटूट धारणा है।

इन सभी बातों को आसपास करने के बाद हम नाटक की रचना पर आ सकते हैं। जैसा कि आप जानते ही हैं नाटक चाहे टी.वी. का हो अथवा मंच का अथवा फिर फिल्म अथवा रेडियो का सबका मूल आधार एक ही है कहानी। सिर्फ माध्यम के अनुसार कहानी कहने का तरीका पृथक्-पृथक् होता है। तथा कहानी कहने का अंदाज ही उसे रोचक अथवा उबाऊ बना सकता है।

कहानी क्या होती है? यह सवाल उठाकर कोई साहित्यिक बहस करना हमारा उद्देश्य नहीं है। नाटक लिखने हेतु या नाटक के माध्यम से कोई विचार अथवा विषय संप्रेषित करने हेतु हम मात्र एक विषय या थीम का चयन करने की बात कर रहे हैं। यह विषय अथवा थीम कहाँ से आते हैं।

जीवन लगातार चलायमान है। यह कभी थमता नहीं है। तथा उसमें से लगातार कुछ निकलता रहता है जिसमें से थोड़ा हमारे प्रयोग में आता रहता है तथा बहुत कुछ अवधि के वातचक्र में उड़ जाता है। यही प्रक्रिया कहानी के बीज तैयार करती है। हमारे अनुभव से हमारी दृष्टि से हमारे कानों से गुजरी हुई हर घटना हर चरित्र हर विषय वह बीज है, जो लेखक रूपी किसान का संरक्षण चातुर्य तथा श्रम पाकर कविता, कहानी चित्र, मूर्ति या नाटक की फसल लहलहा देता है। इसके पश्चापत् ही एक तथा कठोर सत्य भी स्वीकार करना पड़ेगा कि हरएक बीच में उगने की क्षमता नहीं होती अथवा उगने के बाद भी उसका सबके लिए कोई अर्थ नहीं होता। अतः नाटककार हेतु विषयावस्तु या चयन इसी आधार पर करना आवश्यक है कि वह सर्वग्राह्य हो। स्वान्तः सुखाय अथवा आत्मतुष्टि हेतु नाटक लिखने को मैं महत्व नहीं देता। नाटक वह जो खेला जाय तथा जब खेला जाय तो देखा भी जाय, यानी नाटककार अपने स्तर पर ही नाटक को दर्शक से जोड़ने की बात लेकर चले। टी.वी. नाटक की बात करते हुए यह जिक्र करना प्रासांगिक होगा कि टी.वी. नाटक के दर्शकों की संख्या काफी अधिक है। स्थानीय प्रसारण में दिखाए जाने वाले नाटक की दर्शक संख्या अब प्रदेशव्यापी है।

इस विशाल दर्शक समुदाय में सभी आयु के सामाजिक, मानसिक तथा बौद्धिक वर्ग के लोग सम्मिलित हैं। इतनी विभिन्न वाले इतने बड़े दर्शक समुदाय को अपनी मुट्ठी में बाँधना कोई साधारण काम नहीं। इसके साथ ही हमें यह कथन भी स्वीकार करके चलना चाहिये कि हम सभी दर्शकों को पूरी तरह संतुष्ट नहीं कर सकते। लेकिन फिर भी इतना तो ध्यान हमें रखना ही होगा कि सभी दर्शकों को नाटक बढ़िया लगे। क्योंकि नाटक की नींव लेखक को ही रखनी है इसलिए उसे ही इस बात को भी ध्यान में रखना आवश्यक है तथा यह काम पहले चरण में विषयवस्तु या टीम के चुनाव के साथ ही हो जाता है।

दूसरे चरण में विषयवस्तु के साथ पात्रों का समावेश है। जबकि किसी भी कथावस्तु अथवा घटना के साथ प्रत्यक्ष अथवा परोक्ष रूप में किसी न किसी मनुष्य का हाथ रहता ही है। इस तरह प्रकार पात्र हमें साथ ही मिल जाते हैं तथा इस प्रकार एक कहानी तो बन ही जाती है जो सुनाई जा सके लेकिन वह आम रूप में एक सपाट सड़क के समान होती है, जिस पर आसानी से चला जा सकता है। जबकि सहज चलना नाटक नहीं है इस बात का जरूर ध्यान रखें दर्शक कि शारीरिक तथा मानसिक तमाशबीनी के लिये वहाँ कुछ भी नहीं है। अतएव इस सपाट समतल सड़क पर कुछ गड्ढे खोदने की आवश्यकता है ताकि चलने वाले गिरें तो देखने वालों को आनन्द आए। ऐसा करने हेतु कथानक को पात्रों समेत किसी कठिनाई से जोड़ दीजिए। कठिनाई से आमने-सामने होने से ही भावों का खेल आरंभ हो जाता है।

नाट्य शास्त्र और पिंगलशास्त्र ने नव रसों की अवधारणा की है आदमी किसी भी देशकाल, समाज या वर्ग से संबंध रखता हो उसका जीवन तथा अभिव्यक्ति इन्हीं नौ मूल भावों के माध्यम से नियंत्रित होती है तथा इन भावों के परास्चर टकराव से कहानी का जन्म होता है।

टकराव—यह शब्द बहुत स्मरणीय है। टकराव यानी कॉनफ्लिक्ट संघर्ष। सड़क के किनारे खिंचे बिजली के तारों की तरफ हमारा ध्यान आसानी से नहीं जाता लेकिन यदि उनमें से चिनगारी निकलने लगे तो लोंग रुककर देखने तो लगते ही हैं। इसे ही टकराव कहते हैं। दूसरा उदाहरण, रास्ते मे आते जाते सैकड़ों लोग बिना एक दूसरे पर ध्यान दिये गुजरते रहते हैं, जबकि यदि कहीं कहीं झगड़ा हो जाता है तो फौरन कुछ लोग उसमें सम्मिलित हो जाएँगे, कतिपय बीच बचाव करेंगे, कतिपय दूर खड़े-खड़े रह कर तमाशहीन बने रहेंगे और कुछ लोग दो चार मिनट देखकर अपना रास्ता लेंगे। दूसरे शब्दों में, वह एक्शन वहाँ उपलब्ध हर

आदमी को कमोबेश अपने साथ जोड़ लेता है। नाटककार को दर्शक को बाँधने वाले इसी तत्व टकराव की पहचान होनी अत्यंत जरूरी है। यह टकराव दो प्रकार का होता है, मानसिक यानी अंतर्द्वन्द्व तथा बाह्य अर्थात् शारीरिक। किसी भी रूप में यह दर्शक हेतु आश्चर्य का विषय है। नाटक लेखक ऐसी दशाओं को ज्यादा उभारने का उन्हें विजुअल रूप देने का कार्य करता है। यहाँ हम यह कह सकते हैं कि ये अतिरंजना होगी अथवा जीवन में ऐसे मौके कम ही आते हैं तो मैं निवेदन करना चाहूँगा कि यद्यपि नाटक का जन्म जीवन से ही होता है जबकि फिर भी नाटक जीवन नहीं है वरन् जीवन के कुछ क्षणों का कुछ पात्रों का व्यापक रूप है जिन्हें लेखक अपने ढंग से देखता तथा रूपायित करता है। यदि यह कहा जाए कि नाटक में व्यक्तियों को तथा स्थितियों को आपस में लड़ाते रह कर ही नाटककार दर्शक को बाँधे रखने का अपना स्वार्थ सिद्ध करता है। तो बुरा मत समझो इसी प्रयोजन हेतु नाटक में खेल तत्व का समावेश होता है। यही खेलतत्व कहीं खलनायक बन जाता है तथा कहीं स्थिति रूप में ही नायक हेतु परेशानी उत्पन्न करता रहता है।

इसी तरह का ट्रीटमेन्ट छोटे नाटकों या प्रहसनों हेतु अत्यंत उचित रहता है। यहाँ मैं अपनी एक हास्य नाटिका गले की घंटी का उदाहरण प्रस्तुत प्रस्तुत चाहूँगा। हमारे नायक मामू शमशीर बहादूर बुजुर्ग तथा मक्कार किस्म के व्यक्ति हैं। छोटी-छोटी बातें भी उन्हें परेशान करती है। आजकल वे इस बात से परेशान हैं कि जो भी आता है, दरवाजा एक दिन टूट ही जायेगा। वह बिजली की घंटी की व्यवस्था वाले हैं। अब घंटी बजा करती है। यहाँ तक कि भिखारी भी आता है तो वह भी घंटी बजा देता है। एक दिन मुहल्ले के शरारती बच्चे पुशबटन में एक लकड़ी का छोटा टुकड़ा फँसा देते हैं। तथा घंटी लगातार बजती चली जाती है जब कि दरवाजे पर कोई नहीं दिखाई देता। परेशान होकर मामू घंटी उखड़वाने का फैसला कर लेते हैं। तथा दरवाजे पर एक बोर्ड टाँग देते हैं कि कृपया घंटी न बजाएँ कुण्डी भी न खड़काएँ। सिर्फ आवाज लगाएँ हम वादा करते हैं कि आवाज सुनी जाएगी। बड़े नाटकों या गंभीर नाटकों हेतु बड़ी स्थितियों या बड़े पात्रों की जरूरत होती है जो घटना क्रम को जन्म दे सकें, उन्हें गतिमान बना सकें।

''हानूश'' श्री भीष्म साहनी का बहुचर्चित नाटक आज से तकरीबन 500 वर्ष पूर्व चेकोस्लोवाकिया के एक गरीब ताला बनाने वाले लुहार की कहानी है जिसे अपने देश की पहली घड़ी बनाने का गौरव हासिल हुआ था। सत्रह वर्षों के लगातार मेहनत के पश्चात् उसने घड़ी तैयार की। उसे उस देश से महत्व प्राप्त

हुआ राज दरबार में स्थान मिला लेकिन इसके साथ ही कीर्ति राजा ने उसकी दोनों आँखें निकलवा दीं जिससे वह दूसरी घड़ी बना कर राज्य की इकलौती घड़ी का महत्व कम न कर सके।

यहाँ पर विवेचित बिन्दुओं के परिप्रेक्ष्य में "हानूश" पर दृष्टि डालने की आवश्यकता है। यह कथानक बराबर रुचि का है। कहानी सुनकर इस नाटक को देखने की बहुत रुचि भी होती है। कथानक के साथ मुख्या पात्र हानूश भी लेखक को मिल गया। इस प्रकार उसके आस-पास के पात्र भी हमें दिखाई देने लगते हैं। तीसरे नम्बर पर नाटक ने आरंभ में ही एक समस्या खड़ी कर दी है कि हानूश अपना ताले बनाने का काम छोड़कर घड़ी बनाने में लग गया हे। इसलिए घर खर्च की मुश्किल उत्पन्न होगी ही उसकी पत्नी परेशान है जो थोड़ी बहुत वितीय सहायता गिरजाघर की तरफ से मिल रही थी वह सत्रह साल बीत जाने पर कार्य अधूरा रह जाने के कारण बंद कर दी गई है। समस्या दर समस्या, हानूश के संघर्ष को सदैव बढ़ाती है। तथा टकराव की ये स्थितियाँ नाटक को आरंभ में रुचिकर बनाने के साथ चरित्र को उजागर करती चलती है तथा नाटक दर्शक को बाँधे रखने में सफल होता है।

टी.वी. नाटककार की कथानक के विकास के साथ ही दूसरी बड़ी जवाबादरी जुड़ी है विजुअलाइजेशन। मत भूलो तुम स्क्रीन हेतु लिख रहे हो और कान आँखों से चार अंगुल पीछे हैं। अगर सारा नाटक संवादों से ही सुना तथा समझा जा सकता है तो उसे देखने की क्या आवश्यकता है तथा वह रेडियो नाटक ही होकर रह जाता है। संवाद बहुल स्थितियों से बचें। जैसा मैंने पहले कहा कि इस साधन में कैमरा दर्शक की आँख बनकर बोलने चालने अभिनेताओं के अतिरिक्त किसी भी वस्तु पात्र अथवा पृष्ठभूमि पर पहुँच सकता है तथा दृश्य को अर्थ दे सकता है या उसे असर में आरंभ कर सकता है। ऐसे बिम्बों तथा प्रतीकों का समावेश लेखक को भी अपनी कथा में करना चाहिये। यह बोले जाने वाले संवादों की पूरक भाषा होती है और दर्शक को देखने को संतोष भी प्रदान करता है। मीडिया विशेषज्ञों के अनुरूप हमारे सबसे शक्तिशाली भाव तीन हैं जो हममे जाग्रत होते हैं भय, दुख या पीड़ा तथा हास्य। इन भावों के निरूपण में नाटकीयता बड़ी आसानी से घुल मिल जाती है। अतः नाटक में इनके समावेश से नाटक की सफलता काफी हद तक आसान बनायी जा सकती है। आपके पात्र भावों के संवाहक होते हैं। जो आपके माध्यम से निर्मित कथासरोवर में उतार दिये जाते हैं। अब उनको तैरने देने या डूबने देने का फैसला तथा ढंग भी आप को तय करना होता है। इसी ढंग को नियत करने में ही आपकी जय अथवा पराजय

है। जैसा कि पूर्व में ही कहा जा चुका है कि नाटक जीवन नहीं है वरन् उसके कुछ अंशों का ब्लोअप है। अतः हमारे पात्र भी हमारे आस-पास के वास्तविक चरित्रों जैसे होते हुए भी उनसे एकाध शेड गहरे ही होते हैं। उन्हें थोड़ा अतिरंजित बनाना आवश्यक है।

एक ठीक ढंग से सोच समझ कर लिखा गया नाटक न सिर्फ अभिनेताओं को चरित्र जीन तथा अभिनय क्षमता दिखाने का मोका प्रदान करता है, वरन् निर्देशक, कैमरामैन और प्रस्तुति शिल्प से संबंद्ध सभी लोगों को अपनी क्षमता के पूर्ण प्रयोग की प्रेरणा और नाटक को सफल बनाने की शक्ति भी प्रदान करता है। यदि नाट्यालेख खराब है, चरित्र चित्रण कमजोर है तो यह सारे विशेष मिलकर भी नाटक को असफल होने से रोक नहीं सकते।

आज कई प्राइवेट चैनल आ गए है। उपग्रह संचार के माध्यम से न जाने कितने चैनल्स अब लेखकों का और निर्माताओं हेतु अपना भांग्य आजमाने का अवसर प्रदान कर रहे हैं, सब चैनल के अपने विधि हैं। दूरदर्शन के भी अपने विधि तथा नीतियो हैं जो राजकीय संरक्षण के अधीन हैं। दूरदर्शन के लेखक के लिये कतिपय बंधनों का अनुपालन आवश्यक है, जो निम्न प्रकार से उल्लेखनीय हैं—

अवधि—यों तो नाटक 10 मिनट से 40-45 मिनट तक की अवधि के होते हैं, जबकि सामान्य रूप से 30 मिनट की अवधि स्तर की मानी गई है। लम्बे नाटकों तथा धारावाहिकों को भी 30 मिनट के खण्डों में बाँटा जाता हैं।

अवधि की सीमा के कारण मुख्य कथानक से अधिक के निवाह की गुंजाइश नहीं होती। धारावाहिकों की तरह इनमें उपकथा अथवा अन्तर्कथाओं के विकास की असंभावना होती है।

चरित्र के विकास, कलाकार के अभिनय का प्रयोग तथा संवादों के अलावा एक्शन और अन्य विजुअलों के उपयोग कुल मिलाकर टी.वी. नाटक में पात्रों की संख्या सिद्ध रखने हेतु दबाव डालते हैं। आधे घण्टे के नाटक में पाँच से सात पात्र तक काफी हो जाते हैं।

यह नहीं भूलना चाहिए कि आप दृश्य माध्यम का भी उपयोग कर रहे हैं। नाटक को मात्र संवादों से बोझिल मत बनाइये। विजुअल तत्व के माध्यम से भी अपनी बात कहना चाहिए। संवाद लेखन में भी भाषा पात्रानुकूल होने के साथ ही सर्वग्राह्य हो।

घटना कहाँ घट रही है यह तो आप ही करेंगे, जबकि बहुत अधिक लोकेशन्स के उपयोग से बचें। एक या ज्यादा से ज्यादा दो तीन सेट तक ही

सीमित रहें। ऐसे स्थल भी न रखें जिन्हें स्टूडियो में नहीं बनाया जा सकता जैसे हवाई अड्डा, बन्दरगाह इत्यादि फिल्म स्क्रिप्ट में आप इनका उपयोग कर सकते हैं।

गैर जरूरी रूप से दृश्यों की संख्या बढ़ाइये। छोटे-छोटे कई दृश्य नाटक की लय को बिगाड़ सकते हैं। आधे घण्टे के नाटक में 3-4 दृश्यों में कथानक का निरूपण आसानी से तथा प्रभावपूर्ण तरीके से किया जा सकता है।

टी.वी. नाटकों का बजट फिल्मों या धारावाहिकों का दशांश भी नहीं होता। इसका जरूर ध्यान रखना चाहिए। बहुत महँगे सेट, वेशभूषा, सजावट, तथा आडंबरयुक्त विषय को अपने नाटक हेतु न चुनें।

किसी धर्म, किसी जाति, किसी देश या व्यक्ति विशेष या राजनीतिक दल या सरकारी नीति का बिना किसी जरूरत उल्लेख या टिप्पणी या आक्षेप दूरदर्शन के नियमों के अनुसार नहीं है। किसी प्रकार की विकलांगता या विभिन्न भाषा भाषी लोगों के बोलने के ढंग को हास्य या विद्रूप का साधन बनाना अशोभनीय है तथा ऐसा निषेधपूर्ण होना चाहिए। गाली गालौज के उपयोग की आदत नहीं है। इन बातों के अलावा आवश्यकता पड़ने पर आप दूरदर्शन के अपने प्रोड्यूसर से परामर्श करते रहें।

एक सूत्र भेंट है नाटक आरंभ होते ही दर्शक को बाँध ले तथा जब समाप्त हो दर्शक उससे प्रभावित होकर उठें।

फीचर लेखन

आजकल दैनिक पत्रों के रविवारीय संस्करणों साप्ताहिक तथा मासिक पत्रों में आज बड़े रुचिपूर्ण रंगबिरंगों तथा बड़े तथ्यपूर्ण संवाद आलेख या न्यूज फीचर प्रकाशित होते हैं। पाठक भी इन्हें पसन्द करते है। समाचार पत्र यदि चाहें तो अपनी समूची खाली स्थान को संवादों से भर सकते हैं। पर वे ऐसा नहीं करते। आज तो दैनिक समाचार पत्र की लगभग एक चौथाई या एक तिहाई जगह संवाद आलेखों से भरी जाती हैं।

आज से करीब 25-30 वर्ष पूर्व कुछ समाचार पत्रों के संपादकों का मानना थे कि पाठक अपहरण हत्या तथा बलात्कार की संवाद कथाएँ ही पढ़ने को ज्यादा इच्छुक रहता है। अतः इन्हीं संवादों को खूँटी मानकर इन पर वे अपने संवाद आलेखों की झोली टाँगते थे। उनका यह भी कहना था कि पाठकों की दिलचस्पी लड़कियों में भी कम नहीं। अतः वे फिल्मीय तारिकाओं के प्रेम प्रसंगों को उछालते

थे जिनसे कई तारिकाएँ निर्वसन होकर आकाश में कंदील की तरह टँग जाती थीं। जो दैनिक पत्र या पत्रिका कन्दील टाँगने हेतु बाँस गाड़ते थे। पर तब फीचर अपने माथे पर नामपट्ट लगाकर समाचार पत्र उसे छापते थे तथा पाठक पढ़ते थे चाहे वह घटिया ही क्यों न हो? कई बार ''ऊँची दुकान फीके पकवान'' की बात सही साबित थी।

शिक्षा के प्रचार-प्रसार तथा जनता में पढ़ने की रुचि के उत्पन्न होने साथ-साथ नये-नये पत्र प्रकाशित होने लगे। पत्र पत्रिकाओं का लक्ष्य जन-रुचि का पोषण करना था, अतः कई पत्र पत्रिकाओं में संवाद कथा का लेखन कुछ इस प्रकार से किया गया कि यह बताना मुश्किल हो गया कि कहाँ संवाद खत्म होता है तथा कहाँ से कथा आरंभ होती है। संवाददाता अगर अच्छा हुआ तो वह अपना संवाद ही कथा की प्रकार आरंभ करता है- यथा- ''एक है रसनवा गाँव। स्टेशन से कोई 10-15 किलोमीटर दूर। यहाँ पिछड़ी जातियों के 30-40 झोपड़े मुँह लटकाये खड़े हैं।'' अर्थ यह कि जहाँ शुरू के एक दो वाक्यों में संवाद लिखा जाना चाहिए, वहाँ शुरू इस प्रकार से की जाती है, मानो संवाददाता पाठक का हाथ पकड़कर घटनास्थल की ओर लिये जा रहा हो तथा कह रहा हो चलो तुम्हें दिखायें रसनवा गाँव अथवा किसी अन्य गाँव में क्या हुआ।

नाना-नानी या दादा-दादी की कहानी का यह ढंग एक थी रानी, आज भी हमें आकर्षित करता है। संवाद कथा या न्यूज फीचर लिखने वालों के माध्यम से यही शैली अपनायी गयी हैं। उनकी तकनीक यह है कि संवाद को ऐसी गाथा की तरह पेश किया जाये कि आप उसे पढ़ें ही नहीं, उसके साथ एकाकार हो जायें हँसें अथवा रोयें। इसके लिए लेखक या संवाददाता अपनी नजर घटना से संबंधित नायकों तथा उसके दूसरे पात्रों पर टिकाता है। इस काम के साथ कथोपकथन को भी दर्ज करता है, घटनास्थल को उसकी संपूर्ण रंगीनी के साथ पेश करने के साथ सूत्रधार की तरह बताता है कि जो घटना घटी वह वहीं क्यों घटी तथा कतिपय विशेष व्यक्ति ही उसके नायक या खलनायक क्यों बने? वह उस पेड़ गाय-बैल, चूल्हा-चौके, गली या घाट को भी नहीं भूलता जो संवाद कथा को एक तात्पर्य तथा स्वरूप प्रदान करते हैं।

यह तो इस तरह के आलेखों के बारे में नहीं कहा जा सकता कि इससे एक प्रमुख घटना अपने नायक तथा खलनायक के साथ पाठक के सामने घूमने लगेगी, या कोई दस्यु आपके सामने भुवनमोहनी बन कर खड़ा हो जायगा पर इतना आवश्यक है कि यह लेखन शैली घटना, व्यक्ति या स्थान के प्रति सार्वजनिक रुचि

में वृद्धि है, साथ ही यह खतरा भी सदैव बना रहता है कि लेखक भाव प्रधान होकर घटना को तोड़ फोड़ डाले या पात्रों को तोड़ मरोड़ कर पेश कर दे कि न संवाद रहा तथा न कथा। पृथ्वी अथवा आकाश राकेट के परीक्षण को दशहरा की आतिशबाजी की तरह पेश करना मानो गुड़ गोबर करना ही होगा। सबसे बड़ा आरोप आज पत्रकार तथा पत्रकारिता के खिलाफ यह लगाया जाता है कि वह गंभीर से गंभीर प्रसंग को सामान्य बना देता है। राई का पहाड़ बनाना यदि गलत है तो यह भी सही नहीं कि आप पहाड़ को फूंक मार कर उड़ायें या किसी सामान्य गाँठ को इतना उलझा दें कि रस्सी ही टूट जाये। सामान्य बात तो सामान्य तरीके से कहें, पर उलझन भरे प्रसंगों को इस तरह लिखना तथा बताना ही उपयुक्त है, जिससे उनकी गंभीरता का पता चले, पेंच सामने आयें और उनके फलितार्थ भी समझ में आ जाये।

जैसा कि शुरू में कहा गया था कि वायर सर्विस लेने वाले किसी पत्र हेतु कठिनाई नहीं कि सभी पृष्ठ बिना चिकनी चुपड़ी खबरों से भर दें। पर पत्र को बाजार में बेचना है, पत्र के प्रति पाठक में रुचि जागृत करनी है तथा पत्र को पाठक से इस तरह जोड़ना है कि शीर्षकों पर दौड़ लगाकर तथा उलट पलट कर देख लेने के पश्चात् दो चार मिनट में ही उसे रद्दी न साबित कर दे। अस्तु पाठक कों पूरा भोजन परोसना होगा, जिसमें अचार, चटनी, मुरब्बा सब कुछ सीम्मिलित हैं। कोरी खबरों से पाठक को संतुष्टि नहीं मिलती वे कुछ स्थायी स्तम्भ चाहते हैं। खबरों के पीछे झाँक कर देखना चाहते हैं। व्यंग्य चित्र, चित्रकथा, पहेलियों इत्यादि सब कुछ तथा सारे परिवार हेतु चाहते हैं। ज्यादा समाचार पत्र यह मसाला फीचर एजेंसियों से लेते हैं।

साधारण अवधारणा है कि दुनिया में सबसे पहली फीचर एजेंसी अमेरिका में गृह युद्ध के दौरान बनी थी। पर यह उपयोग कुछ समय हेतु रहा। 1880 के दशक में सैमुअल एस, मैकक्लूर ने उस समय के विख्यात लेखकों स्टीवेंसन, रुडयार्ड, आर्थर कॉनन डायल, किपंलिग जैक लण्डन इत्यादि के साथ समझौता कर एक फीचर सिण्डीकेट आरंभ किया। मैकक्लूर ने इन बड़े लेखकों के स्तम्भ बेचने का सौदा अखबारों से किया। फीचर सिण्डीकेट से बँधने के जो वजह समाचार पत्रों तथा लेखकों के सामने पिछली सदी के अंत में थे वही आज हैं। अखबारों को बहुत कम खर्चे पर अच्छे तथा विविधतापूर्ण लेख मौजूद हो जाते हैं। तथा लेखकों को दूर-दूर तक फैले पाठकों के अलावा नियत पारिश्रमिक। पिछले दिनों में कुछ समाचार पत्रों में जो सूची छपी, उससे यह ज्ञात होता है। एजेंसियाँ अतित्व में हैं।

समाचार पत्रों तथा लेखकों की एक साथ सेवा करने के साथ फीचर एजेंसियाँ यदि वे कुछ समाचार पत्रों की तरह सिर्फ दुकानदारी नहीं करतीं एक तरफ प्रशंसनीय कार्य कर रही हैं, जो हिन्दी भाषा तथा हिन्दी पत्र-पत्रिकाओं के सुधार तथा परिष्कार की नजर से बहुत लाभदायक तथा दूरगामी महत्व का है। वायर सर्विस से आने वाली खबर जिस भाषा में लिखी होती है वह प्रवाह शून्य, दोषपूर्ण तथा कोरी अनुवाद भाषा होती है। अनुवाद भी ज्यादातर भ्रष्ट। कतिपय समय पहले ही इण्डोचाइना का अनुवाद करके एक वायर सार्विस के माध्यम से ''भारत चीन प्रायद्धीप'' प्रसारित किया गया तथा यह संवाद जस का तस प्रकाशित हुआ। फीचर एजेंसी इस नजर से एक प्रशंसनीय कार्य यह कर रही है कि सीमित दायरे में हिन्दी भाषा को स्वस्थ तथा सुंदर बना रही है। हिन्दी समाचार पत्रों का भी स्तर बढ़ाने के साथ फीचर एजेंसी अखबार के पाठक के ज्ञानवर्धन में सहायक साबित हो रही है। वह पाठकों के मनोरंजन के साथ उनकी पसंद को परिष्कृत करने का भी एक अच्छा साधन है। वायर सर्विस हिन्दी पत्रों को विभिन्नता शून्य नीरस एकरूपता प्रदान कर रही है। इसके ठीक प्रतिकूल फीचर एजेंसियों अखबारों को बहुरंगी बनाने का प्रशंसनीय कार्य कर रही हैं।

संवाद फीचर या फीचर लेखन जन रुचि की संतुष्टि हेतु शुरू हुआ पर अब यह अपने आप में एक विधा बन गयी है जिसका अपना स्वरूप, स्वभाव और सिद्धान्त है। ऐसा माना जाता है, तथा यह ठीक भी है, कि समाचार पत्र हाथ आने पर पहले आप संवाद देखते हैं। तथा खासी समय में फीचर पढ़ने बैठते हैं। इस एक बात से फीचर का स्वरूप नियत होता है।

फीचर में जानकारी सलाह तथा कुछ निर्देश भी होते हैं, पर चूंकि फीचर फुर्सत के समय में पढ़े जाते हैं, अतः जरूरी है कि वे रुचिवर्धक हों। फीचर का आकार निर्धारित करना आसान नहीं है। वह किसी पत्रिका में प्रकाशित तीन-चार हजार शब्द को अथवा इससे भी बड़े लेख जैसा भी हो सकता है तथा मानवीय संवेदना से प्रमुख पाँच-सात सौ शब्दों की संवाद कथा भी फीचर हो सकती है। फीचर कथनों पर आधारित संवाद कथा होने चाहिए पर यह जरूरी नहीं कि संवाद कथा की प्रकार वे आज अथवा कल घटी किसी घटना पर आधारित हों। यदि फीचर ताजा घटना पर आधरित है तो पाठक की रुचि उसमें अधिक होगी पर किसी पुरानी घटना को आधार बना कर भी फीचर लिखा जा सकता है। फीचर किसी भी शैली या ढंग में लिखा जाता है। ध्यान देने की बात सिर्फ यह होती है कि शैली, कथावस्तु तथा उसके प्रयोजन के अनुसार हो। फीचर लिखते समय

लेखक अथवा संवाददाता अपनी मौलिकता ज्ञान तथा जानकारी का भरपूर प्रयोग कर सकता है। उस पर बराबर ध्यान रखना चाहिए कि उसका आलेख मौलिक तथा नया प्रतीत हो। फीचर सुगठित होना चाहिए। फीचर में संवाद की प्रकार इण्ट्रों नहीं होता। पर शुरू में कुछ नयापन होना चाहिए। सोचिये कि आप कोई कहानी सुनाने जा रहे हैं। इस कहानी का पहला वाक्य क्या हो? इस सवाल का जवाब ही आपके फीचर की शुरूआत की कुंजी है। सामान्यतः फीचर लेखक प्रारंभ में ही कथा सार दे देते हैं, जिससे पाठक कहानी के साथ संलग्न हो जाता है। एक उदाहरण–1917 में जन्मी क्रांति मर गयी, क्राति अमर हो! अथवा 1917 की क्रांति में जलकर खत्म हुए रूस की राख से एक नया रूस अंकुरित हो रहा है।

पृष्ठ संरचना के दौरान संवाद कथाएँ काट दी जाती हैं। पर फीचर के साथ ऐसा नहीं किया जाता। अतः लेखक अपना फीचर, कथा शैली कथोपकथन शैली, जासूसी कथा शैली वर्णनात्मक इत्यादि किसी भी शैली में लिख सकता है। संवाद कथा उल्टे पिरामिड शैली में लिखी जाती है। यह शैली फीचर लेखन के अनुरूप नहीं होती। फीचर कहानी अथवा गल्प नहीं अतएव लेखक से आशा की जाती है कि वह कथनों की ठोस धरातल पर खड़ा हो, पर फीचर ऐसी रपट नहीं जो आँकड़ों के बोझ से दबी हो। फीचर दोस्ताना फराकदिली से या कान्तासम्मत उपदेश के जैसा लिखे जाने चाहिए चूंकि वे खाली समय अथवा आराम के समय में पढ़े जाते हैं। एवं ऐसे पल में पाठक आराम की मन स्थिति में होता है ऐसे समय कोई पाठक को कुछ निर्देश, उपदेश या जानकारी देना चाहते हैं तो वह कान्तासम्मत शैली में ही होनी चाहिए। आलेख सुगठित हो, इत्यादि से अन्त तक एकसुरता बनी रहे तथा जिस बात को लेखक उजागर चाहता है, वह उजागर हो कर सामने आये। इसके लिए निबन्ध लेखन की सभी प्रभावी शैलियों को उपयोग किया जाना चाहिए। संज्ञा, क्रिया एवं विशेषणों का सीधा उपयोग किया जाना चाहिए। संज्ञा क्रिया तथा विशेषणों का सीधा प्रयोग किया जाना चाहिए ताकि पाठक के सामने एक स्पष्ट चित्र उभरे वह घटनास्थल की आवाजें सुन सके एवं भावनाओं को छू सके। फीचर लेखन में कर्मवाच्य का कई करने से बचा जाये। कर्तुवाच्य का उपयोग करना प्रभावी होता है। कई बार जब कर्मवाच्य का प्रयोग अनिवार्य हो जाता है, तब ऐसे उपयोग किए जा सकते हैं। सशक्त क्रियापदों का प्रयोग करने से फीचर में शक्ति का संचार होता है। हार के स्थान पर कुचलने रौंदने अथवा भागने की बजाय हवा हो जाने छूमंतर हो जाने जैसे वाक्यांशों मुहावरों से एक असर का सृजन होता है। फीचर में स्पष्ट संज्ञा का प्रयोग करना चाहिए। इससे

मनुष्य या जीव की साफ तस्वीर निकालकर सामने आती है। अर्थपूर्ण और प्रमुख ब्यौरा देना न भूलें। लोकोक्तियों, मुहावरों, उपमाओं इत्यादि का खुलकर प्रयोग करना चाहिए।

परंपरागत ढंग से लेखन से पाठक प्रभावित नहीं होता। बेकार के शब्द भरने से पाठक मनोयोगपूर्ण फीचर पढ़ने के बजाय बेमन से वह पाठ पूरा करता है। फीचर में अपनी बात सीधे रूप में कहनी चाहिए। टेढ़ा-मेढ़ा आलेख से पाठक ऊब जाता है। वाक्य छोटे और साफ हों। लेख में नाटकीयता जरूर होनी चाहिए। इसके बिना पाठक में इच्छा तस्वीर उभरे। अमूर्त आलेख किसी का प्रभावित नहीं करता। आलेख में गति और ताल होनी चाहिए। ताल तथा गति में भी विविधता होना आवश्यक है।

फीचर की विशेषता यह है कि हमसे पाठक तथा संवाद आलेख के भाव अथवा संदेश के बीच एक निकटता कायम होती है। लेखक, जहाँ अनिवार्य होता है, मनुष्यों के कथोपकथन से घटना की रुचि में बढ़ोतरी करना है। मनुष्यों के अनुभवों सुझावों तथा उनके जीवन की घटनाओं से वह आलेख को जीवन्त बनाता है। आलेख के आरंभ में कुछ कोटेशन देकर आलेख की प्रामाणिकता का सिक्का जमाता है। फीचर में जहाँ तक सम्भव हो मध्यम पुरुष तुम का उपयोग किया जाये और पाठक को अपने आलेख के वर्ण्य विषय के साथ कर्ता, भोक्ता या दर्शक की तरह जोड़ा जाये। स्थिति व्यक्ति आँकड़ों तथा चित्रों से आलेख को मूर्तरूप प्रदान करने का प्रयत्न होना चाहिए, ताकि पाठक आलेख पढ़ते समय अहसास करता चले कि सब कुछ उसकी आँखों के सामने हो रहा है, वह दुःख सुख में समान रूप से भागीदार है, उसे भोग रहा है। गद्यांश छोटे होने चाहिए आवश्यकता पड़ने पर वाक्य लम्बे हो सकते हैं, पर ऐसा स्थिति के तकाजे को पूरा करने के लिए होना चाहिए। अपने मन से बड़े या छोटे वाक्य न लिखे जायें। सारा फीचर एक ऐसे पहिया जैसा होना चाहिए, जिसकी हरएक पाटिया दूसरी पटिया से जुड़ी होती है और पहिया घूमता रहता है। फीचर लेखन की इस आवश्यकता को पूरा करने हेतु इति को अर्थ से जोड़ा जाना चाहिए। मतलब यह है कि आपका निष्कर्ष आलेख की शुरू से सम्बद्ध हो।

फीचर कैसे लिखा जाये तथा कैसा हो? इसके साथ यह जान लेना भी आवश्यक है कि किसी को भी न तो फीचर लेखक बनाया जा सकता है तथा न सभी व्यक्ति फीचर लेखक बन सकता है। फीचर लेखक से पहली आशा यह की जाती है कि वह जिस घटना पर फीचर तैयार कर रहा है उसकी घरातल तक

पहुँचे। यदि उसमें पानी के ऊपर विशद काई को फाड़ कर सतह तक पैठने की शक्ति नहीं है तो बेहतर है कि वह फीचर लेखन से दूर रहे। फीचर लिखने हेतु समान की कमी नहीं। सड़क के किनारे फटे मैले से काले, चीकट बने और चिलुओं से भरे कपड़े में लिपटा भिखारी भी फीचर का अच्छा विषय हो सकता है। किसान नेता, भारत-भ्रमण से लौटे छात्र तथा शिक्षक, आदिवासी, नाचने गाने वाले सभी फीचर के अच्छे विषय हैं, आवश्यकता सिर्फ इस बात की है कि फीचर लेखक के पास अन्तर्भेदी आँखें हों और उसमें जिन्दगी के विशाल सागर में गोता लगाने की क्षमता हो।

अगर फीचर लेखक सूक्ष्म दृष्टि रखता है तो अगर उसमें बौद्धिक जिज्ञासा है, किसी व्यक्ति या स्थिति को सभी कोने से देखने सुनने तथा कुरेदने की क्षमता है, अगर वह किसी घटना के पर्दे के पीछे पहुँच सके तो आवश्यक ही वह अच्छा फीचर लिख सकता है। उसमें यह विश्वास होना जरूरी है कि हरएक संवाद पर एक अच्छा फीचर लिखा जा सकता है। यह सब तभी हो सकता है, जब फीचर लेखक हर विषय के प्रति रुचि राखता हो, बुद्धिमान हो, आँख-कान खुले रखता हो तथा उसमें रुचि पूर्वक लिखने की क्षमता हो। शब्दों एवं मुहावरों से उसका भण्डार छूटा न हो।

फीचर आलेख कई तरह के होते हैं, उदाहरणार्थ संवाद फीचर, सूचना प्रधान फीचर, मनुष्य पर आधारित फीचर, अनुभव अथवा उपलब्धियों पर आधारित फीचर, जनरुचि के फीचर इत्यादि।

संवाद फीचर—संवाद फीचर किसी ताजा संवाद को आधार बना कर लिखे जाते हैं। किसी भी ताजा घटना के बारे में जिसकी अक्सर थोड़ी बहुत जानकारी सबको है, इस तरह के फीचर लिख कर पाठक की जानकारी में वृद्धि करने के साथ उसका मनोरंजन भी किया जा सकता है। संवाद फीचर सामयिक होते हैं तथा इसीलिए अधिक पढ़े जाते हैं। संवाद फीचर की कथा समाचार पत्रों में संवाद के तौर पर प्रकाशित होती है जब कि जनरुचि के फीचर की कहानी शायद संवाद कथा के तौर पर कभी न छपे। जनरुचि के फीचर तभी पढ़े जायेंगे, जब तथ्यों को बड़े ही रुचिपूर्वक सजा कर पेश किया जाये।

संवाद फीचर तैयार करने में फीचर लेखन की किसी भी ऐसी शैली को अपनाया जा सकता है, जो पाठक की रुचि को उत्पन्न करे। कलकत्ता की वह महिला जो टैक्सी चलाती है, या पहली महिला ट्रेन चालक पर अच्छा संवाद फीचर लिखा गया है।

सूचना प्रधान फीचर : इस तरह के फीचर में कल्पना की उड़ान भरने की संभावना नहीं के बराबर रहती है, चूंकि ऐसे फीचरों को प्रयोजन मनोरंजन कम जानकारी देना ज्यादा होता है। इस एकत्रित के फीचर लिखने के लिए जरूरी कथ्य, भेंटबात लाइब्रेरी तथा अपने अनुभव पर्यवेक्षण के माध्यम से एकत्रित किये जाते हैं। इस तरह के फीचरों की रोचक सफलता तथा उपयोगिता की कसौटी यह है कि तथ्य प्रामाणिक कथन ही हों। उपलब्ध तथ्य हो इसमें समेटा जाना चाहिए।

मनुष्य प्रधान फीचरः ये फीचर बड़े ही रुचि से पढ़े जाते हैं। औरों की आँख की फूली देखने में सबको मजा आता है। पर ऐसे फीचर लिखना आसान काम नहीं हैं किसी मनुष्य का ऐसा शब्द चित्र प्रस्तुत करना आसान नहीं है। जिसमें उसका समस्त व्यक्तित्व उभरे एवं दूषण भी भूषण प्रतीत हों। याद रखिए, निन्दा करना ही फीचर लिखना नहीं हैं मनुष्य के बारे में सब कथन उस व्यक्ति, उसके शिक्षकों सेवकों सगे सम्बन्धियों मित्र उसके स्कूल कालेज के मित्रों और सहयोगियों इत्यादि से प्राप्त किये जाने चाहिए। व्यक्ति के जन्म से लेकर आज तक की घटनाओं की डायरी पेश करना फीचर नहीं। कोशिश तो यह होनी चाहिए कि चुन-चुन कर उन कथनों को कुछ इस प्रकार सजाएँ जिससे अपने समस्त ऋण धन के साथ एक मनुष्य की जीवन धारा प्रवाहित होती नजर आये। आखिर जो फीचर आप लिख रहे हैं, उसका मक्सद यही है कि फीचर का नायक एक प्रतीक पुरुष या अद्भूत व्यक्ति के तौर पर उभरे तथा पाठक को आपके फीचर के माध्यम से उस व्यक्ति का संपूर्ण परिचय प्राप्त हो। यह मत भूलिये कि हरएक व्यक्ति छोटा हो या बड़ा अपने आप में लासानी होता है। आप क्या खाते हैं, क्या पहनते हैं, कौन सा रंग पंसदीदा है, इस तरह के प्रश्न ही न पूछें यह भी पूछे कि सबसे अधिक कष्ट के अथवा आनन्द के पल कौन से थे? व्यक्ति का परिचय घटनाओं के साधन से दें, उसके जन्म मुण्डन, कनदेदन, विवाह बच्चा होना इत्यादि के दिन तथा तिथि से नहीं । अपने पात्र को पाठक के समथ्य काम करते, लड़ते झगड़ते भागते दौड़ते खाते-पीते, हँसते-रोते, पहनते ओढ़ते दिखायें। व्यक्ति को काम करते दिखाना ही उसका सबसे अच्छा परिचय माना जाता है। भाषणों कार्यों चाल ढाल, दूसरे क्या कहते हैं या सोचते हैं? इत्यादि छोटी-छोटी बातों से व्यक्ति के चरित्र प्रतीत हैं। व्यक्ति का चित्रण इस प्रकार हो, जो पाठक को आरोपित नहीं बल्कि स्वाभाविक मालूम पड़े हों। व्यक्ति के जीवन की ऐसी घटनाओं और उसकी ऐसी प्रवृत्तियों कों चुनें जो उसके व्यक्तित्व तथा चरित्र को उजागर करती हों। यह ध्यान रखें कि गुसलखाने में हम सब नंगे होते हैं। यदि आप अपने फीचर के नायक को देवता

नहीं, इंसान बताना चाहते हैं, तो अवश्य लिखें कि वह अपने कुते को खिलाता तथा घुमाता है, छुट्टी वाले दिन पत्नी तथा बच्चों के साथ समय बिताता है।

फीचर किसी भी शैली में लिखा जा सकता है पर वह व्यक्ति तथा विषय के अनुसार होना चाहिए। नेता एवं नर्तकों का वर्णन एक ही शैली में सही नहीं। मनुष्य पर फीचर क्यों लिख रहें हैं? यह बात फीचर के आरंभ में ही स्पष्ट कर देनी चाहिए।

अनुभव अथवा उपलब्धि पर फीचरः इस तरह के फीचर अधिकतर भेंटबात शैली में होते हैं। इस प्रकार के फीचर किसी व्यक्ति के अद्‌भुत अनुभवों या असाधारण सफलता पर ही आधारित होने चाहिए। यह मत भुलें कि फीचर के नायक को अतिमानव सिद्ध करने का प्रयत्न न करें, वरन तथ्यों को इस तरह से तरह करें कि स्वयं व्यक्ति का परिचय दें।

जनरुचि के फीचर—इस तरह के फीचर किसी सामान्य घटना या स्थिति से जन्म लेते हैं। इनकी विशेष बात यह होती है कि ये पाठक की भावनाओं को झकझोरते रहते हैं। इस तरह के फीचर में खबर बस इतनी होती है कि वह किसी ताजा घटना का सहारा लेकर खड़ा होता है। इसके अतिरिक्त ऐसे फीचर में और कोई नयी सूचना नहीं होती। इस तरह के फीचर इसलिए पढ़े जाते हैं कि इनकी शैली बड़ी ओजपूर्ण होती है और ये हमें हँसाते या रुलाते हैं। अपने इस गुण के कारण ये हमारी जानकारी तो नहीं बढ़ाते, पर हमारा मनोरंजन जरूर करते हैं। इस तरह के फीचर अत्यंत छोटे दो चार सौ शब्द तक भी सीमित होते हैं। ऐसे फीचर जन्तु व्यक्ति जीवन, स्थान वस्तु किसी के भी बारे में लिखे जा सकते हैं। इन फीचरों की मुख्य बात यह होती है कि किसी संवाद कथा की इनमें लेखक की नीति अनुभूतियों तथा संवेदनाएँ होती हैं। इस प्रकार के फीचर संवाद पृष्ठों का बनाव पटाव की दृष्टि से आकर्षक तथा पठनीय बनाने हेतु भी प्रयोग में किये जाते हैं। ये फीचर उलटे पिरामिड शैली में नहीं लिखे जाते हैं। ये फीचर सामान्यतः मानवीय भूल-चूक सौ सुनार की तो एक लुहार की आप भला संसार भला इत्यादि लोकक्तियों पर आधरित होते हैं।

इस प्रकार के फीचर हेतु सामग्री एकत्रित करना तभी सम्भव है, जब लेखक की नजर पैनी हो तथा उसमें हर एक व्यक्ति, वस्तु अथवा स्थिति की गहराई में प्रवेश की रुचि तथा सामर्थ्य हो। लेखक यदि सतत मननशील है तथा छोटी-छोटी घटनाओं को किस प्रकार रोचक कथा के तौर पर पेश किया जा सकता है? यह जानता है तो वह अवश्य ही ऐसे फीचर हेतु ठोस पदार्थ एकत्रित कर सकता है।

ऐसा हर घटना पर जा किसी को हँसाती या रुलाती हो, जनरुचि का फीचर लिखा जा सकता है। जिस घटना को देख कर सहानुभूति का भाव उत्पन्न हो अथवा जो घटना आपको असाधारण प्रतीत वह जनरुचि का फीचर बन सकता है। किसी शो रूम का उद्‌घाटन किसी मनुष्य के बाग में लगा पहली बार फलों का आना गाँव में पक्की सड़क का पहली बार बनना गाँव में आरंभ किया गया पहला कुटीर उद्योग पेयजल संकट वाले गाँव में लगा पहला इंडिया-2 मार्क चंपाकल, किसी रंगई या रहमान की झोपड़ी में जलता बिजली का बल्ब जो गाँव में बिजली आने का सूचक था, ये सारे 200-400 शब्द में जनरुचि के फीचर के मसाले हैं।

अब प्रश्न उठ सकता है कि जनरुचि का सामान तो पर्याप्त है पर जनरुचि का फीचर लिखा कैसे जाये? पहली दशा तो यही है कि उन बातों मनुष्यों तथा घटनाओं के साथ, जो जनरुचि उत्पन्न हैं, लेखक कितना एकाकार हो सकता है। किसी की पीड़ा को आप किस गहराई तक महसूस करते हैं? सब कुछ इस पर आश्रित है कि खुद आप क्या चाहते हैं और आपमें कितनी सामर्थ्य है? जो भाव और भाषा दोनों दृष्टिकोण से दरिद्र हैं, वे इस नदी में छलाँग लगाने से दूर रहें, तभी सबकी भलाई है।

कोई शब्द लिखने से पहले बार-बार सोचें। विचार करें कि शुरू कहाँ से की जाये। जनरुचि की अधिक कथाएँ पिरामिड की प्रकार उठती हैं। आधार लम्बा चौड़ा होता है। पर कहानी जैसे-जैसे आगे बढ़ती जाती है वह सिमटती जाती है एवं अन्त में उसकी चोटी रह जाती है। यह चोटी किस आप्त वाक्य, किसी आह या हँसी या स्थिति का खुलासा करने वाले आखिरी गद्यांशों तौर पर होती है। ऐसे फीचर घटना के अनुरूप चलते हैं। कुछ फीचर वर्णनात्मक होते हैं। चूंकि जनरुचि के फीचर छोटे होते हैं। इसलिए लिखने से पहले आप तय कर लें कि किस एक भाव को उभारना चाहते हैं। उन्हीं घटनाओं का चुनाव में जो इस भाव के परिपाक में सहायक हों। कहानी को इस प्रकार प्रस्तुत करें कि पाठक की अभिरुचि बनी रहे। आपकी प्रस्तावना कौशलपूर्ण और मौलिक हो। फीचर सर्वसामान्य पाठक के लिए लिखें, किसी एक व्यक्ति हेतु नहीं। यदि आपका शैली पर अधिकार है, तो आलेख के माध्यम से आप अपने पाठक से बातलाप आरंभ कर सकते हैं। आलेख को किसी व्यक्ति या वस्तु के ऐसे पासपोर्ट आकार के छायाचित्र के रूप में न प्रस्तुत करें कि पाठक खुद को घटनो साथ बहता महसूस करें। पिता पुत्र पर बिगड़ रहा था, यह कहने के बजाय उस स्थिति को उभारें, जिसके कारण पिता पुत्र पर बिगड़ा। जनरुचि के फीचर को किसी एक दृश्य तक सीमित रखे। पात्रों तथा

दृश्यों का मेला न लगायें। शुरू व्यक्ति के किसी वर्णन से करें। कथोपकथन प्रश्न किसी असर बयान अथवा ऐतिहासिक अथवा ऐसी ही किसी समान घटना के संकेत से करें। किसी कविता की पंक्ति कि,सी विसंगति तुलना अथवा विवरण से भी आरंभ कर सकते हैं। पर यह मत भूले कि कथा का मम्र पहले ही न खोल दें। प्रारंभ के कथनों पर आयें, उपमा तथा उदाहरण दें। घटना से संबंधित पात्रों के कुछ कथोपकथन उद्धत करें। इससे आपका फीचर हरएक पाठक का अपना कथोपकथन अथवा बात-चीत बन जायगा। वह व्यक्तियों को बोलता हुए सुनेगा तथा स्वंय को बात-चीत में हिस्सेदार समझेगा। अगर चाहें तो एक संदेह की स्थिति पैदा करें पर इसे लम्बा न खीचें। बेकार की बातें न जोड़ें। एक बात को उस बिन्दु तक ले जायें की आगे कि बात खुद समझ में आ जाये। उपदेशक बनने का कोशिश न करें। बहुत अधिक भावुकता का भी प्रदर्शन न करें। आलेख रोचक हो, भरसक नीरसता से बचें। यही संक्षेप में फीचर लेखन की प्रविधि हैं।

फीचर फिल्म लेखन

सपूंर्ण विश्व में फिल्में मनोरंजन का सर्वाधिक लोकप्रिय और व्यावसायिक साधन है। स्पष्ट है कि लोकप्रियता की नयी चुनौतियों और व्यावसायिकता की मुश्किल तुलनाओं के साथ एक फिल्म का सृजन किया जाता है। फिल्म लेखन इसी ऐन्द्रजालिक सृजन प्रक्रिया का एक आवश्यक अंग है। फिल्म लेखन में उत्सुक व्यक्ति को आरम्भिक चरण में ही यह समझ लेना चाहिए कि इस फलक में सैद्धांतिक ज्ञान के साथ व्यावहारिक दक्षता का गुण अत्यंत है। कारण यह है कि पाँच दस पेज की कहानी अथवा कल्पना को लंबी पटकथा में परिवर्तित हेतु उसमें कई बातें जोड़नी घटानी पड़ती हैं। ऐसा करते समय परदा साधन के कई तत्वों को ध्यान में रखना पड़ता है। अभिनय बजट स्थान छायांकन वातावरण दर्शकों की मानसिकता को ध्यान में रखना होता है। ये सब करते हुए कथा कल्पना में आवश्यक बदलाव तो होने ही हैं। (पहलः 52 में प्रकाशित राजेन्द्र पांडे का लेख पटकथा लेखन साहित्यिक विधा की तरफ/183) फिल्म लेखन में इस जरूरी परिवर्तन की समझ व व्याख्या ही लेखकीय व्यक्तित्व का निर्धारण करती है। फिल्म लेखन को सैत्रःलेतिक स्तर पर निम्नवत बिन्दुओं के अन्तर्गत विश्लषित किया जा सकता है—

1. संक्षिप्त कथा—थीम या आइडिया या कांसेप्ट (जो लगभग एक ही तात्पर्य हेतु व्यवहार में लाए जाते हैं) क बाद लेखक संक्षिप्त कथा अथवा वन

लाइन तैयार करता है। साधारण 5 अथवा 6 पेज में लेखक फिल्म के समस्त घटनाक्रम का सारांश प्रस्तुत करते हुए प्रमुख पात्रों के चरित्र विकास एवं उनके अन्तः सम्बन्ध की प्रभावी रूपरेखा उपस्थित करता है। राइटिंग की मार्केटिंग का सारा उत्तरदायित्व इसी वन लाइन पर रहता है। लेखक अपनी कथा कहने की प्रतिभा तथा मध्यम में अपनी दक्षता को सत्यापित करते हुए निर्माता निर्देशक स्टार को विश्वास दिलाता है कि प्रस्तावित विषय पर बनी फिल्म धन तथा यश की धाराधार वर्षा कर देगी।

संक्षिप्त कथा का विधिवत रूप देने हेतु आवश्यक रूप से कहानी के महत्वपूर्ण बिन्दुओं को समास शैली में प्रस्तुत करना जरूरी है। बहुत व्यस्त जीवन पद्धति में निर्माता निर्देशक का तकिया कलाम बन गया है कि आपकी स्टोरी की वन लाइन क्या है? ठीक उसी तरह जैसे—मुक्तिबोध पूछते थे कि पार्टनर आपका पालिटिक्स क्या हैं?

2. कथा-विचार—जो स्थिति वृक्ष के संदर्भ में बीज की है। वही स्थिति कथा-विचार की है। अपनी-अपनी सुविधा तथा समझ के आधार पर लोग इसे थीम, आइडिया थॉट यावन प्वाइंट का नाम देते हैं। पंडित मुखराम शर्मा (विख्यात् कथा पटकथा संवाद लेखक) के अनुरूप फिल्म लेखन का जो तरीका मैं समझता हूँ वह फिल्म की थीम शुरू होता है। (साहित्य वार्षिकी इंडिया टुडे/ वर्ष 1994/ पृ0 236) थीम की गहरी तथा सूक्ष्म जानकारी लेखक की प्रतिभा का प्रमाण होती है। कोई भी लेखक अपनी रुचि तथा योग्यता के अनुसार धार्मिक, ऐतिहासिक सामाजिक या कामेडी रहस्य रोमांच इत्यादि फिल्म रूपों में से किसी एक का चयन करता है तथा उसके अनुसार कथा विचार निर्धारित करता है। स्टोरी आइडिया कतिपय वाक्यों में होता है। परंतु फिल्मी क्षेत्र में इसका मूल्य अधिक है। हर समय फ्रेश आइडियाज की आवश्यकता यहाँ रहती है। अतः लेखक के पास कई भाषाओं की पुस्तकों व फिल्मों को पढ़ने देखने का विस्तुत अनुभव होना चाहिए। कारण यह है कि तकनीक के स्तर पर अद्‌भुत विकास के पश्चात्‌ भी कंटेन्ट के दृष्टिकोण से फिल्में आज भी एक सुपरिचित कथा में डूबी हुई हैं। उदाहरण के रूप में कुछ बहुत प्रचलित/सर्वत्रस्वीकृत/पिष्टपेषित आइडियाज इस प्रकार हैं—

1. बचपन में बिछड़ना फिर मिलना।
2. नारी का संघर्ष।
3. गलतफहमियों के कुहासे में रिश्ते आाद।
4. कानून तथा अपराधी की आँख मिचौली।

5. किसी भी प्रकार बाधा से जूझते प्रेमी।
6. अमीरी तथा गरीबी के बीच संबंधों का द्वन्द्व।
7. आधुनिकता की चकाचौंध में फँसे एक भोले भाले व्यक्ति की परिणति।
8. भाई-बहन देवर-भाभी, भाई-भाई के बीच बनते बिगड़ते रिश्ते।

असंख्य बार ऐसे आइडिए नाम रूप गुण बदल कर दर्शकों के सामने प्रस्तुत किए गए हैं। हर समय फिल्मी दुनिया में कुछ कथा विचार फैशन में रहते हैं। ऐसा भी होता है कि बाक्स आफिस पर क्लिक होने के उपरांत कोई विशेष फिल्मों को ट्रेन्ड सेन्टर कहा जाता है। मदर इंडिया, शोले, मैंने प्यार किया, किस्मत, मुगले आजम, गंगा जमना जैसी फिल्मों ने थीम, आइडिया या कंटेन्ट के संदर्भ में ऐतिहासिक भूमिका प्राप्त की है।

फिल्म लेखन हेतु लेखक के पास नए आकर्षक, मनोरंजक तथा व्यावसायिक दृष्टि से प्रेरक कथा विचारों का भंडार होना चाहिए। लेखक में मांग के अनुसार इन विचारों को नैरेट करने की योग्यता भी होनी चाहिए।

3. विकसित कथा—इसे पटकथा का वह रूप माना जा सकता है जिसमें विधिवत् क्रमानुसार दृश्यी का बांटा नहीं जाता, निर्देश नहीं होते और संवाद नहीं होते। लेखक इस स्तर पर कहानी का आद्योपान्त विवरण करता है, मुख्य पात्रों की पृष्ठभूमि विशेषता संगति विसंगति परिणति विश्लेषित करता है, फिल्म का आदि प्रमुख अंत नियत करता है। यदि अभी तक नहीं हुआ तो एक हेडिंग निर्धारण करता है। इसी चरण में लेखक कथा में जिन तत्वों के जगह एवं अनुपात के साथ उनकी प्रकृति को तय करता है वे हैं—

1. गीत
2. नृत्य
3. मारधाड़
4. उपकथा

'स्टोरी आइडिया तथा वन लाइन के बाद लेखक विकसित कथा (डेवलप्ड स्टोरी) तैयार करता है। फिल्म से संबंधित महत्वपूर्ण व्यक्तियों के सुझावों व संशोधनों के स्वीकार अथवा अस्वीकार का उपयुक्त मौका इसी चरण में होता है। लेखक में यह सामर्थ्य होना चाहिए कि वह किसी अप्रासंगिक या अग्रहणीय सुझाव को नजरअंदाज न कर सके। साथ ही अपने पक्ष को तर्क के साथ प्रस्तुत कर सके। निर्माता निर्देशक तथा उनके प्रिय व्यक्तियों के अनपेक्षित सुझावों को इस संदर्भ में परखना चाहिए कि कथा विचार कहीं क्षतिग्रस्त तो नहीं हो रहा। वैसे संवेदनशील

निर्देशक इस तथ्य का खुद ध्यान रखते हैं। इस सन्दर्भ में लेखक निर्देशक महेश भट्ट का वक्तव्य धर्मयुग में इस तरह आया था—सर को बनाते समय मेरी नीयत तथा मेरे ख्याल सुस्पष्ट थे, अतः फिल्म को मनोरंजक बनाने की प्रयत्न में मैंने अपनी सोच की हत्या नहीं की हैं। विकसित कथा का उपयोग पटकथा में संदर्भ ग्रंथ की प्रकार होता है।

4. पटकथा—कई प्रभावी पटकथाएँ विश्व सिनेमा उपस्थित होने के उपरांत भी यह एक प्रमुख सबाल है कि आप कैसे एक प्रभावी, संतुलित व लोकप्रिय पटकथा लिखते हैं? पटकथा लेखक 60-80 दृश्यों के मध्य पूरी फिल्म लिखता है। पटकथा का अर्थ है दृश्य का क्रम निर्धारण। एक अच्छा पटकथा लेखक बनने हेतु दृश्य (सीन) के रेशे रेशे से परिचित होना अत्यावश्यक है। यूँ तो पटकथा लिखने के कई प्रकार हैं परंतु एक महत्वपूर्ण ढंग इस प्रकार है। लेखक निर्माता तथा निर्देशक के साथ विचार विमर्श के माध्यम से यह सुनिश्चित करता है कि प्रस्तावित फिल्म की लंबाई क्या होगी? ज्यादातर ढाई घंटे के भीतर फिल्म समेटने का चलन है। निर्देशक यह भी चाहता है कि 60-70 दृश्य ही लिखे जाएँ। एक अपनाई के रूप में मेरा नाम जोकर को छोड़ दें तो एक कसी पटकथा में इससे ज्यादा दृश्य होने भी नहीं चाहिए। इसके बाद लेख कहानी दिखाने की शैली का चुनाव करता है। विख्यात लेखक गुलजार का मानना है कि सिनेमा का फॉर्म नौटंकी अथवा कथावचन के नजदीक माना जा सकता है। चूंकि उसे बहुत सारे दर्शकों का एक साथ मनोरंजन करना है इसलिए वह कथावाचक की तरह मुख्य कथा में कॉमेडियन या विलेन की उपकथाएँ तथा नौटंकी की या नाच-गाना साथ लिए चलता है। लेखक इस अवधारणा में अपनी शैली का समावेश करते हुए पटकथा का सृजन करता है। कतिपय पटकथाकार समस्त कहानी को फ्लैश बैंक में दिखाते हैं। कतिपय के माध्यम से कहानी के महत्वपूर्ण हिस्सों को फ्लैश बैंक में दिखाया जाता है। उदाहरण हेतु मधुमती, सोल्जर इत्यादि। कुछ में कहानी अ से आरंभ करके ज्ञ तक पहुँचते हैं। हमारी अधिकांश पटकथाएँ इस अंतिम शैली में ही लिखी जाती हैं। यदि पटकथा सस्पेन्स या क्राइम थ्रिलर है तो लेखक रहस्य रोमांच बनाए हुए कहानी दिखाता हैं। बी.आर. चोपड़ा की कुछ प्रमुख फिल्में जैसे—धुंध, बीस साल बाद, गुप्त, इत्तफाक आदि इस कोटि के सर्वोत्तम उदाहरण है।

पटकथा को मनोरंजक, प्रभावी, संतुलित व लोकप्रिय बनाने के लिए निम्न बिन्दुओं पर ध्यान देना चाहिए—

(1) फिल्म का आरंभ—किसी भी फिल्म की ओपनिंग इतनी प्रमुख होती है कि कई बार इसी के आधार पर फिल्म की माउथ पब्लिसिटि होने लगती है। आरंभ के दृश्य से ही फिल्म का मूड तथा टेम्परामेन्ट निर्धारित होने लगता है, इसलिए विषय के आधार पर लेखक ओपनिंग नियत करता है। इस में उल्लेखनीय फिल्में हैं, मुगले आजम, गंगा जमना, आवारा, शोले, रंगीला, प्यार तो होना ही था, प्यासः साहब बीबी तथा गुलाम आदि।

प्रायः निर्देशक के माध्यम से ही यह नियत किया जाता है कि नामावली के बाद पहला दृश्य आएगा या नामावली का भी बेहतर प्रयोग होगा (जैसे फिल्म रोटी)। लेखक फिल्म का प्रारंभ लिखते हुए फिल्म की गति, प्रकृति और मुख्य पात्र का ध्यान रखता है, यह वय है कि रोचकता तथा यथासंभव यह स्मरणीय है कि आवश्यकता तो है ही।

(2) मूलकथा का बीजारोपण—योग्य पटकथा लेखक से तुलना की जाती है कि वह आरंभ के पाँच दृश्यों में फिल्म की मुख्यधारा निर्धारित कर दें। इसके बाद उपकथाओं के साथ कथा विकसित होकर बीच एवं चरमोत्कर्ष की तरफ अग्रसर होती है। लेखक लेखक के थोड़े से प्रमाद का नतीजा ऊब ही हो सकता है। पटकथा में गति स्पीड का काफी महत्त्व है। साहित्य तथा सिनेमा पर बात करते हुए गुलजार कहते हैं। कि जनमानस में रचने बसने तथा अपनी खुशबू बिखेरने में साहित्य को बहुत समय लगता है। उसकी पंखुड़ियों का सौन्दर्य खुलता है। इसके प्रतिकूल सिनेमा में गति है जो भी कुछ कहना है तीन घंटे के अंदर कह देना है तथा वह एक साथ सारे देश में लाखों करोड़ों दर्शकों तक पहुँच, पसंद नापसंद का फैसला करा डालता है। अतः पटकथा में कहानी के शरीर के सृजन के बाद आत्मा रोप कर उसे अन्य गतिविधियों हेतु शीघ्रातिशीघ्र नियोजित कर देना चाहिए।

(3) चरित्र-संख्या पर नियंत्रण—इस सन्दर्भ में फिल्म सौदागर के संदर्भ में सुभाष घई का तथ्य, फिल्म फेयर के 657 वे अंक में कुछ इस प्रकार आया था—फिल्म में प्रमुख पात्रों की संख्या कम से कम होनी चाहिए, चूंकि हर पात्र का परिचय भी कराना आवश्यक होता है। तथा उसके होने का एक औचित्य और अंत भी दिखाना होता है। इस सन्दर्भ को तथा अधिक स्पष्ट करने हेतु दिलीप कुमार से जावेद अख्तर की बातची जो साहित्य वार्षिकी इंडिया टुडे 1993/179 में प्रकाशित हुई थी को भी यहाँ उद्धरित किया जा सकता है—ऐसा न होने पर चरित्रों की अविकसित भीड़ में कहानी भटकती रह जाती है। चरित्र कम होने पर उनके

आंतरिक सम्बन्ध बहुत अच्छी तरह प्रकाशित होते हैं। जिस पर अभिनेता दिलीप कुमार अपनी प्रकार से विचार करते हैं, बाजी दफा ये होता है कि हम अपनी बोल रहे हैं वो अपनी बोल रहा है। वो भी ठीक डायलाग बोलता जा रहा है मेरे भी डायलाग ठीक हैं तीसरा कोई है वो भी बोल रहा है डायरेक्टर ने शॉट ओके कर दिया है। जबकि उनके अंदर जो इंटरप्ले है वो नहीं हुआ। यह मैनेजमेन्ट आफ इंटरप्ले तभी संभव होता है जब चरित्र न्यूनतम हों तथा उन्हें पूरे तन-मन से चित्रित किया जाए।

(4) **नायक, नायिका तथा खलनायक की एन्ट्री**—नयापन फिल्म एक ग्लैमरस मीडियम है जिसमें हरएक बात लार्जर दैन लाइफ होती है। नायक नायिका तथा खलनायक जैसे प्रमुख चरित्र करोड़ों रुपयों में तय किए जाते हैं। भारत में फिल्में हमेशा स्टार्स की परछाई बन कर रही हैं। वैसे यह बात एक चिन्ताजनक पक्ष की तरफ संकेत करती है।

अपने महत्वपूर्ण पात्रों की प्रथम उपस्थिति को लेखक शानदार बनाए- यही निर्माता व निर्देशक की माँग होती है। अनुभव भी है कि जब पहली बार पर्दे पर हीरो का आगमन होता है तो हॉल तालियों से गूँज उठता है हीरोइन आती है तो वातावरण आनन्द, श्रृंगार उत्तेजना तथा उद्दाम अनुभूति से भर जाता है तथा विलेम के देखते ही दर्शक कुर्सियों पर सँभल कर बैठ जाते हैं। जैसे फूल तथा पत्थर में धर्मेन्द्र, गुलाम में रानी मुखर्जी तथा शोले में अमजद खान के प्रथम दृश्य।

ऐसे दृश्यों को पटकथा लिखते समय बार-बार सोचकर प्रारूपित करना समाहित इनमें पात्र का शारीरिक मानसिक आर्थिक, और भावनात्मक परिचय भी सामहित है। लेखक चाहे तो मुगलेआजम में सलीम (दिलीप कुमार) के प्रथम दृश्य का स्मरण कर सकता है।

(5) **फिल्म का मध्यांतर**—कई दृश्यों के माध्यम से भिन्न रसों के समुद्र में दर्शकों को डुबकी लगवाते हुए लेखक पटकथा में मध्यांतर सुनिश्चित करता है। कहानी की सारी समस्याएँ मध्यांतर तक विकसित हो जानी चाहिए उलझनों की सारी गाँठें लग जानी चाहिए तथा तनाव शीर्ष पर पहुँच जाना चाहिए। किसी रोचक मोड़ या संवाद पर फिल्म का मध्यांतर होना चाहिए मध्यांतर भी ऐसा कि फिल्म के उत्तरार्द्ध में दर्शक की उत्सुकता घधक उठे यहाँ तक आते-आते देखना होगा कि पटकथा की बुनावट तथा कसावट में कोई प्रमाद तो नहीं है।

(6) **क्लाइमेक्स**—दि एण्ड लगने से पहले पटकथाकार को उत्सुकता बनाए रखनी होती है अतएव फिल्म का चरमोत्कर्ष उसके लिए बहुत महत्वपूर्ण होता है।

कई सारी फिल्में क्लाइमेक्स में आकर बिखर जाती हैं या ढीली पड़ जाती हैं यहीं पर लेखक फिल्म के शीर्षक का प्रयोजन सीमित करते हुए उकसी थीम को एक अंत देता है। अंत सुखद हो या दुखद या मिश्रित यह विषय तथा लेखक निर्देशक की रुचि पर निर्भर करता है। कई बार जनरुचि का ध्यान रखते हुए निर्देशक प्रयोगशील अथवा कल्पनाप्रवण अंत से घबराते हें। ध्यान देने योग्य है कि कुछ फिल्में प्रदर्शन के पश्चात् प्रथम सप्ताह में ठंडी रहीं, उन्हें अंत बंद कर पुनः प्रदर्शित किया गया तो नतीजा उत्साहवर्धक रहा। बॉबी फिल्म इसका विख्यात उदाहरण है। लेखक को कहानी की माँग निजी अभिरुचि तथा जनरुचि में मे बिठाते हुए फिल्म की सम्पन्न परिणति अंकित करनी चाहिए। अंत को निरूपित करते हुए इतना स्पेस तो प्रयोजन रखना चाहिए कि दर्शक की कल्पना उसमें विचरण कर सके। हृषिकेश मुखर्जी के अनुसार, श्याम बेनेगल की फिल्म अंकुर के अंत में एक बाल चरित्र का पत्थर उठा लेना थरथरा दिया था दर्शकों को। आज पिस्तौल, मशीनगन, एक.के. 56 आरडीएक्स क्या नहीं है? लेखक इसी स्तर पर फिल्म के प्रयोजन का डंका भी बजाता है।

(7) फिल्म का सेमी क्लाइमेक्स—सेमी क्लाइमेक्स अर्थात् क्लाइमेक्स का प्रस्थान बिन्दु यानी निर्णायक युद्ध की पूर्व संध्या फिल्म की सारी उपकथाएँ इस चरण में एक अंत प्राप्त कर लेती हैं। लेखक को इस बात की जयरत है कि इस चरण मे ही मुख्य गुत्थी को हल की भूमिका भी तैयार कर ले। एक तरीका यह भी है कि दृश्यों की लम्बाई कम करके तथा उनकी संख्या बढ़ा कर उप चस्मोत्कर्ष को तथा ज्यादा जीवत किया जाता है। जबकि इस स्तर पर लेखक नायक के जीवन मरण के प्रश्नों को छोड़कर शेष सभी प्रश्नों का उत्तर दर्शकों को दे देता है।

समाचार लेखन

सम्प्रति जमाने में समाचार की उपयोगिता बताने की शायद ही जरूरत हो। जेम्स रस्टन के विचार में, "उन्नीसवीं सदी कथाकारों की थी, तो बीसवीं सदी पत्रकारों की है।" लोकतन्त्र में पत्रकारिता को "चौथी सत्ता" माना जाता है। समाचार-पत्रों के बगैर लोकतन्त्र का सुचारु रूप से चलना संभव नहीं है।

हम ज्यादातर समाचार पत्रों में समाचार ही पढ़ते हैं। इसके अलावा दैनिक पत्र में सम्पादकीय तथा अन्य स्तम्भ और विज्ञापन होते हैं। लेकिन समाचार दैनिक पत्र का मुख्य आधार है। समाचार के बगैर दैनिक पत्र की कल्पना भी नहीं की जा सकती। इन समाचारों को दूसरे शब्दों में "घटी हुई घटनाओं की व्याख्या या

वृतान्त'' कहा जा सकता है। वृतान्त के निर्माणकर्ता को सँवाददाता (रिपोर्टर) कहते हैं। इस तरह संक्षेप में कह सकते हैं कि समाचार लेखन समाचार-पत्र का काफी महत्त्वपूर्ण अंग है। श्री नादिग कृष्णमूर्ति के शब्दों में इसे "Sum and Substance of a newspaper" (समाचार-पत्र का मूलभूत तत्त्व) कहते हैं'' समाचार-पत्रों के घटक अंगों में समाचार सबसे प्रमुख है। हम जानकारी अर्जित करने के लिए समाचार-पत्र पढ़ते हैं तथा यह समाचार, संवाददाता तैयार करते हैं। इस प्रकार संवाददाता समाचार-पत्र के संपादकीय विभाग का प्रमुख अंग होता है।

जिस समाचार को रिपोर्टर तैयार करता है, उसकी कोई सम्पूर्ण परिभाषा क्या है? अंग्रेजी में इसे News कहते हैं। इन चार अक्षरों को ध्यान से देखें तो इनमें नार्थ, ईस्ट, वेस्ट और साउथ का संकेत परिलक्षित है। इसका तात्पर्य यह है कि जो समाचार चारों ओर से यानी चारों दिशाओं से प्राप्त हो। हालांकि यह समाचार की विशद परिभाषा हुई। डॉक्टर एम. लायल स्पेन्सर के शब्दों में, ''समाचार अथवा वह सत्य, घटना अथवा विचार है जिसमें अधिकांश पाठकों की जिज्ञासा हो।'' समाचार की एक तथा परिभाषा इरी. सी हापनुड के अनुसार, ''प्रमुख घटना की प्रथम सूचना।''

श्री विलियम एस. माल्सबाई के विचार में—''समाचार यानी प्रमुख ताजा घटना का सही तथा पक्षपात रहित विवरण, जिसमें समाचार-पत्र के अधिकांश पाठकों की रुचि हो।''

पत्रकारिकता फलक के प्रकाश स्तम्भ श्री जोसेफ पुलिट्ज़र के शब्दों में— "Reporting means accuracy, terseness, accuracy" (समाचार लेखन अर्थात् यथार्थता, संक्षिप्तता और यथार्थता)।

अब सवाल उत्पन्न होता है कि समाचार लेखन किसे कहेंगे? विशद रूप में कहा जाए तो समाचार लेखन किसी समाचार साधन द्वारा, ''किसी कहे हुए, देखे हुए, सुने हुए अथवा किसी प्रकार प्राप्त किए हुए संदेश को फिर से प्रस्तुत करना है।'' न्यूयॉर्क टाइम्स के श्री फ्रेंक.एस. एडक्स के शब्दों में, "Reporting means the application of curiosity directed by intelligence and fairness, to the current happenings of the world."

दुनिया में घटित घटनाओं के विषय में इस तरह बुद्धिमता के साथ इच्छापूर्ति करना, जिससे सच्चाई तथा ईमानदारी के नियमों का निरादर न हो।''

सुप्रसिद्ध अमेरिकन पत्रकार श्री चार्ल्स ए. डाना इसे एक ''उच्च श्रेणी की कला'' मानते हैं। श्री कृष्णामूर्ति इसे ''ललितकला'' कहते हैं। अर्थात् कहें, तो जो

हो चुका है, अथवा होने की संभावना है, इसके बारे में सही, संपूर्ण, निरपेक्ष तथा समय पर जानकारी प्रदान करने की विधि को समाचार लेखन कहा जा सकता है।

इस विवरण से यह ज्ञात होता है कि अखबारों में समाचार लेखन का बहुत विशिष्ट स्थान है। आज विश्व की जनसंख्या जो पचास वर्ष पूर्व थी, उससे दुगुनी होने जा रही है तथा विश्व के एक कोने से दूसरे कोने में पहुँचने में बहुत कम समय लगता है। मानव की उत्सुकता का फलक भी इसी प्रकार व्यापक होता जा रहा है। तथा भविष्य में तथा अधिक व्यापक होता जाएगा। स्वाभाविक ही है कि इस प्रक्रिया के साथ-साथ समाचार लेखन का क्षेत्र भी विशद होता जा रहा है तथा इस फलक में नए-नए विषय जुड़ते जा रहे हैं। यह निर्धारित है कि मानव का स्वभाव तथा मानव व्यवहार जितना एक दूसरे पर आधारित होता जाएगा उतना ही उसका महत्व अखबारों पर अधिक होता जाएगा।

एक समय ऐसा भी था जब लोगों की यह मान्यता हुआ करती थी कि पत्रकार को भी लेखक की प्रकार जन्मजात पत्रकार होना चाहिए। प्रयत्न से अथवा ट्रेनिंग लेकर पत्रकार नहीं बना जा सकता। यह मान्यता आज भी सही है, जबकि आंशिक रूप में ही। आज हरएक फलक में सही प्रशिक्षण का महत्त्व बढ़ता जा रहा है तथा आज एक ऐसा समय आ गया है जब जन्मजात गुण रखने वाले व्यक्ति को भी थोड़ा बहुत ट्रेनिंग तो लेना ही पड़ता है। जन्मजात गुण तथा ट्रेनिंग के मध्य स्थिति में सीमा रेखा आज गंभीर है। परिस्थिति धीरे-धीरे ट्रेनिंग के पक्ष में होती रही है। पत्रकारिता के महान पंडित जोसेफ पुलिट्ज़र के शब्दों में आज के जमाने में जन्मजात अर्जित जा सके, ऐसा कोई गुण है तो वह मात्र "मूर्खता" का गुण है। यह कहकर तुरन्त ही वे प्रश्न करते हैं कि आज विश्व का कौन-सा फलक ऐसा है जिसमें मनुष्य को ट्रेनिंग की आवश्यकता नहीं पड़ती। जन्मजात गुण रखने वाला व्यक्ति भी यदि सही ट्रेनिंग प्राप्त कर ले तो सोने में सुगंध हो जाएगी तथा वह सफल संपादक अथवा संवाददाता बन सकेगा।

एक, कुशल संवाददाता के अंदर कौन सी योग्यता तथा गुण निहित होने जरूरी हैं? इस पर विचार करें। कुछ लोगों का विचार है कि अच्छी लेखन शैली तथा भाषा पर पकड़ रखने वाला व्यक्ति कुशल संवाददाता बन सकता है। यह विचार पूरी प्रकार सत्य नहीं है। कुशल पत्रकार अथवा कुशल संवाददाता बनने हेतु बढ़िया शैली की अपेक्षा वैचारिक प्रखरता आवश्यक है। कल्पनाशील मस्तिष्क तथा नए विचारों से परिपूर्ण विचारधारा जरूरी है। दुनिया में घटित हर एक घटना की उसे जानकारी हो तथा उनमें जिज्ञासा भी हो, यह आवश्यक है।

1. समाचार की गंध—समाचार लेखन का पहला जरूरी गुण "समाचार की गंध" प्राप्त करने की क्षमता को माना जाता है। अंग्रेजी में इसे Nose for the news (समाचार को सूंघना) कहते हैं। समाचार तो हमारे आसपास चारों ओर मौजूद ही रहते हैं, जबकि सिर्फ संवाददाता ही इन्हें पहचानकर, उठाकर और सही तरीके से समाचार-पत्र में प्रस्तुत कर सकता है। किस घटना को समाचार कहा जा सकता है, इसकी पहचान उसे होनी चाहिए। इस विषय में एक उदाहरण यहाँ प्रस्तुत किया जा रहा है—

न्यूयॉर्क टाइम्स के संगीत-समीक्षक डीम्स टेलर को एक नाटक देखने हेतु भेजा गया। टेलर नाटक देखने के लिए थियेटर पर पहुँचे, उन्हें वहाँ ज्ञात हुआ कि नाटक के एक मुख्य पात्र के आत्महत्या कर लेने से नाटक रद्द हो गया है। टेलर घर आकर आराम से सो गए। अगले दिन सुबह अधिकतर समाचार-पत्रों ने इस आत्महत्या के समाचार को प्रथम पृष्ठ पर छापा। टेलर से पूछा गया तो उन्होंने उत्तर दिया, "नाटक का शो रद्द हो गया, तब मुझे और करना भी क्या था?"

लेकिन ऐसे मौके पर रिपोर्टर में मौके की नजाकत को समझने की शक्ति अधिक मात्रा में होनी चाहिए। साथ ही समाचार निकालकर उसके प्रकाशन का चातुर्य उसमें होना आवश्यक है। "कहीं कुछ घट रहा है" ऐसा उसे बार-बार प्रतीत होना चाहिए। कुछ शक्की मानस उसे बनना ही होगा। अखबारों में कीर्ति प्राप्त करने की आज प्रतिस्पर्धा उत्पन्न हो गई। हजारों संस्थाएँ तथा कीर्ति के पीछे घूमने वाले लोग रिपोर्टर्स को घेर लेंगे तथा "समाचार" उसे प्रदान करते रहेंगे, किन्तु रिपोर्टर को इस भीड़ में शान्त मस्तिष्क रखकर, सही मायने में जिसे समाचार कहा जा सकता है वह प्राप्त करने हेतु सजग रहना चाहिए। अगर वह समाचार डेस्क पर बैठा रहे एवं फोन से ही काम ले तो भी उसे समाचार तो प्राप्त होंगे ही, जबकि उनका महत्व उतना नहीं होगा।

रिपोर्टर कई बार समाचार के महत्त्व को समझने में दुविधा के शिकार हो जाते हैं, इसकी अत्यधिक संभावना भी रहती है। जैसे स्थानीय समाचार प्राप्त करने के लिए वह हमेशा की प्रकार पुलिस स्टेशन फोन करता है। पुलिस स्टेशन समाचार लिखाता है—"स्कूटर दुर्घटना में एक मृत्यु" संवाददाता इसे प्रतिपल शहर में होने वाली साधारण दुर्घटना मानकर इसकी अवहेलना करता है अथवा इसे बहुत कम जगह देता है। बाद में ज्ञात होता है कि इस दुर्घटना में शहर का विख्यात डॉक्टर मारा गया है तब उसे एक विशेष समाचार छूट जाने का दुःख होता है। अतएव, समाचार कहाँ पड़े हैं, यह उसकी खोज करना चाहिए और इसके लिए सदैव तत्पर और सजग रहना चाहिए।

2. साहस—रिपोर्टर का एक प्रमुख गुण चुस्ती तथा कठिनाइयों का सामना करने का साहस है। उसमें समाचार एकत्रित करने की तथा उसमें आने वाली विषमताओं अथवा कठिनाइयों को सहन करने की शारीरिक तथा मानसिक तौर पर सैदव तैयार रहना चाहिए। उसे समाचार इकट्ठा करने के लिए लगातार इधर-उधर जाना पड़ता है तथा इसमें शीत, धूप, वर्षा अथवा दिन-रात नहीं देखा जाता। घटना की स्थिति के अनुरूप ही उसका उत्तरदायित्व जिम्मेदारी भी बढ़ती जाती है तथा इस तरह की मुश्किलें उसके साथ जुड़ी रहती हैं। दो देशों के मध्य युद्ध हो रहा हो तथा इसका समाचार उसे प्रकाशित करना हो तो युद्ध-मैदान में योद्धा की प्रकार बमबारी और टैंकों का सामना करने का समय भी आता है।

विएतनाम के युद्ध में संसार भर के इक्कीस से अधिक रिपोर्टरो ने युद्ध के मैदान में अपने प्राण गंवाए। बंगला देश के मुक्ति-संग्राम में भारतीय फौज के साथ-साथ धर्मयुग के सम्पादक श्री धर्मवीर भारती भी गए थे। इस अभियान में इन्हें किन-किन कठिनाइयों से दो-चार होना पड़ता है, इसका सजीव वर्णन उन्होंने धर्मयुग के अंकों में दिया। राजस्थान के मोर्चे पर डॉ. भँवर सुराण दैनिक हिन्दुस्तान दिल्ली की ओर से महत्वपूर्ण समर रिपोर्टर थे। बमबारी में कभी उनके पास ही आकर बम गिरता, सिर्फ दो चार फुट की दूरी रह जाती, बम के कण कई बार उनके सिर के ऊपर से गुजर गए तथा कई दिनों मार्ग भूलकर इधर-उधर भटकना पड़ा और भोजन भी नहीं मिला। पानी की खोज में भी मीलों तक पैदल चलना पड़ा।

संवाद के फलक में आने वाले प्रत्याशियों के लिए यह सारा विवरण जानने योग्य है। कभी आन्दोलन तथा विद्रोहों के वृतान्त प्राप्त करने के लिए भी निकलना पड़ता है। जब लोग अपने घरों में आराम से रेडियो पर, समाचार सुन रहे होते हैं, तब भी अखबारनवीसों को मौत का सामना करते हुए समाचार इकट्ठा करने पड़ते हैं। आँधी हो अथवा बाढ़ का प्रकोप, रिपोर्टर को बाहर जाना ही पड़ता है।

भारत जैसे विशाल तथा कई भाषाओं वाले देश में रिपोर्टर को एक प्रदेश से दूसरे प्रदेश में जाना पड़ सकता है। वहाँ के लोगों का रहन-सहन, रीति-रिवाज, भाषा, पहनावा, भोजन, इन सबसे उसे शीघ्रता के साथ परिचित हो जाना पड़ता है। नया प्रदेश, नए लोग, नया भोजन, इन सभी में रिपोर्टर जितना शीघ्र अपने आपको ढाल लेगा उतना ही उसका काम सहज हो जाएगा। बाजार की चीजें नहीं खाने वाला और चाय के बजाय काफी की इच्छा रखने वाला अथवा फिर विशेष सब्जी खाने की इच्छा रखने वाला मनुष्य जब संवाददाता बनता है, तब उसे अपना

कर्त्तव्य पूरा करने में बार-बार कठिनाइयों का सामना करना पड़ सकता है। संक्षेप में, रिनोर्टर को चपल, साहसी एवं सरल विचार का बनना पडता है।

सदैव चुस्त दिमाग—इसके बाद, प्रमुख गुण "सदैव चुस्त दिमाग" है। रिपोर्टर को हमेशा अपनी आँखें तथा कान खुले रखना चाहिए। किसी भी घटना को, जैसी है, वैसे ही ले ले, उसे संवाददाता नहीं कहा जा सकता। उसे तो हर एक घटना का एक डॉक्टर की प्रकार निरीक्षण करना पड़ता है एवं सोच-समझकर देखना होता है। उसके भीतर कुछ रहस्य तो नहीं छिपा है? इसकी खोज उसे करनी चाहिए। पुलिस-विभाग से किसी घटना की विश्वसनीय जानकारी मिलेगी, जबकि इससे संवाददाता को सन्तुष्ट नहीं होना चाहिए। उसे इसके आस-पास की सम्पूर्ण जानकारी पुलिस में दर्ज जानकारी और उसके शब्दों को देखकर, फिर उनसे जुड़ी हुई कड़ियाँ मिलाने का कोशिश करना चाहिए। जबकि, हर एक घटना को संवाददाता को पूरी नकारात्मक नजरिये से नहीं देखना चाहिए। इस नजरिये से उसे बचते रहकर अपना काम पूरा करना चाहिए। साथ ही विवरण प्राप्त करने की प्रक्रिया में अपना स्वतन्त्र व्यक्तित्व बनाए रखना चाहिए एवं अपनी बुद्धिमता का प्रयोग सदैव करते रहना चाहिए। किसी की कही हुई बात अथवा मत को एकाएक नहीं मानना चाहिए। पूना में लोकमान्य तिलक गम्भीर तौर पर बीमार थे और किसी भी पल उनके मृत्यु के समाचार मिल सकते थे। दोस्त रोज की प्रकार एक संवाददाता तिलक के घर जा रहे थे। रास्ते में उनसे एक दोस्त मिल गए। उन्होंने कहा, "आज शाम को तिलक का स्वर्गवास हो गया। उनकी शव-यात्रा की तैयारी की जा रही है।" संवाददाता बीच रास्ते से जल्द लौट गया तथा अपने अखबार में तिलक के देहान्त का समाचार मोटे शीर्षक से छाप दिया। इसके पश्चात् ठीक पन्द्रह दिन तक तिलक जीवित रहे। लोकनायक श्री जयप्रकाश नारायण के देहान्त से पहले भी इसी प्रकार की घटना घट चुकी थी। लोकसभा तक में उनको श्रद्धांजली अर्पित कर दी गई थी, लेकिन वे उसके कई दिनों बाद तक जीवित रहे।

तटस्थता—तटस्थता का गुण सभी पत्रकार और रिपोर्टर के भीतर निहित होने चाहिए। यह एक बहुत नाजुक तथा गम्भीर कार्य है, जबकि हर समय रिपोर्टर बिलकुल तटस्थ रहकर लिख सकेगा? फिर भी संवाददाता जितना निरपेक्ष रहेगा, उतना ही यश उसे प्राप्त होगा। व्यक्ति का मामला हो अथवा संस्था का; संवाददाता को अपने निजी पसंद-नापसंद को इसमें नहीं आने देना चाहिए। जनहित, निष्पक्षता तथा नियम प्रियता को हमेशा सर्वोपरि रखना चाहिए। हरएक

लेखक की कलम कभी तो व्यक्तिगत बन ही जाती है। इसी प्रकार संवाददाता की कलम के बारे में भी ऐसी आशंका रहती है। इसका अर्थ यह नहीं कि रिपोर्टर को अपने मन की भावनाओं को कभी प्रस्तुत ही नहीं करने देना चाहिए। उसकी भी भावनाएँ हैं तथा सूक्ष्म मान्यताएँ हैं। इन सभी को उसे जबरदस्ती दबाना नहीं है, उसमें किसी का पक्षपात न हो जाए तथा कहीं किसी को हानि न हो अथवा भावनाओं को आघात न पहुँचे, इतना तो उसे देखना ही होगा।

हमारे राष्ट्र में कई संवाददाता पत्रकार सम्मेलन में अपनी आवभगत के अनुरूप ही न्यूज प्रस्तुत करते हैं। यह व्यवहार ठीक नहीं कहा जा सकता। जहाँ जानबूझकर उसका निरादर होता है, वहाँ रिपोर्टर खुद को उचित जगह मिले, ऐसा स्वाभिमान बनाए रखने के प्रयास नियत रूप से कर सकता है, लेकिन उसे दूसरों की अपेक्षा में विशिष्ट महत्त्व अथवा आतिथ्य मिले, ऐसी आशा उसे नहीं रखनी चाहिए।

रिपोर्टर को दो वर्गों के बीच समाचार लेखन में विशेष सतर्कता के साथ लिखना पड़ता है। उसके लेखन से संघर्ष को अधिक शक्ति तो नहीं मिलती है? यह जान लेना चाहिए। सत्य की पूजा करना उसका प्रयोजन होना चाहिए। सच बात कहने में कोई संकोच नहीं रखना है। इसी तरह गलत बात कहने से दूर रहना चाहिए। हमारा देश धर्म तरस्थ है। हमारा समाज कई धर्म, जातियों तथा सम्प्रदाय से बना हुआ है। इस दायरे से बाहर निकलकर राष्ट्रीय एकता की तरफ बढ़ने वाले समाज की रचना में संवाददाता को भी भागीदार बनाना है। इस बारे में हमारे कुछ पत्र स्थानीय अपराध या आत्महत्या के समाचारों में जाति के लेबल लगाकर जिस प्रकार प्रकाशित करते हैं, वह कितना खतरनाक है! उदाहरण हेतु "जैन युवती के माध्यम से आत्महत्या" तथा "ब्राह्मण युवती से पटेल युवक के माध्यम से बलात्कार" जैसे शीर्षक जातिवाद अथवा सांप्रदायिकता को मिटाने में सहायक तो हो नहीं सकते, अपितु इसके प्रतिकूल इसे ज्यादा मुश्किल तथा स्थायी रूप प्रदान करते हैं।

अतः संवाददाता को अपने कर्त्तव्य का ध्यान सदैव अपने मस्तिष्क में रखना चाहिए। अपनी जिम्मेदारी के प्रति सजग रहना चाहिए। अपने काम की विशेषता तथा जटिलता को समझना है तथा इसमें से उठने वाले सवालों के अंधेरे में से बाहर निकलकर जनता को सच्ची तथा निरपेक्ष जानकारी पहुँचाना चाहिए। वह ऐसा करेगा, तभी अपने कर्त्तव्य पालन की उसे सन्तुष्टि प्राप्त होगी। समाचार उसे

स्वतः प्राप्त होते रहेंगे, यह सोचकर वह कुर्सी पर विराजमान रहेगा तो भी वह समाचार तो अर्जित कर लेगा जबकि उसमें सजीवता नहीं होगी, विशिष्टता का अभाव होगा। इससे उसकी कार्यकुशलता को कोई महत्त्व नहीं प्राप्त होगा।

भाषाविद्—समाचार लेखन में वही पत्रकार योग्य माना जाता है जिसे भाषा का ज्ञान हो। प्रत्यक्ष रूप से सरल, प्रभावपूर्ण और रुचिकार भाषा में लिखित समाचार को सभी पढ़ते हैं। छोटे वाक्य, छोटे अनुच्छेद और जोशपूर्ण भाषा का उपयोग कर कोई भी सुलेखक हो सकता है जैसा कि अर्नेस्ट हेमिंग्वे के अनुसार, Use short sentences, use paragraphs, use vigorous English not forgetting to strive for smoothness. Be postive, not negative.

एम.जे. डिकर के अनुरूप Information (सूचना), Intention (प्रयोजन), Method (प्रक्रिया, विधि), Administration (घटना की पृष्ठभूमि एवं प्रबन्ध), तथा Intercommunication (पारस्परिक संचार) से परिपूर्ण समाचार सुबोध तथा सुग्राह्य होते हैं। सारांश में इसे I.I.M.A.I कहा जाता है।

समाचार का गठन

आरंभ में समाचार लिखने के लिए कोई वैज्ञानिक पद्धति नहीं थी। रिपोर्टर दैनिक घटनाओं को काल क्रमानुसार रखकर अपना काम चला लेते थे। धीरे-धीरे समाचार-पत्रों का विस्तार होता गया। समाचार-पत्रों में स्थान का महत्त्व बढ़ा तथा कीमत का भी। इसलिए समाचारों को व्यवस्थित तरीके से प्रकाशित किया जाने लगा। सन् 1894 में एडविन एल. शूमैन ने अपने ''प्रैक्टिकल जर्नालिज्म'' नामक पुस्तक में पत्रकारिता के इन प्रमुख तथ्यों को उजागर किया।

रूडयार्ड किपलिंग ने सबसे पहले समाचार लेखन के लिए 5 डब्ल्यू. तथा 1 एच. का उल्लेख किया। इन्हें हिन्दी में छः ककार कहते हैं। ये छः ककार आज भी न सिर्फ समाचार संकलन जगत् के बल्कि पत्रकारिता-जगत् के आधार स्तम्भ हैं—

1. क्या?
2. कहाँ?
3. कब?
4. कौन?
5. क्यों?
6. कैसे?

इसे इस उदाहरण से समझा जा सकता है–

बस खड्डे में गिरी, 15 मरे

रानीखेत, दिसम्बर। उतरांचल के पर्यटकों से भरी एक बस शुक्रवार की दोपहर शाम रानीखेत के नजदीक दुर्घटना ग्रस्त हो गई। जिससे 15 व्यक्ति मारे गए और 20 जख्मी हो गए।

प्राप्त जानकारियों के अनुरूप यह व्यक्तिगत बस दिल्ली से चली थी जो रानीखेत जा रही थी रानीखेत से 1 किमी पहले दुर्घटना ग्रस्त हो गई। बताया जाता है कि सबसे पहले बस खड्डे में उछल पड़ीं तथा फिर पलट गई। मृतकों व घायलों में महिला और बच्चे भी सम्मिलित हैं। घायलों को पास के अस्पताल ले जाया गया है।

पुलिस को सबसे पहले इस दुर्घटना की जानकारी प्राप्त हुई जिसके पश्चात् बचाव दल घटना स्थल पर पहुँचा तथा राहत काम आरंभ करवाए।

(कार्यालय संवाददाता)

इसमें हमें ज्यादातर छः ककारों का उत्तर मिल जाता है–

1. क्या? बस दुर्घटना
2. कहाँ? रानीखेत के नजदीक
3. कब? रविवार की शाम में
4. कौन? 15 मरे और 20 घायल
5. क्यों? खड्डे में उछल पड़ी
6. कैसे? बस पलट गई।

समाचार-पत्रों में समाचार लिखते समय 'विलोम स्तूपी' (इन्वर्टेड पिरामिड) आकार में लिखा जाता है। पत्रकार जब अखबार हेतु समाचार लिखता है अथवा उप सम्पादक जब समाचार का सम्पादन करता है तो वह समाचार का प्रमुख अंश पहले अनुच्छेदों के कुछ वाक्यों (इन्ट्रो) में दे देता है। उसके पश्चात् समाचार का विशद विवरण दिया जाता है तथा अन्त में न्यूज के अन्य विवरण प्रस्तुत किए जाते हैं।

फीचर लेख और कतिपय कहानी हेतु स्तूपी (Pyramid) शैली का उपयोग किया जाता है। इसमें मुख्य समाचार अथवा तथ्य सबसे अन्त में दिया जाता है।

जिससे पाठक में जिज्ञासा बनी रहे तथा वह उसे आरंभ से अन्त तक पढ़े। इस प्रकार के लेखन की शुरुआत शुरू विशद अथवा अन्य विवरण से किया जाता है। इस तरह से कहा जा सकता है कि ''समाचार-लेखन न तो निबन्ध-लेखन है, न पुस्तक लेखन की कला की तरह है तथा न ही साधारण डाक-पत्रों की प्रकार। उसकी अपनी कला है।''

विज्ञापन लेखन

वाणिज्यिक तथा व्यावसायिक फलकों के संवर्धन हेतु विज्ञापन जनमत तैयार करते हैं। अतएव जनसंचार के क्षेत्र में विज्ञापन की बहुत मुख्य भूमिका है। सम्प्रति प्रचार माध्यम की तरह यह भी एक ठोस माध्यम है जो व्यावसायिक तथा औद्योगिक फलकों में उनकी लगातार उत्पादन संबंधी माँग वृद्धि तथा नए उत्पादनों की जानकारी को उपभोक्ता तक पहुँचाने और विक्रय करने का काम करता है। इसके अलावा यह प्रतिष्ठान के प्रति उपभोक्ताओं और जनता रुचि तथा विश्वास पैदा करने में सहायक साबित होता है।

विज्ञापन शब्द की उत्पत्ति हिन्दी में दो शब्दों के मिलने से हुई है जिसे मूलधातु ज्ञापन के साथ उपसर्ग के जुड़ने से (वि ज्ञापन = विज्ञापन) सामान्य रूप से विज्ञापन शब्द का तात्पर्य है ज्ञापन कराना या सूचना प्रदान करना विज्ञापन अंग्रेजी शब्द एडवरटाइजिंग का हिन्दी पर्याय है, जिसकी उत्पन लैटिन भाषा के शब्द एडवर्टर से हुई। अंग्रेजी में इसका अर्थ है टू टर्न टू यानी किसी ओर मुड़ना है। जब किसी वस्तु या सेवा हेतु इसका प्रयोग किया जाता है। तो इसका प्रयोजन है तो ऐसे लोगों को उस या आकर्षित करना होता है। इस प्रकार से उसे सार्वजनिक सूचना की घोषणा भी कह सकते हैं। ब्रिटेन विश्वकोश के अनुरूप विज्ञापन वांछित भुगतान प्रदत्त वह घोषणा है उस किसी वस्तु या सेवा की बिक्री प्रोत्साहन किसी विचार के विकास अथवा किसी अन्य प्रभाव उत्पन्न करने के मकसद से की गई हो। वेबस्टर्स न्यूवल डिक्शनरी में इसे इस रूप में व्याख्यायित किया गया है कि विज्ञापन का अर्थ किसी वस्तु अथवा तथ्य के संबंध में मुद्रित साधन समाचारपत्र आकाशवाणी या ऐसे ही किसी साधन के माध्यम से जानकारी देना विक्रय बढ़ाना और जनता का ध्यान आईष्ट करना है। इस तरह विज्ञापन का अर्थ किसी विषय वस्तु की जानकारी अथवा सूचना प्रदान करना है। अब यहाँ यह प्रश्न उठता है कि जनसंच के माध्यमों के माध्यम से प्रसारित किए जाने वाले विषय भी अकसर जानकारी अथवा सूचना प्रदान करते हैं। अतः ऐसी स्थिति में

विज्ञापन में ऐसी कौन सी विशेषता है जो उसे पृथक रूप प्रदान करती है। वास्तव में इन विषयों से विज्ञापन बिल्कुल पृथक है, क्योंकि विज्ञापन के उद्देश्यों की पूर्ति पर इसकी विशेषता निर्भर है। विज्ञापन उन सारी गतिविधियों का नाम है, जिनका मकसद अपने खर्च पर निवैयक्तिक रूप से किसी विचार वस्तु अथवा सेवा के विषय में जानकारी प्रदान करना और इससे ग्राहक को अपनी इच्छा के अनुसार बनाना है। विज्ञापन निजी नहीं होता। इसका संबंध वस्तु से होता है। तथा वस्तु किसी औद्योगिक संस्था से संबंध होता है। वास्तव में व्यवसाय के फलक में उत्पादन को उपभोक्ता संस्था से संबध होता हे। वास्तव में व्यवसाय क्षेत्र में उत्पादनो उपभोक्ता तक पहुँचाने की प्रणाली को वितरण प्रणाली कहते हैं। इस वितरण पद्धति ने आधुनिक युग में जनसंचार के साधनों को अपनाया है। औद्योगिक विकास और मुद्रण के प्रचार से विज्ञापन की प्रगति भी बहुत तेज हो गई है। आज पत्र पत्रिकाएँ और श्रव्य दृश्य उपकरणों जैसे पोस्टर होर्डिंग, दूरदर्शन, सिनेमा आकाशवाणी इत्यादि के माध्यम से विज्ञापन ने विश्व स्तर पर लोकप्रियता प्राप्त कर ली है। व्यवसाय की दुनिया में आज विज्ञापन एक जरूरी अंग बन चुका है, क्योंकि इस संसार में उत्पादन वितरण से संबंधित जो प्रतियोगिता प्रतिस्पर्धा तथा प्रतिबिंगिता है उस पर प्रचार के माध्यम से ही विजय कुमार दीनानाथ चौहान प्राप्त की जा सकती है।

विज्ञापन का वर्गीकरण—आज के युग उत्पादों, संस्थाओं प्रतिष्ठानों और विज्ञापनदाताओं के प्रति गुणात्मक सद्भाव जनमत और विश्वास उत्पन्न करने में विज्ञापन का खासा महत्व बढ़ गया है चूंकि जनता के पास न तो पर्याप्त समय है कि लंबे समय तक किसी वस्तु के संबंध में समय दे सके तथा न इतना समय है कि किसी वस्तु के गुणावगुण का विश्लेषण करने के बाद उसका उपभोग कर सके। अतः विज्ञापन के माध्यम से जनता को अथवा उत्पाद के प्रति विश्वास प्राप्त करने की कोशिश की जाती है। दूसरी ओर उपभोक्ता भी अगली बारडी वस्तु या उत्पाद को क्रय करने का विचार निर्धारित करने का मौका पा लेता है। इसी प्रकार सामाजिक फलक में सम्मान संबंधी सूचनाएँ चिकित्सा संबंधी घोषणाएँ राष्ट्र व राज्य संबंधी जनकल्याण प्रगति के ऑकड़े व तालिकाएँ और परिवार नियोजन, नियुक्ति इत्यादि की जानकारी विज्ञापनों के माध्यम से ही की जाती है। इससे जनता को समाज में माध्यम से प्राप्त होता है तथा समाज का विकास भी होता है।

विज्ञापन के तरहों का विभाजन विज्ञापन के गुण, विज्ञापन के साधन और उत्पादक या विज्ञापनदाता के आधार पर किया जा सकता है।

1. गुण के आधार पर—गुण के आधार पर विज्ञापन चार तरह के होते हैं—

(क) सम्मानक विज्ञापन
(ख) संस्थागत विज्ञापन
(ग) अन्य विज्ञापन
(घ) तुलनात्मक विज्ञापन

सम्मानक विज्ञापन—इस विज्ञापन के अन्तर्गत शोभा यात्राओं, फिल्मोत्सवों षष्ठिपूर्ति उत्सवों या प्रमुख विदेशों व्यक्तियों के आने पर दिए जाने वाले विज्ञापनों और विदेश यात्रा करके आने वाले व्यक्तियों को दिए जाने वाले बधाई आदि आते हैं।

संस्थान विज्ञापन—ऐसे विज्ञापनों के अन्तर्गत वाणिज्यिक संस्थाओं के साथ-साथ राष्ट्रीय हित संबंधी और चेतावनीपरक विज्ञापन हैं जो अर्ध सरकारी, सरकारी दिये जाते हैं। वे ज्यादातर तुलनात्मक विज्ञापन के तहत आते हैं। इन्हें व्यावसायिक अथवा वाणिज्यिक विज्ञापन भी कहते हैं। क्योंकि इस प्रकार के विज्ञापन विशुद्ध रूप से व्यावसायिक अथवा वाणिज्यिक हैं।

अन्य विज्ञापनों के अन्तर्गत पत्र पत्रिकाओं में प्रकाशित सभी विज्ञापन आते हैं यानी सजावटी वर्गीकृत, प्रमाणीकृत पैनल सोलो इत्यादि विज्ञापन समाचार पत्र के नामपट्ट के दोनों ओर दिए जाते हैं तथा सोलो विज्ञापन समाचार पत्र के प्रथम पृष्ठ पर दाईं ओर बिल्कुल नीचे दिए जाते हैं।

2. माध्यम के आधार पर—विज्ञापन का संदेश संभावित ग्राहक पहुँचाने का कार्य जिस साधन के माध्यम से किया जाता है, वह विज्ञापन के फलक में माध्यम कहलाता है। यह कार्य मुद्रण चलचित्र, आकाशवाणी और दूरदर्शन के माध्यम से सम्पन्न किया जाता है। जनसंचार के इन साधनों के आधार पर विज्ञापन मूलरूप से तीन तरह के होते हैं।

(क) श्रव्य-दृश्यगत विज्ञापन
(ख) श्रव्यगत विज्ञापन
(ग) दृश्यगत विज्ञापन।

श्रव्यगत विज्ञापन—बाजारों में माइक्रोफोन से होने वाली घोषणाओं से लेकर आकाशवाणी प्रमुख प्रसारित किए जाने वाले सभी विज्ञापन श्रव्यगत विज्ञापन के अन्तर्गत आते हैं। इसमें आकाशवाणी प्रमुख भूमिका निभाता है।

दृश्यगत विज्ञापन—पैम्फलेट से लेकर प्रत्र पत्रिकाओं में प्रकाशित विज्ञापन, होर्डिंग्स, टेलीफोन व बिजली के खंभों पर लटकाने वाले पैनल्स, स्लाइडस नियोन

साइन परिवहन साधनों पर पेंटिग्स विज्ञापन इत्यादि आते हैं। इनका संबंध मुख्यतः मुद्रण कला से है।

श्रव्य-दृश्यगत विज्ञापन—दृश्यगत विज्ञापन के अन्तर्गत उपयुक्त दोनों विधाओं के मिश्रित रूप के विज्ञापन इन विज्ञापना के अन्तर्गत आते हैं। प्रमुखतः दूरदर्शन पर प्रसारित किये जाने वाले सभी विज्ञापन तथा थियेटरों में दिखाए जाने वाले लधु वृत्तेचित्र तथा अल्पावकाश की फिल्में इसी विज्ञापन के अन्तर्गत होते हैं।

विज्ञापनदाता के आधार पर—सरकारी संस्था व्यावसायिक प्रतिष्ठान या स्वैच्छिक संस्था या फिर व्यक्ति इन सभी दृष्टिगत विज्ञापन के चार प्रकार बताए जाते हैं, जो इस तरह हैं—

(क) गैर-सरकारी विज्ञापन

(ख) सरकारी विज्ञापन

(ग) व्यक्तिगत विज्ञापन

(घ) व्यावसायिक विज्ञापन

सरकारी विज्ञापन—आवश्यकता की पूर्ति हेतु प्रशासनिक फलक में दिए जाने वाले जो विज्ञापन सदैव पत्र पत्रिकाओं में प्रकाशित होते रहते हैं, ये सभी सरकारी विज्ञापन के अंतर्गत आते हैं। इनमें विशेष अवसर पर सरकार और सरकारी संस्थाओं के माध्यम से दिए जाने वाले प्रगति संबंधी विज्ञापन, परिवार नियोजन, वैधानिक चेतावनी समाज कल्याण संबंधी विज्ञापन नियुक्तियाँ निविदाएँ इत्यादि आते हैं। इन विज्ञापनों को ज्यादातर सज्जित विज्ञापन भी कहा जाता है। जो पत्र पत्रिकाओं में प्रकाशित होते हैं। शिक्षा संबंधी सूचनाएँ औद्योगिक फलकों में नियुक्तियाँ वार्षिकोत्सव पर प्रकाशित की जाने वाली संबंधी घोषणाएँ चुनाव के संदर्भ में अभियान के लिए राजनैतिक दलों के माध्यम से दिए जाने वाले संदेश इत्यादि इसके अंतर्गत आते हैं।

व्यावसायिक विज्ञापन—यह वह विज्ञापन होता है जब छोटी-छोटी दुकानों से लेकर बड़े-बड़े व्यावसायिक प्रतिष्ठानों और औद्योगिक घरानों (सरकारी या गैर-सरकारी) इत्यादि के उत्पादन और वस्तुओं की बिक्री हेतु जनता को जानकारी दी जाती है। इन विज्ञापनों का प्रमुख लक्ष्य क्रय और विक्रय करना होता है। ये विज्ञापन अत्यन्त आकर्षक सजावटी तथा खर्चीले होते हैं। अपने ग्राहक और उपभोक्ता को ध्यान में रखकर जन संचार के सभी साधनों के माध्यम से ये विज्ञापन प्रसारित किए जाते हैं। कभी कभी एक ही उत्पादन हेतु सभी माध्यमों के विज्ञापन का प्रयोग किया जाता है।

व्यक्तिगत विज्ञापन—ये वे विज्ञापन होते हैं जो समाज में आवश्यकता तथा प्रतिष्ठा हेतु वैयक्तिक रूप से पत्र-पत्रिकाओं, आकाशवाणी, दूरदर्शन और अन्य माध्यमों के माध्यम से दिए जाते है। इस विज्ञापन के अन्तर्गत पत्र पत्रिकाओं में छपने वाले वर्गीकृत विज्ञापन, आकाशवाणी तथा दूरदर्शन पर प्रसारित की जाने वाली विशेष सूचनाएँ वर्गीकृत विज्ञापनों के अन्तर्गत विवाह संबंधी शिशुजन्म, स्मृतिशेष, लापता, स्थानांतरण, मकान चाहिए, किराए हेतु, नगरों के थियेटरों में प्रदर्शित होने वाली फिल्मों की सूचनाएँ इत्यादि उल्लेखनीय हैं। ये कम खर्चीले होते हैं, अतः मध्यवर्गीय परिवार भी इनका उपयोग कर लेते हेंम।

विज्ञापन का उद्देश्य—विज्ञापन का प्रमुख प्रयोजन उत्पादन की बिक्री कराना होता है। इसके माध्यम से अधिकांश लोगों तक वस्तु या सेवा का नाम तथा उसकी उपयोगिता के बारे में बताया जाता है। वास्तव में विज्ञापन सेल्समैन का स्थान तो नहीं ले सकता परन्तु प्रचार कार्य में विज्ञापनदाता की मदद अवश्य कर सकता है। ग्राहक को विज्ञापन से वस्तु की उपयोगिता तथा फायदा के बारे में पहले ही जानकारी प्राप्त हो जाती है। तथा यह भी मालूम हो जाता है कि कौन सी वस्तु बाजार में सुलभ है। इसको उसे आसानी से उसके गुणावगुणों का भी परिचय मिल जाता है। इससे उसे वस्तु को खरीदने हेतु निर्णय करने में कोई दिक्कत नहीं होती।

जब वस्तु की उपयेगिता तथा सुलभता का ज्ञान ग्राहक को हो जाता है, तो वह अपनी वित्तीय स्थिति के अनुरूप उसे खरीदने की योजना बनाता है। यहाँ ग्राहक का किसी वस्तु-विशेष के प्रति झुकाव हो जाना, वित्तीय रूप से उस वस्तु की मांग पैदा करना है। इस प्रक्रिया में विज्ञापन ग्राहक को उस वस्तु के संबंध में एक प्रकार से ज्ञान भी प्रदान करता है।

विज्ञापन के तत्व—विज्ञापन के प्रमुख तत्व निम्न हैं—

1. रुचि संपोषण
2. ध्यानाकर्षण
3. संतुष्टि-सृजन
4. प्रेरक प्रतिक्रिया
5. इच्छा-सूजन

ध्यानाकर्षण—व्यवसाय तथा विज्ञान का विज्ञापन कला, सुन्दर मेल है। इसके माध्यम से उपभोक्ता का ध्यान खींच कर विक्रय में वृद्धि की जाती है। अतः ध्यानाकर्षण को विज्ञापन कला का प्रथम आवश्यक तत्व माना जाता है। ध्यानकर्षित

करने हेतु विज्ञापन की सर्जनात्मकता तथा आकर्षक सजावट अधिक सहायक सिद्ध होते हैं। सर्जनात्मकता के अंतर्गत नई संज्ञाओं का सृजन किया जाता है। शब्दों व पदों की वर्तनी में परिवर्तन इत्यादि सुनिश्चित किया जाता है। उदाहरणार्थ सामान्य रूप में क्लिनिक संज्ञा का उपयोग चिकित्सालय हेतु होता है, जबकि ग्राहकों का ध्यान आकर्षित करने हेतु कि मरम्मत करने वाली दुकान का नाम कार क्लिनिक मिलता है। यद्यपि इन कारखानों में कारों, जीपों तथा ऑटों की मरम्मत की जाती है। इसी प्रकार उत्पादक अपने उत्पादकों का नामकरण करते समय वर्तनी में बदलाव लाता है। जैसे क्वालिटी आइसक्रीम की वर्तनी अंग्रेजी में KWALITY रखी गई हैं। जबकि वास्तविक वर्तनी QUALITY होती है।

विभिन्न रंगीन चित्रों, महिला छाया चित्रों तथा भिन्न आकृति के अक्षरों का उपयोग आकर्षक सजावट के अन्तर्गत किया जाता है। इससे अपने आप उपभोक्ता तथा ग्राहक् का ध्यान आकर्षित करने में सफलता मिलती है।

रुचि-संपोषण—इसके अन्तर्गत मुख्य रूप से उपभोक्ताओं का सर्वेक्षण करना उत्पादक संबंधी साहित्य वितरित करना, पुरस्तकार देना, छूट देना इत्यादि जैसे कार्य किए जाते हैं। कई उत्पादक अपनी सर्वेक्षण व्यवस्था के अन्तर्गत अपने उत्पाद को द्वार-द्वार तक प्रचार देते हैं। तथा उसके साथ ही उत्पाद संबंधी साहित्य भी बाँटते हैं। जो विज्ञापन का रूप भी होता है और उत्पादक प्रचारक का भी। यही नहीं अखबारों के माध्यम से खासकर सजावटी विज्ञापन के माध्यम से रुचि-पोषण की दिशा में कार्य किया जाता है। नियमित तथा लगातार प्रकाशित करने और रेडियो टी.वी. पर प्रसारित करने से रुचि का पोषण होता ही है।

एक ही वस्तु का उत्पादन कई औद्योगिक प्रतिष्ठानों के माध्यम से किए जाने से रुचि संपोषण की आवश्यकता बढ़ती जा रही है। इसलिए एक ही उत्पाद के विज्ञापनों में समयानुसार बदलाव लाना भी आवश्यक हो गया है। यह बात उत्पादों के विज्ञापनों के परिप्रेक्ष्य में देखी जा सकती है जहाँ उसके पुराने और नए रूप मिलते हैं।

इच्छा सृजन—इसके अन्तर्गत मनोवैज्ञानिक स्तर पर अपने उपभोक्ता की इच्छाओं की सर्जना इस प्रकार की जाए कि सजावटी विज्ञापन देखकर के गुणों की चर्चा भी होती है। इच्छा सृजन हेतु एक बढ़िया उदाहरण होगा व्हील नौकरी कौन देगा? कपड़े तक साफ नहीं। इसे सुनकर देखकर उपभोक्ताओं का मन जाग्रत हो उठता है एवं उस साबुन को प्रयोग करने की इच्छा जागृत हो जाती है। अन्य उदाहरण ग्राइप वाटर का है। नवजात शिशु के रोने की आवाज सुनकर पति पत्नी

से पूछता है क्या है? पत्नी कहती हैं बच्चा रो रहा है। परामर्श मिलेगा ग्राइप वाटर पिलाओ। संवाद को तीन बार दुहरा कर पिछली तीन पीढ़ियों से इसका प्रयोग हो रहा है, इसका अब आप भी उपयोग करें का संदेश देता है। इसी तरह के विज्ञापन दूरदर्शन तथा आकाशवाणी के माध्यम से प्रसारित किए जाते हैं जिन्हें देखकर या सुनकर उपभोक्ता प्रभावित होते हैं तथा उनके मन में इन वस्तुओं का प्रयोग करने की इच्छा पैदा होती है।

संतुष्टि सृजन–जब उपभोक्ता उत्पाद की भरपूर उपलब्धता तथा उचित रख रखाव को पाता है तब उसकी संतुष्टि होती है। यही विज्ञापन का परिणाम है। अतः विज्ञापन को अपने उत्पाद के प्रचार तथा प्रसार हेतु वितरण में उत्पाद की इस प्रक्रिया का संकेत करना आवश्यक है, जिससे उत्पाद के प्राकृतिक गुणों को संरक्षण प्राप्त होता है।

इसके बाद इस तेल की विशेषताएँ बताई गई हैं जो उपभोक्ता की संतुष्टि के लिए मददगार हैं। जैसे–"वैज्ञानिक खोजबीन से यह पता चला है कि असेचुरेटिड फैटी ऐसिइज दोनों मोना तथा पॉली कॉल्स्ट्राल पर रोकथाम करने में मदद करते हैं। ये पकाने के बहुत से तेलों में होते हैं। पर सभी तलों में से सिर्फ सोया ऑइल में ही सही तालमेल है। ब्रिटैनिया व्हाटल रिफांइड सोयल ऑइल में सेचुरेटिक फैट्स कम और असेचुरेटिड फैट्स अधिक हैं।"

प्रेरक प्रतिक्रिया–उपभोक्ता को ध्यान में रखकर विज्ञापनदाता मनोवैज्ञानिक दृष्टि से सामग्री को चुनाव करता है। वह अपने संदेश से उपभोक्ता में स्वस्थ प्रतिक्रिया जागृत चाहता है। इस संदेश में वह अपनी वस्तु या उत्पाद के विषय में स्तर की बात तो करता ही है साथ ही उपभोक्ता में उसे खरीदने की इच्छा भी पैदा करना चाहता है। उत्पाद कभी त्रुटिपूर्ण या खराब निकलने पर पूरे पैसे वापस करने की गारंटी या पाँच छह साल की गांरटी कार्ड तक उपभोक्ता को प्रदान किया जाता है। इससे उपभोक्ता में एक विश्वास उत्पन्न होता है। विज्ञापन की यह प्रेरक शक्ति है जो उपभोक्ता में अच्छी प्रतिक्रिया पैदा करती है।

इस प्रकार विज्ञापन में उक्त तत्वों का समावेश होता है। चूंकि आज के प्रतियोगी युग में विज्ञापनदाताओं को कई प्रकार की कठिनाइयों का सामना करना पड़ता है। शब्दों नारों, मनमोहक रंगीन चित्रों, पहेलियों उपहार देने की घोषणा या छूट देने की बात इत्यादि कहकर उपभोक्ता का ध्यान आकृष्ट किया जाता है। विज्ञापित वस्तुओं की विशेषताओं का उल्लेख किया जाता है।

विज्ञान तथा विज्ञापन लेखन–विज्ञापन का विकास आधुनिक समाज में एक आजाद विद्या और विज्ञापन विज्ञान के तौर पर हो रहा है। यह मानव विकास

के माध्यम के रूप में विकसित और महान उद्योग के तौर पर हो रहा है। इसे लोकप्रिय बनाने हेतु नए-नए उपयोग किए जा रहे हैं। समाजविज्ञान कला विज्ञान अर्थविज्ञान, मनोविज्ञान इत्यादि की तरह विज्ञापन भी एक विज्ञान के तौर पर लगा है। समाज में इसके महत्व में वृद्धि हो जाने से और माँग बढ़ जाने से विज्ञापन का अध्ययन विषय तौर पर में होने लगा है। आज विज्ञापन विज्ञान के कई अंग एवं उसकी शाखाएँ विकसित हो चुकी है।

विज्ञापन एक ऐसा विज्ञान है, जो खोज कर बताएगा कि व्यक्तियों को अपने विकास हेतु किन-किन वस्तुओं की जरूरी है। इसलिए विज्ञापन का प्रारूप तैयार करते समय यह जानना अनिवार्य है कि जिस वस्तु का विज्ञापन दिया जा रहा है वह क्या तथा कैसी है उसके प्रयोग क्या हैं? तथा किस समुह के लोग उसका उपयोग करते हैं अथवा कर सकते हैं। इसके अलावा यह भी देखा जाता है कि वह समुह किस क्षेत्र विशेष तक सीमित हैं अथवा क्या वह राष्ट्र राष्ट्र में विशद है। आवश्यकता के विज्ञापन सामग्री, ब्लॉक, स्लाइड, लघुफिल्म, फोल्डर पुस्तिका, होर्डिंग इत्यादि के तौर पर तैयार की जाती है। विज्ञापन की नीति निर्धारण के अनुसार डिजाइन बनाने सामग्री लिखाने सज्जा कराने तथा अंततः विज्ञापन की तैयारी होती है। अतः उसकी संरचना को तार्किक और वैज्ञानिक बनाने की आवश्यकता होती है। विज्ञापन लेखन करते हुए स्पष्टता संक्षिप्तता, सूत्रपरकता तथा क्रमबद्धता का ध्यान रखा जाता है।

विज्ञापन का शीर्षक—विज्ञापन में शीर्षक सबसे अधिक महत्व का होता है। इसलिए विज्ञापन सामग्री अथवा प्रारूप तैयार करते समय आलेखक (कॉपी राइटर) को उपभोक्ता अथवा ग्राहक की रुचि के अनुकल ऐसा शीर्षक पेश करना चाहिए, जिससे उपभोक्ता का ध्यान आकृष्ट हो सके। विज्ञापन की तीन-चौथाई सफलता सामग्री को उपरोक्त शीर्षक देने में मिल जाती है। शीर्षक विज्ञापन का केन्द्र बिन्दु है। इसमें लक्षण एवं व्यंजना से अर्थ दिया जाता है। शीर्षक का चुनाव करते समय यह भी ध्यान रखा जाता है कि विज्ञापन की सामग्री विषयवस्तु या मूल कथ्य (बॉडी टेक्स्ट) की व्यंजना शीर्षक में भले ही न हो, पर विज्ञापन का वस्तु संकेत इस प्रकार हो कि दर्शक, पाठक ग्राहक या उपभोक्ता की दृष्टि कर सके तथा उसमें इच्छा उत्पन्न कर सके।

विज्ञापन का उपशीर्षक—इसमें विज्ञापन के लक्ष्य को विस्तार से बताया जाता है। तथा ग्राहक की आवश्यकता के अनुरूप उत्पादन की क्षमता दिखाई जाती है।

विज्ञापन का विस्तार वर्णन—इसमें वस्तु या सामग्री के उत्पादन के विषय में विस्तार की जानकारी प्रदान की जाती है। परन्तु आलेखक अपने विशद संदेश को भी संक्षेप रूप देने का भरसंक प्रयत्न करता है। अर्थात् उसे गागर में सागर भरना होता है। इसके अथवा विज्ञापन के प्रस्तुतीकरण में दृश्य कल्पना और कलात्मक प्रस्तुति पर बल दिया जाता है। दृश्य कल्पना का संबंध उपभोक्ता की दिलचस्पी उसकी आशा और उम्मीद से होता है। कलात्मक प्रस्तुति में चित्र, मॉडल, तथा टाइपोग्राफी का विशेष योगदान रहता है। इस प्रकार विज्ञापन सामग्री में कला चित्रांकन तथा रूप सज्जा का अपना स्थान है।

विज्ञापन की भाषा—विज्ञापन व्यावसायिक क्षेत्र का एक आवश्यक अंग बनने से इसमें व्यावसायिक क्षेत्र की शब्दावली का प्रयोग हो रहा है। दैनिक समाचार पत्रों में बिकाऊ है, आवश्यकता है अपार भीड़ कर रहा है, भव्य समारोह इत्यादि वाक्य विज्ञापनी हिन्दी में उपयोग किए जा रहे है।

विज्ञापन में जितना महत्व विज्ञापन सामग्री का होता है। उतना ही महत्व भाषा का भी होता है। हिन्दी भाषा के उपयोग को विज्ञापन में देखा जा रहा है, जिसके लिए पत्र पत्रिकाओं आकाशवाणी तथा दूरदर्शन पर प्रयोग किया जाने वाला हिन्दी को आधार बनाया गया है। एक अंग्रेजी विचारक जेफ्रे लीच ने अंग्रेजी भाषा के विज्ञापन का अध्ययन एक विशेष शैली के तौर पर स्वीकार करते हुए उसके लिए कुछ आवश्यक गुणों की चर्चा की है।—

1. श्रव्य और सुपाठ्यता
2. आकर्षण तत्व
3. विक्रय शक्ति
4. स्मरणीयता

सभी गुण अंग्रेजी विज्ञापन के परिप्रेक्ष्य में स्थिर किए गए। किनतु इन्हें निःसंदेह हिन्दी विज्ञापनों पर भी लागू किया जा सकता है।

1. श्रव्यता और सुपाठ्यता—हिन्दी विज्ञापनों में श्रव्यता हेतु कविता और गीतों के रूप में भाषा का प्रयोग किया जाता है। तथा संगीत का भी इसमें समावेश होता है। इससे ये विज्ञापन काफी श्रव्य तथा रोचक होते हैं। मुद्रण साधन के माध्यम से किए जाने वाले विज्ञापनों में सुपाठ्यता लाने हेतु सुन्दर, सुडौल तथा विभिन्न आकृतियों के टाइप का प्रयोग किया जाता है। मुद्रण साधन के माध्यम से दिये जाने वाले विज्ञापन की भाषा सरल तथा सुबोध होती है।

2. आकर्षक तत्व—आकर्षण विज्ञापन की मुख्य आवश्यकता है। यह आकर्षण ही विज्ञापन को सही मनुष्य तक पहुँचाता है आकर्षण हेतु आवश्यक है

कि विज्ञापन की विषयवस्तु संक्षिप्त पूर्ण तथा सहज भाषा में हो। इन आवश्यक गुणों को शीर्ष पंक्तियों में अंदर दी गई विशद जानकारी इत्यादि देते समय ध्यान में रखना आवश्यक है।

हिन्दी विज्ञापनों में आकर्षण का तत्व उत्पन्न करने हेतु कई प्रकार की वाक्य संरचनाओं का उपयोग किया जाता है, जिनसे विज्ञापन की प्रभावशीलता में बढ़ोतरी होती है। इसके लिए ज्यादातर विज्ञापनों में तथा चूंकि सिर्फ जरा-सा "अब आप समझें", "आजमाए" जैसे शब्दों का तथा न ध्यान दें" जैसे निदेशात्मक वाक्यों का प्रयोग किया जाता है। इस प्रकार की विज्ञापनी शब्दावली का उपयोग करने से उत्पाद वस्तु की विभिन्नता को व्यक्त किया जाता है।

3. विक्रयशील—विज्ञापन के फलक में संप्रेषणीयता तथा आकर्षण का होना अनिवार्य है। इसके लिए विज्ञापन लेखक एक सृजनशील कलाकार की भाँति विज्ञापन के विषय को सर्जनात्मक ढंग से पेश करता है। यह एक ऐसा कलात्मक कौशल है जिसके अंदर वस्तु पैदा उत्पादन की विक्रय शक्ति उतपन्न करने की सामर्थ्य होती है। विक्रय शक्ति की यह क्षमता विज्ञापन की संप्रेषणीयता में निहित रहती है।

4. स्मरणीयता—बच्चों से वृद्धों तक के सभी वर्गों के लोगों का उत्पाद वस्तु के ब्रांड को या उत्पादक वस्तु को सदा याद रखवाने के उद्देश्य से विज्ञापनों में नारे के रूप में भाषा का उपयोग किया जाता है। ये नारे छोटे छोटे सरल वाक्यों में रोचक और वस्तु के नाम को याद रखने वाले होते हैं।

विज्ञापन की शैली—विज्ञापन की भाषिक संरचना के अन्तर्गत ध्वनियों या वर्तनी का विवरण आकर्ष्रक ढंग से होता है। जैसे श-र्ट्-स-ट्रा-उ-ज-(ब्ल्यू चिप) के विज्ञापन के लेखन में अक्षरों को पृथक पृथक देकर उत्पन्न किया गया है। इसके साथ ही विज्ञापन के विविध विषयों की अनिवार्यता के अनुरूप तत्सम देशज, विदेशी शब्दावली का उपयोग होता है। कहीं-कहीं मिश्रित शब्दावली भी पाई जाती है। भाषा को हिन्दी विज्ञापनों में तथा दिलचस्प बनाया जाता है। इसका निश्चयात्मक निषेधात्मक आदेशात्मक तथा विवेचनात्मक वाक्य दिए जाते हैं जो आशय बोध तथा संप्रेषण करने में पूर्णतया मददगार होते हैं।

इस प्रकार विज्ञापन जनसंचार का एक अंग होते हुए भी औपचारिक व्यावसायिक तथा सामाजिक सेवा में अपना विशेष महत्व बनाए हुए है। विज्ञान की भाषा लिखित तथा मौखिक दोनों रूपों में होती है। इसमें निहित संप्रेषणीय प्रभावोत्पादकता रोचकता तथा प्रेरक शक्ति व्यवसाय को धनी एवं उन्नत बनाती है।

विज्ञापन के लक्ष्य—विज्ञापन का व्यवसाय फलक में प्रयोजन मात्र स्टॉक निकालने तक सीमित नहीं है तथा न ही उसका प्रयोजन सामाजिक क्षेत्र में संस्था का परिचय देना है। सही मायने में औद्योगिक विकास के कारण विज्ञापन के कई उद्देश्यों का विकास हुआ है। जिनमें प्रमुख रूप से चार उद्देश्य माने गए हैं—

1. माँग बनाए रखना—माँग बनाए रखने के लिए व्यावसायिक प्रतिष्ठान या दुसरू किसी भी संस्था को समय-समय पर लगातार विज्ञापन देना पड़ता है। इससे बाजार में वस्तु की जो माँग पहले ही उत्पन्न हुई है तथा समाज में संस्था का जो असर पहले ही बना हुई है उसे कायम रखा जा सके। अनिवार्यता नहीं समझी जाती है। जब वस्तु की माँग बाजार में गिरती है या बिल्कुल नहीं रहती है उसका समय विज्ञापन की के लिए जरूरत पड़ती है। किन्तु विवेकशील विज्ञापनदाता अपनी वस्तु की माँग को बनाए रखने के लिए विज्ञापन की मदद लगातार लेता रहता है।

2. माँग उत्त्पन्न करना—कोई संस्था हो, प्रतिष्ठान हो या उत्पादन हो, जनता या बाजार में जो नया-नया आता है उसके प्रति जनता की इच्छा नहीं रहती है। जितना कि उसका उपभोग करने की दिलचस्पी। जनता को यहाँ तक भी पता नहीं चलता कि कौन सी वस्तु कहाँ है, कब खुली है तथा वह किस प्रयोजन से काम कर रही है। यदि बात उत्पादन के संबंध में होती तो उत्पाद का उत्पादक कौन है, उत्पाद की क्या विशिष्टता है और उसे कहाँ से प्राप्त कर सकते हैं इत्यादि प्रश्नों के उत्तर विज्ञापन में बताना चाहिए। विज्ञापनों के तत्वों का अध्ययन करते हुए इसके पहले तत्व ध्यानाकर्षण को ध्यान में रखना होता है। वास्तव में इस ध्यानाकर्षण के साथ ही बाजार में वस्तु या प्रतिष्ठान की छवि बनना भी आरंभ होती है। जिससे जनता उसके प्रति आकर्षित होती है। इसी के परिणामस्वरूप बिक्री भी होती है। इसे ही माँग उत्पन्न करना कह सकते हैं। माँग के द्वार व्यावसायिक संस्था को फायदा प्राप्त होता है। प्रतिष्ठानों की प्रतिष्ठा बढ़ती है। वास्तव में कोई भी संस्था अथवा प्रतिष्ठान इन बातों से पृथक रह कर निष्क्रिय रहना नहीं चाहता है।

3. लोक सेवा—जन साधारण की भलाई के लिए सरकारी संस्थाओं और गैर-सरकारी संस्थाओं में कुछ ऐसे विज्ञापन दिए जाते हैं जिनका अच्छी सरकार, सामुदायिक विकास, शिक्षा सुधार, वैज्ञानिक सफलताओं स्वास्थ्य, वन्य प्राणी रक्षा अंतर्राष्ट्रीय सद्भाव यातायात, सुरक्षा से लेकर धार्मिक एकता को बनाए रखना होता है। इसके अथवा इनसे बाजारों में उपभोक्ता को उत्पाद वस्तुओं के चयन में

मदद मिलती है। कृषि में किसानों को असली कीटाणु औषाधियों तथा उनके उपयोग करने की जानकारी तथा परिवार नियोजन तथा बच्चों को टीका लगाने की जानकारी आकाशवाणी तथा दूरदर्शन पर प्रसारित किए जाने वाले विज्ञापनों से प्राप्त हो सकती है। समाज कल्याण संबंधी प्रतिष्ठानों के विज्ञापनों का प्रमुख प्रयोजन जनता में विवेकशीलता करना उनके जीवन स्तर को ऊँचा उठाना सांस्कृतिक, बौद्धिक तथा आध्यात्मिक विकास करना आदि रहा है।

अंतोगत्वा यह कहा जा सकता है कि आज विज्ञापन जीवन का आवश्यक अंग बन गया है। उपभोक्ता को शिक्षित उत्पादक का फायदा पहुँचाना, उत्पादक आवश्यक उपभोक्ता के बीच मधुर संबंध स्थापित विक्रेता की सहायता करना और लोक सेवा करना इत्यादि विज्ञापन के मुख्य कार्य हैं। इसके साथ ही आज व्यवसाय क्षितिज को ज्यादा विस्तार करने के साथ-साथ जीवन को ऊँचा करना भी विज्ञापन का कार्य है। इस प्रकार हमारा सम्पूर्ण जीवन विज्ञापनमय हो सकता है।

4. माँग की वृद्धि करना—बाजार या समाज पर व्यावसायिक संस्था या प्रतिष्ठान को अधिकार उपलब्ध करने के लिए माँग की बढ़ोतरी करनी पड़ती है। जिस प्रकार विज्ञापन के माध्यम से माँग को पैदा करते हैं तथा माँग बनाए रखते है, उसी तरह विज्ञापन के माध्यम से माँग की बढ़ोतरी भी कर सकते हैं। टाटा जैसी उत्पादक कंपनियाँ विज्ञापन हेतु जनसंचार के बीच एक प्रकार से सीधा संपर्क बनाए रखती हैं। जहाँ सेल्समैन के माध्यम से यह कार्य संभव नहीं वहाँ विज्ञापन के माध्यम से यह संभव हो जाता है।

5

हिन्दी पत्रकारिता : पत्रकार, संपादक एवं संवाददाता

पत्रकार

पाडेण्य बेचन शर्मा—"मेरी राय में पत्रकार बनने के पहले आदमी को समझ लेना बहुत ही आवश्यक है कि यह मार्ग त्याग का है, जोड़ का नहीं। जिस भाई अथवा बपन को भोग-विलास की लालसा हो, वह तथा धन्धा करें, रहम करें इस राम रोजगार पर।

मेरा आदर्श पत्रकार ईमानदार पादरी, परमहंस-सा, पीर नजर आता है। व्यक्तिगत सुख-दुःख के बहुत ऊपर, किसी भी भीड़ में जिसे आसानी से पहचाना जा सके।"

एडविन ए. लाहये—"मुझे इस बात पर गर्व है कि मैं एक सामाचारदाता हूँ। मुझे अपने कार्य में पूरा सन्तोष मिलता है। मैं किसी देश का राष्ट्रपति बनना पसन्द नहीं करूँगा, अपितु राष्ट्रपति के क्रिया-कलापों के समाचार इकट्ठा करूँगा। मैं धन का कोश नहीं, शब्द का कोश तलाशने में विश्वास रखता हूँ।"

जान यूमर– "एक अच्छा सम्पादक हमेश अपनी जेब में त्यागपत्र रखे रहता है।"

नित्य नूतन समाचारों का प्रेषक, उनका समीक्षक व सम्पादक ही पत्रकार है। कुछ लेगों ने साचारपत्र एवं पत्रिकाओं को बनाने में सहयोगी व्यक्ति को पत्रकार कहा है। सवाल यह होता है कि क्या कागज- निर्माता, टाइप फाउण्ड्री का कर्मचारी, मुद्र-योजन (कम्पोज) करने वाला व छापने वाला भी पत्रकार कहा जाएगा। जिस प्रकार बाइन्डर को पुस्तककार कहलना समीचीन नहीं है, पुस्तककार तो पुस्तक का लेखक होता है ठीक इसी तरह पत्रकार पत्रों के सम्वाद, अग्रलेख, विशेष लेख, स्तम्भ, विज्ञापन आदि से सम्बद्ध व्यक्ति होता है। समाचारों के लेखन, संकलन, सम्पादन तथा पत्र-पत्रिकाओं की अनरू सामग्रियों को प्रकाशनार्थ तैयार करने वाला ही पत्रकार है।

पत्रकार, विचार, भावना विश्लेषण-क्षमतायुक्त वह बुद्धिजीवी है जो लोकमानस में डूबता है, घटनाओं से उन्मथित होता है व अपनी विवेचना-शक्ति के जोर पर जन-मानस को सशक्त वाणी देता है। इसीलिए उसे नरेश, शिक्षकों का शिक्षक, लोकनायक, लोकगुरू नेताओं का नेता, तथा मर्करी के नाम से बुलाया जाता है।

साधारणतयाः समाचारों के संकलन, लेखन और उन पर विचारों को प्रकाशित करने वाला पत्रकार कहा जाता है। विकेम स्टीम के मतानुसार "आदर्श पत्रकार वह है जो प्राचीन ज्ञान, आधुनिक दर्शनों, वैज्ञानिकों के मतानुसार इंजीनियारों की जानकारी का ज्ञान अपने समय के तौर अपहले के इतिहास व आर्थिक, सामाजिक, एवं राजनीतिक जीवन के मुख्य तथयों भली भांति बोधगम्य करके इन सबको हृदय में सजा कर रखने में समर्थ हो तथा अपने इस ज्ञज्ञन में ज्यादा से ज्यादा जितना उसके लाखों पाठक तत्परता से पचा सकें उतना उन्हें देता रहे।" आशय यही है कि अकीकत में पत्रकार वह है जो समय तथा समाज का कुशल पारखी हो व जिसमें दायित्व-बोध हो। ऑक्सफोर्ड डिक्शनरी में पत्रकार को व रूप में परिभाषित किया गया है–"किसी पत्र का सम्पादन करके या उसके लिए कुछ लिखकर जो अपनी जीविका चलाता है उसे पत्रकार कहते हैं।"

टी. एच. स्कॉट के अनुसार–"पत्रकार वह व्यक्ति है जो थोड़े-थोड़े समय के अन्तर पर प्रकाशित अपनी रचनाओं से जनमत को एक नियत दिशा में प्रभावित करना चाहता है।"

ब्रिटन में पत्रकारिता के आरभिक काल में 'गुप्तचरों' को संवाददाता, 'रजिस्टर-निरीक्षकों' को सम्पादक और 'क्लर्कों को उपसम्पादक कहा गया है। इसी

तरह क़हा जा सकता है कि पत्रकार समाचार पत्र-कार्यालय के सम्पादकीय विभाग क्लर्क, पेशकार, मुहर्रिर होता है। लॉर्ड नॉर्थक्लिफ के अनुरूप "संवाददाता अखबार लिखता है तथा उपसम्पादक उसे बनाता है।" लिखने वाला वह नकलनवीस नहीं होता है, खोदता है, समाचार को सूँघता है, दुबारा गढ़कर लिखता है। इस तरह संवाददाता कभी 'एल - सीसीयन डाग' बनता है तो कभी शोधकर्ता, तो कभी गुप्तचर तथा कभी कल्पनाशील प्राणी होकर सुलेखक का काम करता है। इन प्रक्रियाओं को पूरा करने वाला व्यक्ति निःसन्देह सर्जनात्मक और मौलिक प्रतिभा का धनी होता है। सम्पादक तो परिष्कारक तथा सज्जाकरक होता है। वह समाचार-रूपी कच्चे माल को पकाता है, संवारता है, बनाता है और ललित शैली में पाठकों के सम्मुख प्रस्तुत करता है। पत्रकार अध्ययनशील बहुश्रुत बुद्धिजीवी है जो समाज का कुशल चितेरा होता है। विभिन्न समस्याओं पर चिन्तन करता है उसे प्रभावकारी तरीके से लिपिबद्ध करता है। संवादाता, विशेश संवाददाता, सहायक सम्पादक, अग्रलेखों के लेखक, स्तम्भ-लेखक ये सभी पत्रकार कहलाते हैं जो विश्व में अपनी आँखों को खुला सदैव रखते हैं, जिनके कान कभी बन्द नहीं होते, जो समय पर तथा वे सभी परिवतैन को प्रतिबिम्बित करने में चतुर हों। पत्रकारों की विशेषताओं का उल्लेख करते हुए पं. कमलापति त्रिपाठी के लेखानुसार—

"सार तथा तत्त्व की बातों को क्षणमाज में पकड़ लेना, मानसिक सतर्कता, समयानुसार अपने को तदनुकूल बना लेने की क्षमता, सूक्ष्म विवेचनात्मक बुद्धि तथा दृष्टि, संवाद को सूँघकर तलाशने की योग्यता आदि ऐसी बातें हैं जो उसकी सफलता हेतु बहुत ही आवश्यक हैं। फिर सहनशीलता तथा साहस, सतर्कता तथा मौलिकता, कल्पना तथा पारदर्शी निर्लिप्तता तथा दृष्टि तथा निर्भीकता सबसे बढ़कर जगत् तथा जीवन के प्रति ह्दय में संवेदना व उदार भावना उसके आवश्यक गुण हैं जिनका विकास किये बिना पत्रकारी में आगे बढ़ना तथा सफलता हासिल सम्भव नहीं है।"

उपर्युक्त गुणों से विभूषित होकर ही पत्रकार, टीकाकार, शिकायखोर, सलाहकार, बादशाहों के प्रतिनिधि एवं राष्ट्र के शिक्षक हो सकते हैं। लोकमान्य लिक के अनुरूप "पत्रकार को लेखनी के लगातार चलते रहने की यही उपयोगिता है जो रात में सड़कों पर प्रकाश की तथा सिपाही के माध्यम से रात की पहरेदारी की होती है। "

पत्रकार के दस धर्म

1. शत्रु तथा मित्र दानों बनाइये। मित्र ऐसे हों जो आपसे आदर प्राप्त करें तथा शत्रु ऐसे हों जिनसे आप नफरत न कर सकें।
2. आर्थिक तथा साहित्यिक क्षेत्रों में आक्रमण का सामना आक्रमण से करिये। शान्ति से रहना हो तो अपनी रक्षा करने हेतु हमेशा तैयार रहिये।
3. तलवार व पैसा ये दोनों कलम के शत्रु हैं। जरूरत पड़े तो सम्मान की रक्षा के लिए जीवन तथा धन की भी बलि दीजिये।
4. दृढ़ रहिए पर हठी नहीं। परिवर्तनीय बनिए पर कमजोर नहीं। उदार बनिये पर हाथ बिल्कुल ढीला मत छोड़िये।
5. स्पष्टवादी, सगर्व, सचेष्ट तथा स्फूर्तिमान रहिए, तभी आपका आदर होगा। कमजोरी परलोक हेतु अच्छी है, नहीं तो नपुंसकता है।
6. जो कुछ छपा हो, सबकी जिम्मेदारी लीजिए। बेकार का दोषारोपण पाप है। प्रतिष्ठा को क्षति करने वाली चीज न छापिए। घूस लेना पाप है। साथी पत्रकार की जगह लेने की इच्छा रखना, कम वेतन पर काम स्वीकार कर साथी पत्रकार को निकलवाना भी पाप हे। रहस्य जतन से रखिए। पत्र-स्वांतय या पत्र की शक्ति का व्यक्तिगत प्रयोग कभी न कीजिए।
7. अपने पत्र के यश पर गर्व कीजिए। जोश के साथ अपना उतसाह दिखलाइये, पर बेकार का घमण्ड मत कीजिए।
8. पत्रकारिता में जड़ता मृत्युवान तथा एक ही एक रट मृत्यु है।
9. मौका न खोइये, बहुज्ञानी बनिये। नवीनता प्रदर्शन से मत चूकिये।
10. व्यक्ति से बड़ा समाज है। सरकार से बड़ा देश है। मनुष्य मरणशील है, संस्था व सिद्धान्त अमर हैं।

नेशल एण्ड पैन—अमेकिरन प्रेस कांग्रेस, मेक्सिको, 1942 के माध्यम से प्रसारित उपर्युक्त तथ्य पत्रकार के गुणों पर रोशनी डालता है। साथ ही उनके वाञ्छित तथा अवाञ्छित कर्त्तव्यों को भी सूचित करता है। पत्रकार के दायित्व-बोध को विभिन्न उपमाओं के माध्यम से श्री प्रकाशचन्द्र भुवालपुरी ने स्पष्ट किया है—

"वह साहित्यकार की प्रकार मधुव्रती बनकर जीवन के बिखरे सच का मात्र संचयन ही नहीं करता, अपितु उसे देवर्षि नारद-सा अध्यवसायी, अभिमन्यु-सा निर्भीक, परशुराम-सा साहसी, सुदाम-मा संतोषी, दधीचि-सा धर्मराज त्यागी-सा सत्यव्रती, भीष्म सा अडिग, गणेश-सा प्रतिभासम्पन्न, कृष्ण सा ज्ञानी एवं कर्मयोगी, राम सा मर्यादावादी, कृष्ण द्वैपायन-सा प्रगतिशील तथा भगवान शिव सा लोक

मंगल हेतु विषपायी होना पड़ता है। ये समस्त गुण किसी एक में समवेत होकर उसे सम्मानित पत्रकारबनाते हैं तथा ऐसा पत्रकार ही अपनी पत्रकारिता को, अपने दायित्व-बोध को, सामने ले आकर सामाजिक सम्मान तथा समादर का सच्चा अधिकारी बनाता है।"

सम्पादक

सम्पादक वह सचेत संस्था है जो पत्र के विभिन्न क्षेत्रों के संचालन, नियमन, प्रोत्साहन, नयन और सृजन हेतु सचेष्ट रहता है। संस्था के अवयव रिपोर्टर, संवादाताता, समालोचक, भेंटकर्ता, उपसम्पादक, प्रसार व्यवस्थापक एवं विज्ञापन प्रबन्धक के बीच समन्वयवादी शक्ति सम्पादक ही है जो पत्ररूपी शरीर के अंग-प्रत्यंग में गतिशीलता का संवाहक होता है। पत्र की नीति के निर्धारण व परिपालन के माध्यम से सम्पदक जन-चेतना, जन-आकांक्षा औन जनहित का संरक्षक होता है।

सन् 1867 ई. के प्रेस एण्ड रजिस्ट्रेशन ऑफ बक्स एक्ट के आधार पर समाचार पत्र में जो कफद छपता है उसका निश्च करने वाला व्यक्ति सम्पादक कहलाता है। सम्पादन शब्द 'पद' धातु से उद्भूत है जिसका अर्थ 'किसी विषय में सम्यक् गति होना' है। किसी अनुष्ठान को योग्यतापूर्व पूरा करने वाली क्रिया को सम्पादन कहा जाता है। प्रस्तुत अंश का क्रम बैठाकर शुद्धि के साथ प्रकाशनयोग्य बनाने वाला व्यक्ति सम्पादक कहलाता है। इसका आशय यह कि पत्र का सम्पादन सञ्चालन करने वाला विशिष्ट गुणों से युक्त बुद्धिजीवी ही सम्पादक है जो पत्र की आत्मा होता है। होशियार सम्पादक सामाजिक चेतना की ज्योति-लहर फैलाने वाला होता है। वह वैचारिक तरंगों के मध्य समाजरूपी नौका को खेने वाला कुशल और विवेकी नाविक होता है।

कानून की नजर सम्पादक वही है जिसका नाम पत्र छपता है लेकिन हकीकत में अच्छा सम्पादक आस-पास की परिस्थितियों का बोध कराता है और जन-सामान्य की अनुभूतियों एवं विचारों का वाणी देता है जैसा कि एच. वाइ. शारदा प्रसाद ने लिखा है। सारांश यही कि सम्पादक पाठकों का साथी, उपदेशक व पथ-प्रदर्शक होता है।

सत्यनिष्ठा, यथार्थता, प्रेस की स्वतंत्रता, सम्यक् व्यवहार, नेतृत्व व उत्तरदायित्व इन छः नीति-निर्देशक का सिद्धान्तों के पालन के माध्यम से आदर्श सम्पादक कार्लाइल के शब्दों नुसार में 'सच्चे सम्राट तथा धर्मोपदेशक' की भूमिका निभा

सकता है। इसी सन्दर्भ में महर्षि व्यास को प्रथम सत्पादक माना गया है। पण्डित माखनलाल चतुर्वेदी ने समादक के.कार्य को 'अचाचित' या स्वयं स्वीकृत सेवा' की संज्ञा दी है क्योंकि वह अपने नीर-क्षीर विवेक, सच्चरित्रता, सहानुभूति, न्यायप्रियता और दायित्व-बोध के सम्बल पर कर्त्तव्य की बलि चढ़ जाता है। प्रलोभन, भय, दबाव से स्वंतत्र सम्पादक सशस्वी होता है।

मुख्य उपसम्पादक

अपनी पाली का प्रधान मुख उपसम्पादक होता है। उसके कार्यों का वर्गीकरण श्री प्रेमनाथ चतुर्वेदी ने निम्नांकित तरीके से किया है–

1. रचनात्मक कार्य–
- (क) समाचार-शोधन और उसके प्रस्तुतीकरण के स्वरूप का निर्णय।
- (ख) समाचारों का संगठन।
- (ग) शीर्षकों का रचना।

2. व्यवस्था सम्बन्धी कार्य–
- (क) निश्चित स्थान की पूर्ति हेतु समाचार की काया का निर्णय।
- (ख) कम्पोजिटर व मुद्रक की कार्यक्षमता पर ध्यान।

3. निरीक्षण सम्बन्धी कार्य–
- (क) तथ्य एवं भाषा सम्बन्धी भ्रान्ति न रह जाय।
- (ख) कानूनी उलझन न विद्यमान हो।
- (ग) समाचार की स्पष्टता व सार्थकता पर सतत दृष्टि।

मुख्य उपसम्पादकों को सदैव निम्नांकित बिन्दुओं पर ध्यान केन्द्रित करना पड़ता है।

1. तालमेलहीनता
2. छद्म विज्ञापन
3. धोखाधड़ी
4. बासी समाचार
5. प्रतिद्वंद्विता
6. विचारों का दबाव

7. पुनरावृत्ति
8. आवश्यक बातों की छूट

यह उचित ही कहा गया है कि "समाचार-पत्र रथ है तो समाचार उसे उड़ा ले जाने वाले अंधे घोड़े व पत्रकार विवेक का धनी चतुर सारथी। यह सारथी समाचार-रूपी घोड़ों को अनुशासन में रखकर पत्र-रथ को गंतव्य की ओर ले जाता है।" वस्तुतः मुख्य उपसम्पादक भगवान् श्री कृष्ण सदृश कुशल सारथी होता है।

उपसम्पादक

'उप' समीपता, लघुता व गौणता का प्रतीक है। उपसम्पादक में तीनों भावों का ज्ञान होता है। यह सम्पादक के नजदीक रहकर उसके निर्देशानुसार कार्य करता है, लघुता इसमें होती ही है व सम्पादक तुलनात्मक रूप में कम महत्त्वपूर्ण तो होता ही है।

सम्पादक पत्र की नीति का निर्धारण करता है तो उपसम्पादक निर्धारित नीति के पत्र का सम्पादन, प्रकाशन करने वाला व्यक्ति है। एक का कार्य व्यवस्था देना है तो दूसरे का कार्य उसका अनुपालन करना है। एक शास्त्र है तो दूसरा शास्त्रों का अनुयायी। सम्पादकीय स्तम्भों का जिम्मेदारी सम्पादक पर है तो समाचारपत्र के बाकी भाग की जिम्मेदारी उपसम्पादक को सहन करनी होती है।

उपसम्पादक को विश्वकर्मा, वास्तुकार तथा शिल्पकार भी कहा जाता हैं जो समाचारपत्र का श्रृंगार करता है। वह ऐसा माली है जो कार्यलय में पड़े सवादों के जंगल को मनोरम पुष्प उद्यान का रूप देता है। सरल शब्दोंनुसार, उपसम्पादक वह व्यक्ति है, जो समाचारों के समस्त विवरणों को प्राप्त करता है, प्रकाश्य समाचार का चुनाव करता है, विशद करता है, सारांश लिखता है, अनुवाद करता है, सम्पादन करता अै तथा उनके शीर्षक देता हे। वह सब या इनमें से कुछ कार्य कर सकता है। उपसम्पादक को स्टेनले वाकर ने 'अनसंग हीरो' कहा है व निम्नलिखित शब्दों में उन्होंने उसके दायित्व का ज्ञान कराया है–

स्पष्टता पत्रकारिता - जगत् की नींव का पत्थर उपसम्पादक को कहा जाता है, जो सम्पादन, शीर्षक-संरचना, संशोधन व संवाद-संकलन के साथ सम्बद्ध व्यक्तियों के मध्य समन्वय स्थापित करता है।

उपसम्पादक के कार्य

समाचारों का चयन, संस्कार-निर्माण, संशोधन, शीर्षकों का लेखन, शीर्षकों हेतु टाइप का चुनाव, मुख पृष्ठ के लिए महत्वपूर्ण संवादों का निर्णय जरूरी, व

चित्रों से पत्रों को आकर्षक बनाने का कार्य उपसम्पादक का है। संवाददाता, स्तम्भलेखक, कम्पोजीटर व व्यवस्थापकों के मध्य की कड़ी उपसम्पादक ही होता है जिसमें दायित्वबोध, पारदर्शी, आदर्शवादिता, बुद्धि व लेखन में प्रवीणता का होना आवश्यक है।

उपसम्पादकों को चार नेत्रों वाला होना चाहिए–

प्रथम नेत्र आवश्यक समय-सीमा पर हो,

द्वितीय नेत्र समाचार की सत्यता को परखे,

तृतीय नेत्र भ्रमात्मक, मानहानिकारक, आपत्तिजनक, धोखाधड़ी को जल्दी पहचाने, रोके,

चतुर्थ नेत्र समाचार की सर्वांगपूर्णता और सामयिकता पर हो।

इसी तरह उपसम्पादक को चार हाथों वाला होना चाहिए–

पहला हाथ समाचारों का चुनाव करे,

दूसरा हाथ समाचारों को दबाए,

तीसरा हाथ समाचारों को उभारे व प्रधानता दे,

चौथ हाथ समाचारों को तोड़े-मरोड़े।

उपसम्पादक की प्रथम अनुभव है–"परिशुद्धता, परिशुद्धता तथा दुबारा परिशुद्धता, समाचार तथा समचार के महता का अच्छा ज्ञान, समाचार की मद का प्रमुख तथ्य धारण करने की योग्यता तथा सर्वोपरि है प्राञ्चलता।" श्रम की स्थिति में उपसम्पादक 'कथित' शब्द का प्रयोग कर लेता है। तीखे विचार, शक्तिसम्पन्न उपसम्पादक के औजार पेंसिल, गोंद तथा कैची हैं। इस शस्त्रों से सुसज्ज उपसम्पादक जब दूसरे दिन पत्र-कार्यालय में आता है तो गुलतियों, लुप्तियों, अशुद्ध भाषा, अपमानजनक कथन एवं गलत नामों के मुद्रण हेतु ठहराया जाता है। संवाददाताओं के आरोप भी उसी को सुनने पड़ते हैं। सत्ता प्रतिष्ठान की नाराजगी, विज्ञापनदाताओं के नाराज की आशंका से वह नियत होकर नहीं लिख पाता।

सम्पादक-मण्डल

संयुक्त-सम्पादक, सहायक, समाचार-सम्पादक, सहायक-समाचार सम्पादक, मुख्य उप-सम्पादक व सहायक मुख उप-सम्पादक ये सभी पद सर्वांगपूणे बड़े समचार-पत्रों के कार्यालयों में सृजित होते हैं।

संयुक्त-सम्पादक–सम्पादक को उसके कार्यों में सहायता करता है।

सहायक-सम्पादक—पत्र के विचारों तथा विभिन्न प्रतिक्रियाओं के सन्दर्भ में यह सम्पादक के कार्यों में मददगार होता है। अग्रलेख और समीक्षा भी प्रस्तुत करता है।

समाचार-सम्पादक—जो समाचार विभाग के कार्यों का निरीक्षण करता है, और समन्वय स्थापित करता है साथ ही समचारपत्र के समस्त संस्करणों में छपे समाचारों हेतु जिम्मेदार होता है, वही समाचार-सम्पादक कहा जाता है।

सहायक-समाचार-सम्पादक—समाचार-सम्पादक के कार्यों में सहायता करने वाला व्यक्ति होता है।

मुख्य उप-सम्पादक—जो समचार मेज पर किसी एक पाली का कार्य सम्भलता है, तथा उप-सम्पादकों के मध्य कार्य का विभाजन और उसका निरीक्षण करता है, वह मुख्य उपसम्पादक होता है।

सहायक मुख्य उप-सम्पादक—कहीं-कहीं इसे 'प्रवर उप-सम्पादक' का पर्याय माना जाता है। मुख्य उप-सम्पादक के कार्यों में मददगार होना तथा उसकी अनुपस्थिति में पूरा कार्य सम्पन्न करना सहायक मुख्य उप-सम्पादक का कार्य होता है।

सम्पादकों के आदर्श

श्री अनन्त गोपाल शेवड़े ने अपनी पुस्तक 'समाचर-पत्र': व्यवस्थापन' में सम्पादकीय नीतियों का उल्लेख किया है जो सम्पादकों हेतु अपरिहार्य है—

1. त्रस्त तथा दुःखी तथा पीड़ित लोगों की बात सुनने हेतु सदैव तत्पर रहो।
2. भारत के संविधान की, कायदे-कानूनों की प्रतिष्ठा का सतत जतन करो। उसी तरह राज्यों व स्थानीय नगरपालिका जैसी संस्थाओं के विविध-नियमों का आदर करो। कायदे का शासन (Rule of law) प्रजातन्त्र की आवश्यक शर्त है।
3. ध्यान रहे कि समचार हमेशा ही यथार्थ, अचूक, अवैयक्तिक व पूर्वाग्रह से स्वंतन्त्र होने चाहिये।
4. अपने समाज या राष्ट्र की समस्याओं की चर्चा करते समय हमेशा विधायक दृष्टि अपनाओ।
5. समाचारपत्र एक महत्त्वपूर्ा तथा प्रभावशाली माध्यम है। इसके संचालन में संयम तथा संतुलन से काम हो।
6. समाचारपत्र का सामाजिक दृष्टिकोण हमेशा व्यापक तथा उदार होना चाहिए, प्रतिपक्षी की ओर भी सहानुभूति तथा समझदारी की भावना हो। यह अथवा रहे कि समग्र मानवता की यह भाषा है।

7. हर नागरिक के मन में सामजिक दायित्व और अपने क्षेत्र का नेतृत्व अथवा दिशा-दर्शन करने की प्रेरणा जागृत हो ऐसा प्रयत्न समाचारपत्र का सहज कर्तव्य है।
8. अपनी निष्ठाओं तथा धारणाओं के लिए संघर्ष की तैयारी तथा साहस रखो। सर्वाजनिक हित हेतु कुछ खोट भी सहनी पड़े या त्याग करना पड़े तो वह पत्रकारिता का भूषण है।
9. असत्य, शोषण, अन्याय, हिंसाचार तथा जुल्म-ज्यादितियों को कभी आश्रय मत दो। अपितु इनके विरूद्ध आवाज उठाना समारपत्र का कर्त्तव्य है। जन कल्याण हेतु कर्त्तव्य-पालन करने से ही समाचारपत्र की प्रतिष्ठा बनती है, उसका चरित्र उभरता है।
10. सर्व साधारण रीति से भद्रता का विशेष ध्यान रखना चाहिऐ। ऐसा समाचारपत्र का उतपादन करो जिसका परिवार में स्वागत हो।
11. समाचारपत्र में आवश्यक एवं महत्त्वपूर्ण समाचार अवश्यक हो। लोकतन्त्र में समाचारों के आधार पर ही जनमत तैयार होता है।
12. प्रामाणिकता व न्याय-निष्ठा समाचारपत्र के भूषण हैं। यह ध्यान रखने योग्य बात है कि किसी भी प्रश्न के दो पहलू हुआ करते हैं। समाचारों के प्रस्तुतीकरण में किसी पर अन्य न हो इसका विशेष ध्यान रखना चाहिऐ।

समपादकों की सफलता की कुंजी

राय हरबर्ट थमसन दुनिया को सबसे बड़ा समाचारपत्रों का बादशाह माना गया है। उनके जीवन की शुरूआत कोयले की दूकान पर बाबू के रूप में हुआ था। फिर क्या का कि वह अमेरिका तथा इंग्लैण्ड के 245 समाचारपत्रों, 172 पत्रिकाओं तथा 19 टीवी निगमों का मालिक बन सका। वह 'संडे टाइम्स' तथा 'टाइम्स' सरीखे पत्रों का भी मालिक था। अपनी सफलता के बारे में वह स्वंय कहा करता था—मैं अपने मुख्य सम्पादकों को सिर्फ दो निर्देश देता हूँ—"सत्य कहो तथा आम जनता का प्रतिनिधित्व करो। वित्तीय व्यवस्था की मेरी जिम्मेदारी है।"

सम्पादन कला के मूल तत्त्व व मन्त्रवत् लेखन के सन्दर्भ में सन् 1920 ई. में प्रकाशित 'श्री शरदा' पत्र की निम्नांकित पत्र भी यादगार हैं—

क्या मैं पत्र-सम्पादक हो सकूँगा?

स्वर्गीय मि. डब्ल्यू. टी. स्टेड का नाम पत्र-सम्पादकों में विशेष उल्लेख है। आप सम्पादन-कला के आचार्य जाने जाते हैं। आपका प्रभाव इतना बढ़ा-चढ़ा था कि बड़े-बड़े राजा भी आपसे सलाह लिया करते थे।

एक समय, लगभग 30 वर्ष पूर्व 'टाइम्स' के वर्तमान प्रधान सम्पादक मि. विकहम स्टेड ने उनसे पूछा कि मैं सम्पादक हो सकूँगा। या नहीं। इसके उत्तर में मि. डब्ल्यू. टी. स्टेड ने जो कुछ कहा वह 'आज' के शब्दों में इस तरह है–

"सम्पादक, मैं क्या जानूँ, आप सम्पादक के योग्य हैं अथवा नहीं? इसे जानने का एक ही उपाय है। यदि आप हकीकत में कुछ कहना चाहते हैं तो उसे लिखिए तथा किसी सम्पादक के पासभेज दीजिए। सम्भवतः वे लौटा देंगे। सिर्फ शब्दांलकार हेतु समय बर्बाद मत कीजिए। जो कहना हो, बिना आडम्बर के उसे कह डालिए। जब लेख खत्म हो जाय तब कल्पना कीजिए कि आपको अपने खर्च से उसे तार के माध्यम से आस्ट्रेलिया भेजना है, एक-एक अनावश्यक शब्द चुनकर निकाल बाहर कीजिए तथा विशेषतः विशेषणों का बहिष्कार कीजिए। इसके पश्चात् अगर कुछ रह जाय तो किसी सम्पादक के पास भेजिए तथा देखिए क्या होता है? यदि असफल हो रहे हो तो बार-बार प्रयत्न कीजिए। जब तक आप कुछ विशेष कहना न चाहते हों तब तक असफलता मिली हुई है। अस तरह प्रयत्न करने के बाद आप जान सकेंगे कि आप सम्पादक होने योग्य हैं अथवा नहीं।"

हमारे देश के होनहार लेखकों को भी इसका चिन्तन करना चाहिए। इससे वर्तमान सम्पादकों कई कष्ट कट लाएँगे। लेखकों को बहुत कम निराश होना पड़ेगा व हिन्दी में भी अच्छे सम्पादक उत्पन्न होंगे।

संवाददाता

समाचारों को सूँघने, गढ़ने, खोदने तथा लिखने वाला सक्षम और उत्साही व्यक्ति संवाददाता कहलाता है। वह समाचार प्रस्तुत करता है जबकि सम्पादक उसको शुद्ध करता है, सजा-सँवारकर पाठकों के सामने उपस्थित करता है। गवेषणात्मक प्रतिभासम्पन्न संवाददाता को लॉर्ड नार्थक्लिफ ने सृजनात्मक तथा मौलिक साहित्यकार कहा है। पूरे पत्र का शिल्पी संवाददाता ही होता है।

संवाददाता समाचारपत्ररूपी शरी का आँख, कान, नाक तथा मुख है। घटनाओं के प्रत्यक्षदर्शी होने के नाते वह आँख है। गली, सड़क, मंच एवं सभागार की विभिन्न गतिविधियों को सुन-सुनकर उसे अपने मस्तिष्क में संजोये रहता है। इसलिये वह पत्र का कान है। घ्राणशक्ति के जोर पर संवाददाता समाचार को सूंघता रहता है। फलतः वह नाक है। सशक्त लेखनी से समाचार को एक विशिष्ट रूप देकर उसे जनता के समक्ष सुनाने का कार्य संवाददाता का है, इस वजह से वह मुख है। इस तरह आंख, कान नाक तथा मुखरूप संवाददाता पत्रकारितारूपी प्राणी का महत्त्वपूर्ण अवयव है।

अपनी घ्राणशक्ति तथा बारीक नजर के बल पर संवाददाता दो तथा दो को चार के स्थान पर पांच बनाने का प्रयास करता है। ऐ. जे. लिब्लिग ने संवाददाताओं को तीन रूपों में देखा हैं–

(क) ऐसे संवाददाता जो वही लिखते हैं जो देखते हैं।

(ख) ऐसे व्याख्यात्मक संवाददाता जो यथातथ्य प्रस्तुत करते हैं तथा उसे व्याख्यातियत करते हैं।

(ग) ऐसे विशेषज्ञ जो अपनी दूरदृष्टि के जोर पर अनेदेखे तथ्य को सुस्पष्ट करते हैं।

संवाददाताओं के विविध रूप

संवाददाताओं की कई श्रेणियां हैं। कार्य के महत्व के अनुरूप इन्हें लाइनर, स्ट्रिंजर फुल फलेल्ड लर्नलिस्ट व स्टाफर्स के रूप में किया गया है जिनका संक्षिप्त विवेचन प्रस्तुत है–

लाइनर (The Liner)–छोटे कस्बे से समाचार भेजने वाला लाइनर है जो प्रकाशित संवादों की पंक्तियों के अनुरूप पारिश्रमिक पाता है। ऐसे व्यक्ति का मुख्य कार्य कुछ पृथक ही होता है, शौक बतौर पर ये कभी-कभी संवाद-प्रेषण कर देते हैं।

स्ट्रिंजर (The Stringer)–लाइनर से थोड़ा अधिक सुविधाप्राप्त संवाददाता स्ट्रिंजर है। यह भी पूर्णकालिक पत्रकार नहीं होता। पत्र के माध्यम से इसे होती है। कुछ लोग इसे 'रिटेनर' भी कहते हैं।

फुल फ्लेज्ड जर्नलिस्ट (Full-Fledged Journalist)– ये महत्त्वपूर्ण जिला मुख्यालयों पर पूर्णकालिक पत्रकार के रूप में रखे जाते हैं जिनको उपसम्पादक की सुविधाएँ प्रदान की जाती है।

स्टाफर्स (Staffers)–प्रान्त की राजधानियों में पूर्णकालिक संवाददाता के पद पर नियुक्त होते हैं, जिन्हें स्टाफर्स कहते हैं। ये पत्र के नियमित कर्मचारी होते हैं जिनका सीधा सम्पर्क पत्र के मुख्य कार्यालाय से होता है।

सवांददाताओं की श्रेणी

संवाददाताओं को निम्नांकित चार श्रेणियसों में वितरित किया गया है–

(क) कार्यालय संवाददाता–पत्र के कार्यालय में रहकर मौजूदा संवादों का संकलन-कर्त्ता कार्यालय संवाददाता कहा जाता है।

(ख) विशेष संवाददाता—संवादों के संकलन के साथ ही उनका विश्लेषण व विवेचन करने वाला विशेष संवाददाता कहा जाता है। विशेष स्थिति में इसकी सेवा ली जाती है।

(ग) मुफस्लिमन संवाददाता—पत्र-कार्यालय से दूर अवस्थित छोटे-छोटे स्थनों से संवाद भेजने वाले को मुफस्लिल संवाददाता के रूप में जाना जाता है।

(घ) विदेश संवाददाता—दूसरे देशों से समाचार भेजने वाला विदेश संवाददाता होता है।

दूसरे वेतन आयोग ने संवाददाता की चार श्रेणियाँ बनायी हैं—

(1) विशेष संवाददाता—समारपत्र के सहायक सम्पादक, सम्पादकीय लेखक व समाचार-सम्पादक के सामने महत्त्वपूर्ण व्यक्ति विशेष संवाददाता होता है।

(2) मुख्य कार्यालय संवाददाता—इन्हें चीफ रिर्पोटर भी कहते हैं जो विशेष संवाददाताओं से दूसरी श्रेणी में आते हैं।

(३) उपमुख्य कार्यालय संवाददाता—ये संवाददाताओं के तीसरे वर्ग में सम्मिलित होते हैं।

(4) कार्यालय संवाददाता—संवाददाताओं के चौथे वर्ग में कार्यालय संवाददाता आते हैं। इन्हें संवाददाता भी कह सकते हैं।

डॉ. श्यामसिंह 'शशि' के अनुरूप संवाद-समितियों में संवाददाताओं के तीन वर्ग होते हैं—

प्रथम वर्ग—मुख्य कार्यालय, विशेष संवाददाता संवाददाता व विदेशी संवाददाता।

द्वितीय वर्ग— वरिष्ठ संवाददाता व प्रधान संवाददाता।

तृतीय वर्ग—संवाददाता व कार्यालय संवाददाता।

संवाददाताओं के गुण

संवाददाताओं में योग्यताएँ हैं—

(क) बारीक नजर और विशद श्रवण-शक्ति।

(ख) मुद्रलेखन, आशुलेखन, टंकण और कम्पयूटर का ज्ञान।

(ग) सत्यनिष्ठा तथा निर्भीकता।

(घ) मातृभाषा के अतिरिक्त एक विदेशी भाषा पर अधिकार।

(ङ) जटिल घटनाओं, विभिन्न समस्याओं को समझने की शक्ति।

(च) समाचार सूंघने अथवा 'Nose For News' की क्षमता।

(छ) अनन्त जिज्ञासा-वृत्ति व अटल उत्सुकता।

संवाददाता के कार्य—पत्रकार मोरिस फेगेस के अनुरूप समाचारों के तीव्र ही संकलन, उनकी सुस्पष्ट व्याख्या व शुद्धता के साथ पाठकों हेतु उसे बनाने का कार्य संवाददाता का है। गुप्तचर, मनोवैज्ञानिक और वकील के गुणों से सम्पन्न होकर वह अपनी प्रतिभा के जोर पर समाज-सेवा करता हैं। यह कार्य आसान नहीं है। संवाददाता गुप्तचर बनकर समाचार सूँघता है, उसे नाटकीय रूप ग्रहण करना पड़ता है। उसमें मनौवैज्ञानिक के गुण भी होते हैं। मनुष्यों से मिलकर, उनके पूर्ण निर्णय निकाल लेता है। वह वकील की प्रकार प्राप्त तथ्यों, उदारणों से तर्क-पूर्ण निर्णय निकाल लेता है। संवाददाता को आरंभ में ही समझ लेना चाहिए कि उसका कच्चा माल 'समाचार' की महता को उसे सम्यक् रूप से जानना होगा। उसकी थोड़ी अनवधानतावश एक 'अफवाह' 'दंगे' का विस्फोटक रूप पकड़ सकता है, अव्यवस्था तथा अनिश्चिता का माहौल छा जाता है। अकुशल संवाददाताओं के हाथों पड़कर समयपार कभी डायनामाइट से भी अधिक खतरनाक बन सकता है। इसी एक प्रबुद्ध सम्पादक ने कहा है कि—

संवाददाता हेतु निम्नलिखित पंक्तियां सारगर्भित हैं—

एक पक्ष की बातों को जानकर संवाददाता सदैव अंधेरे में रहता है, उसे गलतियों का शिकार होना पड़ता है लेकिन पक्ष-विपक्ष दोनों की बातें सुनकर वह स्पष्ट धारणा बना लेता है।

डॉ. सॅपूर्णानन्द ने संवाददाताओं को नारद की संज्ञा देकर उनकी प्रत्युत्पन्नमति व क्षिप्रकारिता का प्रमाण प्रस्तुत किया। साथ ही, समाचारों के संकलन तथा विवरण की निपुणता के पीछे समाज-कल्याण की रचनात्मक भूमिका को स्पष्ट किया। कभी-कभी आदिदेव को संवाददाताओं का पूर्वज बताया जाता है। हकीकत में इनमें गणेश के समान ही तीव्रता से तथ्यबोध की क्षमता होती है जरे मुदमंगल है। संवाददाता तो वह अप्रिम हंस जो घटनाओं के मांनसरोवर में गोता लगाता है तथा नीर-क्षीर विवेकी बनकर शब्दों के मोती से समाचारों की तैयार करता है। चुनाव तथा अपहरण की विशिष्टता के कारण महात्मा मंशीराम शर्मा संवाददाताओं को 'वार्ताहर' कहते थे।

विशेष संवाददाता

सामान्य संवाददाताओं से श्रेष्ठ, क्षेत्र-विशेष में निपुण बुद्धिजीवी को विशेष संवाददाता कहा जाता है। डॉ. कृष्णलाल श्रीधरानी के अनुरूप "वह एक संकेतक

भी होता है तथा सतर्क करने वाला भी होता है। वह समाचार-एजेन्सियों की प्रकार ही घटनाओं का पूर्वेक्षण भी कर सकता है।" अब पत्रकारिता का विशेषनीकरण हो रहा है। खेल-कूद, व्यापार, विदेश, श्रम स्वास्थ्य मनोरंजन महिला जगत् सांस्कृतिक गतिविधि, राजनीतिक अर्थ तथा विधि आदि क्षेत्रों के विशेषज्ञ वर्तमान में पत्रकारिता को विशिष्ट रूप से गौरवान्वित कर रहे हैं। विशेष ज्ञान के चलते ही ज्यादातर सम्पादक विशेष संवाददाता से किसी विषय की पृष्ठभूमि तथा प्रलेख तैयार करने का अनुरोध करता है जिससे उत्तम सम्पादकीय लेख तैयार हो सके।

विशेष संवाददाता सम्पादक के कान तथा परामर्शदाता होते हैं। स्तम्भ लेखक सदृश वह अपने व्यक्तित्व से समाचार को प्रभावित करता है लेकिन पत्र की नीति के अनुरूप ही उसे कार्य करना पड़ता है। वह स्तम्भ लेखक की प्रकार स्वतन्त्र नहीं होता। वह क्षेत्र-विशेष के संवादों की गवेषणा करता है, निष्पक्षता व विश्वसनीयता के साथ समान तैयार कर उसे सम्पादक के पास पहुंचा देता है। देखा जाय तो स्पष्ट होगा कि पत्रकारिता में सर्वोत्तम तथा सबसे ज्यादा रूचिकर कार्य विशेष संवाददाता ही का है, जो तुलनात्मक रूपी में ज्यादा पारिश्रमिक पाता है, नियन्त्रण-विहीन रहता है यह अपने उत्तरदायित्व-बोध से पत्र के यश हेतु सदैव सचेष्ट रहता है।

6

संवाददाता का कर्त्तव्य

समाचारों को जुटाने वाला व्यक्ति रिपोर्टर अथवा संवाददाता कहलाता है। यह पृथ्वी के सभी भागों में नियुक्त रहते हैं। जिस देश में समाचार-एजेंसी है वहाँ के प्रमुख शहरों में और विदेशों की राजधानियों और कुछ प्रसिद्ध नगरों में ये रिपोर्टर तथा संवाददाता फैले रहते हैं जो अपनी एजेंसी कार्यालय को आवश्यक समाचार भेजा करते हैं। उन एजेंसियों के कार्यालय इन्हीं समाचारों को अपने ग्राहक-पत्रों को दूसरी कम्पनियों को बेच देते हैं तथा इसके लिए अपना नियत और निर्धारित मूल्य प्राप्त करते रहते हैं। जिस प्रकार समाचार, एजेंसियों के रिपोर्टर तथा संवाददाता होते हैं उसी प्रकार पत्र भी अपने रिपोर्टर तथा संवाददाता नियुक्त करते हैं जो अपने कार्यालय को समाचार भेजा करते हैं। पत्रकारिता के क्षेत्र में समाचार संकलन करने वालों का वर्ग कदाचित् सबसे बड़ा तथा प्रभावशाली वर्ग हैं। ये समाचार-संग्रह करनेवाले साधारण रूप से रिपोर्टर अथवा संवाददाता कहे जाते हैं लेकिन में इनमें कई श्रेणियाँ होती हैं जिनके कार्य में भी थोड़ा-काफी भेद होता है।

समाचारों का संग्रह करने हेतु पत्र जहाँ से प्रकाशित होता है वहीं से उपयुक्त रिपोर्टर की नियुक्ति आरंभ हो जाती है तथा फिर अपनी शक्ति और सक्षमता के

अनुरूप पत्र इनकी संख्या अपरिमित रूप से बढ़ा सकते हैं। उनमें अगर शक्ति हो तो वे चाहे तो संसार के किसी कोने को छोड़ भी नहीं सकते जहाँ उनके संवाददाता न हों। इतना ही नहीं बल्कि उनमें अगर क्षमता हो तो सारे संसार के सामाजिक जीवन के अंग-प्रत्यंग का समाचार और विवरण भेजने हेतु अपने प्रतिनिधि नियुक्त कर सकते हैं। इस प्रकार इन संवाद संकलन करनेवालों की संख्या अपरिमित हो सकती है। जहाँ से पत्र निकलते हैं वहाँ स्थानीय रिपोर्टर होते हैं। इनकी भी दो श्रेणियाँ होती हैं—एक तो वे जो छोटी-बड़ी घटनाओं का पता लगाकर उनका समाचार लाते हैं तथा दूसरे वे जो किसी विशेष महत्त्वपूर्ण मामले की छानबीन करने के कार्य पर नियुक्त किए जाते हैं। पत्रकारों की भाषा में एक को रिपोर्टर और दूसरे को संवाददाता कहते हैं। रिपोर्टर का क्षेत्र विशद है। उसका काम उस नगर अथवा स्थान के जहाँ उसकी नियुक्ति हुई है उन सम्पूर्ण समाचारों को खोज लाना है जो समाचार कहलाने योग्य हैं। कहीं चोरी हुई हो, आग लगी हो, हड़ताल हुई अथवा बाजारों में गड़बड़ी हुई हो, हत्या हो गई हो, अदालत में कोई मामला चल रहा हो, सभा सोसाइटी, व्याख्यान, भोज, नृत्य, चायपार्टी इत्यादि किसी भी क्षेत्र के किसी भी समाचार को जिसे वह समाचार की नजर से महत्त्वपूर्ण समझता है तथा जिसका प्रकाशन उसे आवश्यक लगता है वह खोज ला सकता है।

संवाददाता भी साधारणतया यही कार्य करते हैं पर कभी-कभी ऐसे संवाददाता भी होते हैं जो विशेष कार्यों पर नियुक्त किए जाते हैं। दिल्ली में केन्द्रीय सरकार और व्यवस्थापक सभा की रिपोर्ट हेतु कांग्रेस अधिवेशन अथवा हिन्दी साहित्य-सम्मेलन अथवा ऐसे ही किसी विशेष समारोह का विवरण जानने हेतु किसी अकाल-पीड़ित अथवा बाढ़ क्षतिग्रस्त स्थान की अवस्था देखने के लिए, किसी महान् आन्दोलन का विशेष रूप से समीक्षात्मक अध्ययन करने हेतु समय-समय पर संवाददाताओं की नियुक्ति होती है जो विशेष संवाददाता कहे जाते हैं। रिपोर्टर तथा संवाददाता के काम अक्सर समान ही होते ही हैं पर विशेष संवाददाता तथा रिपोर्टर के कार्य में थोड़ा भेद स्पष्ट दिखाई देता है। रिपोर्टर ज्यादातर सभी मनोरंजक घटनाओं और समाचारों का संकलन करने हेतु होते हैं तथा उनका क्षेत्र व्यापक होता है पर विशेष संवाददाता एक प्रकार के खासज्ञ से होते हैं जो शेष बातों की जानकारी तथा समीक्षा हेतु नियुक्त किए जाते हैं। यही वजह है कि रिपोर्टर अथवा साधारण संवाददाताओं हेतु यह अच्छा नहीं समझा जाता कि वे जिन घटनाओं का विवरण भेजें उनका अपना मत भी प्रकट करें या फैसला दिया करें। माना यह जाता है कि रिपोर्टर अपनी रिपोर्ट में किसी घटना के सम्बन्ध में मत प्रकट करने का काम

सम्पादकीय विभाग पर छोड़ देगा। किन्तु जहाँ रिपोर्टर को ऐसा करने का अधिकार नहीं होता वहाँ विशेष संवाददाता को यह अधिकार प्राप्त होता है कि वह घटनाओं के मध्य प्रवेश करे तथा उनका विवरण देते हुए आवश्यक हो तो अपनी बुद्धि की झलक दे।

खास संवाददाताओं की नियुक्ति करते समय उनके विशेष अनुभव और रुचि की ओर भी ध्यान दिया जाता है। अगर किसी विज्ञान-सम्मेलन का विवरण लाने हेतु किसी संवाददाता की नियुक्ति की जाती है तो इस बात पर ध्यान रखना आवश्यक होता है कि नियुक्त संवाददाता उस विषय-खास से परिचित है अथवा नहीं, और उसकी ओर उनकी रुचि और गति भी है अथवा नहीं। ऐसे विशेष कामों हेतु नियुक्त किए गए लोग विशेष प्रतिनिधि के नाम से विख्यात होते हैं। इनके सिवा साधारण संवाददाता या रिपोर्टर प्रान्त तथा देश के अलग-अलग क्षेत्रों में समाचार-संकलन के रूप से नियुक्त किए जाते हैं जो कई संवाद इकट्ठा करके अपने कार्यालय को भेजते रहते हैं। समाचार-एजेंसियों के संवाद जहाँ सीधी-सादी प्रकृत घटना के रूप में होते हैं वहाँ इन लोगों को उसकी तह में घुसकर अन्दर की बातें निकालने और उनका रहस्य तक उद्‌घाटित करने की स्वतंत्रता होती है। विदेशों में नियुक्त संवाददाता 'विदेशी संवाददाता' (फॉरेन करेस्पांडेंट) के नाम से विख्यात होते हैं। युद्ध इत्यादि के छिड़ जाने पर शक्तिशाली तथा सम्पन्न पत्र अपने संवाददाता भिन्न-भिन्न मोर्चों पर भी रखते हैं। उनका काम विशिष्ट रूप से खतरनाक और जिम्मेदारी पूर्ण होता है। ऐसे लोग सैनिक-संवाददाता कहे जाते हैं। आजकल तो राजनीतिक संवाददाता (डिप्लोमेटिक अथवा पोलिटिकल करेस्पांडेंट) के नाम से बहुत कार्यकुशल, सावधान तथा पारदर्शी दृष्टिवाले पत्रकार नियुक्त किए जाते हैं जो अलग-अलग देशों के राष्ट्रीय विभाग में चलने वाले कूटनीतिक चक्रों की गतिविधि का पता लगाया करते हैं। इन संवाददाताओं पर अलग-अलग देशों की सरकारें तीखी निगाह रखती हैं। वहाँ के राजनीतिज्ञ उनसे भयभीत रहते हैं। मालूम नहीं ये कब किस रहस्य का उद्‌घाटन कर दें तथा न जाने उसका क्या नतीजा हो जाए। नाजी जर्मनी तथा फासिस्ट इटली से तो न जाने कितने विदेशी राजनीतिक संवाददाता निकाल बाहर कर दिए गए थे तथा कई दंडों के भागी भी हुए।

मतलब यह कि कई श्रेणियों में विभक्त होकर तरह-तरह के समाचार संकलन करने वाले रिपोर्टरों अथवा संवाददाताओं का वर्ग काफी बड़ा है जिस पर आधुनिक पत्रकार-कला तथा पत्रों का वर्तमान स्वरूप काफी कुछ निर्भर है। ये

लोग चाहे समाचार एजेंसियों हेतु कार्य करते हों या विशेष पत्रों के लिए, पत्रकारों में पहला स्थान रखते हैं। इनका पद तथा स्थान किसी समय भले ही छोटा समझा जाता रहा हो पर आज इनका महत्त्व बहुत बढ़ गया है। कहने को तो संपादक अथवा प्रधान उप-संम्पादक इनका नियन्त्रण करते हैं तथा ये उन्हीं के अधीन काम करते हैं परन्तु सम्पादकों के काम तथा उनकी आँखें ये ही लोग होते हैं जिनका सहायता लेकर ही पत्र का संचालन करना सम्भव होता है। इनके परिश्रम, सतर्कता, सूझ तथा समाचार-बोध पर ही पत्र की सफलता निर्भर है। बड़े-बड़े राजनीतिज्ञ तथा शक्तिशाली सरकारें भी इनकी उपेक्षा नहीं कर सकतीं। अगर समाचार-पत्रों का समर्थन को प्राप्त करना है या किसी राजनीतिज्ञ को पत्रों की सहायता चाहिए तो उसे पत्र-प्रतिनिधियों की ही शरण लेनी होती है। जनता तक पहुँचने के लिए, जनमत को जाग्रत करने या अपने पक्ष में करने के लिए, अपनी नीति का स्पष्टीकरण करने हेतु सिवा समाचार-पत्रों के दूसरा उपयुक्त साधन नहीं है। रेडियो एक साधन अवश्य उपलब्ध है, पर उससे अब तक वह कार्य नहीं हो सका जो पत्र करतें हैं। इस सम्बन्ध में हम किसी अगले अध्याय में विचार करेंगे पर यहाँ इतना कहना अनुचित न होगा कि पत्रों का स्थान अब तक इस दिशा में अक्षुण्ण ही है। अतः अगर समाचार-पत्रों तक सरकारों को भी पहुँचना है तो उसकी कड़ी ये संवाददाता ही होते हैं।

लोकतन्त्रात्मक देशों में तो पत्रों का समर्थन तथा उनकी मदद तथा भी आवश्यक होती है। निरंकुश तथा स्वच्छंद अधिनायकवादी अनुत्तरदायी सरकारें भले ही संगीनों के बल पर शासन करने की नीति अपनाकर पत्रों की उपेक्षा करे अथवा उन्हें अपने संकेत पर नचा लें लेकिन प्रतिनिधि मूलक शासन-प्रबन्ध की नीति पर निर्भर सरकारों को जनमत के इस प्रतीक की सहायता और समर्थन प्राप्त करने हेतु प्रयत्नशील रहना पड़ता है। पाठक समाचार-पत्रों में पत्र प्रतिनिधियों के सम्मेलन का समाचार पढ़ते होंगे। पत्र-प्रतिनिधि बुलाये जाते हैं तथा उनके बीच बड़े-बड़े मन्त्री या उच्च पदस्थ सरकारी अधिकारी आकर प्रश्न-खास के सम्बन्ध में अपनी नीति स्पष्ट करते हैं और पत्र-प्रतिनिधियों के सभी प्रश्नों का उत्तर देते हैं। जब द्वितीय विश्वयुद्ध छिड़ा तथा अमेरिका युद्ध लिप्त राष्ट्र बना तब से प्रति मंगलवार को ह्वाइट हाउस में पत्र-प्रतिनिधियों का सम्मेलन होता था तथा खुद राष्ट्रपति रूजवेल्ट वहाँ उनके सामने आकर उनके प्रश्नों का उत्तर देते थे। इंग्लैंड में भी प्रधानमन्त्री या युद्ध-मन्त्रिमंडल का कोई सदस्य ऐसे सम्मेलन का आयोजन करता है और वहाँ सरकारी नीति का खुलासा किया जाता है। भारत में भी आज

ऐसे सम्मेलनों की धूम रहती है। सभी विचारों तथा दलों के बड़े-बड़े नेता पत्र-प्रतिनिधियों के सम्मेलन में आकर अपना मत व्यक्त करते हैं। इन सम्मेलनों में पत्रों और समाचार-एजेंसियों के संवाददाता ही उपस्थित रहते हैं जिनकी जिज्ञासा को संतुष्ट करके अपनी नीति व्यक्त करके सरकारी अधिकारी अथवा लोकनायक अपने मत का प्रसार-पत्रों के माध्यम से होना देखना चाहते हैं तथा उनके समर्थन की तुलना करते हैं। इन बातों से स्पष्ट है कि पत्रों के संवाददाताओं को स्थान देश के सामाजिक तथा राजनीतिक जीवन में महत्त्वपूर्ण हो गया है जिनकी कृपा प्राप्त करने हेतु सभी इच्छुक रहते हैं।

संवाददाताओं का महत्त्व बढ़ना आश्चर्य की बात नहीं है। आज राष्ट्र के जीवन में पत्रों का अभूतपूर्व स्थान है जो चारों ओर अपना प्रभाव डाला करते हैं। इस तरह इन पत्रों की सफलता समाचार-संकलन करने वालों पर आश्रित रहती हैं। आज के पत्र वस्तुतः इस धरती पर निवास करने वाली मानव जाति के जीवन को प्रतिबिम्बित करने हेतु सुन्दर दर्पण के अनुसार होते हैं। अपनी इस सजीवता से वे दुबारा जीवन को प्रभावित करते हैं और जीवित नर-नारियों के हृदय और मस्तिष्क के सामने उन्हीं के जीवन को नियन्त्रित करके स्पन्दित कर देते हैं। पत्रों का यही धर्म और उपयोग है। इसमें सफलता प्राप्त करने हेतु यह आवश्यक है कि पत्रों का यही धर्म तथा उपयोग है। इसमें सफलता प्राप्त करने हेतु यह आवश्यक है कि पत्र प्रमाणिकता की सहकारियों से खुद स्पन्दित हों जिसमें जीवन का आलोक दिखाई दे सके। ऐम्ी अवस्था में पत्रों के ऊपर इन लोगों का प्रभाव सबसे अच्छा प्रत्यक्ष सम्पर्क तथा संघर्ष में प्रतिक्षण में आते हों। यह काम सबसे अधिक संवाददाता के ऊपर ही पड़ता है। भले ही परदे में पीछे बैठकर पत्राभिनय का सारा संचालन, नियमन तथा नियन्त्रण और आयोजन करने वाले संपादक तथा उप-संपादक और व्यवस्थापक तथा मिस्तरी हों लेकिन रंगमंच पर सम्मुख अभिनय करने वाला तो रिपोर्टर ही होता है। जनता की नजर उसके जीवन के सम्पर्क में पत्र के सजीव प्रतिमा के रूप में, उसके प्रतीक हैसियत में कौन उपस्थित रहता है? क्या यह पत्र का संवाददाता ही नहीं है जो अपने चारों ओर जिज्ञाषा और उत्सुकता तथा सक्रियता और गतिशीलता की चमक लिए सर्वत्र पहुँचा दिखाई देता है।

उसकी बुद्धि और अन्तःकरण ही वह कैमरा है जो समाज के जीवन की छाया स्वीकार करता है तथा फिर उसे अपने पत्र को चित्रित कर देता है। मानव हृदय में स्थित दैत्य एवं देव, सुख एवं दुःख प्रकाश तथा अन्धकार, सबके दर्शन वही करता है। प्रकृति का विनाश एवं सृष्टि की लीला को, जीवन की ग्रन्थियों

तथा कठिनाइयों को, सामाजिक उत्थान, विकास तथा पतन और पथ-भ्रष्टता को विछोह तथा सान्त्वना को अभिव्यक्त करने वाला वही होता है। कहीं हँसी तथा कहीं रोना, कहीं राग तथा कहीं द्वेष, कहीं जीवन तथा कहीं मृत्यु, कहीं विलाप तथा कहीं वुभुक्षा के द्वन्द्वात्मक नैसर्गिक घर्षण से निर्मित इस धरातल का दर्शन करके तथा संबंधित अनुभूतियों का प्रदर्शन निर्लिप्तता के साथ करना उसी के जिम्मे होता है। प्रत्यक्ष रूप से रहस्यमयी शक्ति का प्रतिनिधित्व सामान्य जन-जीवन में करने का श्रेय उसे ही प्राप्त होता है चूँकि वही उसके अत्यन्त सन्निकट पहुँचा हुआ रहता है। परिणामतः अगर उसका महत्व हो तथा उसे हम प्रभावशाली कहें तो इसमें न कोई आश्चर्य की बात है तथा न यह अनुचित समझा जाएगा। इसी वजह से आज रिपोर्टिंग का काम दिन-प्रतिदिन न मात्र उन्नत होता जा रहा है। बल्कि भविष्य में उसका महत्व अग्रलेख-लेखन से भी अधिक हुए बगैर बाकी नहीं रहेगा।

रिपोर्टिंग का महत्त्व कोई नई बात भी नहीं है। समाचारों को जानने की उत्सुकता अगर मानव जीवन में बहुत शुरुआत समय से ही रही है तो समाचारों का संकलन करके उनके और उस जिज्ञासा को सन्तुष्ट करने का काम भी किसी-न-किसी रूप में तभी से होता आया है। जिस जमाने में आजकल के से समाचार-पत्र नहीं थे उस युग में भी समाचारों का संकलन यथासम्भव होता रहा है तथा उनका वितरण किसी-न-किसी प्रकार किया जाता रहा है। समाचार-संकलन करने वालों तथा उन्हें ले जानेवालों पर सरकार की गुस्सा आज ही रहती है सो बात भी नहीं है। सदैव से ऐसे लोगों पर सरकारें रोक लगाने की तथा उनकी गतिविधि पकड़ने की कोशिश करती रही हैं। इंग्लैंड में साप्ताहिक समाचार-पत्र सन् 1622 ईसवी से ही निकलने लगे थे पर पाठकों को यह जानकर आश्चर्य होगा कि पार्लियामेंट की सभाओं का विवरण इसके एक शताब्दी तक पत्रों में प्रकाशित नहीं किया जा सकता था। चार्ल्स प्रथम के बाद क्रामवेल के युग में थोड़े-काफी विवरण पत्रों में प्रकाशित हो जाते थे पर उसक बाद जब द्वितीय चार्ल्स दुबारा सत्तारूढ़ हुए तो कानून बनाकर यह अधिकार छीन लिया गया। फिर चार्ल्स प्रथम के जमाने में थोड़ी ज्यादा ढिलाई की गई; पर सन् 1738 ईसवी में पार्लियामेंट ने दुबारा यह अधिकार छीन लिया।

पार्लियामेंट की साधारण सभा ने इस सम्बन्ध में जो प्रस्ताव स्वीकार किया था उसमें कहा गया था कि पार्लियामेंट के अधिवेशनों की रिपोर्ट किसी समाचार-पत्र में प्रकाशित करना काफी अनुचित कार्य है और जो ऐसा करेगा उसके विरुद्ध ही कार्रवाई की जाएगी। बाद में चलकर सन् 1774 ईसवी में रिपोर्टों को संकलन

करने का अधिकार प्राप्त हुआ। इसी समय अक्सर तीस वर्ष तक डॉक्टर जानसन प्रमुख रूप से पार्लियामेंट के विवरणों का संकलन करते रहे जिसके परिणामस्वरूप वर्त्तमान पार्लियामेंट की कार्रवाई का विवरण उपलब्ध है जो आज भी पार्लियामेंट के इतिहास की कला को जोड़ने में मददगार होता है। जिस प्रकार शताब्दियों पहले शासक वर्ग सावधानी के साथ उन्हें दबाए रहने में सचेष्ट था उसी प्रकार रिपोर्टर एवं रिपोर्टिंग पर आज भी सशंक नजर रखी जाती है हालाँकि संवाददाताओं के अधिकार बढ़ गए हैं। कोई चाहे जितना भी सशंक रहे पर आज पत्र-संवाददाताओं की उपेक्षा कोई नहीं कर सकता। उनके प्रवेश हेतु कहीं भी बाधा नहीं डाली जाती। कांग्रेस का अधिवेशन हो या केन्द्रीय एवं प्रान्तीय व्यवस्थापक सभाओं का, संघ न्यायालय हो मन्त्रियों के गृह, कोई भी नृत्य अभिनय हो अथवा एम.सी.सी. से क्रिकेट का मैच, सर्वत्र उनके लिए प्रवेश पत्रों को व्यवस्था पहले से ही किया जाता है तथा 'प्रेस' के बैठने हेतु सबसे अच्छा स्थान पर आयोजन किया जाता है। 'प्रेस' वाले भी नाराज न हों इसकी चिन्ता विशेष रूप से की जाती है क्योंकि किसी समारोह की सफलता में उनका काफी बड़ा हाथ रहता है। सुन्दर सहानुभूतिपूर्ण ओर व्यापक रिपोर्टिंग से उनका प्रचार होता है और वे ही प्रेस वाले अगर उपेक्षा कर दें या मट्टीपलीद करने वाली रिपोर्टिंग कर दे तो सारा किया-कराया व्यर्थ हो जाता है।

आज तो इन रिपोर्टरों के प्रवेश को कोई कहीं रोकने की हिम्मत नहीं करता। काफी आवश्यक होता है तभी पार्लियामेंट अथवा व्यवस्थापक सभाओं या सभा-समितियों के गुप्त अधिवेशन किए जाते हैं एवं बाद में अधिकारियों की ओर से प्रामाणिक वक्तव्य प्रकाशनार्थ दे दिया जाता है। पत्रकारों में इसी वजह से यह कहावत प्रचलित है कि मरने के बाद रिपोर्टर हेतु स्वर्ग तथा नरक दोनों के प्रवेश-पत्र प्राप्त होंगे। चूँकि इनमें से किसी के अधिष्ठाता को शायद यह साहस न होगा कि उनका प्रवेश अपने यहाँ बन्द कर दें। रिपोर्टरों से बड़े-बड़े राजनीतिज्ञ भी घबराते हैं चूँकि उनकी लेखनी न जाने कब किसे किस रूप में चित्रित कर दे सकती है। चतुर राजनीतिज्ञों को जिसने पत्र-प्रतिनिधियों के प्रश्नों की बौछार से त्रस्त और परेशान होते देखा होगा वह जानता होगा कि उनकी दशा कैसी दयनीय हो जाती है। वे प्रतिनिधि ऐसे-ऐसे प्रश्न कर बैठते हैं कि राजनीतिज्ञ नाराज हो जाते हैं पर बेचारे अपने क्षोभ को प्रकट नहीं कर सकते चूँकि उन्हें रिपोर्टरों के नाराज हो जाने का भय रहता है। उनके साथ कठोरता का व्यवहार करना खतरनाक हुआ करता है। श्रीमती विजयालक्ष्मी पंडित जब संयुक्त प्रान्तीय कांग्रेसी

सरकार के मन्त्रिमंडल की सदस्य थीं तो स्वास्थ्य सुधार हेतु इंग्लैंड गई थीं। उन्होंने वहाँ के पंत्रकारों को अपना मत व्यक्त करते हुए कहा था कि 'पत्रकार भयावने कीटाणु होते हैं तथा इस क्षेत्र की महिलाएँ उनसे भी काफ़ी डरावनी होती हैं।' सम्भवतः पत्रकारों के प्रश्नों और उनकी उत्सुकता ने उन्हें इतना क्षुब्ध कर दिया कि वे अपना रोष उपरोक्त वाक्यों में प्रकट करके हृदय का भार हलका कर सकीं।

पर रिपोर्टरों का महत्त्व सिर्फ इसलिए नहीं है कि उनकी धाक बैठी हुई है और वे विशद अधिकारियों का उपभोग करते हैं। उनका महत्त्व इसलिए भी है कि उनका कार्य काफी जिम्मेदारी का होता है। उनकी रिपोर्टिंग जहाँ जनता का ज्ञान बढ़ा सकती है, मानव को मानव का स्वरूप समझने में मदद प्रदान कर सकती है और भिन्न-भिन्न देशों को एक-दूसरे के नजदीक ला सकती है वहीं संसार में अशान्ति तथा द्वेष की विषमयी लहरें भी लहरा सकती हैं। महान् पदों का सूत्रपात हो जाना या प्रचंड दावाग्नि की भाँति विद्रोहों का फूट पड़ना भी उनकी करनी का नतीजा हो सकता है। ऐसी घटनाएँ घट चुकी हैं और घटती रहती हैं, जब पत्र-प्रतिनिधियों के माध्यम से भेजे गए उनके विवरण संहार और रक्तपात के कारण हो चुके हैं। इस देश में किसे साम्प्रदायिक दंगों के समय का अनुभव न होगा। साम्प्रदायिक उर्दू पत्र में कांग्रेसी मन्त्रिमंडल के युग में तरह-तरह के समाचार इस प्रकार प्रकाशित होते रहे हैं तथा कांग्रेसी सरकार को हिन्दू सरकार बनाकर उनके माध्यम से मुसलमान पर अत्याचार किए जाने के ऐसे निराधार विवरण प्रकाशित होते रहे हैं जो कई निरपराध तथा शान्त नागरिकों के प्राण छीनने के कारण हुए हैं। उन्होंने देश के राष्ट्रीय जीवन में यह जहर घोल दिया है जिसके प्रभाव से हम जलते रहेंगे। साम्प्रदायिक दंगों की आग में घी डालने का कुकृत्य करने वाले रिपोर्टर ही हुआ करते थे।

एक पत्रकार ने रिपोर्टरों का उल्लेख करते हुए अपनी पुस्तक में ऐसी कतिपय अन्तर्राष्ट्रीय घटनाओं का वर्णन किया है जब उनके सम्बन्ध में की गई रिपोर्टिंग युद्ध की आग लगाने की सीमा तक पहुँच गई। नरसंहार का डंका बजने से बच गया पर देशों में जो परस्पर क्षोभ तथा घृणा की लहर फैली वह सालों तक उनके सम्बन्धों को जहरीला बनाए रही। सन् 1933 ईसवी में मास्को में मेट्रोवीकर्स इंजीनियर्स के नाम एक बड़ा भारी मुकदमा चला था। यह मुकदमा छह अंग्रेज इंजीनियरों पर रूस की बोलशेविक सरकार ने चलाया था। ये इंजीनियर रूस में वहाँ की सरकार के माध्यम से स्थापित बिजली के कारखाने में काम करते थे। बोलशेविक सरकार के पास इन इंजीनियरों के घूस लेने, सरकार की रहस्यमयी

बातों की सूचना दूसरे देशों को देने तथा ध्वंसात्मक कार्यवाही करने की शिकायत पहुँची तथा उसने इन पर इन्हीं अभियोग में सोवियत सरकार की 'सुप्रीम कोर्ट' में मुकदमा दायर कर दिया। परिणामतः ब्रिटिश इंजीनियर गिरफ्तार किए गए। उनका गिरफ्तार होना था कि ब्रिटिश पत्रों के क्रोध की सीमा न रही। वे सोवियत सरकार के खिलाफ आग उगलने लगे एवं मुकदमा चलने के पूर्व ही उन्होंने यह फैसला प्रदान कर दिया कि उनके इंजीनियर निर्दोष हैं तथा यह सब सोवियत सरकार की कुचाल है जिसमें वह ब्रिटिश नागरिकों को झूठ ही फँसाने की प्रयत्न कर रही है।

सोवियत सरकार ने बार-बार घोषणा की कि इन पर खुली अदालत में मुकदमा चलेगा जिसमें सरकार अपने अभियोग सिद्ध करेगी और ब्रिटेन के सम्पूर्ण पत्रों को यह अधिकार है कि वे अपने प्रतिनिधि भेजकर मुकदमे की कार्रवाई की रिपोर्टिंग अपने पत्रों हेतु कराएँ; फिर भी ब्रिटिश पत्रों का क्रोध कम न हुआ। लन्दन के 'टाइम्स' जैसे गम्भीर पत्रों ने रूस को गाली देते हुए लिखा कि उसे 'न्याय' के नाम पर मास्को की अदालतों के माध्यम से किए जाने वाले गढ़न्त तमाशे में कोई विश्वास नहीं हो सकता।' द्वितीय युद्धकालीन ब्रिटिश प्रधानमन्त्री श्री विंस्टन चर्चिल, जो बाद में युद्धकाल में रूस के मित्र बनते थे, उस समय यहाँ तक कह गए कि 'रूस की सरकार घृणित तथा जहरीली सरकार है जिस पर विश्वास नहीं किया जा सकता।' हो-हल्ला मचाने के पश्चात् अन्त में पत्रों ने अपने प्रतिनिधि इस मामले की रिपोर्टिंग हेतु भेजे। एक ब्रिटिश पत्रकार ने, जो उस समय मास्को में इस अदालत की कार्रवाई की रिपोर्टिंग करने हेतु भेजा गया था, ब्रिटिश रिपोर्टरों के सम्बन्ध में जो लिखा है वह उसी के अनुरूप सुनिए। 'मेरी समझ में इस मामले की रिपोर्टिंग जिस प्रकार ब्रिटिश पत्रों में की गई वह हमारे देश की पत्रकारिता के इतिहास की अत्यन्त निन्दनीय घटना के रूप में रहेगी। संवाददाता रिपोर्टिंग करते हुए अभियुक्तों के खिलाफ पेश किए गए प्रमाणों को दबा देते थे। अदालत का अपमान करने हेतु तथा उसकी निन्दा करने हेतु कोई बात उठा नहीं रखी जाती थी। अक्सर हर पत्र उन्मत्त हो गया था एवं पत्रकार विचित्र रंग में रँगकर अपनी रिपोर्ट भेजा करते थे।'

यह पत्रकार पुनः कहता है कि 'ग्रेट ब्रिटेन के सिवा समस्त यूरोप के पत्र रूसी सरकार के माध्यम से उपस्थित किए गए अभियोगों की सरलता देखकर ब्रिटेन के समर्थक नहीं हो सके, अन्यथा मुझे पूरा विश्वास है कि रिपोर्टरों की रिपोर्टिंग दुनिया को दुबारा भयावने युद्ध की आग में झोंक देने को सक्षम होती।'

इसी कारण आज संवाददाताओं का बड़ा उत्तरदायित्व समझा जाता है। बड़ी-बड़ी बातों के सिवा छोटी-मोटी घटनाओं का विवरण देते हुए भी उनकी वही जिम्मेदारी उपस्थित रहती है। गलत रिपोर्टिंग करके वे अनर्थ कर सकते हैं, किसी के यश एवं सुनाम को धक्का पहुँचा सकते हैं, लोकहित की हानि कर सकते हैं और अपने पत्र पर ऑफत बरपा सकते हैं। फलतः अपने अधिकार तथा उत्तरदायित्व की वजह संवाददाता अथवा रिपोर्टर का पद और कार्य विशिष्ट रूप से महत्त्व रखता है। पत्र सम्बन्धी कार्य में जिसका इतना महत्त्वपूर्ण स्थान हो उसमें कैसी योग्यताएँ होनी चाहिए यह जान लेना आवश्यक है। यह भी भली भाँति जान लेना चाहिए कि जो पत्रकारिता के इस क्षेत्र में आना चाहता है उसे कौन-कौन से कार्य करने होते हैं और किस प्रकार अपना सफलता के कारण पूरा करने की योग्यता सम्पादित की जा सकती है।

अपने पत्र हेतु समाचार-संग्रह करना रिपोर्टर अथवा संवाददाता का मुख्य काम है। परिणामतः उसमें सबसे बड़ा गुण समाचार के समाचारत्व को पहचानने की भिन्नता होनी चाहिए। समाचार-बोध या समाचार-चेतना नैसर्गिक गुण है एवं जिनमें यह प्रवृत्ति होगी वे ही सफल संवाददाता अथवा रिपोर्टर हो सकते हैं। किसी प्रकार की शिक्षा अथवा विश्वविद्यालय की उपाधि किसी से इस योग्यता का सृजन नहीं कर सकती जिनमें यह चेतना होती है उन्हें साधारण अथवा असाधारण रूप में अनायास समाचार की गन्ध मिल जाती है। जिस बात को आप सामान्य समझते हैं वह उसे महत्त्वपूर्ण दिखाई दे सकती है और जिसे आपकी नजर महत्त्वपूर्ण देखती है उसमें अगर समाचारत्व की गन्ध नहीं है तो उसके लिए इसका मूल्य कौड़ी बराबर न होगा। घटनाओं को देखते ही अथवा सुनते ही वह उनके जिसका समाचार-बोध उद्‌बद्ध तथा उन्नत होगा यह समझ लेगा कि उस घटना के गर्भ में समाचार की नजर से आज कितना तथ्य है तथा भविष्य हेतु कितना मसाला है। समाचार-बोध के साथ रिपोर्टर में दूर तक देखने की तथा कल्पना करने की विशेष समता का होना आवश्यक है। संवाद किसी रिपोर्टर को माँगने से नहीं मिलता प्रत्युत उसे प्राप्त करने की कोशिश करनी पड़ती है। जिस देश में पत्रकार की नियुक्ति हुई है वहाँ के आधुनिक इतिहास को समझना, वहाँ के उद्धत प्रश्नों तथा समस्याओं के मुख्य रूप को जानना, राष्ट्रीय जीवन में जो कई तथा बहुधा विरोधी धाराएँ प्रवाहित हो रही हैं उनके रहस्य को समझना, वहाँ के नेताओं को बहुत नजदीक से जानना होगा तथा उनके प्रति मित्रता का भाव रखने और स्वयं उनका विश्वास प्राप्त करने की कोशिश करनी होगी। इस प्रकार व्यापक ज्ञान रखने वाले

संवाददाता हेतु घटने वाली घटनाओं को समझना और उनका सच्चा चित्र चित्रित करना सरल होगा। नेताओं के अपने प्रति विश्वास के फलस्वरूप उसे अनायास वे समाचार भी प्राप्त हो सकते हैं जो उसके दूसरे प्रतिस्पर्धियों को प्राप्त नहीं होते। संवाददाता अथवा रिपोर्टर को अपने प्रतिद्वन्द्वी दूसरे संवाददाताओं से सदा सतर्क और सावधान रहना चाहिए। सदैव याद रखना चाहिए कि दूसरे से आगे निकल जाने का प्रयत्न करते होंगे अतः पीछे छोड़ देने में ही उसकी सफलता है। समाचार-संकलन करना एवं दूसरों की तुलना में उसे पहले अपने पत्र में प्रकाशित कर देने में सक्षम होना ही उसकी विशेषता है। जो बात दूसरे पत्रों में छप गई उन्हें बाद में आप अपने पत्र में ले ही आए तो इसका मतलब जूठन से अपने कलेवर को भरना मात्र होगा।

रिपोर्टर में संपादन की योग्यता भी होना चाहिए तथा अपने क्षेत्र में सफल संवाददाता भी एक प्रकार से सम्पादक ही होता है। समाचार प्राप्त करना उसकी समीक्षा करना, उपर्युक्त संवादों को छाँटकर पृथक् करना तथा तुरन्त उनको चित्रित करना और तुरंत प्रकाशनार्थ भेज देना उसका काम होता है। पल भर का विलम्ब भी अनुचित है तथा एक मुहूर्त भी खत्म करना अपराध है। संवाददाता हेतु आलस्य उसका सबसे बड़ा शत्रु है। इस लाभ को कल कर देंगे अथवा आज छुट्टी मनाएँगे—का भाव जिस संवाददाता में हो उसे निकम्मा और व्यर्थ समझ लीजिए। कोई नहीं कह सकता कि टेलीफोन की घंटी घनघना उठेगी और उसे तत्क्षण कमर कसकर अपने पत्र हेतु संवाद-संग्रह करने की नजर से दौड़ पड़ना होगा। रात्रि में सुख की नींद सोते समय सहसा उसकी पुकार हो सकती है और उसे थाली तथा शय्या भी छोड़कर निकल भागना पड़ सकता है। रात को ठंड पड़ रही हो या मेघ भीषण जलवर्षा कर रहे हों अथवा जेठ की दुपहरी तप रही हो संवाददाता समाचार मिलने की सूचना पाकर अगर बैठा रहता है तो अपने कर्त्तव्य की अवहेलना करने का अपराध करता है। परिणामतः उसमें वह उत्साह, समाचार प्राप्त करने की वह मादकता तथा शरीर तथा स्वास्थ्य में वह बल होना चाहिए जो उसे सदैव समाचार की गन्ध पाते ही उत्तेजित कर सके।

रिपोर्टर तथा संवाददाता स्थानीय हो अथवा विदेशीक, विशेष हो अथवा साधारण, उसके काम के घंटे नियत नहीं हैं। जाड़ा तथा गरमी, दिन तथा रात, अथवा बरसात उसके लिए कोई मायने नहीं रखती। हर पल उसकी ड्यूटी है। रात को बारह बजे कोई घटना घटी तथा संवाददाता यह कहकर छुट्टी नहीं पा सकता कि उसकी ड्यूटी सिर्फ दस से चार बजे शाम तक करने की है। उसे तो गिद्ध की

भाँति न सिर्फ दूर तक रहने में समर्थ होना है बल्कि सदा अपने शिकार की खोज में रत रहना होता है। कोई संवाददाता किसी एक स्थान से समाचार प्राप्त करने का प्रयत्न मात्र करके अपना काम खत्म हुआ न समझे यह सच है कि कुछ स्थानों का चक्कर नियमित रूप से उसे लगाना चाहिए। कोतवाली, पुलिस के दफ्तर, नगर के थाने, म्युनिसिपल तथा डिस्ट्रिक्ट बोर्ड के अदालतों के कमरे, दफ्तर, बाजारों तथा मंडियों का फेरा, नगर का स्वास्थ्य विभाग, मुख्य तथा महत्त्वपूर्ण सार्वजनिक संस्थाओं के कार्यालय, नगर के मुख्य सार्वजनिक नेता अथवा कार्यकर्ता इत्यादि दर्जनों ऐसे स्थान होते हैं जिनका चक्कर उसे प्रतिदिन लगाना ही चाहिए। इन स्थानों में समाचार मिल जाते हैं पर मात्र इन पर ही भरोसा करके चुप बैठ रहना गलत होगी।

इनके सिवा उसमें इतनी क्षमता होनी चाहिए कि वह इधर-उधर वातावरण में अगर समाचार की गन्ध भी हो तो उसे पहचान ले। जहाँ का रिपोर्टर है वहाँ के वातावरण की समीक्षा करता रहे और जीवन-गति की धारा किधर प्रवाहित हो रही है इसकी कल्पना करता रहे। संवाददाता देखेगा कि उसे अगर इन बातों का ज्ञान है तो रिपोर्टिंग करने हेतु ऐसी बातें झलक उठेंगी जिनके महत्त्व को सामान्य आदमी आज समझ भी नहीं सकता। इसलिए संवाददाता की बुद्धि सदा सतर्क हो। वह सूक्ष्मद्रष्टा हो जो बातों की तह तक पहुँच सके। इसके लिए उसकी बुद्धि तो पैनी होनी ही चाहिए साथ-साथ व्यवहार में कुशलता भी नितान्त आवश्यक है। चतुर संवाददाताओं की कला देखते ही बनती है। वे सबसे अपनी मित्रता स्थापित कर लेते हैं। वे सरकारी अधिकारियों के प्रिय पात्र बन जाते हैं। वे राजनीतिक नेताओं को प्रसन्न कर लेते हैं और बहुधा उनके अहम् की भावना को संतुष्ट करते भी दिखाई देते हैं। परस्पर विरोधी विचार, स्वभाव एवं मत रखने वाले लोगों से संवाददाता समान रूप से मिलता है। तथा सबकी समान रूप से मित्रता प्राप्त करता है एवं सबको अपने व्यवहार से यह विश्वास दिला देता है कि वह उन्हीं का मित्र है। उसकी गम्भीरता समुद्र से कम नहीं होती। जो एक दूसरे के खिलाफ हैं उनकी बात सुनेगा, दोनों के हृदय के भाव, कार्यक्रम और नीति का ज्ञान प्राप्त करेगा पर मजाल नहीं कि एक की बात की भनक भी किसी दूसरे को मिल जाए; सबकी बातें सुनना तथा सुनकर इस प्रकार पी जाना कि किसी की बात किसी दूसरे के पास न पहुँच सके तथा न किसी के साथ विश्वासघात हो सके। संवाददाता अपने मतलब की बात उसमें से निकाल लेगा और अपना कार्य करके बाकी पचा जाएगा। अपने इसी गुण के बल पर वह सफल होता है। छिछले हृदय

तथा ओछी प्रवृत्ति का व्यक्ति, जो बातों को छिपाना और प्रकाशित करना नहीं जानता, इस दिशा में कदम न रखे क्योंकि वह न सिर्फ स्वयं अयोग्य सिद्ध होगा बल्कि अपने पेशे तथा पत्र की भी गहरी हानि करेगा।

ढूँढने और पर्यवेक्षण से तो संवाद मिल ही जाते हैं पर कभी-कभी वे अनायास इसी प्रकार आ धमकते हैं जैसे मृत्यु सहसा पहुँच जाती है। बातें करते हुए, रेल में सफर करते हुए, होटल में बैठकर खाना खाते हुए, किसी दुकान में सामान खरीदते हुए, ऐसे समय जब आप उसकी कोई आशा नहीं करते आपकी गोद में समाचार आता दिखाई दे जाएगा। पर ऐसे समाचारों का प्रयोग करने हेतु संवाददाता में तरल बुद्धि समाचारत्व की गहरी अनुभूति और तत्क्षण बात समझ होने की योग्यता होनी चाहिए। हेमिल्टन फाइल ने अनायास प्राप्त होने वाले समाचारों का उल्लेख करते हुए एक कहानी 'दि प्रेस परेड' नामक पुस्तक लिखी है। पाठकों के मनोरंजनार्थ उसे यहाँ देना गलत न होगा। सन् 1930 ईसवी की बात है। एक विशाल ब्रिटिश वायुयान फ्रांस में गिर पड़ा। आर. 101– यह विमान नया-नया बना था जिस पर वायुयान-विभाग के ब्रिटिश मन्त्री सत्तर साथियों के साथ सवार होकर उनकी सफलता हेतु जुड़े थे। दुर्भाग्य से पहली ही उड़ान में वह फ्रांस में गिरा तथा उसके काफी यात्री मृत्यु को प्राप्त हुए। समाचार को ब्रिटिश यूनाइटेड प्रेस ने अद्‍भुत प्रकार से प्राप्त कर लिया। यूनाइटेड प्रेस के कार्यालय में समाचार-सम्पादक फ्रांस का समाचार प्राप्त करने हेतु टेलीफोन मिला रहा था। सहसा उसके टेलीफोन में एक व्यक्ति की आवाज सुनाई दी। वह व्यक्ति नष्ट हुए विमान से जीवित बच गया था। दुर्घटना का समाचार ब्रिटिश वायुयान-विभाग के कार्यालय को वह दे रहा था। गलती से उसके टेलीफोन का सम्बन्ध यूनाइटेड प्रेस के कार्यालय से हो गया जहाँ बैठा हुआ समाचार-संपादक फ्रांस से टेलीफोन मिलाने का प्रयत्न कर रहा था। व्यक्ति ने यह जानकर कि वह सरकारी वायुयान-विभाग से बातें कर रहा है सभी घटना का सभी विवरण कह डाला। इधर समाचार-सम्पादक बराबर सुनता रहा तथा नोट करता जा रहा था। कहने वाले को क्या पता कि वह पत्रकार से बातें कर रहा है। सभी बातें सुन लेने के बाद पत्रकार ने उसे धन्यवाद देते हुए बता दिया कि वह यूनाइटेड प्रेस नामक समाचार-एजेंसी का संवाददाता है तथा दुर्घटना की सम्पूर्ण रिपोर्ट ब्रिटिश वायुयान-विभाग को जल्दी भेज देगा।

यूनाइटेड प्रेस के कार्यालय ने जल्दी सरकार को सूचना दे दी पर साथ ही अन्य सभी एजेंसियों को पीछे छोड़कर घटना का सभी विवरण भी अपने ग्राहकों के पास भेज दिया। पत्रकारों को जीवन में ऐसे कई अनुभव हुए होंगे जब

अकल्पित तरीका से समाचार प्राप्त हो गया होगा। एक घटना हमें याद आ रही है कुछ सालों की बात है कि काशी के 'एयरोड्रोम' से (जहाँ वायुयान उतरते हैं) 'आज' कार्यालय में सम्पादक के नाम टेलीफोन आया। 'एयरोड्रोम' से टेलीफोन नहीं आया करते थे इस लिए यह देखकर उत्सुकता हुई। टेलिफोन उठाने पर सम्पादक से टेलीफोन करने वाले ने प्रश्न किया कि 'क्या आप कोई ऐसी व्यवस्था कर सक़ते हैं कि मुझे पन्द्रह-सोलह गैलन पेट्रोल मिल जाए?' असंगत प्रश्न से सम्पादक की उत्सुकता बढ़ गई। कोई व्यक्ति सम्पादक से पेट्रोल दिलाने की बात करे यह असाधारण बात थी, लेकिन पत्रकारिता की प्रवृत्ति ने इस असाधारण को ही महत्त्व प्रदान किया। संपादक ने पूछा—'आप कौन हैं तथा पेट्रोल की खोज क्यों कर रहे हैं?' तब उसने उत्तर देना आरंभ कर किया। वह व्यक्ति बोला, मैं टाटानगर का हूँ तथा टाटा के विमान का संचालक हूँ। जमशेदपुर से अपने विमान में पंडित जवाहरलाल नेहरू को लेकर लखनऊ जा रहा था। अन्धड़ के कारण रास्ता भूल गया और बेकार ही लम्बा चक्कर लगाना पड़ा।

इसमें मेरा पेट्रोल खत्म हो गया। परिणामतः बनारस में यहाँ उतर पड़ा हूँ मुझे पेट्रोल की टंकी अभी भर लेनी है तथा पंडित जी को लेकर उड़ जाना है। मैं जानता नहीं कि पेट्रोल कहाँ मिलेगा इसलिए आपको टेलीफोन किया है।'

यह कैसी सुन्दर कहानी थी। संपादक ने पेट्रोल की व्यवस्था तो जल्दी ही कर दिया पर मनोरंजक समाचार भी प्राप्त किया। कुछ देर बाद विमान जवाहरलाल जी को लेकर उड़ा पर अब प्रयाग की बात सुनिए। प्रयाग में यह सूचना प्रकाशित हो चुकी थी कि जवाहरलाल नेहरू जी नहीं हैं तथा टाटानगर गए हुए हैं और नियत तिथि को उनके आने की सम्भावना है। वह तिथि अभी नहीं आई थी। काशी से जो विमान उन्हें लेकर उड़ा वह लखनऊ जाने वाला था पर प्रकृति ने युद्ध छेड़ दिया। विमान चालक मार्ग फिर भूल गया, घंटों आकाश में इधर-उधर भटकता रहा। अन्धड़ तथा तेज हवा चल रही थी, अन्धकार हो रहा था, इस तरह उसने रास्ते में ही उतरने का निश्चय किया। सौभाग्य से परन्तु अनजाने भटकता हुआ वह प्रयाग के ऊपर पहुँच गया इस तरह वहीं उतरना पड़ा। जवाहरलाल जी बमरौली से उतरकर आनन्द भवन पहुँच गए। किसी को प्रयाग में इस घटना की खबर न थी। 'नेशनल हेरल्ड' का प्रयाग स्थित संवाददाता दैवात् आनन्दभवन के सामने से टहलता हुआ जा रहा था। उसने जवाहरलाल जी के कमरे में रोशनी देखी। उसकी पत्रकार सुलभ उत्सुकता जाग उठी। जवाहरलाल जी के कमरे में रोशनी में क्यों? अभी उनके आने की तिथि भी तो नहीं आई! वह आगे बढ़ा।

दरबान से पूछा—'पंडित जी की कोई खबर है?' दरबान ने उत्तर देते हुए कहा, 'वे कमरे में ही हैं।' संवाददाता हैरान हो गया। उत्सुकता के आवेश में कमरे में घुसा। प्रश्न करने पर पंडित जी ने पूरा किस्सा सुना दिया। दूसरे दिन 'हेरल्ड' में कहानी सदृश इस घटना की मनोरंजक रिपोर्ट प्रकाशित हो गई तथा खुद प्रयाग के पत्र पीछे छूट गए।

जब जीवन में पत्रकार को इस प्रकार दैवात् समाचार मिल जाते हैं तो इसके आनन्द की सीमा नहीं रहती। पर ऐसे समाचारों से लाभ उठाने हेतु पत्रकार में सहज उत्सुकता तथा संवाद सूँघकर ढूँढ निकालने की प्रवृत्ति होनी चाहिए। पेट्रोल कहाँ मिलेगा? अगर असाधारण प्रश्न से आप सचेत होने की क्षमता नहीं रखते या जवाहरलाल जी के कमरे में बेवक्त रोशनी देखकर आप ठमक नहीं जाते तथा आपके मन में औत्सुक्य नहीं पैदा होता तो आए हुए समाचार का उपयोग भी आप नहीं कर सकते! रिपोर्टर हेतु जहाँ संवाद प्राप्त करने में सफल होना आवश्यक है वहीं उसे रिपोर्टिंग करने में भी सक्षम होना चाहिए। रिपोर्टिंग हेतु पहली बात तो यह है कि संवाददाता के विवरण में कोई बात निराधार असत्य न हो पाए। उसकी लेखनी में जो निकले वह यथार्थ हो, सही तथा साधार और सत्य हो। इसके लिए उसमें गुण होना चाहिए, जो इतिहास-लेखक में होता है। पत्रकार सही में आधुनिक संसार और जीवन के इतिहास का लेखक ही होता है। इसलिए बड़ी-से-बड़ी बातों से लेकर छोटी-से-छोटी घटना का विवरण देते हुए इस बात का विचार सर्वोपरि रखना चाहिए ताकि उसकी तफसील की एक-एक बात, एक-एक अक्षर तक यथार्थ हो। रिपोर्टर चाहे वह किसी गाँव अथवा कस्बे का हो अथवा विदशी संवाददाता हो, यह अनिवार्य समझे कि उसकी जिम्मेदारी महान् है इसलिए उसकी लेखनी में प्रवाहित शब्दावली व्यापक समाज के जीवन की गति पर प्रभाव डाल सकती है।

इसके अतिरिक्त वह अपने पत्र का प्रतिनिधि भी होता है। उसकी लापरवाही और अयोग्यता उसके पत्र बदनाम कर सकती है, उस पर से जनता का विश्वास उठा दे सकती है। जनता के विश्वास से वंचित पत्र अधिक दिनों तक अपने जीवन की रक्षा नहीं कर सकता और अगर किसी प्रकार टिक भी गया तो उसे पूर्णतः बेकार ही समझना चाहिए। किसी पत्र का इससे बढ़कर कलंक तथा अपयश कुछ नहीं हो सकता कि उसमें प्रकाशित संवादों पर विश्वास नहीं किया जा सकता। अतः यह उत्तरदायित्व संवाददाता पर ही है।

एक महत्वपूर्ण बात तथा भी ध्यान में रखनी चाहिए। रिपोर्टर को समाचार-पत्र सम्बन्धी कानूनों का अनुभव होना बहुत आवश्यक है। किसी अदालत में चलने

वाले मामलों की रिपोर्टिंग करते हुए अगर वहाँ कार्रवाई के सिवा संवाददाता किसी प्रकार की टीका-टिप्पणी कर दे तो अदालत का अपमान करने के अपराध में उसका पत्र फँस जाएगा। कोई गवाह अथवा अभियुक्त अथवा वादी या प्रतिवादी अदालत में जो बयान दे उसकी रिपोर्ट आप दे सकते हैं, पर अदालत के बाहर कही गई किसी बात को प्रकाशित करना भी गुनाह हो सकता है। अदालत के अपमान का जुर्म तो लग ही सकता है, किसी पक्ष की ओर से मानहानि करने का दावा भी ठोंक दिया जा सकता है। किसी भी घटना की रिपोर्टिंग करते हुए देख लेना चाहिए कि जो लिखा जा रहा है वह मानहानिकारक तो नहीं है और अगर है तो आवश्यकता पड़ने पर प्रमाण दिया जा सकता है या नहीं।

एक बार संवाददाता की भेजी हुई रिपोर्ट एक पत्र के कार्यालय में आई जिसमें कहा गया था कि 'अमुक स्थान के पुलिस सब-इंस्पेक्टर पर कुछ गुंडों ने आक्रमण किया और उसकी नाक काट डाली।' समाचार इतना सरल था कि उसके सम्बन्ध में सन्देह नहीं हो सकता था। अच्छे तथा कर्तव्यपरायण सब-इंस्पेक्टर के खिलाफ गुंडे तंग आकर ऐसी कार्रवाई कर सकते हैं। अतः पत्र में समाचार प्रकाशित हो गया। कुछ समय भी नहीं बीता था कि पत्र-संपादक को सब-इंस्पेक्टर की ओर से नोटिस मिली कि झूठा समाचार छापकर आपने अपमान किया है, क्षमा-याचना कीजिए अन्यथा कानूनी कार्रवाई की जाएगी। जाँच करने पर ज्ञात हुआ कि ऐसी ही अफवाह सुनकर वहाँ के संवाददाता महोदय ने रिपोर्ट भेज दी थी जो वास्तव में निराधार है। पत्र को अपमानित होना पड़ा तथा सार्वजनिक रूप से अपने स्तम्भों में क्षमा माँगनी करनी पड़ी। एक बार भी ऐसी असावधानी करने वाले रिपोर्टर का पथ सदा हेतु कुंठित हो जाता है। अतः समाचार-संकलन हेतु उसे जितना ही उत्सुक तथा व्यस्त रहना चाहिए उतना ही अपने विवरणों की यथार्थता तथा सत्यता के सम्बन्ध में सावधान, सतर्क तथा आश्वस्त भी होना आवश्यक है। संवाददाता अपने इस गुण से न सिर्फ जिम्मेदारी को निर्वाह तथा अपने पत्र की सेवा करता है अपितु अपना व्यक्तिगत लाभ भी करता है। उसकी यथार्थता का सिक्का अगर जम गया तो वह अपने पत्र के अधिकारियों का विश्वासपात्र हो जाता है; इससे उस पर ज्यादा-से-ज्यादा उत्तरदायित्व डाला जाएगा और उसका कार्य क्षेत्र विशद हो जाएगा। दूसरी ओर वह जनता का और उन लोगों का विश्वासपात्र बन जाएगा जिनके सम्पर्क में आता है और जिनसे समाचार प्राप्त करने में सहायता लेता है। विश्वसनीय होना और विश्वासभाजन बनना पत्रकार का एकमात्र गुण है जिस पर उसकी काफी कुछ सफलता निर्भर है।

रिपोर्टिंग की सफलता हेतु दूसरी बात विवरण को लिखकर उपस्थित करने की क्षमता है। इसे हम दुबारा कला कहेंगे और विस्तार से इसकी समीक्षा करना उसी प्रकार मुश्किल समझते हैं जैसे सौन्दर्य की व्याख्या करना कठिन समझते हैं। फिर भी कुछ संकेत प्रदान करना तो आवश्यक ही है। अपने विवरण को तैयार करते हुए जैसे यथार्थता का ध्यान रखना आवश्यक है वैसे ही उसे सप्राण बनाने की ओर भी ध्यान देना अनिवार्य है। पत्रकार की लेखन-शैली की विशेषता इसी बात में है कि किसी भी विषय, व्यक्ति, समस्या अथवा घटना का उल्लेख करते हुए उसमें वह जीवन भर दिया जाए जो उसके हृदय में अपने प्रति रोचकता, आकर्षण, मनोरंजन और वही अनुभूति जिससे लेखक उत्प्रेरित है, पैदा कर दे। अगर आपकी शैली और विवरण का तरीका नीरस, शुष्क, निर्जीव है, अगर आपकी लिखी बातें बगैर कोशिश साधारण पाठक की सामान्य बुद्धि में बैठ नहीं जातीं, अगर वे उसकी कल्पनाशीलता को उत्तेजित नहीं कर देतीं जो अनुभूति लेखक को हो रही है और अगर वे हृदय में स्पन्दन तथा उत्सुकता का प्रजनन नहीं कर देतीं तो आप पत्रों के स्तम्भों में लिखने के योग्य नहीं हैं। अगर लिखने का तरीका मनहूस हो गया है तो बड़े-से-बड़ा समाचार प्राप्त करने और उसका विवरण प्रकाशित कर देने का कोई कीमत नहीं है। अपने पत्र के पृष्ठों को उज्ज्वल और स्फूर्तिदायक बनाना भी पत्रकार का काम है। कोई पत्र उजड़ी वाटिका-सा रूप धारण करके अपना अस्तित्व बचा नहीं सकता। उसमें तो वह गति और जीवन और प्रेरणा होनी चाहिए जो लोगों के विचारों को उत्तेजित कर दे, उनकी कल्पना में जान डाल दे, उन्हें तत्सम्बन्धी बातों पर विचार और तर्क करने हेतु मजबूर कर दे और पत्र के दूसरे संस्करण को देखने हेतु लालायित कर दे। यही पत्रकार के जीवन की साधना जिसकी सफलता हेतु एकाग्र रहना चाहिए।

इसमें सफलता प्राप्त करने हेतु पत्रकार को अपनी कला की कृति में अपने व्यक्तित्व को अपनी अनुभूति को, अपने ही सजीव अनुभूति को भर देना होगा। भाषा पर अच्छा अधिकार हो और साधारण तरीके से लिखने का अभ्यास हो। मुश्किल तथा समझ में न आनेवाले शब्दों और सभी पदों को यथासम्भव उपयोग में न लाइए पर अपने भाव को प्रबल रूप से अभिव्यक्ति करने में सक्षम होइए। यह अभ्यास से सम्भव हो जाता है; पर अभ्यास हेतु लिखने वाले में कुछ आधार होना चाहिए। रिपोर्टर का मस्तिष्क भावों से भरा हो, जल्दी-बाजी और यथार्थता के साथ बातों को आत्मसात कर लेने की शक्ति हो और अपनी कला सीख लेने का दृढ़ संकल्प और अदम्य लालसा हो तो क्रमशः अभ्यास से ये बातें प्राप्त हो

जाती हैं। संवाददाता की जिम्मेदारी है कि संवाददाताओं तथा पत्रकारों के माध्यम से लिखे गए लेखों, वर्णनात्मक विवरणों, समीक्षात्मक एवं तुलनात्मक ग्रन्थों का ज्यादा-से-ज्यादा पढ़ने की चेष्टा करे। इसके सिवा ज्यादा-से-ज्यादा विषयों का थोड़ा-थोड़ा ज्ञान प्राप्त करने की चेष्टा करे। साहित्य, इतिहास, राजनीति, अर्थनीति, का इतना ज्ञान हो कि सिद्धपयक बातों को समझ सके यह अत्यन्त आवश्यक है। संसार की आधुनिक समस्याओं, प्रश्नों और विचारधाराओं से परिचित हो। इस प्रकार वह भाव और भाषा दोनों का संचय करने में समर्थ होगा। फिर उसे सजीव, आकर्षक तथा साधारण तरीका से अभिव्यक्त करने हेतु अभ्यास की आवश्यकता रह जाएगी। यह धीरे-धीरे किया जा सकता है।

संवाददाता हेतु उपर्युक्त ढंग से रिपोर्ट लिखने में जहाँ तथा बातों को ध्यान में रखकर आवश्यक है वहाँ एक बात तथा याद रखनी चाहिए। रिपोर्टर जो कुछ लिखता है उसमें उसका प्रमुख उद्‌देश्य समाचार को प्रकट करना होता है। पर किस घटना पर कौन सा अंश समाचार की दृष्टि से महत्त्वपूर्ण है यह समझे बिना उचित प्रकार से विवरण नहीं लिखा जा सकता। पर इसका पता कैसे चले कि अमुक घटना का अमुक अंश प्रधानता रखता है? हम इस प्रश्न का उत्तर दे सकते हैं कि यह निर्वाचन तथा आविष्कार संवाददाता के समाचार-बोध तथा उसकी सजग चेतना पर निर्भर है। उदाहरण लेकर विचार करना सरल होगा। लखनऊ में किसी राजा के माध्यम से छोड़ी रानी पर रात को जब वे अपनी कोठी के बरामदे में टहल रही थी किसी ने गोली चलाई। रानी घायल हुई पर प्राण बच गए। आक्रमणकारी निकल गया। यह समाचार स्वयं सनसनी उत्पन्न कर देने हेतु पर्याप्त है लेकिन अगर जागरूक संवाददाता होगा तो संवाद के भीतर प्रवेश करने की चेष्टा करेगा। 'आक्रमणकारी ने गोली चलाई' यह बहुत महत्त्व की घटना है पर रानी कब से छोड़ी हुई राजा से उनकी अनबन क्यों चल रही है, राजा ने दूसरा विवाह कर लिया है अथवा नहीं, इत्यादि बातों का पता लगाकर अगर विवरण में रख दिया जाए तो क्या वह भविष्य की ओर तथा घटना के रहस्य की ओर अप्रत्यक्ष संकेत नहीं कर देता? लिखते समय आक्रमण वाली घटना की प्रमुखता जरूर दी जाएगी लेकिन रानी का इतिहास कम प्रधान न रखेगा। फलतः विशेष दिशा की ओर जनता का ध्यान चला जाएगा तथा इस घटना की सनसनी न सिर्फ बढ़ जाएगी बल्कि लोगों के हृदय में उसके प्रति बढ़ी उत्सुकता जाग्रत हो जाएगी।

अब संक्षेप में स्थूलरूपेण उन थोड़े से परन्तु अनिवार्य गुणों की चर्चा यहाँ पर कर देना आवश्यक है जिनका समावेश संवाददाता में होना चाहिए। समाचार

का संकलन करने और उसे व्यक्त करने में सक्षम होने हेतु जिन विशेष बातों की आवश्यकता होती है उनका वर्णन कर चुके हैं। पर इनमें सफलता प्राप्त करने हेतु संवाददाता में कुछ साधारण बातें आवश्यक होती हैं। कहते हैं कि रिपोर्टर को त्रिनैन होना चाहिए। उसकी एक आँख अपने काम पर रहे, दूसरी घड़ी पर तथा तीसरी जनता पर जिसके लिए,संवाद-संकलन किया जा रहा है। संवाददाता खुद भावुक होते हुए भी भावना में नहीं डूब सकता। किसी भी घटना को चाहे वह कितनी भी भावमयी अथवा बड़ी क्यों न हो वह सिर्फ एक ही नजर से देखता है। नजर यह होती है कि उसमें समाचारत्व कितना है, जनता को, पाठकों को किस सीमा तक उसे जानने की उत्सुकता होगी, कहाँ तक वह उनमें उत्सुकता पैदा करेगी और पत्र की ओर आकृष्ट करने में किस सीमा तक सफल होगी। जनता की इस रुचि तथा मनोभाव पर एक दृष्टि रखना इसी वजह अनिवार्य होता है। कोई यह न समझे कि संवाददाता की अभावुक होने का, निर्लिप्त बनने का परामर्श देना जड़ बना देना है। वस्तुतः निर्लिप्तता उसका उसी प्रकार गुण है जिस प्रकार डॉक्टर या वकील का गुण होता है। डॉक्टर रोगी की शल्य-चिकित्सा करते हुए भावुकता के चक्कर में फँसना सहन कर सकता है? वह जानता है कि जीवित शरीर में उसे छुरा भोंकना है। वह यह भी जानता है कि इससे रोगी की मृत्यु हो सकती है पर उसका कर्त्तव्य सिर्फ इतना होता है कि वह रोग को देखे तथा उसके उपयुक्त उपचार की चिन्ता तथा प्रयत्न करे।

ठीक यही स्थिति संवाददाता की समझिए। यह बात नहीं है कि उस पर घटनाओं का प्रभाव नहीं होता, फिर भी उसे अपनी बुद्धि तथा हृदय की तुला को समान रखना होता है। कहीं किसी की हत्या हो गई और मृतक के घर वाले रो रहे हैं। वहाँ संवाददाता समाचार लाने पहुँचता है। रोने वालों के चीत्कार से भले ही उसका कलेजा पिघल जाए पर उसका काम उसे मजबूर करेगा कि इन दृश्यों पर ध्यान न देकर घटना के तथ्य की ओर देखे, समाचार की नजर से उसके महत्त्व को तौले। फलतः इस निर्लिप्तता का अभ्यास करना ही होगा। संवाददाता को प्रत्युत्पन्नमति तथा मन को स्थिर रखने में भी सफल होना चाहिए। मुश्किलों से न घबरा सकता है, न खतरों से डर सकता है। आवश्यकता पड़ सकती है कि भीड़ में खड़े-खड़े भाषण का रिपोर्ट ले, पानी में भीगते हुए स्थान की विशेष घटनाओं की जानकारी की प्रयत्न करे। सफल तथा विख्यात पत्रकारों की तो ऐसी कहानियाँ हैं जो आश्चर्य में डाल देती हैं। न्यूयार्क के 'ईवान न्यूज' नामक समाचार के संवाददाता श्री हेराल्ड लिटिलडेल अन्तर्राष्ट्रीय नौकाओं की रिपोर्ट लेने हेतु गए थे।

वे एक वायुयान को उड़ते हुए यह दौड़ देख रहे थे। दुर्भाग्यवश वायुयान का इंजन बिगड़ गया तथा तीन सहस्त्रफुट की गहराई वाले अटलांटिक महासागर में उसने जल समाधिक ले ली। अब श्री लिटिलडेल की दशा देखिए। उन्होंने तुरन्त अपने पत्र को इस वायुयान के पतन का समाचार बेतार के तार से देना आरंभ किया। उन्हें अपने लोगों की चिन्ता नहीं हुई पर समाचार-पत्र को संवाद देने की बात सूझी। परिणामतः उन्होंने समाचार भेज दिया। इसी बीच उन्हें किसी प्रकार बचा लिया गया, पर बच जाने पर भी उसकी प्रसन्नता उनकी पत्रकारिता पर हावी न हो सकी। उन्होंने चट से अपना जेबी कैमरा निकाला तथा गिरते और डूबते हुए वायुयान का चित्र लेना आरंभ किया। दूसरे दिन सारी घटना सचित्र उनके पत्र में छप गई। मन की स्थिरता, बुद्धि की ऐसी दृढ़ता, अकल्पित गहरी सूझ तथा खतरे से न घबराकर तथा प्राणों की चिन्ता छोड़कर भी पत्रकार प्रवृत्ति, मस्त होकर समाचार प्राप्त करने की उन्मत्तता पर कौन चकित न करेगा? इसी वजह से ये लोग अपना नाम कर जाते हैं।

अतः कठिनाइयों, विघ्नों, बाधाओं तथा खतरों की उपेक्षा करने और कठोर तथा विक्षोभकारक परिस्थितियों के रहते हुए भी शान्तचित्त तथा ठंडे दिमाग से समाचार पेश करते रहने में समर्थ होना आवश्यक गुण है। जिनके स्नायुतन्तु इतने प्रौढ़ नहीं होते, स्वास्थ्य खराब और मन कमजोर होता है वे समय आने पर चारों खाने चित्त हो जाते हैं। दुर्बल हृदय किस प्रकार निकम्मा हो जाता है इसका एक उदाहरण है। एक संवाददाता महाशय थे जिन्हें एक बार एक स्थान पर चल रहे भयावने हिन्दू-मुस्लिम दंगों की रिपोर्ट संग्रह करने का काम सौंपा गया। उन्होंने काम तो उठा लिया पर चारों ओर आग, लूट, हत्या, आघात तथा विनाश और उन्मत्त हुई जनता की दैत्यलीला देखते-देखते वे इस प्रकार घबरा गए कि उनका मस्तिष्क विकृत हो गया। सही में महीनों तक वे विक्षिप्त स्थिति में पड़े रहे। ऐसी कई घटनाओं का अनुभव पत्रकार को जीवन में होता रहता है। धीर हृदय प्राप्त करने का प्रयत्न करना आवश्यक है अन्यथा मनोभावों की उथल-पुथल काम करना सम्भव नहीं हो सकती है। पत्रकार निर्लिप्त बने, एक प्रकार का मुनि हो जाए, भावना का निरोध करने में समर्थ हो।

अधिक से ज्यादा लोगों से मित्रता प्राप्त कर लेना व्यवहार कुशल होना है। उत्तेजित किए जाने पर भी मन को बेकाबू न होने देना, यथासम्भव लोकप्रिय होना, क्रोध प्रलोभन को सिर उठाने का मौका न देना इत्यादि ऐसी बातें हैं जिनके बिना पत्रकार सफलतापूर्वक संवाददाता का काम नहीं कर सकता। उसे अपने व्यवहार

से यह प्रकट करना चाहिए कि वह किसी का अविश्वास नहीं करता; पर मन में पक्की प्रकार से यह सिद्धान्त बना लेना चाहिए कि किस बात पर मात्र किसी के कह देने से वह तब तक विश्वास नहीं करेगा जब तक स्वयं अपनी छानबीन से उसकी असलियत के सम्बन्ध में पूरा-पूरा पता न पा जाएगा घटनाओं को यथासम्भव संक्षेप में चित्रित करने का भी अच्छा अभ्यास होना चाहिए। पत्र में स्थान नियत होता है तथा प्रकाशनीय बातों की कमी नहीं रहती; परिणामतः बातें पूर्ण रूप से संक्षेप में लिखने वाला संवाददाता आदर का पात्र होता है। कई बार जिलों से संवाद भेजने वाले संवाददाता एक-एक घटना का विवरण व्यापक रूप से भेजते हैं। वे तो जैसे यह समझते ही नहीं कि उनका कस्बा अथवा जिला ही विश्व नहीं है तथा सिर्फ वहाँ के संवाद छापने हेतु समाचार-पत्र प्रकाशित होता है। परिणाम यह होता है कि प्रधान उप-संपादक ज्यादातर लम्बे विवरणों को 'अस्वीकृत' की फाइल के हवाले कर देता है। समाचार लिखते हुए इस बात का ध्यान रखना चाहिए कि अक्षर स्पष्ट हों, स्लिप के दाईं ओर लिखा जाए और लाइनों के मध्य में इतना स्थान छोड़ दिया जाए कि संपादक हेतु आवश्यक संशोधन करने का स्थान मिल सके।

संवाददाताओं को दो विषयों का ज्ञान तथा हो तो उनकी उपयोगिता अधिक बढ़ जाती है। एक तो 'शार्टहैण्ड' और टाइपराइटिंग का तथा दूसरा चित्र उतारने का। आजकल इन दोनों की कितनी आवश्यकता होती है इस पर लिखना व्यर्थ है। आज चित्र तो विशेष रूप से पत्रों के प्राण हो रहे हैं। इस कार्य को सीख लेना अपने कार्य की उपयोगिता को कई गुना बढ़ा देना है। 'शार्टहैण्ड' की आवश्यकता भी कम नहीं है हालाँकि उसे अनिवार्य नहीं कह सकते। रिपोर्ट में 'शार्टहैण्ड' काफी सहायक होता है पर शार्टहैण्ड जानता हो अथवा न जानता हो संवाददाताओं की स्मृति तथा धारणा की शक्ति जाग्रत ही होनी चाहिए। ज्यादातर बातों का विवरण उसे अपनी स्मृति के भरोसे ही करना है। किससे कब मिलना है, कहाँ जाना है, कौन-कौन से उत्सव अथवा समारोह कब हो रहे हैं जिनकी रिपोर्ट लेना है इत्यादि बातों की स्मृति उसे होनी चाहिए। इसलिए इन सब बातों को अपनी डायरी में भी नोट कर रखना अच्छा है। ऐसे लोगों के पते जिनसे काम में सहायता मिल सकती हो, अपनी डायरी में लिख छोड़ना भी आवश्यक होता है पर यह सब करते हुए भी अपनी स्मृति को करते रहने का अभ्यास करना ही चाहिए। संवाददाता का काम इसके बिना नहीं चल सकता इसलिए सब बातें न डायरी में नोट की जाती हैं तथा न सदा अवसर ही मिलता है।

वर्तमान में संवाददाताओं का एक तथा काम होता है जिसे पत्रकारिता के क्षेत्र में महत्त्व प्राप्त हो गया है। यह भेंट तथा वार्तालाप करना, जिसे पत्रकारों की भाषा में 'इंटरव्यू' कहते हैं। रिपोर्टिंग के क्षेत्र में भेंट-मुलाकात करने का काम उसका विवरण देना काफी अधिक कठिन माना जाता है। अच्छे तथा विख्यात पत्रकारों का तो यहाँ तक कहना है कि इस कार्य में सफलता प्राप्त वही करता है, जिसमें इसे करने हेतु कुछ आवश्यक जन्मजात गुण होते हैं। पर थोड़ा काफी तार्किक गुण तो सभी कामों को करने हेतु होना चाहिए लेकिन इसका यह मतलब नहीं है कि कोई सामान्य परन्तु जागरूक व्यक्ति इसे करने की मान्यता प्राप्त नहीं कर सकता। कुछ आवश्यक बातें हैं जिन्हें हृदयंगम कर और तदनुकूल व्यवहार करके अभ्यास कर लेने पर इस दिशा में कोई भी संवाददाता कामचलाऊ सफलता प्राप्त कर सकता है। भेंट तथा वार्तालाप करने की कला में प्रवीण होने हेतु नवागत रिपोर्टरों को आरंभ से ही अभ्यास करना चाहिए। वस्तुतः कठिनाई इसलिए होती है तथा संवाददाता असफल इस कारण होता है कि वह आरंभ में ही किसी महान् व्यक्ति से भेंट करने हेतु भेज दिया जाता है। उस 'महान्' के व्यक्तित्व का रौब बेचारे नौसिखिए पत्रकार पर पहले से ही छाया रहता है। बड़े के बड़प्पन की भूमिका उसकी रही-सही शक्ति चेतना को भी लुप्त कर देती है।

प्रश्न करने की हिम्मत तो दूर रही उनके सामने मुख से आवाज़ भी नहीं निकल पाती। परेशानी में पड़कर वह उन प्रश्नों के तालिका तथा क्रम को भूल जाता है जिससे वह भेंट करने जाता है। भेंट-मुलाकात को एक प्रकार की 'जिरह' समझिए। भेद मात्र यह होता है कि वकील अथवा बैरिस्टर जहाँ आपको अपने प्रश्न का उत्तर देने हेतु बाध्य कर सकता है। वहाँ पत्रकार ऐसा नहीं कर सकता। इन बातों को भूलाकर भेंट करने हेतु गया हुआ पत्रकार वास्तव में जिरह करने हेतु तैयार हो जाता है। भेंट तथा वार्तालाप करने का क्या लक्ष्य है? जिससे आप मिलने जाते हैं उससे कुछ विशेष बातों अथवा प्रश्नों के सम्बन्ध में उसके विचार तत्त्स उसका मत जानने हेतु जाते हैं। आप चेष्टा करते हैं कि उसके हृदय की गढ़ी बातों को निकाल लेने की। तभी सम्भव है जब आप उस व्यक्ति के रोब में जिससे वार्तालाप करने गए हैं, पहले ही न दबें। बड़े-से-बड़े बड़प्पन को अपने प्रभाव स्थापित न करने देना, अपने पद की मर्यादा को अक्षुण्ण बनाए रखना आवश्यक है। अपने इस शक्ति को जाग्रत करने हेतु तथा किसी रौब को गालिब न होने देने हेतु नव-नियुक्त रिपोर्टर को आरम्भ से ही आवश्यक अभ्यास करने में सम्मिलित होना चाहिए। अभ्यास इस प्रकार किया जा सकता है कि नगर की विभिन्न

संस्थाओं, अधिकारियों,. सार्वजनिक नेताओं, विविध विषयों के पंडितों, खासज्ञों और प्रोफेसरों का नाम नोट कर लें। उनमें से जिस किसी से पहले मिलना हो उसके विषय के अनुकूल कुछ प्रश्नों की रचना कर ले। पहले ही नियत कर लें कि बात का खुलासा उसके माध्यम से कराना अपना लक्ष्य है। इस प्रकार तैयार होकर बारी-बारी से लोगों से भेंटकर अपने वार्तालाप की रिपोर्ट तैयार करें। धीरे-धीरे आप अभ्यस्त हो जाएँगे तथा समय आने पर किसी भी महान् व्यक्ति का समाना करने में समर्थ होंगे। खेद की बात है कि इस देश के पत्र, चाहे वे अंग्रेजी के हों अथवा देशी भाषा के, इस ओर काफी कम ध्यान देते हैं। वे अपने रिपोर्टरों को उपर्युक्त प्रकार से भेंट करने हेतु न प्रोत्साहन देते हैं और न इसको आवश्यक ही समझते हैं। आवश्यकता इस बात की है कि इस ओर विशेष ध्यान दिया जाए तथा भेंट-मुलाकात की रिपोर्टों को पत्र की एक विशेषता बनाया जाए। इंग्लैंड तथा अमेरिका के पत्र इस मामले में काफी बढ़े हुए हैं तथा उनके पत्रकार भी समाचार तैयार करने के कार्य में दक्ष तथा चतुर हैं। गुन्थर, वेबमिलर, लुइफिशर, लियान्स इत्यादि ऐसे ही जगत् प्रसिद्ध संवाददाता हैं जिन्होंने स्टालिन तथा हिटलर, मुसोलिनी, रजाशाह, गांधी तथा च्यांगकाई-शेक ऐसे लोगों से भेंट तथा वार्तालाप कर पत्रकारिता के क्षेत्र में कहानी की रचना कर डाली है।

नया रिपोर्टर धीरे-धीरे उपर्युक्त ढंग से अभ्यास करके न मात्र अपना ज्ञान बढ़ाएगा अपितु इतना ढीठ तथा पारंगत हो जाएगा कि बड़े से बड़े मामले और बड़े से बड़े लोगों से भेंट करने में संकोच न करेगा। इस सम्बन्धों में कुछ तथा बातों की ओर ध्यान आकृष्ट कर देना उचित है। आप जिनसे वार्तालाप करना चाहते हैं उनमें ज्यादातर तीन प्रकार के लोग होते हैं। एक तो वे जो ज्यादा बोलते हैं, दूसरे वे जो काफी कम बोलते हैं तथा तीसरे प्रकार के लोग वे होते हैं जो बिल्कुल मौन रहना ही पसंद करते हैं। पत्रकार को तीनों प्रकार के लोगों से काम लेने हेतु तत्पर होकर चेष्टा करनी पड़ती है। कार्य की कठिनता कल्पना के क्षेत्र से बाहर नहीं है। कोई असंगत तथा अनर्गल प्रलाप करता है फिर भी आप उसे रोक भी नहीं सकते। उसके वाग्जाल में से अपने मतलब की बातें निकाल लेना आपकी सूझ तथा बुद्धि पर निर्भर है। दूसरे वे हैं जो बार-बार उत्तेजित किए जाने पर भी मौन रहने में सफल होते हैं। उनसे अपनी चातुरी और व्यवहार सरलता से आपको काम निकालना है। इन कठिनाइयों के कारण ही वार्तालाप में सफल पत्रकार अपने क्षेत्रों में अधिक प्रशंसा और आदर के पात्र होते हैं। जो पत्रकार सफलता चाहता हो वह स्वयं किसी भी बात से, किसी की विचलितता या किसी मौन से, कदापि नाराज़

न हो। वह धैर्य तथा समझदारी के साथ बोलने वाले के हर शब्द, उसकी भावभंगिमा, उसकी मुखमुद्रा तथा उसके विचारों को अत्यंत सावधानी से आत्मसात करता जाए। अच्छे संवाददाता भेंट करते समय अपने प्रश्नों को कापी में नोट करने की कोशिश नहीं करते। जिससे वह बहस कर रहे हैं ज्यादातर भड़क उठता है और सम्भव है तो मौन ही ग्रहण कर ले। अतः मन से तमाम बातों को समझने तथा चित्त में बैठाते जाने का कोशिश करते जाइए। सम्भव हो तो उसके कुछ जोरदार वाक्यों को शब्द-प्रतिशब्द याद कर लीजिए तथा रिपोर्ट लिखते हुए उनका प्रयोग किजिए। जो मौन रहने की कोशिश करते हैं उनके साथ अधिक सावधानी बरतने की आवश्यकता होती है। उनके रंग-रूप में देखकर अगर उनके स्वभाव का अनुमान लगा सकते हों तो उसका भी आश्रय लीजिए। फिर आवश्यकता अनुसार चाटुकारिता करके, उनके अहम् की भावना अध्ययन करके, उनके प्रति सहानुभूति प्रदर्शित करके उनकी भावना को उत्तेजित कर अपना काम निकालने की चेष्टा करनी होती है। धीरे-धीरे ये बातें अभ्यास से धारण की जा सकती हैं। अच्छे पत्रकारों से बड़े-बड़े बुद्धिमान तथा प्रत्युपन्नमति लोगों को भी घबराते देखा गया है।

यहाँ ध्यान रखने योग्य एक बात है कि पत्रकार जिससे भेंट या वार्तालाप करता है उससे एक से व्यक्तिगत रूप से ही बातचीत होती है। इस तरह अच्छा यह है कि वार्तालाप की रिर्पोट तैयार करके जिससे भेंट की गई है उसे दिखा ली जाए और उसकी स्वीकृति प्राप्त करके तब प्रकाशित की जाए। भेंट करने वाले संवाददाता में लिखने की शक्ति तो होनी ही चाहिए पर उसके सिवा उसका ज्ञान व्यापक हो, उसे व्यक्ति और प्रश्नों की अच्छी जानकारी हो व्यवहार कुशल हो, मिलनसार हो, विवेकी तथा तीक्ष्णबुद्धि हो। भेंट करने हेतु सामान्यतः प्रसिद्ध व्यक्ति चुने जाते हैं। भारत में तो किसी प्रसिद्ध राजनीतिक नेता या सार्वजनिक व्यक्ति से ही भेंट-मुलाकात करने की प्रथा-सी है लेकिन यूरोप में इसके लिए भिन्न-भिन्न तरह के प्रसिद्ध लोग चुने जाते हैं। राजनीतिक नेता तथा सरकारी विधाता के सिवा किसी बड़े विद्वान्, वैज्ञानिक, लेखक, कलाकार, अभिनेता अथवा अभिनेत्री और कभी-कभी भयानक अपराधों के विख्यात अपराधियों तक से भेंट की जाती है। बातचीत की रिपोर्ट लिखने का ढंग भी दो प्रकार का होता है; एक तो प्रश्नोत्तर के रूप में, दूसरे लेख के रूप में। संवाद संग्रह की अपेक्षा यह कार्य कहीं अधिक आवश्यक होता है। इस तरह विदशी पत्र इसके लिए प्रसिद्ध और

निम्न पत्रकारों अथवा संवाददाताओं को ही नियुक्त करते हैं। किसी से वार्तालाप करके उसकी रिपोर्ट लाने हेतु वे पर्याप्त धन भी खर्च करते हैं। भारतीय पत्रों को इस दिशा में भी काफी कुछ करना है। अब तक वे इस प्रकार के विवरणों का महत्त्व अनुभव नहीं कर सके हैं। भारतीय पत्रकार-कला को अपना स्तर ऊँचा करने हेतु ध्यान देना आवश्यक है।

प्रत्येक संवाददाता को याद रखना चाहिए कि अपने पत्र की सजीव मूर्ति के रूप में वही सबसे अधिक जनता के सम्मुख तथा निकट रहता है। अगर पत्र को जनता का आदरणीय बनना है, उसका विश्वासपात्र होना है और अपनी आदर्शवादिता से जन-जीवन को उज्जीवित करना है तो आवश्यक है कि रिपोर्टर अथवा संवाददाता अपने चरित्र, अपनी आदर्शवादिता, अपने उत्तरदायित्व की रक्षा समुचित रूप से करने के प्रति सदैव जागरूक रहे। वह अपने पत्र का प्रतिनिधि है जिसके गौरव, सुयश तथा सुनाम की रक्षा का भार उसका है। पत्र की नीति को वह सदा अपने सामने रखे, उसकी सेवा करने और उसकी मर्यादा और पद को बनाए रखने में कोई बात न उठा रखे। उस मर्यादा और पद की रक्षा तभी हो सकेगी जब वह अपने चरित्र को उज्ज्वल रखेगा और अपने पेशे को तप समझकर आवश्यक हो तो जीवन भी उत्सर्ग कर देने हेतु तत्पर रहेगा। उसे अपने स्वाभिमान की रक्षा भी करनी चाहिए। सत्य की पूजा में एकान्त भाव से लगे रहने का दृढ़ संकल्प कर लेना चाहिए। दुनिया का कोई भी भय, कोई भी लोभ अथवा शक्ति उसे पथ से विरत न करने पाए। इसी में उसके स्वाभिमान की रक्षा तथा उसके पत्र का गौरव है। एक बार अमेरिकी पत्रकार वेबमिलर एक सैनिक प्रदर्शन देखने और उसकी रिपोर्ट लेने गए। वे टहल ही रहे थे कि सामने से एक बड़ा जनरल ठाट-बाट से आते दिखाई पड़े। वेबमिलर के पास पहुँचकर उसने उनको अपमानित करने की दृष्टि से या सैनिकों के सामने अपना रोब जमाने हेतु डाँटकर कहा, 'तुम नहीं जानते कि मैं जनरल हूँ सलाम करो।'

वेबमिलर आश्चर्यचकित रह गए। उन्होंने देखा कि इसने तो धौंस जमा दी पर उनकी हाजिरजवाबी ने साथ दिया। वे बोल उठे 'तुम नहीं जानते कि मैं पत्रकार हूँ। पत्रकार सलाम नहीं किया करता मात्र उसका उत्तर देता है।' अब जनरल के हतप्रभ हो जाने की बारी थी। यह जवाब सुनकर खीझ उठा, लेकिन करे क्या? हतप्रभ जनरल अपने ही सैनिकों के आगे अपनी इज्जत की रक्षा करने हेतु जल्दी सीधे खडा हो गया तथा होशियार की मुद्रा में जिसमें सैनिक सलाम करते

हैं। वेबमिलर को सलाम करते हुए जोर से कहा, 'अच्छा, अब सलाम करो।' वेबमिलर ने उसका उत्तर सलाम में ही दे दिया। पत्रकारों को हमेशा अपनी मर्यादा, अपने स्वाभिमान की रक्षा करनी चाहिए। हठधर्मी तथा मिथ्याभिमान से नहीं परन्तु अपने चरित्र की उज्ज्वलता तथा आदर्शवादिता से। संवाददाता की सुझबूझ तथा व्यवहार कुशलता समाचार से कलम में अहम भूमिका निभाता है। इसलिए संवाददाता को हाजिर जवाब होने के साथ-ही-साथ व्यवहार कुशल भी होना चाहिए।

7

हिन्दी पत्रकारिता तथा सम्पादन कला

सम्पादकीय कार्य

एक सम्पादक को सम्पादकीय कार्य के विषय में भी समुचित जानकारी होना चहिए की जरूरत होती है। सम्पादक पत्रकार-मण्डल का सर्वोच्च पदाधिकारी होता है। इसलिए यह जरूरी है कि पत्रकारों के समस्त तथा विभिन्न विभागों के काम का सम्पूर्ण ज्ञान उसे हो! यद्यपि सम्पादक न संवाद संकलन कार्य, न रिर्पोटिंग करता है, न प्रूफ संशोधन, न मेकअप करता है, न पत्र को सजाने का काम, तथापि उसे हर विषयों तथा कार्यों का पूरा ज्ञाता होना जरूरी है। जरूरत पड़ने पर उसे इन सभी कार्यो को करने में सक्षम होना चाहिए। जब तक वह पत्र सम्बन्धी सब बातों पर निपुण न होगा तब तक अपने अधीनस्थ कर्मचारियों का न पथ-प्रदर्शन कर सकता है एवं न उन पर अपने व्यक्तित्व की छाप बैठा सकता है। इसलिए उचित यह समझा जाता है कि जो व्यक्ति सम्पादक के पद पर विराजने के पूर्व इन सभी कार्य तथा स्तरों से गुजर चुका होता है वह वह सीधे

कुर्सी पर बैठ जाने वाले सम्पादक की तुलना में कहीं अधिक कार्यक्षम तथा सफल साबित होता है।

आधुनिक पत्र का सम्पादक किसी विशेष काम के लिए उत्तरदायी नहीं होता अमेरिका एवं यूरोप के पत्रों के सम्पादक सम्भवतः एक पंक्ति भी लिखने का समय नहीं पाते। एक समय था जब वे टिप्पणियां तथा अग्रलेख लिखा करते थे, चिट्ठी भेजनेवालों को जवाब दिया करते थे तथा ज्यादातर पत्रों में छिड़ जाने वाले अनेक-विषयक विवादों में हिस्सा लिया करते थे पर अब यह स्थिति परिवर्तित गई है। टिप्पणियों तथा अग्रलेख तक के लिए पृथक् से लेखक रखे जाते हैं जिनका काम ही यह होता है कि वे नित्यप्रति लेख दे दिया करें। एक मनुष्य सभी विषयों का पूरा ज्ञाता नहीं हो सकता तथा न ही सभी विषयों पर अधिकार पूर्वक लेखनी चला सकता है। इसलिए अमेरिकन तथा ब्रिटिश पत्र कई विषयों के पृथक्-पृथक् लेखक रखते हैं। भारत के पत्रों की दशा इनसे विविध है। कुछ अंग्रेजी भाषा के भारतीय पत्र तो अग्रलेख-लेखकों से लिखवाते भी हैं पर देशी भाषा के दैनिक पत्रों में शायद ही कोई ऐसा हो जहाँ इस प्रकार की सुविधा हो। हिन्दी पत्रों की आर्थिक दशा तो तथा भी खराब है। अधिकाशतः पत्रों के सम्पादक न मात्र अग्रलेख तथा टिप्पणी लिखकर मुक्ति पाते हैं अपितु अनुवाद भी करना पड़ता है, प्रूफ भी देखना पड़ता है तथा कभी-कभी संवाद-संकलन में भी भाग लेना पड़ता है। अतः देश के सम्पादक को पत्र-विषयक सभी कार्यों की पूरी जानकारी होना अत्यंत आवश्यक है।

निर्मित कापियों का प्रूफ-संशोधन तथा कम्पोज पृथक होता रहता है। इस प्रकार एक ही सम्पादकीय विभाग के कई उपविभाग स्वायत्तता के साथ कार्य करते रहते हैं पर जहाँ पृथक्-पृथक् यह होता रहता है वहाँ उसे एक सूत्र में पिरोने की भी आवश्यकता होती है। पत्र आपके सामने अव्यवस्थित तथा विच्छिन्न टुकड़ों में नहीं बल्कि सम्पूर्णता में आता है। के फलस्वरूप विभाजित होकर कार्य करते हुए भी सम्पादकीय विभाग का काम एकात्मक तथा व्यवस्थित होना चाहिए। इस एकसूत्रता का आधार सम्पादक होता है। सारे विभाग उसी के अन्तर्गत हैं तथा वही उन सब हेतु जिम्मेदार है। उसकी नीति न लेखों में अपितु संवादों में भी दृश्यमान होनी चाहिए। संवादों की उपस्थित करने के तरीके, उनके प्रदर्शन तथा उनके शीर्षक से ही पता चलता है कि प्रश्न-विशेष सम्बन्ध में पत्र नीति क्या है? सम्पादक का व्यक्तित्व तथा पत्र का आदर्श पंक्ति-प्रतिपंक्ति से ही साफ हो जाता है। सारी व्यवस्था, सारे आयोजन सारे तरीके पर सम्पादक की छाप होती है जो पत्र

को अपनी पूर्णता में प्रस्तुत करता है। पत्र का एक संस्करण समाप्त हुआ कि दूसरे की तैयारी आरंभ हो जाती है। सम्पादक अपने विभाग के प्रमुखों का खत्म करता दिखाई देता है। आज के समाचारों से भावी सवालों के जो संकेत स्पष्ट हुआ है उसके अनुसार सम्पादक कई समस्याओं के सम्बन्ध में अपनी निगाह स्थिर कर लेता है जैसे–किस बात का समर्थन करना है, किसका विरोध किसको विशिष्ट रूप से प्रदर्शित करना है, किसको जनता की नजर के सामने विशेष तौर पर लाना है, अमुक बात की ओर साधारण लोगों की रुचि नियत रूप से होगी, वे उसके सम्बन्ध में अधिक से अधिक जानना चाहेंगे, अतः व्यापक तथा विशद रूप से विवेचना होनी चाहिए, इत्यादि कई बातें अगले दिन हेतु स्थिर हो जाते हैं।

देश-विदेश की महत्वपूर्ण घटनाओं की जानकारी, उसके लिए संवाददाताओं को आदेश प्रदान करना, आवश्यकता हो तो उन्हें नियुक्त करना इत्यादि काम सम्पाद का होता है। लेखक किस बारे पर लेख लिखे, अगले दिन के लेख में प्रश्न बारे के विषय में क्या नजरिया धारण किया जाए इत्यादि बातों का निर्णय सम्पादक को ही करना होता है। संस्करण छपते ही पत्रों की समीक्षा कर कौन अनावश्यक छाप गई, कौन सी बात छूट गई, कहीं कोई बात के प्रतिकुल तो नहीं हुई, पत्र को अधिक आकर्षण बनाने हेतु तथा क्या किया जा सकता था, इत्यादि बातों के विषय में सहयोगियों को तुरंत सम्पादक आदेश देता है। इस प्रकार छोटी-से-छोटी तफसील की समस्या से पत्र-विषयक बड़ी-से-बड़ी समस्या का समाधान उसे ही करना होता है। इसलिए हरएक सहयोगी, हर विभाग हरएक समस्या तथा हर प्रश्न पर सजगता के साथ हर पल उसकी निगाह पड़ती रहनी चाहिए। इस प्रकार संपादक तीव्रता और सतर्कता के साथ आक्रामक स्थितियों में की कार्य करता रहता है। यही कारण है कि लेख लिखने अथवा अनुवाद करने अथवा मेकअप करने जैसे तफसील के कार्यों में वह अपना समय नहीं दे पाता।

उसके कार्य के आकार का जो चित्र बनाया गया है उसके अनुसार उसके लिए आवश्यक योग्यताओं का उल्लेख आसानी से ही किया जा सकता है। एक अच्छे सम्पादक जल्दी निर्णय पर पहुँचने की शक्ति, पारदर्शीता समाचार की चेतना, दूरदर्शीता, सहयोगियों से बेहतर सहयोग पाने की क्षमता,जनता की मनावृत्ति एवं रुचि का ज्ञान, विविध विषयों का व्यापक ज्ञान, शारीरिक और श्रम करने योग्य स्वास्थ्य, अपने काम से पूर्ण परिचय, व्यवस्थित ढंग से काम करने का अभ्यास, तीव्र स्मरण शक्ति, समय की पाबन्दी इत्यादि योग्यताओं का होना आवश्यक है। एक दिन में इन ढेर सारी बातों की उपलब्धि नहीं होती है। वर्षों के परिश्रम,

अभ्यास और अध्यवास के माध्यम से जिस व्यक्ति ने इन्हें अर्जित किया हो वह कुशल सम्पादक हो सकता है उसका व्यक्तित्व उसके सहयोगियों तथा मददगारों पर छाया रहेगा, उसके आदर्श से वे सब आपादमस्तक ओतप्रोत रहेंगे एवं उसके पत्र में उसी की आत्मा का स्वरूप दिखाई देगा।

भारत देश में सम्पादकों हेतु अग्रलेख लिखना आवश्यक हो जाता है। हिन्दी पत्र के सम्पादक को तो यह कार्य नियत रूप में करना ही होता है। जो सम्पादक इस कार्य से आजाद रहते हैं उन्हें भी बहुत बार नहीं तो कभी-कभी अग्रलेख लिखना ही पड़ता है। पत्र का यह स्तम्भ सर्वोत्कृष्ट होता है। पश्चिम के समाचार-पत्रों में इसका महत्व कम होता जा रहा है पर भारत में अब भी सम्पादकीय स्तम्भ पत्रों के जान समझे जाते हैं और पाठक उन्हें आदर की नजरिये से देखते हैं। सार्वजनिक जीवन पर उन स्तम्भों का गहरा असर होता है। सम्पादक इन स्तम्भों हेतु विशेष तौर पर जिम्मेदार होता है। इसलिए उनकी ओर विशेष सतर्कता और सावधानी बरतने की आवश्यकता होती है। अग्रलेख लिखना सरल कार्य नहीं होता। उसके लिए कई बातों पर ध्यान देने की आवश्यकता होती है जैसे—निर्धारित जगह होता है, नया विषय होता है, समय बँधा होता है। सम्पादक को अपना दृढ़ विचार प्रस्तुत करना पड़ता है, प्रमाण और जिम्मदारी के साथ लिखना पड़ता है, पत्र की नीति का निर्देश करना होता है जिनकी जानकारी तथा बुद्धि साधारण होती है। इसके अलावा पाठकों की पसंद का ध्यान रखना पड़ता है तथा साथ-साथ उनके मन पर वह असर भी डालनी पड़ती है जो जनमत का सृजन करने में सक्षम होती है। कानून को भी ध्यान में रखना होता है, राष्ट्र हित को ध्यान में रखना पड़ता है, न्याय और सत्य का पक्ष लेना पड़ता है नये से नये तथा प्रमुख तथा सामयिक प्रश्न को चुनकर मूल्यांकन करना पड़ता है। अपनी विवेक तथा कल्पना के माध्यम से ही निर्णय करना पड़ता है कि आज का फलां विषय सर्वोकृष्ट है जिसके बारे में पत्र के पाठक स्पष्टीकरण की आशा अपने पत्र से कर रहे होंगे।

समय का विशेष महत्त्व होता है। बहुधा यहाँ तक नौबत आ जाती है कि लिखे हुए और कम्पोज हो चुके अग्रलेख को स्थगित कर नवागत कि उत्कृष्ट प्रश्न पर जल्दी एकदम नया लेख तैयार कर देना पड़ता है। समाचार पत्र के सम्पादक की तेजी से कल्पना करना ग्रन्थकारों या साधारण साहित्यिक लेखकों हेतु कठिनाई होता है। उसकी कलम की स्याही सूख भी नहीं पाती कि उसे फिर से तीव्र गति से चलते आप देखेंगे। ऐसी अवस्था में अग्रलेख लिखना एक कला के समान है।

सम्पादक होने का इच्छुक मनुष्य का दिमाग यदि उचित ज्ञान का आधार और बौद्धिक उन्नति उपस्थित कर रहा हो तो कुछ दिनों के कोशिश के पश्चात् इस क्षेत्र में अच्छी गति हो जाती है। आवश्यकता इस बात की है कि लेखन का ज्ञान क्षेत्र व्यापक हो। राजनीति, आधुनिक इतिहास समाजशास्त्र तथा अर्थशास्त्र का काफी अच्छा अध्ययन और ज्ञान हो, विवेक मौलिक और सूक्ष्मता हेतु हो तथा नजर जरा तेज हो तो जल्दी इस कला का अभ्यास हो जाता है। सम्पादक हेतु आवश्यक है कि उपरोक्त विषयों के अलावा अधिक से अधिक दुसरे विषयों का सामान्य ज्ञान प्राप्त करने की कोशिश करे। थोड़ी-थोड़ी जानकारी बहुत से विषयों का होना उसके लिए आवश्यक है। साथ ही उसमें योग्यता हो कि अपरिचित विषयों के सम्बन्ध का ज्ञान जहाँ से मिल सकता हो वहां से तुरंत लेकर उनके तन्तु इकट्ठे कर सके।

इसके सिवा भाषा पर अधिकार हो। भावपूर्ण प्रौढ़ तथा अर्थगर्भित परन्तु संयत, स्पष्ट और सरल ढंग से लिखी गई भाषा प्रभावपूर्ण होती है। मुख्यता यह होनी चाहिए कि संक्षेप में उन सभी भावों की प्रस्तुती की जा सके जिन्हें व्यक्त करना लेखक का लक्ष्य है। 'करत-करत अभ्यास के' ये सारी बातें सरल हो जाती है अग्रलेख के अतिरिक्त सम्पादकों का एक विशेष काम उन चिट्ठियों का सम्पादन भी है जो भिन्न स्थानों से उसके पास छपने हेतु आती हैं। 'डाक का यह थैला' पत्रों का आवश्यक अंग होता है। उनके माध्यम से पत्र की लोकप्रियता में वृद्धि होती है तथा कुशल सम्पादक अगर दिमाग से काम ले तो उनके माध्यम से यह भी अंदाज लेता है कि किसका पत्र कितना प्रभावोत्पादक हो रहा है तथा उसकी नीति के विषय में साधारण जन-समुदाय के क्या मत हैं और जनता उससे तथा किन बातों की तुलना कर रही है। अगर पत्र में त्रुटि हो अथवा कोई कमी हो तो उसका पता भी इन पत्रों से चल जाता है जिसे आसानी से दूर करने की प्रयत्न की जा सकती है। यही वजह है कि सम्पादक इस थैले को खुद देखने का समय निकालने की प्रयत्न करते हैं। जरूरत इस बात की होती है कि अधिक से अधिक चिट्ठियों को प्रकाशित किया जाए।

यह सही है कि पत्र में जगह की कठिनाई होती है तथा चिट्ठियों को प्रकाशित करने के लिए यह कठिनाई बढ़ जाती है पर जहाँ तक हो सकता हो यह काम करना पत्रों हेतु लाभकारी होता है। लोकप्रियता की वृद्धि और बिक्री को बढ़ाने हेतु अनगोल औषध है। चिट्ठी भेजने वाले सुदूर कस्बे तथा गाँव के लोग अपनी चिट्ठी को प्रकाशित देखकर एक प्रकार की स्नेह तथा निकटता को महसूस

करने लगते हैं। समझते हैं कि उनका पत्र उनके साथ है, सुख, दुःख में पूरी प्रकार से सहयोगी है। इसके अलावा एक बात तथा है जिसकी उपेक्षा नहीं की जा सकती। अखबारों में छपे अपने नाम को देखकर लोग अत्यधिक खुश तथा उत्तेजित हो जाते हैं इसका अनुभव जिन्हें है वही जानते हैं कि इन चिट्ठियों का प्रकाशन पत्र की लोकप्रियता को बढ़ाने में कितना योगदान देता है। एक कहानी है कि ब्रिटेन में एक लड़की टेलिफोन की डाइरेक्टरी में अपना नाम प्रकाशित हुआ देखकर इतनी उत्तेजित तथा खुश हो उठी कि उसका सारा शरीर काँपने लगा। इस प्रकार का प्रभाव अधिकतर होता है जिनका नाम प्रकाशित हो जाता है वे पत्र के न सिर्फ ग्राहक हो जाते हैं वरन् प्रचारक भी। इसलिए यथासम्भव उनका प्रकाशन आवश्यक है। स्थान की अल्पता हो तो पत्रों का सार लेकर, बेकार की भूमिका को अलगकर, कभी-कभी दो-दो वाक्यों में तात्पर्य मात्र धारण करके नाम सहित प्रकाशित करने की चेष्टा करनी चाहिए। सम्पादक को इतना जरूर देख लेना चाहिए कि पत्रों में कोई तत्सम अथवा मानहानिकारक बातें न हों।

सम्पादक के लिए सबसे बड़ी आवश्यकता इस बात की है कि समाज में वह अपने राष्ट्र में और सामान्य तौर पर जगत् में समय-समय पर बहने वाली धाराओं के प्रवाह से अच्छी प्रकार परिचित हो। बहुत से प्रश्नों के सम्बन्ध में अपना विचार स्थिर करने में और उपरोक्त विचार देने में उसे बात से काफी मदद मिलेगी। हमारे देश में व्याप्त धारणा है कि सम्पादक को सक्रिय रूप से कई दिशाओं में राष्ट्र की कार्यप्रणाली से कोई मतलब नहीं रखना चाहिए। पत्रों हेतु इस नीति का परिणाम खतरनाक होता है। आज की दुनिया की चाल बड़ी तीव्र है। पल-पल में लोगों के कार्यक्रम तथा विचार बदलते रहते हैं चूंकि उत्पन्न परिस्थितियाँ ऐसे बदलाव को आवश्यक कर देते हैं। पत्र-सम्पादक यदि इन प्रवाहों के निकट न रहें तो वह जनमत तथा जनाकांक्षा का चिह्न कैसे बना सकता है? यह सच है कि सम्पादक का कार्य ऐसा है कि वह दुनिया से दूर होकर अपने कार्यालयों में समय व्यतित करता रहता है। उसके लिए समय ही कहाँ है कि दूसरे कार्यों की ओर देखे अथवा दिन-प्रतिदिन और मिलने-जुलने की क्रिया-कलापों में भाग ले सके। यह इसी कारण तथा भी आवश्यक है कि वह जैसे भी हो इस काम की अह्वेलना न होने दे। बर्नार्डशा अपने राष्ट्र के पत्रों के सम्पादकों के बारे में कहा है कि 'वे आज की दुनिया में बीस वर्ष पीछे रहते हैं।' जब संविधान तथा सफल ब्रिटिश सम्पादकों की यह दशा बताई जाती है तो शा महोदय हमारे देश के सम्पादकों के बारे में क्या कहेंगे जो अपने को राष्ट्रीय-जीवन की धारा के प्रवाह से पृथक् होकर, अछूत

रखकर मात्र कार्यालय में बैठे-बैठे अपनी धुन में पुरानी परंपरा के अनुरूप कार्य करते रहने में खुश रहते हैं।

अब समय परिवर्तित हो रहा है तथा सम्पादकों को यदि अपने पत्र को सजीव रखना है तो अपने दायरे से बाहर आकर जरा जीवन की सही चाल को खुद देखने तथा तजन्य महसूस करने की प्रयत्न करनी चाहिए। देश के प्रयत्न प्रकार के वर्गों के निकट में आना, शासक तथा नेता, कार्यकर्त्ता तथा साधारण जन इत्यादि सबसे मिलना आवश्यक है। तभी उसकी उँगलियाँ समाज की नाड़ी पर रह सकेंगी तथा वह जनमत का प्रतिनिधित्व पूरी प्रकार में कर सकेगा। उसकी कान सतर्क रहें, आँखें खुली रहे, समाचार चेतना उद्‌बुद्ध हो तीक्ष्ण विवेक और गहरी सूझवाली हो तो वह जीवन के अधिकाधिक करीब आकर न मात्र अपने ज्ञान में वृद्धि कर सकेगा अपितु पत्रकारिता के जमीं को भी ऊँचा उठाने में सक्षम होगा। ऐसे समय पर कभी-कभी इस प्रकार अनायास ऐसे संवाद मिल जाते हैं कि एक ही दिन में पत्र का प्रभाव गहराई के साथ बैठ जाता है। श्री एडोल मायर्स ने ब्रिटेन के विख्यात पत्रकार श्री ब्लूम फील्ड के अनुभव का जिक्र करते हुए आनंददायक कहानी लिखी है। वे कहते हैं कि 'एक दिन लन्दन के क्लब में ब्लूम फील्ड अपने एक मित्र के साथ भोजन कर रहे थे। उनके मित्र एक दूसरे पत्र के सम्पादक थे और अपनी गम्भीर अध्ययनशील और विद्वता हेतु प्रसिद्ध थे। संयोगवश उसी समय एक पादरी भी वहाँ आ गए। वे उन दोनों के पास बैठ गये। ये तीनों भोजन करते हुए आपस में बातचीत करते जाते थे। अचानक पादरी ने रूस की महारानी मेरी के एक पत्र की चर्चा की जो उसके पास आया हुआ था। रूस की महारानी मेरी इंग्लैण्ड की महारानी एलेक्जांडा की बहन थी। पादरी ने वह चिट्ठी उन लोगों को दिखाया। उन्होंने रूस के शाही परिवार के क्रान्तिकारियों के माध्यम से कत्ल किए जाने की घटना का विस्तारपूर्वक वर्णन किया था। यह सन् 1917 ई. की बात है जब रूस में बोल्शेवीक क्रान्ति घटित हुई थी।'

ब्लूमफील्ड ने भोजन खत्म करके तुरंत अपने कार्यालय पहुँच गये पादरी के चिट्ठी के आधार पर उन्होंने रूसी शाही परिवार की हत्या का विशद व्याख्या तैयार किया। आवश्यक चित्रों सहित उसके बारे में नोट लिखे तथा दूसरे दिन छपने वाले अपने पत्र के पहले पृष्ठ पर विशिष्ट तौर पर छाप दिया। अगले दिन इस रानरानीदार समाचार की वजह से उनके पत्र की धूम मच गई। जबकि दूसरे सम्पादक महोदय ने जो उनके साथ ही भोजन कर रह थे तथा सब समाचार जानते थे यह कल्पना भी नहीं कर सके कि उसका प्रयोग किया जा सकता है। ब्लूमफील्ड

को शक था कि कहीं दूसरे सम्पादक महोदय भी अपने पत्र में उन समाचारों को प्रकाशित कर देंगे। सुबह-सुबह उठकर पहला कार्य उन्होंने यही किया कि पिछली रात्रि के मित्र के पत्र को बारीकी से निरीक्षण किया जबकि कहीं भी उस समाचार का जिक्र भी न था। ब्लूम फील्ड बड़े खुश हुए पर उन्हें विस्मय भी हुआ कि उनके साथी के ऐसा करने की क्या वजह थी। के फलस्वरूप उन्होंने उन्हें टेलिफोन किया एवं पूछा कि उस समाचार की ऐसी अह्वेलना क्यों की गई। उत्तर में उक्त सम्पादक ने कहा 'आप जानते हैं कि मैं कोई बात तब तक नहीं प्रकाशित करता जब तक प्रमाणित ढंग से मिली न हो। मामला जरूर प्रमुख तथा संगीन था लेकिन मैंने उसे प्रकाशित करना ठीक न समझा।'

यहां पर यह साफ होता है कि किस प्रकार बिना मेहनत के अर्न्तराष्ट्रीय स्तर का एक कुशल सम्पादक, जिसकी समाचार-भावना जिज्ञासु हो, कैसे फायदा उठाने में सक्षम हुआ। पत्रकार जीवन का जिन्हें ज्ञान है वे जानते हैं कि मिलने-जुलने से आपने-आप ऐसे समाचार मिल जाते हैं।

सम्पादकों के बारे में तथा उनके गुणों और उनकी विशेषताओं, उनके आदर्श तथा उनके जिम्मेदारी के बारे में बहुत कुछ लिखने योग्य है पर जरूरी बातों की व्याख्या करके ग्रन्थ का आकार बढ़ाना गैर आवश्यक भी है। पुस्तक में उन योग्यताओं की जिक्र करके अथवा उन्हें अध्ययन करके न कोई सम्पादक बनाया जा सकता है तथा न कोई बन सकता है। थोड़ी थोड़ी सी आवश्यक शुरूआती बातों का जिक्र सिर्फ इस नजरिये से किया गया है कि इस दिशा की तरफ जो लालयित हो वह बढ़ने के पहले अवलोकन कर ले। देख ले कि वह उस जिम्मेदारी का भार सहन करने की क्षमता रखता है अथवा नहीं जिसे उठाने हेतु उत्सुक हो रहा है। वह वे मानसिक एवं आदर्शवादी, नैसर्गिक और शारीरिक गुण उसमें हैं अथवा नहीं जो किसी को कुशल सम्पादक बना सकते हैं; नित्यप्रति कठिन अध्यावश तथा गहन अभ्यास करके अपने कला को धीरतापूर्वक सीखने की योग्यता उसमें है या नहीं। इन सभी सवालों का जवाब खदु देकर जो इस फलक आएगा प्रसन्नताचित्त आगे बढ़ सकेगा।

सभी स्वीकार करेंगे कि यह रास्ता अत्यंत ही कंटक है जिसमें हमेशा परिश्रम तथा विपत्तियों का सामना करने के लिए तैयार रहना पड़ता है। किसी व्यक्ति हेतु इस प्रकार का जीवन अपनाना सरल नहीं है, पर असम्भव भी नहीं इसलिए सम्पादक समाज का विशिष्ट तथा सम्मानित व्यक्ति होता है जिसे सब सम्मान की

नजर से देखते हैं। उसका तपस्वी, त्यागमय तथा आदर्शवादी जीवन ही उसकी ताकत का जरिया है। जिसमें यह गुण न हो कि इस रास्ते पर राही बनकर विपत्तियों का मुकाबला कर सके, उसकी अच्छाई इसी में है कि वह जीवकोपार्जन का दुसरा मार्ग खोज ले। पत्रकारों के बाहरी स्वरूप से आर्कषित होकर बहुत से नवयुवक इस तथा आते हैं पर वे नहीं जानते कि बाह्य आकर्षण के अन्दर वह ज्गला जलती रहती है जिसमें अपनी बलिदान देने वाले मनुष्य को ही प्रवेश करना चाहिए। पत्रकार जीवन क्षण-क्षण स्पन्दन, नवीनता, गति और स्फूर्ति की लहरों में लहराता हुआ दिखने में जितना मोहक दिखता है उतना ही प्रमुख, आदर्शवादिता, सतर्कता और नैतिक व्रत तथा उत्सर्ग की आशा भी करता रहता है। आज का नवयुवक इस ओर नहीं देखता वह उसे सम्मान, शक्ति तथा भावना से लोभित होकर दौड़ पड़ता है जो सम्पादक को परिवेष्टित किए दिखाई देती हैं फिर भले ही उसमें क्षमता योग्यता तथा आदर्शवाद की कमी ही क्यों न हो जो इस आसन पर विराजने के लिए आवश्यक होते हैं। आवश्यकता इस बात की है कि ऐसे लोग इन सभी चीजों से परिचित जो जाएँ चूंकि इसी में उनका भलाई है तथा इसी में पत्रकारिता के मे सम्मान की रक्षा है।

सम्पादकीय कार्य में सम्पादक का महत्व

सम्पादक का स्थान समाचार-पत्रों में अत्यन्त ही प्रमुख होता है। जिस प्रकार किसी हवाई जहाज को चलाने के लिए पायलट की जरूरत होती है ठीक उसी प्रकार समाचार-पत्र को चलाने हेतु सम्पादक की आवश्यकता होती है। सम्पादक समाचार-पत्र का प्राण होता है, जो उसके सभी अंगों को नियन्त्रित करता है। अखबार के सभी क्षेत्रों–प्रोत्साहन, संचालन, नियमन, तथा सृजन हेतु सम्पादक ही उत्तरदायी होता है। वह कवि की भाँति कल्पना का सहारा लेकर नहीं चलता बल्कि उसे देश-विदेश की परिस्थितियों को दृष्टि में रखकर चलता है। उसे समाचार-पत्र के पाठकों की पसंद तथा नापसंद का विशेष तौर पर ध्यान रखना होता है।

संपादक अखबार के प्रकाशन से सम्बन्धित सभी पहलुओं और सिद्धान्तों को ध्यान में रखकर कार्य करता है। समाचार-पत्र की प्रशासन व्यवस्था तथा अन्य प्रकार की व्यवस्था की जिम्मेदारी उसकी ही होती है। वह एक निरंकुश शासक की तरह कार्य नहीं करता, बल्कि वह लोकतान्त्रिक ढंग से अपने साथियों तथा सहयोगियों की इच्छा को दृष्टि में रखकर ही उनका मार्ग प्रशस्त करता है। इसलिए नीति से सम्बंधित उत्तरदायित्व उसका अपना है।

संपादक को अखबार के विभिन्न विभागों में कार्य करने वाले सभी कर्मचारियों का मार्ग-दर्शन करना होता है। किसके लिए कौन काम है, कौन रिपोर्टर कहाँ किस स्थान पर नियुक्त किया गया है, किस रिपोर्टर के माध्यम से भेजा गया समाचार आज के पत्र का सर्वोत्तम तथा प्रमुख संवाद होगा, विश्व के किस कोने में कौन-सी महत्वपूर्ण घटना घटने जा रही है इन सभी गतिविधि पर पैनी दृष्टि लगाए रहना चाहिए, जनता के सामने कौन-सा प्रश्न सबसे ज्यादा प्रमुख है, किस प्रश्न के गर्भ में भविष्य छिपा है उसकी ओर संकेत करना चाहिए, राष्ट्र के सामने महत्वपूर्ण प्रश्न क्या है, जिसे समाज को बताना है, इत्यादि सभी विषयों से सम्बन्धित कथ्यों का वह अपने मस्तिष्क में मूल्यांकन करता रहता है।

उसे समाचार-पत्र के प्रकाशन के समय पर भी ध्यान रखना होता है कि उसका पत्र समय पर प्रकाशित हुआ है अथवा नहीं, पत्र में छपा मसाला उसकी नीति के अनुरूप है, अथवा नहीं, कोई आवश्यक प्रश्न छूट तो नहीं गया इत्यादि बातें उनके सामने शीशे की भाँति रहनी चाहिए। विश्व में होने वाली गतिविधियाँ अत्यन्त तीव्र गति से चलती हैं। इसलिए वह हमेशा जाग्रत, सचेष्ट तथा सचेत रहता है।

वह अपने सहयोगियों की त्रुटियों का भी जिम्मेदार होता है। यदि पत्र में मानहानि करने वाली कोई बात प्रकाशित हो जाए, कोई अश्लील विज्ञापन हो या कोई वाक्य जिसे अधिकारी पसन्द न करते हों, प्रकाशित हो जाए तो दंड हेतु सम्पादक ही पकड़ा जाता है। चाहे उस समाचार पर लेखक का नाम भी क्यों न छपा हो, ऐसे किसी की गलती का जिम्मेदार संपादक को ही माना जाता है।

अखबार की खबरें समाज को प्रभावित करती हैं। अतः सम्पादक की नैतिक जिम्मेदारी भी होती है। उसका आदर्श जनहित की रक्षा करना तथा साधारण मनुष्य का साथी, मित्र, रक्षक तथा पथ-प्रदर्शक होता है। इस प्रकार से वह अपने पाठकों की सेवा करता है। अखबार एक निर्जीव पदार्थ है परन्तु वह अपने पाठकों के मस्तिष्क पर स्थायी छाप छोड़ता है। इस प्रकार का असर दुसरा तथा कोई चीज नहीं छोड़ती। प्रातःकाल समाचार-पत्र में जो पढ़ा जाता है वह सारे दिन चर्चा का विषय रहता है। सम्पादक इन प्रतिक्रियाओं को हमेशा दृष्टि में रखता है तथा इसी के आधार पर ही वह जनहित के बारे में सोचता है।

वह मात्र समाचार और उन पर टीका-टिप्पणी ही प्रकाशित नहीं करता, बल्कि व्यापारियों के विज्ञापन इत्यादि को अखबार में उचित स्थान देकर अखबार हेतु धन भी अर्जित करता है।

संपादक अपने पत्र के जरिय जनता के जीवन-मूल्यों तथा चरित्र-निर्माण के विकास में मददगार होता है। अगर वह बुद्धिमान नहीं तो उन मूल्यों का पतन तथा विनाश भी कर देता है। वह राष्ट्र में अस्थिरता का वातावरण बनाकर अशान्ति की धारा प्रवाहित कर सकता है और द्वेष की आग भड़का सकता है। वह निरंकुश शासक के हाथ की कठपुतली बनकर जनहित का संहार भी कर सकता है किन्तु वह अपनी लेखनी के माध्यम से उत्पीड़ितों, दलितों के विरुद्ध, अन्धविश्वासों तथा रूढ़ियों के विरुद्ध, स्वार्थ तथा प्रतिक्रियावादिता के विरुद्ध, दासता तथा अन्याय के विरुद्ध भीषण युद्ध का सूत्रपात भी करता है। इससे पता चलता है कि ऐसे मनुष्य पर कितना महान उत्तरदायित्व होता है तथा उसका रास्ता कितना दुर्गम है। उसमें हर प्रकार के सद्गुणों का होना परम जरूरी है।

उसमें राष्ट्र के सभी महत्वपूर्ण क्षेत्रों से जुड़े व्यक्तियों जैसे व्यवसायी, सैनिक, विचारक, राजनीतिज्ञ, सन्त, लेखक, कलाकार और विवेचक इत्यादि के भी गुण होने चाहिए। विशद ज्ञान, तीव्र कल्पना-शक्ति, राजनीतिक, आर्थिक, धार्मिक तथा सामाजिक विषयों का उसे पूर्ण ज्ञान होना चाहिए। उसके भीतर इन सभी विषय क्षेत्रों पर प्रकाश डालने के लिए विवेचनात्मक बुद्धि, कठिनाइओं की गहराई में पहुँचने वाला ज्ञान, दृढ-संकल्प, न्याय-पक्ष, सत्यता, निष्पक्षता और साहस इत्यादि गुण होने जरूरी हैं। यदि ये गुण उसके पास नहीं हैं तो वह लोभ, भय तथा स्वार्थ में दबकर एक सम्पादक के उत्तरदायित्व को पूरी तरह नहीं निभा सकता। यदि किसी सत्य से जनहित न होकर उसका अहित होता है तो उसे उस सत्य को छिपाना चाहिए। चूंकि उसका मुख्य प्रयोजन जनहित करना होता है। भले ही इस सम्बन्ध में कानूनों की अवहेलना करनी पड़े। वह जनता का सेवक है जिसके हित के लिए वह पत्र का प्रकाशन करता है। किन्तु इसके बाद भी, उसका कर्त्तव्य है कि एक स्वछन्द सम्पादक की प्रकार सत्य का प्रकाशन करे तथा असत्य की पोल खोले। क्योंकि जन-कल्याण तथा सत्यता की रक्षा करना उसका कर्त्तव्य है। यदि वह ऐसा नहीं करता तो उसकी कोई उपयोगिता ही नहीं। भारत जैसे देश में सम्पादकों के लिए ऐसी भावना होना तथा भी ज्यादा आवश्यक है कभी-कभी ऐसा होता है कि शिकायत करने वाला अपने पत्र में किसी व्यक्ति विशेष को झूठे रूप में बदनाम करना चाहता या स्वार्थ के वशीभूत होकर किसी पर असर जमाना चाहता है तो ऐसे समय सतर्क तथा सचेत रहना चाहिए। ऐरो पत्रों को सम्पादकों को खुद देखना चाहिए। यदि घटना में सच्चाई है तो उसे प्रकाशित करने में उसे हिचकना नहीं चाहिए चाहे उसे दंड ही क्यों न भोगना पड़े। वह दंड का भागीदार

बनकर जनता के समक्ष नैतिकता तथा साहस का उदाहरण प्रस्तुत करेगा तथा इस तरह अपने कर्त्तव्यों का पूर्णरूपेण निर्वहन कर सकेगा।

उसे जनता के अधिकार तथा भलाई के लिए सरकार की गलत नीतियों की भी निन्दा करनी चाहिए। यद्यपि इसमें उसे अधिकारियों तथा शासकों का सामना करना पड़ेगा। किन्तु सम्पादकीय पद के गौरव तथा मर्यादा की रक्षा हेतु, इस तरह की समस्याओं का सामना कर सकता है।

इस प्रकार से हम देखते हैं कि सम्पादक एक व्यक्ति होते हुए भी एक संस्था के समान है। यह जनाधिकार, जन-चेतना, जनाकांक्षा और जनहित का संरक्षण करता है।

सम्पादकीय कार्य और उपसम्पादक

आधुनिक पत्रकारिता के शुरुआती चरण में पत्र-पत्रिकाओं से सम्बन्धित समस्त कार्यों हेतु एक ही मनुष्य पर्याप्त होता था। मुद्रक, प्रकाशक, प्रबन्धक तथा सम्पादक वह खुद ही होता था। किन्तु आधुनिक विस्तार तथा स्वरूप ने उपसम्पादक, समाचार सम्पादक तथा मददगारों की जरूरत नियत कर दी। आज के अखबारों का प्रकाशन विशद रूप ग्रहण कर चुका है। इसलिए पत्र के प्रकाशन में कई व्यक्तियों के श्रम की जरूरत होती है। सम्पादक के मददगारों में उपसम्पादक भी होता है जिसका कार्य अपने विषय-सम्बन्धी लेखों का लिखना और बाहर से आए लेखों को सम्पादित करना इसके साथ ही दुसरे समाचार जो कार्यालय में आते हैं, उनकी भी देखभाल करनी होती है।

मुख्य सम्पादक के पश्चात् सबसे मुख्य पद उपसम्पादक का होता है। समाचारों के संकलन में इसकी ही सबसे महत्वपूर्ण जिम्मेदारी होती है। समाचार प्राप्त करने के सूत्रों की देखभाल करने का दायित्व भी इनका ही है। विविध विषयों के संवाद को छाँटकर उनकी नकल तैयार करके सम्पादक के पास भेजने का काम भी उसी का है।

कतिपय कार्यालयों में प्रधान उपसम्पादक (चीफ सब-एडीटर) के पद की भी व्यवस्था होती है जिसका विभाग उपसम्पादकीय कहलाता है। किन्तु जिन पत्रों में ऐसे पद की व्यवस्था नहीं होती वहाँ पर उपसम्पादक पत्र का कर्त्ता-धर्त्ता एवं महत्वपूर्ण संचालक होता है। इसका विभाग ही पत्र की रचना तथा सृजन करता है। इसी के परिश्रम, दूरदर्शिता, कला, सावधानी और कुशलता से पत्र के स्वरूप का सृजन होता है जो जनता की सेवा में पहुँचता है।

उपसम्पादक के इत्यादि भी होते हैं जो प्रूफ-संशोधन, संवाद-संकलन, अनुवाद, मेकअप इत्यादि सब कार्य सुचारु रूप से करते हैं। उपसम्पादक, रिपोर्टर, लेखक, रिपोर्टर तथा अन्य लोगों की मदद करते हैं। उपसम्पादक समाचार-पत्र की साज-सज्जा का भी ख्याल रखता है, ताकि समाचार-पत्र आकर्षक तथा सुन्दर हो सके। उपसम्पादक यह भी ध्यान रखता है कि उसका पत्र जनता के जीवन में नैतिक मूल्यों को प्रस्तुत करके आकर्षण का केन्द्र-बिन्दु बने। वह व्यापारिक फायदे हेतु विज्ञापनों को सही तरीके से सजाकर प्रकाशित करता है ताकि ज्यादा-से-ज्यादा विज्ञापन पत्र में प्रकाशन हेतु आए जिससे पत्र की आमदनी में वृद्धि हो सके।

सम्पादक पाठकों के ज्ञान वृद्धि तथा मनोरंजन, रुचि हेतु संवाद, सुन्दर कहानी और गम्भीर लेख इत्यादि को प्रकाशित करके अपने समाचार पत्र के महत्व को बढ़ाता है। उपसंपादक समाचार-पत्र के सम्पूर्ण ढाँचे का सृजन करता है जैसे लेख तथा चित्रादि को सही स्थान देना, 'मैटर' का कम्पोजिंग करना, प्रूफ संशोधन करना तथा मेकअप इत्यादि की देखभाल करना।

उपसम्पादक सदैव नवीन तथा ताजे समाचार को एकत्र करता है तथा उसके पश्चात् कागज को स्तम्भों में बाँट देता है। उसे इस बात का भी ध्यान रखना होता है कि कहीं कोई विषय दुबारा न सम्मिलित हो जाए। इस तरह कहा जा सकता है कि ऐसा कोई कार्य नहीं जिसे उपसम्पादक नहीं करता। किन्तु वह नीति का निर्धारण नहीं करता। वह सिर्फ बदलाव कर सकता है। यह भी कहा जाता है कि उपसम्पादक को चार आँखें होनी चाहिए, एक घड़ी पर हो, दूसरी समाचार की सत्यता पर हो, तीसरी मानहानि और आपत्तिजनक बातों को रोकने के लिए, तथा चौथी पत्र की अधिक पूर्णता और सामयिकता की तरफ होनी चाहिए।

उपसंपादक को सभी कर्मचारियों के कार्यों का भी ध्यान रखना होता है, और उन्हें उनके सही स्थान पर नियुक्त करना भी होता है जैसे रिपोर्टर, संवाददाता, विशेष संवाददाता कहाँ हैं और कहाँ होना चाहिए। इस सारी व्यवस्था की जिम्मेदारी उसी की है। वह चुस्त तथा तेज होना चाहिए ताकि अपने विभाग के सभी सहायकों के कार्यों की देखभाल ठीक तरह से कर सके। उसके हाथ में नीली और लाल पेंसिल हर पल रहनी चाहिए।

यद्यपि उसका लेखन का कार्य कम है किन्तु वह लिखने में निपुण होना चाहिए। उसे पत्रकारिता के सभी नियमों में पारंगत होना चाहिए। यदि उसमें योग्यता नहीं है तो विभिन्न विषयों के साथ न्याय नहीं कर सकता। उसमें व्यवस्थापक के गुण भी होने चाहिए। क्योंकि उसे अपने सहयोगियों को काम देना है तथा लेना है। उसमें संवाददाताओं तथा रिपोर्टरों के गुण होने चाहिए।

उपसम्पादक को समाचार से सम्बन्धित सभी विषयों हेतु शीर्षक लगाने की कला में कुशल होना या है। शीर्षक लगाना उसी प्रकार की कुशलता है जिस प्रकार कहानी लिखना या चित्र बनाना। शीर्षक लगाकर उपसम्पादक पाठकों को समाचार की तरफ आसानी से आकर्षित कर लेता है। इसलिए यह समाचार का प्राण होता हैं। उपसम्पादक की कला तथा तेजस्विता, सफलता और सजीवता देखनी हो तो उस पत्र के समाचारों के शीर्षकों को देखिए। शीर्षक के कतिपय अक्षरों से सारे समाचार सजीव हो जाते हैं। शीर्षक उपसम्पादक विभाग का आईना है। पत्र की बिक्री बढ़ाने हेतु शीर्षक रोचक होना चाहिए। शीर्षक बनाते समय यह ध्यान रखना चाहिए कि शीर्षक कहीं विशद न हो जाए उसे एक ही लाइन में समाप्त होना चाहिए, शीर्षक लगाते समय कानूनी पहलू को नजरमें रखना चाहिए।

उपसम्पादक को लेख इत्यादि लिखने हेतु दिन-प्रतिदिन की घटनाओं का ज्ञान होना आवश्यक है। उसके लिए अध्ययन करना बहुत आवश्यक है। उसे पुराने समाचार-पत्रों की फाइल बनाकर रखनी होती है ताकि जरूरत होने पर उसको देख सके।

उसे मेहनती होना चाहिए। जो उपसम्पादक मेहनत नहीं कर सकता, उसे इस फलक में नहीं आना चाहिए तथा उसका लक्ष्य मात्र पैसा कमाना नहीं बल्कि मिशन होना चाहिए। उपसम्पादक में व्यापक-दृष्टिकोण, कल्पनाशीलता, समाचार बोध, विवेचनात्मक बुद्धि, सहानुभूति पूर्ण भाव, सत्यता, इत्यादि नैसर्गिक गुणों के साथ उसमें निम्नवत योग्यताएँ भी होनी चाहिएँ–

(1) कानून का ज्ञान और (2) पत्रकारिता और साहित्य का ज्ञान, (3) सन्तुलित मस्तिष्क, (4) भाषा पर अधिकार तथा अपने धन्धे के प्रति निष्ठावान (5) जल्दी निर्णय करने वाला, (6) धैर्य, (7) घटना के तथ्य को तुरन्त जानने वाला, (8) शिक्षित, (9) दृढ़-निश्चयी होना चाहिए, (10) समय की पहचान।

इस तरह से हम देखते हैं कि उपसंपादक का मार्ग अत्यन्त ही कंटक और अपने जीवन की आहुति देने वाला होता है। अतः सफल उपसम्पादक के भीतर ये सभी गुण निहित होने चाहिए।

सम्पादकीय कार्य और संवाददाता

रिपोर्टर का समाचार-पत्रों में अत्यंत ही मुख्य स्थान होता है। अखबारों के सम्पादकों की दाहिनी भुजा के समान उसका महत्त्व होता है। वह शिक्षित तथा चुस्त होता है। छोटे समाचार-पत्रों में रिपोर्टर होता है और दैनिक पत्रों में 10

अथवा 15 रिपोर्टर होते हैं। किसी-किसी पत्र में इससे ज्यादा या कम भी संवाददाता हेतु पद होते हैं। संवाददाता दो तरह—बाहरी तथा भीतरी के होते हैं। सम्पादक को अपने रिपोर्टर पर पूरा भरोसा होता है। नए संवाददाता को किसी अनुभवी संवाददाता के साथ रहकर काम सीखना होता है। कार्य सीखने के उपरान्त उसे मेहनत करना पड़ता है तथा यदा-कदा अपनी जान जोखिम में भी डालनी होती है। पत्रकारिता के फलक में वही संवाददाता सफलता प्राप्त कर सकता है जो पूरी ईमानदारी तथा आस्था से कार्य करता है।

प्रमुख समाचारदाता या समाचार सम्पादक का यह कर्त्तव्य है कि वह नित्यप्रति ऐसा कार्यक्रम बनाए कि हरएक संवाददाता अथवा समाचारदाता को भिन्न कार्य प्राप्त हो जाए। संवाददाता को नगर निगम, नगरपालिका, विधान सभाओं, संसद-भवनों तथा विविध संस्थाओं की बैठकों की कार्यप्रणाली के समाचार प्रस्तुत करने हेतु भेजा जाता है। किसी राजनैतिक दल का सम्मेलन अथवा प्रेस सम्मेलन हो या भेंट बात—ये सब प्रत्याशित समाचारों की श्रेणी में आते हैं, और नाटक, खेल-कूद, चलचित्र या सांस्कृतिक कार्यक्रमों के समाचार तो पहले से नियत होते हैं।

हत्या, दुर्घटना, आग, डकैती, चोरी, बलात्कार आदि समाचार अप्रत्याशित समाचारों में आते हैं। इस तरह के समाचारों हेतु संवाददाता को पुलिस स्टेशन, बस-स्टैंड, रेलवे स्टेशन, अग्नि-शामक दल, अस्पताल, टाउन हाल इत्यादि जगहों पर जाना होता है। वह रोजदिन इन कार्यालयों का नए समाचार प्राप्त करने के लिए चक्कर काटता है या दूरभाष के माध्यम से उनसे सम्पर्क बनाता है।

समाचार-पत्र का खजाना रिपोर्टर के माध्यम से एकत्रित समाचार ही होता है। समाचार-समितियाँ और समाचार-संग्राहक; हस्तलिपि, टंकन, दूर मुद्रण, तार अथवा सामान्य डाक से समाचार-पत्र के कार्यालय तक भेजती है। उपसम्पादक इनका निरीक्षण करते हैं तथा मुद्रणालय इन्हें प्रकाशित कर पाठकों तक पहुँचाता है। इन समाचारों को एकत्रित करने हेतु रिपोर्टर सड़कों, गलियों और मोहल्लों का निरीक्षण करता हुआ घूमता है।

संवाददाता को अत्यधिक परिश्रम करना पड़ता है इसलिए उसे मानसिक थकावट के साथ-साथ शारीरिक थकान भी हो जाती है, जबकि वह इनको नजरअंदाज करता है। वह अपना दायित्व बड़ी तत्परता से पूरा करता है तथा अपने समाचारों के माध्मय से सनसनी फैला देता है तो कभी भावुक माहौल का सृजन करता है।

रिपोर्टर समाचार-पत्र के आँख, कान और हाथ के समान होता है। वह घटनाओं का सही निरीक्षण करता है, बहाँ पर कही गई बातों को सुनता है, तथा उन सबको समाचार का रूप देता है। उसे दुर्घटना या अपराध की खोज करते समय खतरनाक रास्तों से भी गुजरना होता है तथा इन खतरों से वह बड़ी कुशलता के साथ मुकाबला करता है।

रिपोर्टर लेखनी का धनी होता है साथ ही उसमें धैर्यवान, सहनशीलता गोपनीयता, परिश्रम, वाक्पटुता, चातुर्य और दूरदर्शिता इत्यादि गुण भी होते हैं।

संवाददाताओं को चार श्रेणियों में विभाजित किया जाता है–

(1) **नगरेतर संवाददाता**–यह नगर के बाह्य के स्थानों के समाचार को इकट्ठा करके भेजता है।
(2) **विदेश संवाददाता**–वह विदेश में रहकर वहाँ के समाचार भेजता है।
(3) **विशेष संवाददाता**–यह समाचारों को एकत्रित करने के साथ-साथ उनका विश्लेषण भी करता है।
(4) **कार्यालय संवाददाता**–वह अखबार के कार्यालय में नियमित पारिश्रमिक पर होता है तथा नगर के समाचारों का संकलन करता है।

दूसरे वेतन-आयोग ने संवाददाताओं को निम्नवत् चार श्रेणियों में रखा है–

(1) **विशेष संवाददाता**–यह समाचार-पत्र के सम्पादक, मददगार सम्पादक लेखक तथा समाचार-सम्पादक के समान होते हैं।
(2) **मुख्य कार्यालय संवाददाता**–इन्हें अंग्रेजी में 'चीफ रिपोर्टर' कहते हैं, जो विशेष रिपोर्टर के बाद द्वितीय श्रेणी में होते हैं।
(3) **उप-मुख्य कार्यालय संवाददाता**–ये तीसरे श्रेणी में आते हैं।
(4) चतुर्थ कोटि में कार्यालय संवाददाता आते हैं।

समाचार समितियों के अनुरूप इनकी श्रेणियाँ इस प्रकार हैं–संवाददाता, मुख्य कार्यालय संवाददाता, विदेशी संवाददाता, इत्यादि प्रथम श्रेणी में आते हैं द्वितीय श्रेणी में वरिष्ठ संवाददाता और प्रधान रिपोर्टर आते हैं। तृतीय श्रेणी में रिपोर्टर तथा कार्यालय समाचारदाता आते हैं। कार्यालय संवाददाता तथा प्रमुख कार्यालय संवाददाताओं को सारा कार्य देखना होता है। उसे टाउन हॉल से लेकर अदालतों तक चक्कर काटने होते हैं। इस कार्य हेतु अधिक तादाद में संवाददाता नियुक्त करने होते हैं।

संवाददाता को सभी कार्यों में दक्ष होना चाहिए। उसे हर विषय का ज्ञान होना चाहिए। एक विषय का संवाददाता किसी कारणवश अनुपस्थित हो तो उसके

स्थान पर दुसरे किसी भी संवाददाता को उससे विभिन्न विषय की रिपोर्ट लेने के लिए भेज दिया जाता है। इसलिए सभी संवाददाता में सभी विषयों पर लिखने की क्षमता होनी चाहिए।

रिपोर्टर के समाचार के विषय से सम्बन्धित स्रोतों की एक सूची तैयार करनी चाहिए। उसे इस बात का ज्ञान होना चाहिए कि नगर स्वायत्त-शासन किसके हाथ में है? पुलिस का सर्वोपरि अधिकारी कौन है? अस्पताल का इंचार्ज कौन है? कॉलेजों के प्रिंसिपलों के क्या-क्या नाम हैं? उन्हें नगर के मुख्य उद्योगपतियों, वकीलों, बुद्धिजीवियों तथा सामाजिक कार्यकर्ता के बारे में भी जानकारी होनी चाहिए। उसे नगर की सड़कों, गलियों एवं अन्य भौगोलिक परिस्थितियों का ज्ञान होना जरूरी है। इसलिए उसकी डायरी एक 'रेडीरेकनर' की भाँति होनी चाहिए।

समाचार-स्रोतों का प्रयोग करने के अग्र मुख्य बातों पर विशेष ध्यान देना चाहिए–

(1) समाचार में सत्यता होनी चाहिए।
(2) सूचना स्रोत का विश्वास लगातार रखना चाहिए।
(3) सभी राजनैतिक दलों से सम्पर्क बनाना चाहिए।
(4) मनोविज्ञान का ज्ञान होना चाहिए।
(5) विविध संस्थाओं, प्रकाशित उद्योग समाचार बुलेटिन का ज्ञान जरूर होना चाहिए।
(6) चुगली से बचना चाहिए।
(7) सम्पर्क हमेशा रहना चाहिए।
(8) सम्पर्क-सूत्र में आत्मीयता का भाव होना चाहिए।
(9) हरएक संवाददाता को प्रेस एक्ट, सेंसर नियमों और अन्य सभी प्रकाशन सम्बन्धी बातों की जानकारी होनी आवश्यक है।
(10) सम्पर्क स्थापित करने चाहिए।
(11) दुसरे संवाददाताओं से समाचार लेने के खुद अलावा समाचार एकत्रित करना श्रेयस्कर है।
(12) किसी संस्था के मुखिया अथवा उसके निजी मददगार से सम्पर्क बनाना चाहिए।

समाचार सम्पादन कला

समाचारों के सम्पादन की प्रणाली अखबारों की आत्मा (प्राण) होती है। यह प्रणाली जितनी कठिनाई है उतनी ही उत्तरदायित्वपूर्ण भी है। इस काम के लिए

पुस्तकों के अध्ययन की अपेक्षा गें समाचार-पत्रों के कार्यालयों में काम करने से ज्यादा मदद प्राप्त हैं समय के साथ होड़ लगाते हुए और समाचार के तत्कालिक उपयोगिता को ध्यान में रखते हुए समाचारों का सम्पादन किया जाता है समाचारों का सम्पादन करने से पहले मुख्य रूप से तीन प्रमुख तत्वों को ध्यान देना होता है—

1. स्थान,
2. समय, और
3. महत्व।

अगर समाचार विशिष्ट है और स्थान तथा समय की कमी न हो तो उसे विस्तारपूर्वक तथा मोटे अक्षरों में दिया जाता है। यदि समाचार विशिष्ट है जबकि स्थान तथा समय में विविधता हो तो उसे संक्षिप्त तौर पर दिया जाता है। विस्तारपूर्वक लिखने के मोह में आकर समाचार को पुराना कर देना अथवा उसके अस्तित्व को खत्म कर देना ठीक नहीं होता है। विस्तार की प्रणाली को तभी अपनाना चाहिए जब कोई समाचार बिना विस्तार के बन रहा हो।

समाचारों का वर्गीकरण करने के बाद अखबार के मुख्य उस-संपादक को हर एक समाचार के बारे में अथवा समाचार के छः प्रकारों जैसे—क्या, कब, क्यों, कहां, कैसे तथा कितने का निर्णय शीघ्र लेना चाहिए। इस निर्णय के बाद समाचारों को सम्पादन हेतु सहयोगियों के पास भेज दिया जाता है। काम का बांटवारा करने से पहले एक बार सभी समाचारों पर सरसरी निगाह से देख लेना प्रमुख होता है। इसी बीच महत्वपूर्ण अंशों पर चिह्न लगा दिए जाते हैं, जिससे सम्पादन करने वाले मददगारों को संक्षेप तथा मुख्य अंशों का समावेश करने में सहयोग है और समय की भी बचत हो जाती है समाचारों को सम्पादन हेतु विभाजन करने से पहले शीर्षक के तरह तथा समाचार के वांछित अथवा उपरोक्त स्वरूप के विषय में मूल प्रति पर ही लिखित चिह्न दे दिए जाने चाहिए।

समाचार वितरण

समाचार वितरण कार्य में दो बातें बहुत प्रमुख मानी जाती हैं, जो निम्न हैं—

1. सहयोगी उप-संपादकों की रुचि—सहयोगी उप-संपादकों के प्रमुख में उनके पसंद वाले व्यक्ति होते हैं रुचि के अनुसार मेल खाने वाले समाचार को समुह उप-संपादक दक्षता बड़े मनोयोग से संपादित करता है। एक विषय से संबंधित समाचारों को मुख्यतया एक ही मनुष्य को दिया जाना चाहिए, इससे कार्य में सुखाना आती है। ऐसा करने से कई त्रुटियाँ से बचा जा सकता है तथा दुहराव की स्थिति उत्पन्न नहीं होती है।

सहायकों को समाचार वितरण करते समय उनकी पसंद का स्मरण रखते हुए यदा-कदा ऐसी स्थिति उत्पन्न हो जाती है कि समाचार किसी की पसंद का नहीं बन पाता। ऐसी स्थिति में मुख्य उप-संपादक को ही उसका खुद सम्पादन कर देना चाहिए अगर किसी वजह से यह संभव न हो सके तो उसे ऐसे संपादित कर देना ठीक होता है कि वह सहायकों को रुचिकर लगे। यही बात संदेहास्पद और समस्या समाचारों पर भी लागू होती है। तथ्यों तथा भाषा से संबंधित मुश्किलों को शब्दकोश तथा संदर्भ पुस्तिका के सहयोग से सुलझा कर यदि सहयोगी को जटिल-से-जटिल समाचार भी सौंपा जाए तो वह उसका सम्पादन कार्य सुंदर तथा सरल तरीके से करता है।

2. शीर्षक एवं आकार के प्रति सलाह—मुख्य उप-संपादक को आकार और शीर्षकों के संदर्भ में अपने सहयोगियों की उत्सुकता सलाह को सम्मानित करना चाहिए। ऐसे काम में उसे निरंकुश नहीं होना चाहिए, चूंकि निरंकुशता की भावना अन्ततः हानिकारक हैं। अपने निर्णय की अपेक्षा में दूसरे के माध्यम से दिया गया मशविरा ज्यादा महत्वपूर्ण और उपरोक्त हो सकता है। ऐसे विषयों के बारे में निर्णय लेने में एकता की भावना अत्यधिक उपयोगी होती है।

संपादित का दृश्यावलोकन

समाचारों को संपादित करने के बाद उनके अवलोकन का काम आरंभ हो जाता है चूंकि इसका अत्यधिक सम्मान होता है। समाचार प्रेस में चले जाने के बाद ऐसा करना एक मुश्किल प्रक्रिया है जिसमें सबसे पहले समय की बरवादी होती है। छोटी-सी भी लापरवाही अथवा असावधानी के कारण बहुत बड़ी गलती हो जाने का संदेह हमेशा बना रहता है। ऐसा नहीं है कि प्रेस में चले जाने के पश्चात् समाचारों का संशोधन नहीं हो सकता है। त्रुटियां का सुधार तो मुद्रण आरंभ होने तक भी किया जाता है, किन्तु हर एकता त्रुटियों को सुधारने की प्रवृत्ति अखबार हेतु नुकसानदायक साबित होती है तथा उसके समय पर मुद्रित न हो पाने का संदेह बना रहता है इसीलिए हर कार्य को निर्धारित समय-सीमा तथा पूर्व निर्धारित प्रणाली और नीति के माध्यम से पूरा किया जाता है।

संपादित प्रति का अवलोकन करने के बाद उसे प्रेस में कंपोजिंग हेतु दे दिया जाता है। समाचारों को प्रेस में भेजते समय यह सोचना अत्यंत आवश्यक है कि समाचार के आकार तथा महत्व की नजरिये से किस समाचार को किसी क्रम से भेजा जाए। उदाहरण के लिए अगर किसी महत्वपूर्ण पृष्ठ हेतु पाँच दो कॉलमों वाले

और 25 या 30 छोटे-बड़े एक कॉलम वाले समाचारों की आवश्यकता हो तो दो कॉलम तथा एक कॉलम वाले समाचारों का मेल बैठाना अत्यंत आवश्यक है। अगर सभी दो कॉलम अथवा कॉलम वाले समाचारों को एकत्रित करके कंपोजिंग करवा दिया गया तो पृष्ठ को तैयार करते समय उसमें कठिनाई उत्पन्न हो जाती है, जिसका अखबार की सजावट पर प्रतिकूल प्रभाव पड़ता है तथा पृष्ठ देखने में अटपटा-सा प्रतीत होता है। जब तक दो कॉलम वाले समाचार निर्मित नहीं हो जाते तब एक कॉलम वाले समाचारों का यथार्थ प्रयोग करना मुश्किल होता है। अतः समाचारों का सम्पादन करने और उनका प्रेस में भेजने की व्यवस्था में भी क्रमबद्धता का ध्यान रखना बहुत आवश्यक होता है। दीर्घ समाचारों के साथ कुछ ऐसे समाचार भी होने आवश्यक हैं जो अत्यन्त छोटे समाचारों के साथ कुछ ऐसे समाचार पृष्ठ तैयार करते हैं समय छोटे स्थानों की पूर्ति करने में सहयोगी होते हैं। समाचारों का स्वरूप सुव्यवस्थित होना अत्यंत आवश्यक है। लंबे-लंबे समाचार पाठकों की पसंद आवश्यक एवं पृष्ठ स्वरूप दोनों के लिए ही अनुपयुक्त होते हैं।

बहुरंगी समाचार

समाचारों का सम्पादन तथा चयन करते समय बहुत से समाचार खुद इकाई तथा स्वतंत्र तौर पर होते हें। कई समाचार ऐसे होते हैं जिनका दूसरे समाचारों के साथ गहरा संबंध होता है। इस तरह के समाचारों को अधिकांशत एक ही स्थान पर प्रस्तुत के साथ दे दिया जाता है ऐसे समाचारों में विरोधपूर्ण की स्थिति पैदा हो सकती हैं उनका मूल कहानी से क्रम टूट जाने की संभावना होती है तथा वे पाठकों की समझ से भी परे हो जाते हैं। यह संभव है कि सबसे अंत में आने वाला समाचार पहले दिए गए समाचार के महत्व को खत्म कर दे अथवा उन्हें गैर आवश्यक ही बना दे।

कई सभाचार संवाददाता तथा समितियाँ अपने-अपने ढंग से समाचारों को भेजते हैं। समाचार सम्पादन करने वाले मनुष्य पर उसकी व्याकरण, भाषा, भाव तथा मुख्यांश का सम्पादन करके उसे आकर्षक तथा तरीके से पाठकों के समक्ष प्रस्तुत करने का उत्तरदायित्व होता है। समाचार की झलक दिखाई दे तथा इसके साथ-ही-साथ वह वाक्य आकर्षक भी होना चाहिए। हर एक मनुष्य की यह अकांक्षा होती है कि वह विशिष्ट जानकारी को शीघ्र समझ सके, इसके लिए वह अत्यंत बेचैन तथा व्याकुल रहता है जब पाठक समाचार प्राप्त करने के लिए आतुर तथा उतावला रहता है तो पहले तुष्टिकर वाक्य से उसके अधिक संतोष मिलता

है। एक साँस में समस्त जानकारी प्राप्त करने की भूख को शांत करके वह आगे के विवरण तथा विश्लेषण की ओर अगृसर होता है। इस तरह के वाक्यों को पत्रकारिता की भाषा 'इण्ट्रो' कहा जाता है।

इण्ट्रो

इण्ट्रो शब्द अंग्रेजी भाषा के 'इंट्रोडक्सन' शब्द का लघुरूप है। उर्दू भाषा में इसे मुखड़ा कहते हैं। इण्ट्रो समस्त समाचार का सारांश एवं जान होता है। इसे पढ़ना होता है। इसे पढ़ते ही पाठक समाचार के कथ्य को जानकर पूर्ण रहस्यों तथा उसके आगे के वृतांत को पढ़ने हेतु जिज्ञासु हो जाता है। इण्ट्रो में समाचार के अंतिम निष्कर्ष को देने को विलोम स्तूपी प्रक्रिया कहते हैं। पाठक की उत्सुकता को शांत करने हेतु परिणाम के बारे में पहले ही बता दिया जाता है। इसके बाद दूसरे रहस्यों को उजागर किया जाता है।

समाचार का प्राण समाचार के बीच में न होकर उसके शुरूआत में और प्रथम ही वाक्य में होता है। समाचार के शीर्षक और उसके शुरूआती अंश को पढ़ने और देखने से ही समस्त समाचार की घटनाचक्र स्थिति तथा निष्कर्ष का पता चल जाता है।

इण्ट्रो का सृजन करना भी एक विशिष्ट कला है इस काम हेतु सरत अभ्यास की बहुत आवश्यकता होती हैं आजकल कई अखबारों-पत्रों के रिनोर्टर समाचार के शुरूआती अंश को इण्ट्रो के तौर पर ही लिखते हैं। यह कोई आवश्यक नहीं है कि हर एक संवाददाता के माध्यम से लिखा गया इण्ट्रो संपादक को पसंद आ जाए अथवा वह है कि हर एक संवाददाता के माध्यम से लिखा गया इण्ट्रो संपादक को पसंद आ जाए अथवा वह उसे स्वीकार हो। इसलिए यह आवश्यक हो। अतः यह समस्त समाचार को पढ़ने के बाद उसका सारगर्मित विचार महत्व और को इण्ट्रो के अंतर्गत सम्मिलित कभी-कभी अन्तर्गत वाक्य का भी रूप गृहण कर सकता है। अखबारों के कार्यालयों में यह संघर्ष हमेशा चलता रहता है कि कभी रिपोर्टर के माध्यम से निर्मित इण्ट्रो सम्पादन करने वाले व्यक्ति को पसंद नहीं होता और कभी संपादक के माध्यम से इण्ट्रो संवाददाता को पसंद नहीं होता। इसका मुख्य कारण यह है कि संवाददाता अपनी किसी नियत धारणा के अनुरूप समाचार के मुख्यांश को चुनकर उसको विशिष्टता प्रदान कर उसकी आंखों से निकल जाता है जब वही समाचार सम्पादन करने वाले व्यक्ति के पास पहुंचता है तो उसकी उपयोगिता विचार होता है न कि एक नियत धारणा। इस प्रकार संपादक पूरे समाचार पर

समक्ष दौड़ का जिस अंश को आकर्षक तथा प्रमुख समझता है, उन सभी रूपों को संगठित करके महत्वपूर्ण भाग को विशिष्टता प्रदान करने वाली उत्तरदायित्व जब उसके ऊपर पर आ जातीं है तो यह ध्यान नहीं दिया जाता कि किस रिपोर्टर ने किस प्रकार इण्ट्रो किया है। ऐसी पस्थिति में किसी की नापसंद और पसंद का हो जाता है। ऐसी स्थिति में प्रत्यक्ष सवाल यह होता है कि पाठकों को किसी तरह आकर्षित किया जाए तथा उनकी संतुष्टि हेतु किस प्रकार प्रभावशाली तरीके से प्रमुख और निष्कर्षणात्मक अंश उनके समक्ष प्रस्तुत किए जाएँ। इण्ट्रो की सहायता से किसी भी समाचार को प्रमुख व आकर्षक बनाया जा सकता है। अगर इण्ट्रो आकर्षक और प्रभावशाली न बने तो समस्त समाचार का सम्मान खत्म हो जाता है। तथा वह अस्तित्वहीन प्रतीत होता है।

समाचारों का सम्पादन करते समय विशेषतया निम्न दो बातों का ध्यान दिया जाना बहुत जरूरी है–

1. समझने में सरलता–समाचार को समझने हेतु पाठकों को कठिनाई हो तथा मुख्य अंश को समझने में उसे बहुत अल्प समय लगे। पाठकों को पसंद तथा उनके हित का अधिक ध्यान दिया जाना चाहिए जो समाचार सम्पादन का महत्वपूर्ण अंग है।

2. समाचार का गठन–समाचार का सृजन इस तरह से होना चाहिए कि उसका रूप जितना संक्षिप्त हो सके आवश्यकतानुसार कर देना चाहिए। इन चीजों का पाठकगण तथा अखबार के गठन पर ज्यादा प्रभाव पड़ता है। इन्हीं बातों के माध्यम से समाचार का इण्ट्रो भी उत्तम श्रेणी का निर्मल किया जा सकता है।

इण्ट्रो के प्रकार

इण्ट्रों का वर्गीकरण करना एक मुश्किल काम है, क्योंकि जितने प्रकार के समाचार होते हैं उतने ही तरह के इण्ट्रों भी होते हैं। इसके साथ-ही-साथ समाचार नजरिये सहयोगी संपादक लेखक तथा नजरिये भी इण्ट्रों की भिन्नता पर निर्भर रहते हैं। सामान्यतया इण्ट्रो के दो मुख्य रूप माने जाते हैं–

1. तथ्यात्मक इण्ट्रो–तथ्यात्मक इण्ट्रो के अंतर्गत घटना चक्र को ही बिना किसी संकोच के सम्मान दिया जाता है। किसी-किसी तथ्यात्मक इण्ट्रो को भावना का पुट देकर अधिक रोचक और आकर्षकम महत्वपूर्ण बनाया जा सकता है।

2. भावनात्मक इण्ट्रो--भावनात्मक इण्ट्रो के अन्तर्गत घटना चक्र तथा विचार मुख्य समाचारों का निरक्षण करके निष्कर्ष निकालने या उसके लिए प्रेरणा देने का प्रयत्न की जाती है।

इण्ट्रो की सीमा

हर एक समाचार का इण्ट्रो उसकी से संबंधित होता है। यदि समाचार एक कॉलम वाला हो तो उसके इण्ट्रो का स्वरूप छोटा होना चाहिए। तथा यदि समाचार दो कॉलम वाला हो तो उसका इण्ट्रो कुछ बड़ा होना चाहिए, जबकि जरूरत से ज्यादा नहीं अत्यधिक लंबा और बड़ा इण्ट्रो समाप्त समाचार की छवि को बिगाड़ देता है, जिसकी प्रतिक्रिया पाठकों को असमंजस में डाल देती है। इण्ट्रो को सदैव छोटा, सारगर्भित तथा प्रभावोत्पादक अंशों से सम्बन्धि होना चाहिए।

समाचारों के छः सूत्रपात ककार

समाचारों का सम्पादन सदैव छः ककारों—क्या, कब, कहां, क्यों, कौन तथा कैसे होना चाहिए। 'क्या' शब्द का निराकरण तो समाचार के पहले अंश में समाहित हो जाना बहुत जरूरी है। अन्य सवालों के उत्तर हेतु कोई नियम असंभव है। लेकिन ज्यादा महत्त वाले तथ्य अथवा परिणाम को सबसे पहले तथा कम महत्व वाले कथ्यों को बाद में क्रमानुसार दिया जाना ठीक माना जाता है। समाचारों को इस प्रक्रिया के माध्यम से संपादित करने की विधि को विलोम स्तूपी प्रणाली कहा जाता है। सैद्धांतिक तथा व्यावहारिक नजरिये से भी विधि अपनाने योग्य है। कभी-कभी स्थान की वजह से समाचार-पत्र के पृष्ठ पर समाचार के पहली पंक्ति में क्या का जवाब न आ सके तो उस समाचार को देना बुद्धिमता नहीं है। किसी समय लंबे समाचारों को काटना-छांटना पड़ता है ऐसी स्थिति में कम मतलब की बातें यदि समाचार के अंतिम हिस्से में दी गयी हों, तो उनकी दशा बाहर कर समाचार का रूप छोटा कर दिया जाता है। पहले समाचारों के सम्पादन हेतु यही प्रचलन कि समाचार के फल को अंत में दिया जाता था, जबकि पाठकों के परिवर्तित स्वभाव समय की गति को ध्यान में रखते हुए वर्तमान में यह प्रबन्धन बदल चुका है। अब समाचारों को फल (अंतिम अंश) पहले दिया जाता है तथा विवेचन (कहानी) बाद में दी जाती है। इसीलिए इसे विलोम स्तूपी प्रणाली कहा जाता है।

आजकल समाचारों के प्रस्तुतीकरण की पुरानी परंपरा करीब खत्म हो गई है तथा वर्तमान समय में समाचारों की अधिकतम आधुनिक परंपरा अपनाने को विवश करता है, क्योंकि समय की अल्पता की वजह से आज का पाठक कम-से-कम समय के अधिकाधिक समाचारों को जानने हेतु जिज्ञासु रहता है उसके पास इतना अधिक समय नहीं होता है कि वह ढेरों समाचारों को पूर्णरूप से पढ़

सके। जिस प्रकार छः ककारों को विस्तारपूर्वक समझाया कि संक्षिप्त करने हेतु कठिनाई अवश्य होती है, वह यह कि सभी समाचारों का संक्षिप्तीकरण करना कठिन काम है, चूंकि इसमें समय ज्यादा खर्च होता है और भावार्थों और भाषा के प्रवाहयुक्त व्यवस्था पर भी विशेष ध्यान देने की जरूरत होती है।

कथ्यों की महत्त

समाचार का सम्पादन करते समय कर्ड बार एक ही घटना के कई रूपों के माध्यम से भिन्न-भिन्न तरह के रूप प्राप्त होते हैं। ऐसी स्थिति में घटना की निश्चितता तथा तथ्यात्मक सत्यता पर अधिक ध्यान देना चाहिए, अधिक एक आदर्श पत्रकार हेतु विचार से अधिक तथ्य महत्वपूर्ण होता है। महत्व देना विचार अथवा मत को महत्व न देकर उसे तथ्य को है किसी घटना को समझने के कई रूप होते हैं। किन्तु तथ्यों को एकरूपता को सदैव बना रहना जरूरी है, उनमें फेरबदल तथा मिलावट करना पाठक हेतु धोखा होता है यदि कई सूत्रों के माध्यम से एक ही समाचार के विभिन्न रूप हों तो समाचार सम्पादन करने वाले व्यक्ति को सबसे पहले उनमें तथ्यों को ढूंढ़ना चाहिए तथा अंत में मत तथा निष्कर्षों को। उस समाचार पर शीर्षक तथा पृष्ठ पर उसकी जगह अखबार की प्रचलित नीति के अनुरूप निर्धारित किया जाता है।

संदर्भ संकेत

समाचार का आकार छोटा हो अथवा आती बड़ा जबकि इस बात पर ज्यादा ध्यान दिया जाना बहुत जरूरी है कि उसका कोई विशिष्ट प्रसंग छूटने न पाए। कई समाचार बीती हुई घटनाओं पर आधारित होते हैं, पाठक की स्मरण शक्ति तीक्ष्ण नहीं मानी जाती। अतः यह जरूरी है कि समाचार के भूतकालिक संबंध को याद दिलाने हेतु संदर्भ संकेत देने चाहिए। संदर्भ संकेत को समाचार के अंश पहले के अधिक करीब ही रखना चाहिए।

तिथि रेखा

समाचार की तिथि रेखा घटना को इसका अपना विशेष महत्व गतिविधि तथा इतिहास के क्रम को प्रदर्शित करती है। इन बातों को ध्यान में रखकर घटना की ऐतिहासिक प्रामाणिकता के लिए तिथि की शुद्धता तथा स्पष्टता को अक्षुण्ण रखा जाना चाहिए। आजकल संचार व्यवस्था उत्तरोत्तर विकास पर होने के परिणामस्वरूप समाचार तीव्रता से और विशेष मात्रा में आते हैं, इसलिए उनके

प्रकाशन का तरह भी उतना ही महत्वपूर्ण हो गया है जो एक जरूरत है। समाचारों के अधिकता के कारण सभी महत्वपूर्ण समाचारों को जगह में समाहित करना होता है। कुछ कम भविष्य के संस्करणों या अगले दिन छापना ही उचित होता है। इस तरह बचे समाचारों की तिथि रेखा ज्यों-की-त्यों रखी गयी अथवा उसे नये रूप में प्रदर्शित करने सही हेतु बदलाव आवश्यक है? यदि पत्र की पकड़ मजबूत है तथा पाठक को यह विश्वास है कि उक्त समाचार-पत्र कभी पुराने समाचार छापने का आदी नहीं है, तो सही तिथि में हेर-फेर करना जरूरी नहीं है। यदि नवीनता की भावना तथा पाठक पर बुरा असर पड़ने की संभावना से उसे बदलना जरूरी जान पड़े तब भी यह ध्यान रहे कि घटना की ऐतिहासिकता के विषय में पाठक को किसी तरह का भ्रम न हो।

पृष्ठ प्रकार

पत्र-पत्रिकाओं और अखबार के पृष्ठों का चुनाव उनकी अपनी एक नियत नीति के अन्तर्गत होता है। पृष्ठों का यह वर्गीकरण हमेशा नहीं बदलता। इसके संबंध में व्यवस्था तथा संपादकीय विभाग के अधिकारी समय-समय पर विचार-विमर्श करके नीति निर्धारित करते है। विशेष मुश्किल का अनुभव अथवा जरूरत न पड़ने तक पुराना वर्गीकरण लगातार कई वर्षों तक क्रियाशील रहता है। समाचार-पत्र के पृष्ठों के अनुरूप कई तरह के समाचारों को अमुक-अमुक पृष्ठ पर देने की नीति नियत की जाती है। उदाहरण हेतु यदि समाचार-पत्र आठ पृष्ठ का है तथा हरएक पृष्ठ आठ कॉलम में बंटा है तो पहले पृष्ठ पर उस दिन के बहुत प्रमुख समाचारों को स्थान देना निर्धारित किया जाता है। ज्यादातर यही होता है कि पहले पृष्ठ महत्वपूर्ण तथा अद्यतन समाचारों तथा चित्रों हेतु निर्धारित रहता है किन्तु यह कोई आवश्यक नियम नहीं है। अंग्रेजी के कुछ ऐसे पत्र हैं जो पहले पृष्ठ पर समाचार प्रकाशित नहीं करते प्रथम पृष्ठ को प्रमुख विज्ञापनों हेतु सुरक्षित रखा जाता है। पहले पृष्ठ के विज्ञापनों से पत्र की अच्छी आय होती है। भारत में हिन्दू (चेन्नई) तथा ब्रिटेन में टाइम्स पत्र आरंभ से ही पहले पृष्ठ पर विज्ञापन देते थे, किन्तु अब इन दोनों पत्रों ने भी पहले पृष्ठ पर पूरी तरह से समाचार देना आरंभ कर दिया है। वस्तुतः सभी पत्र अपने पहले पृष्ठ को नवीनतम तथा विशेष समाचारों से सुसज्जित करते हैं, चूंकि पाठक अखबार को समाचारों हेतु लेता है न कि विज्ञापनों के लिए। विज्ञापनों को वह देखता जरूर है, उनसे फायदा भी प्राप्त करता है, परंतु किसी भी पत्र को वह मुख्य समाचारों हेतु ही लेता है महत्व समाचार का दिया

जाता है न कि विज्ञापनों को। इसलिए यह पहले ही जान पड़ता है। कि प्रथम पृष्ठ पर श्रेष्ठ मुख्य तथा नवीन समाचारों को स्थान दिया जाना चाहिए।

दूसरे पृष्ठ से लेकर अंतिम पृष्ठ तक यह नियत कर लेना उचित होता है कि किस पृष्ठ पर किसी तरह के समाचारों को छापा जाता है। जैसे—स्थानीय समाचार, देश के समाचार, फिल्म समाचार विदेश के संबंधित समाचार महिलाओं से संबंधित अदालती मामले हास्य तथा व्यंग्य, कार्टून चित्र आदि। इस प्रकार पत्र के पृष्ठों तथा समाचारों की व्यवस्था के अनुरूप समाचारों तथा चित्र आदि। इस तरह पत्र के पृष्ठों तथा समाचारों की व्यवस्था के अनुरूप समाचारों और चित्रों का वर्गीकरण कर लेना उत्तम होता है। ज्यादातर अखबार समाचार प्रस्तुत करने के साथ-साथ पाठक के विचारों की पृष्ठभूमि के सृजन के लिए संपादकीय लेख, सामायिक लेख छोटी-छोटी टिप्पणियां आदि देते हैं। इस प्रकार की विचार सामग्री को सदैव एक ही पृष्ठ पर सुसज्जित किया जाता है। जिस पृष्ठ पर संपादकीय लेख छापा जाता है उसे संपादकीय पृष्ठ के नाम से जाना जाता है।

पृष्ठों का निर्धारित वर्गीकरण कर लेने से संपादकीय विभाग, कंपोजिंग विभाग एवं छपाई विभाग तथा पृष्ठ सृजन विभाग के लोगों को आसानी होती है। इससे पाठकों को भी सुविधा रहती है। वे वर्गीकृत समाचारों से अपनी काम और रुचि के समाचारों को तुरंत निर्धारित पृष्ठ पर प्राप्त कर लेते हैं समाचारों का विशेष पृष्ठों हेतु चयन करते हैं समय प्रेस और सम्पादन की सुविधा का ध्यान रखते हुए कई वर्ग और रुचि पाठकों का ध्यान रखना भी आवश्यक है। पाठकों को आवश्यक तीन वर्गों में रखा जाता है—महिला पुरुष तथा बालक। किसी घर में जब अखबार पहुंचता है तब उस परिवार के पाठक अपनी-अपनी रुचि तथा समुह के अनुरूप अपने पृष्ठ को सबसे-पहले पढ़ने को इच्छुक रहते हैं। इसलिए यह ध्यान रखना चाहिए कि खेल-कूद तथा महिलाओं के पृष्ठ इस तरह रखे जाएँ कि उनके पाठकों को पृष्ठों का बंटवारा करने में परेशानी न हो।

अन्य पृष्ठ

पहले पृष्ठ पर विज्ञापन कम होता है, इसलिए उसे अपनी पसंद के अनुरूप सुससज्जित करना अधिक आसान है। अखबार के भीतर के पृष्ठों पर पत्र की लोकप्रियता अथवा साप्ताहिक विशेष दिन के अनुरूप विज्ञापनों की संख्या में कमी तथा वृद्धि होती रहती है। यह भी कहना कठिनाई है कि कौन से पृष्ठ पर कितने विज्ञापन होंगे। बड़े अखबारों में विज्ञापन विभाग बिल्कुल

पृथक् होता है। दिन के अन्तीम पल में ही पता चलता है कि हर एक पृष्ठ पर विज्ञापन की स्थिति क्या है।

कई पृष्ठों पर कैसा तथा कितना विज्ञापन है इसकी जानकारी विज्ञापन विभाग समाचार पर नकली रूप (जिस प्रेस की भाषा में डमी कहते हैं) में तैयार कर संपादकीय विभाग को दे देता है। उसी डमी से पता चल जाता है कि विज्ञापन के अलावा किस पृष्ठ पर कितनी पठनीय सामग्री छापी जा सकती है। उस समाचार सामग्री के पृष्ठ पर विज्ञापन को देखकर ही निर्मित किया जाता है।

इस निर्धारित कथ्य का हमेशा ध्यान रखना होता है कि अखबार का एक-एक पृष्ठ सदैव प्रमुख तथा मूल्यवान होता है—संपादक की नजरिये से भी तथा पाठकों की नजरिये से भी। किसी पृष्ठ को आकर्षक बनाने में अथवा उस पर दिए जाने वाले समाचारों से किसी तरह भी यह परिलक्षित नहीं होना चाहिए कि वह महत्वपूर्ण अथवा कुरूप समाचारों से परिपूर्ण है। अंदर के किसी भी पृष्ठ के विषय में विज्ञापनदाता तथा पाठक की यह धारणा बनना कि वह सदैव निम्न स्तर का रहता है, अखबार के लिए खतरनाक है। शुरूआत में मात्र पहले पृष्ठ को सजाने पर ही विशेष ध्यान दिया जाता था, जबकि अब वह बात नहीं रही। आज के समय में अबखार के हर एक पृष्ठ को सुन्दर रूप-सज्जा के साथ छापा जाता है।

अगर अंदर के पृष्ठ पर विज्ञापन कम है तथा ऊपर का काफी स्थान समाचारों हेतु दिया गया है, तो उसे पहले पृष्ठ की प्रकार पहले होना चाहिए। ऊपर दो अथवा तीन कॉलम, एक या दो बाक्स बीच में मोटे टाइप के एक कॉलम, मध्य के भाग में दो कॉलम तथा कुछ हल्के टाइप का शीर्षक देकर उसे सुन्दर बनाया जा सकता है। सबसे मोटे या भारी टाइप का शीर्षक कॉलम में लिया जाना चाहिए। उसे बीच में भी देना ठीक होता है, चूंकि उससे पृष्ठ की सुन्दरता निखर आती है। दायीं तरफ कुछ हल्का टाइप दिया जाए। अगर यह सुविधा न हो तो बाएँ-दाएँ तरफ के शीर्षक एक प्रकार मोटे टाईप के हो। हर एक पृष्ठ पर दो अथवा तीन कॉलम चित्र अथवा कार्टून के देने से भी वह ज्यादा सुन्दर हो जाता है। यदि बड़े चित्र या कार्टून की व्यवस्था न हो सके तो एक या आधे कॉलम (समाचारों से सम्बद्ध) चित्रों को देकर भी सजावट का काम पूरा किया जा सकता है। यह देखा गया है कि छोटे नक्शे तथा चित्र पृष्ठ को सुन्दर बनाने में बड़े सहायक साबित होते हैं। अगर विज्ञापन की वजह से स्थान की कमी हो तो ऊपर की ओर मोटे शीर्षक देकर पृष्ठ को आकर्षक बनाया जा सकता है। पृष्ठ के बीच निचले भागों को सजाना आसान काम नहीं है। पहली बात यह है कि बीच तथा

निचले भागों के शीर्षकों के मुद्राक्षर (टाइप) इतने बड़े न हों कि वे ऊपरी भाग के शीर्षकों को प्रभावहीन बना दें। वह इतने साधारण एवं छोटे भी न हों कि पृष्ठ का संतुलन बिगड़ने लगे। मध्य से कुछ नीचे छोटे बाक्स दे देने से भी पृष्ठ में आकर्षण पैदा हो जाता है। जो पृष्ठ खोलने पर सामने प्रकट होते हैं जैसे—तृतीय, पंचम इत्यादि उन पर नीचे की ओर रेखाचित्र देने का प्रचलन है। यह रेखाचित्र-पट्टी धारावाहिक तौर पर किसी कहानी को कहती है या स्वतंत्र तौर पर व्यग्यात्मक होकर जीवन के किसी भाग पर हल्का प्रहार करके पाठक के मन में आनंद उत्पन्न कर देने वाली होती है। किसी ओर के चित्र मौजूद न होने पर दुकॉलमा बाक्स ऊपर की ओर बीच के कॉलमों में और छोटे-छोटे बाक्स के भाग में पहले दूसरे सातवें अथवा अतिंम कॉलम में देकर पृष्ठ को सुन्दर बनाया जा सकता है।

सजावट के विविध पहलू

अखबारों को सुन्दर रूप देने हेतु निम्नवत् पहलुओं पर ध्यान देना बहुत जरूरी है—

1. समाचारों के शीर्षकों तथा चित्रों का संतुलन भी बहुत आवश्यक है।
2. शीर्षक तथा समाचार के मुद्राक्षरों में असमानता के माध्यम से भी पृष्ठ को सुन्दर बनाया जा सकता है।
3. शीर्षक फैले-फैले होने चाहिए जिससे पाठक की नजर को विशेष तकलीफ न हो।
4. पृष्ठ पर छपने वाले शीर्षकों में सदैव संतुलन होना चाहिए।
5. पृष्ठ के निचले भाग में भी जो चित्र देने चाहिए, जबकि जहाँ तक संभव हो सके वे ऊपर के चित्र से बड़े न हों।
6. चित्र अथवा विज्ञापन से सटा हुआ बाक्स अखबार के पृष्ठ की सुन्दता को खराब कर देता है।
7. एक कॉलम के मोटे-मोटे शीर्षक भी बिल्कुल एक के ऊपर एक अच्छे प्रतीत नहीं होते। उनके बीच शीर्षकों वाले समाचार-पत्र के पृष्ठ की सुन्दरता को खराब कर देता है।
8. दुकॉलमा शीर्षक एक-के-ऊपर एक न हों तो ठीक ही है।
9. अगर किसी पृष्ठ पर चित्र न हो तो उसमें छोटे-बड़े बाक्स बनाकर उसको सुन्दर बनाया जा सकता है।
10. विशिष्ट समाचार को सबसे पहले छापना चाहिए।

11. समाचार के महत्व के अनुरूप ही उसके मुद्राक्षरों (टाइप) का स्वरूप किया जाना चाहिए।
12. पृष्ठ पर समाचार तथा उनके शीर्षक देते समय विज्ञापन की बनावट और सजावट का ध्यान रखना आवश्यक है।
13. अंदर के पृष्ठ खोलते ही पाठक की दृष्टि पृष्ठ के अनुरूप बाई अथवा दाहिनी तरफ पड़ती है। यदि वह दूसरा, चौथा तथा छठा पृष्ठ खोलेगा तो बाईं तरफ पहले कॉलम पर तथा यदि उसकी निगाह तीसरे, पाँचवें तथा सातवें पृष्ठ की तरफ जाती है तो अंतिम कॉलम के ऊपरी भाग को वह सबसे पहले देखेगा। यह पाठक की मनोदशा की पद्धति है। वह हर एक पृष्ठ के बाहरी (बाईं ओर के बाएँ तथा दाहिनी ओर के दाहिने) तथा ऊपरी भागों को सबसे पहले देखता है। इसलिए उसी मनौवैज्ञानिक कथ्य का फायदा उठाकर पाठक की संतुष्टि हेतु उसी तरफ विशेष महत्व के समाचार मोटे मुद्राक्षरों में देने चाहिए। दूसरी मान्यता है कि शिक्षित मनुष्य अधिकतर बाएँ से दाहिनी ओर पढ़ने को अभ्यस्त होता है। अतः वह अपने अभ्यास के अनुसार पहले बाईं ओर की नजर दौड़ाता है। फिर उसकी निगाह दाहिनी ओर कुछ नीचे की ओर जाती है। इस सिद्धांत के आधार पर यह माना जाता है कि विशिष्ट समाचार को पहले कॉलम में ऊपर की तरफ दिया जाना चाहिए और दूसरे क्रम के समाचार को दांयी ओर के छोर पर। जहाँ तक दाईं तथा बाईं समाचारों को देने का सवाल है, किसी एक विचार को पूरी मान्यता नहीं दी जा सकती। दोनों ऊपरी छोरों की ओर विशिष्ट समाचार देकर पाठक को आकर्षित किया जा सकता है। यह भी निर्विवाद है कि पहले पाठक पृष्ठ के ऊपरी भाग को देखता है, कभी बाईं ओर तो कभी दांयी तरफ के।
14. दीर्घ समाचार में कुछ ज्यादा-कम दूरी पर उप-शीर्षक देने चाहिए जिससे समाचार में पाठक को जिज्ञासा बनी रहे।

सजावट के स्वरूप

समाचार-पत्र के कई चित्रों और शीर्षकों को इस प्रकार प्रस्तुत किया जाए कि पृष्ठ का कोई भाग अधिक भारी अथवा झुका-सा न प्रतीत हो। अगर पहले कॉलम में मोटा शीर्षक है तो उसी प्रकार का शीर्षक अंतिम कॉलम में भी होना चाहिए। इसी प्रकार का संतुलन ऊपर तथा नीचे के भाग में भी किया जाना

चाहिए। यदि भारी मुद्राक्षर युक्त दुकॉलमा पहले दूसरें तथा तीसरे कॉलम में है तो उसी प्रकार भले ही कुछ हल्के मुद्राक्षर का दुकॉलमा अंतिम के आकर्षण के लिए भी होने चाहिए।

सजावाट के कई स्वरूपों को निम्न प्रकार से स्पष्ट किया जा सकता है–

1. उतार प्रणाली--इस पद्धति में संतुलन का ख्याल नहीं रखा जाता। अधिक महत्वपूर्ण समाचार को मोटे मुद्राक्षरों में पहले अथवा दो कॉलमों में दे दिया जाता है और एवंसमाचारों को छोटे-छोटे मुद्राक्षरों में। इस प्रणाली के पक्ष में कहा जाता है कि पाठक पहले विशिष्ट समाचार को पढ़ लेता है, फिर उसकी पसंद दूसरे समाचारों में घट जाती है। इसी पसंद को ध्यान में रखकर अन्य समाचारों को महत्व के क्रम से अंतिम कॉलम तक विशद कर दिया जाता है। अंतिम कॉलम में पाठक सबसे कम महत्व के समाचारों को छोटे-छोटे शीर्षकों को देखता है। इस तरह सृजन से पृष्ठ पर समाचारों की संख्या अधिक होती है चूंकि बड़े-बड़े शीर्षक जो अधिक जगह घेरते हैं कम या नहीं के बराबर होते है।

2. बहुत संतुलन–समाचार की लंबाई-चौड़ाई उसके महत्व पर आधारित है। यह भी नहीं कहा जा सकता कि फला-फला तरह के समाचार जब पृष्ठ के फलां भाग में जाने हैं तब इतने ही दीर्घ होने चाहिए। संतुलित पृष्ठ की यही विशिष्टता होती है कि किसी भी समाचार के साथ पक्षपात प्रतीत नहीं होता है। अधिकतर समाचारों की लंबाई आवश्यकता के मुताबिक नपी-तुलीं होती है। ऐसी स्थिति में यह जरूरी है कि आगे को कोई ऐसा भी पृष्ठ हो जिस पर नाप से ज्यादा सामग्री को डाला जा सके। बहुत संतुलित पृष्ठ रेखागणित के अनुसार बना दिखाई देता है। इस तरह के पृष्ठ को बनाने में आवश्यक सर्तकता तथा नियमित प्रचलन का पालन करना पड़ता है। दैनिक पत्र का पृष्ठ बनाते समय जब घड़ी की सुई पर बराबर निगाह रखनी होती है, तब इस तरह के बहुत संतुलन सृजन का ध्यान रखना असंभव हो जाता है। बहुत संतुलन हेतु स्केल लेकर नाप-जोख करना दैनिक पत्र में गैर आवश्यक होने के साथ-साथ कार्य में अवरोधक भी साबित होता है।

3. चौखटा–इस प्रणाली में पृष्ठ के दांये तथा बाएँ कॉलमों में पूरी भरी सामग्री देने का चलन है। इनके शीर्षक मोटे अक्षरों में रहते हैं। यदा-कदा दोनों ओर एक-एक या दो-दो कॉलमों का ब्लाक ऊपर की तरफ दे दिए जाते हैं। चित्रों की जगह पर एक तरह के बाक्सों को देकर पृष्ठ को मानों एक चौखटे का रूप प्रदान कर दिया जाता है। इस प्रणाली का हिन्दी अखबारों में अधिक प्रचलन नहीं है।

4. बरबस आकर्षक–इस प्रणाली की सुन्दरता से पाठक का ध्यान हमेशा आकर्षित किया जाता है। पहले कॉलम से आरंभ करके बड़ी तस्वीर ऊपर की ओर दी जाती है तथा चित्र ऐसा होता है जो किसी प्रमुख समाचार से जुड़ा हो। चित्र के साथ ही भारी शीर्षक से समाचार प्रस्तुत किया जाता है। पृष्ठ के दूसरे समाचारों पर भी बड़े-बड़े शीर्षक देकर पाठक का ध्यान जबरन आकर्षित जाता है।

शीर्षक रचना

अखबारों और दूसरी किसी छपने वाली सामग्री हेतु शीर्षक का सृजन करना ज्यादा महत्वपूर्ण होता है। यह समाचार और हर लेख का प्र.ग होता है। सचेत, कुशल तथा पारंगत समाचार तैयार करने वाला हरएक ऐसे शीर्षक का सृजन करता है जो मोहक होने के साथ-साथ विश्वसनीय एवं उत्प्रेरक भी होता है। वास्तव में शीर्षक समाचार और किसी लेख इत्यादि का सार (उपसंहार) होता है।

एक सुन्दर शीर्षक पाठकों को समाचार पढ़ने हेतु हमेशा विवश करता है। कई बार तो शीर्षक को पढ़ते ही समाचार को पूरा पढ़ा नहीं रहा जा सकता। अखबारों में शीर्षक बनाने की कई प्रणालियाँ होती है जिनका विवरण आगे दिया जा रहा है। इन पद्धतियों में सबसे प्रमुख विलोम सोपानी, क्रॉस लाइन, ड्राप लाइन, पूर्णपाती इत्यादि हैं।

1. **विलोम सोपानी**–इस तरह शीर्षक की पंक्तियाँ बाईं ओर से शुरु होकर क्रमशः नीचे की तरफ छोटी होती चली जाती है।
2. **ड्राप लाइन**–इसमें दो अथवा कभी-कभी तीन पंक्तियाँ भी होती हैं। बाईं ओर से दाईं ओर बढ़ाकर एक के बाद एक शब्द लिखे जाते हैं जो देखने में सीढ़ीनुमा दिखते हैं। इसे स्टेपहर्ड भी कहते हैं।
3. **पूर्णपाती**–समाचार-पत्रों में इसका उपयोग अत्यधिक होता है। शीर्षक के अक्षरों की संख्या एक कॉलम की चौड़ाई से ज्यादा नहीं होती है।
4. **क्रास लाइन**–अखबार के एक कॉलम अथवा मध्य भाग में लिखे गये किसी पंक्ति के लघु शीर्षक को क्रॉस लाइन कहा जाता है।
5. **कटि शीर्षक**–युवती की कमर अथवा डमरू की तरह के शीर्षक को कटि शीर्षक कहा जाता है। इसमें पहली तथा तीसरी पंक्तियां पूरी होती हैं। दूसरी पंक्ति दोनों ओर से छोटी होती है। वर्तमान में इस प्रकार के शीर्षकों का प्रचलन कम है।
6. **फ्लेश लेफ्ट**–इसकी भी पंक्ति बाईं तरफ से शुरू होती है। जबकि दूसरी पंक्ति का क्रम नियत नहीं होता है।

7. **हैडिंग इंडेंशन**—इसके अन्तर्गत पहली व्यक्ति पूरे कॉलम में होती है, दूसरी और तीसरी पंक्तियों को बाईं ओर से बराबर स्थान को छोड़कर लिखा जाता है।
8. **विलोम स्तूप**—इस प्रकार के शीर्षक में पहली पंक्ति पूरे कॉलम की चौड़ाई में और दूसरी तथा तीसरी पंक्ति के दोनों ओर स्थान छोड़ा जाता है।
9. **कपाली शीर्षक**—प्रमुख शीर्षक के ऊपर छोटे टाइप में दिए जाने वाले शीर्षक को पताका या स्टीमर शीर्षक के नाम से जाना जाता है। इस शीर्षक के नीचे एक लाइन भी होती है।
10. **पताका शीर्षक**—पूरी चौड़ाई में सबसे मोटे मुद्राक्षर में दिए जाने वाले शीर्षक को पताका या स्टीमर शीर्षक के नाम से जाना जाता है।
11. **स्क्वायर इंडेंशन**—पूरे कॉलम में फैले तीन अथवा चार पंक्तियों वाले शीर्षक को स्क्वायर इंडेशन कहा जाता है।

शीर्षक के आधारभूत नियम

शीर्षक के निम्नलिखित आधारभूत नियमों को अग्र तरह से स्पष्ट किया जा सकता है—

1. बॉक्स के नीचे हल्के मुद्राक्षर का शीर्षक कभी भी सुंदर नहीं दृष्टिगोचर होता।
2. समान आकार-प्रकार के शीर्षकों का सदैव संतुलन होना चाहिए।
3. पृष्ठ के ऊपरी हिस्से में दिया गया समान आकार का चित्र नीचे दिए गए चित्र से उत्तम दिखाई देता है।
4. साधरण पाईका में बना दो कॉलम बाक्स एक कॉलम चित्र के समान होना चाहिए।
5. काला पाइका का दो कॉलम बाक्स दो कॉलम समाचार से कुछ हल्का लगता है।
6. काला पाइका में बना एक कॉलम बाक्स दो कॉलम समाचार से कुछ हल्का लगता है।
7. समान मोटाई तथा आकार-प्रकार में दिए गए शीर्षक में अगल-वगल आस-पास के कॉलम में शीर्षक न दिए जाएँ तो अच्छा ही है। समान रूप के शीर्षकों के बीच में विभिन्न रूप-रंग का शीर्षक देना सुन्दर लगता है।
8. 48 प्वाइंट का दो पंक्ति का शीर्षक 72 प्वाइंट के 8 कॉलम शीर्षक से ज्यादा होता है।

9. छोटे शीर्षकों का उपयोग कम-से-कम करने से पृष्ठ का आकार अच्छा दिखाई देता है।
10. पृष्ठ पर छोटे-बड़े चित्रों का उपयोग समाचारों को ज्यादा स्पष्ट कर देता है।
11. दृष्टि विज्ञान के नियमानुसार पृष्ठ का ऊपरी बायाँ हिस्सा अति-महत्व का होता है। पूर्वाभ्यास तथा संस्कारों के कारण आँख पहले बाईं तरफ ही पड़ती है तथा वह भी ऊपर की ओर। इसलिए बाईं तरफ ही विशेष महत्व के समाचार को स्थान देना उपयोगी समझा जाता है।
12. पहले अथवा दूसरे कॉलम में दिया गया चित्र छठे या सातवें कॉलम के ऊपर दिए गए दो कॉलम चित्र को संतुलित करता है। इसी तरह पहले या दूसरे कॉलम में दिया गया मोटे मुद्राक्षर का समाचार नीचे की ओर अंतिम दो कॉलमा समाचार का संतुलन बनाने में सहायक साबित होता है।
13. पृष्ठ के सृजन तथा शीर्षकों की शैली के प्रति पाठक का मोह हो जाता है, उसे अचानक नहीं परिवर्तित करना चाहिए। इससे पाठक के मन पर प्रतिकूल प्रभाव पड़ने की संभावना रहती है। प्रतिकूल प्रभाव का आशय यह है कि पाठक अपने रोज के पत्र को भूल-सा न जाए। यदि शीर्षक-शैली तथा मुद्राक्षर में विशेष परिवर्तन करना हितकर हो तो उसकी पूर्व-सूचना पाठक को अवश्यक दे देनी चाहिए।
14. विभिन्न ही जीवन का आनंद है। इसी को ध्यान में रखकर सभी पृष्ठों की सजावट और स्वरूप नित्य प्रति एक समान नहीं होनी चाहिए। समाचार-पत्र के सभी पृष्ठ को सुन्दर बनाने के लिए विविधता से परिपूर्ण मेक-अप सदैव प्रभावशाली साबित होता है।
15. समाचार के बाद डैश देना जरूरी नहीं है। कई शीर्षक समाचार के अलग व्यक्तित्व को स्पष्ट करने के लिए बनाये जाते हैं। डैश देना पाठक पर एक प्रकार को रोक लगाना है। समाचार पढ़ते समय जहाँ रूकना चाहेगा वहाँ स्वयं रूक जाएगा। जितने समाचारी हो तकरीबन उतने ही डैश डालना सीमित स्थान को बेकार की चीज से भर देने के अलावा तथा कुछ भी नहीं है।
16. बाक्स के ऊपर रोक-रूल डालना ठीक नहीं होता है।
17. अधूरे समाचार के नीचे की तरफ रोक हल्के-रूल से की जाए।
18. समाचार दीर्घ होने की स्थिति में तरफ उसे अगले कॉलम में डालना पड़े तो वह मूल अंग के आस-पास होना चाहिए। आँख को शेष अंग की खोज में

कष्ट न उठाना पड़े। समाचार के बीच में कोई व्यवधान पैदा करने वाली सामग्री न हो।

19. समाचारों के शेषांश को आगे के कॉलम अथवा आगे के पृष्ठ पर ले जाने की अवस्था में कभी भी नए पैरा का प्रयोग नहीं करना चाहिए। पैरा की समाप्ति पाठक के मन में समाचार की समाप्ति का अहसास कराती है। ऐसी दशा में पाठक की उत्सुकता समाचार के प्रति कम हो जाती है। यदि समाचार को अधूरे वाक्य से तोड़ा गया हो तो पाठक उसे पूरा पढ़ने का प्रयास करेगा। यह मनोवैज्ञानिक सत्य है।

20. हमेशा यही कोशिश होना चाहिए कि समाचार के टुकड़े न किए जाएँ। सामग्री बड़ी तथा अत्यंत जरूरत होने की स्थिति में ही समाचार को विभक्त करना चाहिए। ऐसा अनुमान है कि 60 फीसदी से ज्यादा पाठक किसी दूसरे पृष्ठ पर डाले गए समाचार की खोज में भटक जाते हैं। यदि समाचारों के शेष भाग को किसी अन्य पृष्ठ पर देन आवश्यकत हो तो एक ही ऐसा पृष्ठ नियत करना चाहिए जिस पर समस्त समाचारों के शेषांश पाठकों को एक साथ मिल जाएँ। पाठक के लिए एक-एक पृष्ठ पलटने के बजाए संपूर्ण समाचार-पत्र पलटना सरल होता है। अतः यदि कोई बाधा न हो तो पहले पृष्ठ के शेषांश को अंतिम पृष्ठ पर ही छापना श्रेस्कर समझा जाता है।

21. पृष्ठ के निचले भाग के सृजन पर विशेष ध्यान जरूरी होता है। उसे किसी भी कीमत पर महत्वहीन न समझा जाए।

22. कुछ पत्रों का यह नियम है कि किसी कॉलम में सबसे दीर्घ शीर्षक ऊपर ही हो। उसके नीचे जितने भी शीर्षक हों वे क्रमशः होते जाएँ। इस हिस्सा का पालन करने का परिणाम यह होता है कि पृष्ठ का ऊपरी हिस्सा जहाँ बहुत बड़ा होता है वहाँ पृष्ठ की कटि के नीचे उसका सृजन हल्के से हल्का होकर बिल्कुल नीचे बहुत पतला हो जाता है। ऊपर हल्के मुद्राक्षर वाले शीर्षक का समाचार देकर उसके एकदम नीचे मोटे मुद्राक्षरों का शीर्षक देना खराब स्पष्ट होता है, किन्तु एक-दो समाचार हल्के मुद्राक्षर में देकर नीचे मोटे मुद्राक्षर का शीर्षक दे देने से पृष्ठ की सुन्दरता को सँवारा जा सकता है।

समाचार के इण्ट्रो और उसकी सजावट के पृष्ठ की रूप-सज्जा पर अधिक असर पड़ता है। इण्ट्रो का आकार समाचार की उपयोगिता तथा पृष्ठ पर दिए जाने वाले कार्टून, चित्र और विज्ञापन के स्वरूप पर भी बहुत कतिपय निर्भर होता है। साधारणतया समाचार के इण्ट्रो को एक कॉलम से लेकर तीन कॉलम तक चौड़ा

देना काफी है। आठ कॉलम के पृष्ठ पर इससे अधिक का इण्ट्रो महत्वहीन हो जाता है। उसके साथ दूसरे समाचार किसी प्रकार का महत्व नहीं रखते हैं। इसके साथ ही पृष्ठ की रूप सज्जा की नजरिये से इण्ट्रो के मुद्राक्षर तथा पृष्ठ पर प्रयुक्त साधारण मुद्राक्षर में भेद होना चाहिए। यदि इण्ट्रो के मुद्राक्षर समाचार के मुद्राक्षर से कुछ दीर्घ तथा ज्यादा चमकता हुआ हों, तो इण्ट्रो का सुन्दर होना स्वभाविक है। कई समाचार-पत्रों में अपनी-अपनी परंपरा तथा टाइप सुविधा के आधार पर ही इण्ट्रो के मुद्राक्षर की विविधता दिखाई देता है। एक कॉलम वाले इण्ट्रो में अधिकतर सामान्य मुद्राक्षर का ही उपयोग किया जाता है। कभी-कभी समाचार की उपयोगिता हेतु सफेद 'पाइका' मुद्राक्षर के काले अथवा इटेलिक मुद्राक्षर का उपयोग किया जाता है। दो कॉलम अथवा उससे अधिक चौड़ा इण्ट्रो बनाने में सामान्य या विविध प्रकार के मुद्राक्षर के उपयोग का प्रचलन है। इण्ट्रो का मुद्राक्षर अगर साधारण है तब तो कोई परेशानी नहीं होती, किन्तु उनमें भिन्नता लाने हेतु बनावट पर ध्यान देना बहुत जरूरी है। इसके साथ ही मद्राक्षर का निर्णय तब अच्छी प्रकार किया जा सकता है जब हम पहले ही यह तय कर लें कि इण्ट्रो का स्वरूप क्या होना चाहिए तथा उसमें कितने अनुच्छेद होने चाहिए। तीन से ज्यादा अनुच्छेदों वाला इण्ट्रो कभी भी सुन्दर नहीं लगता। इण्ट्रो के ज्यादा अनुच्छेद पृष्ठ पर बोझ समान स्पष्ट होते हैं तथा उनसे उनका रूप भी खराब हो सकता है। व्यवहारिक नियम यह है कि पृष्ठ के निचले भाग में दिए जाने वाले इण्ट्रो का स्वरूप सूक्ष्म हो। कभी भी उनकी मोटाई तीन-चार पंक्तियों की एक अनुच्छेद और चौड़ाई दो कॉलम से ज्यादा नहीं होनी चाहिए।

शेषांश की समस्या

अनेक समाचार इतने व्यापक होते हैं कि उनका शेष हिस्से किसी अन्य पृष्ठ पर देना जरूरी हो जाता है। अधिकतर यह समस्या पहले पृष्ठ के समाचारों के साथ पैदा होती है। पहले पृष्ठ पर अधिक से अधिक समाचारों को महत्व के अनुरूप छापा जाता है, इसलिए लंबे समाचारों को तो छोटा करना पड़ता है। यह परेशानी कभी-कभी अन्य पृष्ठों पर भी आती है। समाचार के शेषांश की परेशानी से निपटने हेतु अग्र प्रमुख नियमों को ध्यान में रखना चाहिए–

1. समाचार का शेष हिस्सा सदैव उससे आगे के पृष्ठों पर अथवा कॉलमों में होना चाहिए। पहले पष्ठ का शेष किसी भी पृष्ठ पर जा सकता है, किन्तु यह उपयुक्त नहीं है कि तीसरे, चौथे तथा छठे का शेषभाग दूसरे, तीसरे

तथा पाँचवें पृष्ठ पर दे दिया जाए। मनोवैज्ञानिक नियम के अनुरूप पाठक की मनोवृत्ति कभी भी पीछे के पृष्ठ उलटने की नहीं होती। वह चाहता है कि गति आगे की ओर रहे। उसी ओर एक ही पृष्ठ पर दिया जाने वाला शेष उसके आगे के किसी कॉलम में ही जाना चाहिए।

2. यदि समाचारों का शेषभाग देना आवश्यक हो तो उनके लिए एक ही नियत कर लेना आसान रहता है। पृथक्-पृथक् समाचारों का शेषभाग अलग-अलग पृष्ठों पर छापना मूर्खता दर्शाने के अतिरिक्त तथा कुछ भी नहीं है।
3. शेषभाग देते समय इस बात को पूरा ध्यान रखना बहुत जरूरी है कि मूल समाचार के नीचे शेषभाग के पृष्ठ तथा उसके कॉलम का सूचक ठीक हो। इसी तरह शेषभाग के शुरूआत के पृष्ठ तथा उसके कॉलम पर सूचक ठीक हो। इसी तरह शुरूआत में इस तरह की पंक्ति होनी चाहिए जिससे पाठक को यह ज्ञात हो जाये कि वह किस समाचार का शेषभाग है। शेषभाग पर पूर्व पृष्ठ तथा उसके कॉलम का स्पष्ट सूचक होना आवश्यक है।

फीचर

ज्यादातर देखने को मिलता है कि अखबारों में अधिक जगह वक्तव्यों तथा भाषणों को दिया जाता है तथा फीचर को बहुत कम जगह दिया जाता है। इससे पत्र नीरस हो जाता है। जबकि आजकल इन्हें काफी महत्व दिया जाने लगा है। विशेषकर आजादी से पहले समाचार-पत्र अंग्रेजों के विरोध में लिखते थे तथा देश-प्रेम की भावना को सामने लाते थे। यह ऐतिहासिक सत्य है कि उस समय शिक्षा का प्रचार इतना नहीं था तथा पढ़े-लिखे लोगों की कमी थी। इसलिए फीचर लिखने वालों की भी कमी थी। इसलिए अच्छे फीचर देने का सवाल नहीं उठता था। अब भी हमारे यहाँ तथा विशेषतया पत्रकारिता के जगत में फोटोग्राफी अन्य देशों की अपेक्षा में पीछे है। स्वतन्त्रता से पूर्व मनोरंजक तथा ज्ञानवर्द्धक फीचर लिखने की तरफ ध्यान नहीं दिया गया। बहुत से लोगों ने समाचार-पत्र प्रकाशित किए किन्तु उनमें फीचर नाममात्र ही होते थे।

आजकल कई साप्ताहिक, मासिक तथा दैनिक पत्र-पत्रिकाओं में फीचर प्रकाशित होते हैं। किन्तु इनका स्तर अभी तक प्रशंसनीय नहीं है। इस फलक से जुड़े लोगों को इसके स्तर को ऊंचा उठाने के लिए पश्चिमी परंपराओं की नकल छोड़कर अपने देशवासियों की रुचियों को ध्यान में रखते हुए कार्य करना चाहिए।

वास्तव में देखा जाए तो फीचर का समाचार अथवा खबर से कोई सम्बन्ध नहीं है। इसकी सफलता इसकी लेखन-शैली पर निर्भर है। फीचर की सफलता के लिए आँख, कान, भावों, अनुभवों तथा नए-नए आविष्कारों पर अधिक आश्रित है। फीचर संक्षिप्त तथा रुचिकर होनी चाहिए। फीचर मनमोहक होनी चाहिए ताकि उसे अधिक लोग पढ़ें तथा अपने ज्ञान को बढ़ाएँ। इस काम हेतु फीचर-लेखक को एक नया तथा आकर्षक रास्ता खोजना पड़ेगा। यह गद्य में होती है जो रोचक होनी चाहिए जिसे पढ़कर पाठकों के हृदय झूमने लगे तथा वे प्रसन्न हों, अथवा उसे पढ़कर पाठक गम के सागर में विहार करने लगें। उदाहरणार्थ, यदि फीचर-लेखक किसी भिखारी के ऊपर फीचर लिखना चाहता है तो उसे उस भिखारी के पास बैठकर उसके गम तथा दर्द को सुनना पड़ेगा तथा उसके दर्द को महसूस करना पड़ेगा। इसलिए फीचर में इस बात का विशेष ध्यान रखना चाहिए कि वह अल्प-से-अल्प शब्दों में ज्यादा-से-ज्यादा प्रभावशाली हो।

फीचर पाठकों के मनोरंजन, आनन्द तथा विनोद साधन होता है इसमें लेखक अपनी मनोवृत्ति तथा अपनी समझ के अनुरूप किसी विषय विशेष का अथवा व्यक्ति का चित्रण करता है। उसके लिखने में हास्य तथा कल्पना का प्रमुख स्थान होता है। यदि फीचर-लेखक ऐतिहासिक फीचर लिखना चाहता है तो उसके लिए हर तरह की विषय-सामग्री इकट्टा करनी होगी ताकि उसमें सामान्य पाठक को अच्छा ज्ञान तथा मनोरंजन प्राप्त हो।

भारत में वर्षों में ज्यादातर फीचर ऐतिहासिक व्यक्तियों पर ही लिखे गए थे क्योंकि उन व्यक्तियों का सम्बन्ध जैसे—आन्दोलन से था। इसी प्रकार दूसरे प्रकार की फीचर पौराणिक हैं जो किसी त्योहार—होली, दीपावली, दशहरा, कुम्भ इत्यादि पर होती है। इस प्रकार फीचर की बार-बार दोहराने की प्रक्रिया से इस फलक में नीरसता आती है। चूंकि इसमें परम्परावादी शैली तथा विचारों की नकल की जाती है। किंतु भारत में अब धीरे-धीरे मानव-भावों को प्रकट करने वाली फीचर भी लिखी जाने लगी है। इस कला को हमने विदेशी अखबारों से लिया है। आजकल फीचर-लेखक विचित्र, नए और आलौकिक विषय की खोज में रहते हैं तथा उन पर फीचर तैयार करते हैं। आजकल चित्रमय फीचर भी खूब लिखे जा रहे हैं जो मेरे विचार से अधिक रुचिपूर्ण हैं।

फीचर-लेखक को इस बात का भी ध्यान रखना चाहिए कि उसके फीचर सामान्य अथवा ऊँचे लोगों पर ही नहीं बल्कि गरीब तथा छोटे लोगों के दर्द तथा मरम से भी जुड़े हों। यद्यपि इसे लिखने में उसे अधिक मेहनत करनी पड़ेगी।

एक उत्तम श्रेणी का फीचर लिखने हेतु अत्यधिक परिश्रम करना पड़ता है। उदाहरण हेतु यदि किसी नाई से गांधी ने बाल कटाए तथा उस समय का फोटो नाई की दुकान में लगा है तो उस फोटो से निगेटिव तैयार कराकर उस घटना पर फीचर लिखा जा सकता है। इसी तरह यदि आप रूस पर फीचर लिखना चाहते हैं तो वहाँ के नेता के भाषण या विषय सामग्री पर निर्भर न रहकर किसी सामान्य रसियन से सम्पर्क स्थापित करना चाहिए जो वहाँ की राजनैतिक, सामाजिक, वितीय तथा धार्मिक परिस्थितियों की पूरी जानकारी ठीक प्रकार से दे सके। उससे जानकारी लेकर आप विशिष्ट प्रकार की फीचर बना सकते हैं।

इसलिए फीचर का सृजन करने वाले को हृदय तथा मस्तिष्क दोनों का प्रयोग करना चाहिए। फीचर की सफलता हेतु उसका प्रारंभ तथा अन्त सजीवता के साथ करना चाहिए। ताकि पाठकों के मस्तिष्क में उसकी छाप सदैव हेतु विद्यमान हो जाए।

व्यवस्थापन

सम्पादन कला से व्यवस्थापन का क्षेत्र यद्यपि प्रत्यक्ष सम्बन्ध नहीं है जबकि पत्र के जीवन से उसका निर्धारित रूप से गहरा सम्बन्ध है। सम्प्रति किसी भी पत्र का संचालन बहुधनसाध्य व्यवसाय के रूप में ही मुमकिन रह गया है। आधुनिक युग के पत्रों का, मूलरूप से दैनिक पत्रों का जो आकार हो गया है तथा उनके कुशल संचालन हेतु जिन साधनों की जरूरत उत्पन्न हो गई है वे बिना ज्यादा पूँजी के एकत्र नहीं किए जा सकते। आज इनमें लाखों की पूँजी व्यय हुई है। धनाढ्य लोगों ने अपना धन मात्र जन-हित, देश-हित अथवा समाज-सेवा तथा साहित्य-सेवा की पुण्य भावना से प्रेरित होकर नहीं लगाया है; उन्होंने वर्तमान संसार के आधुनिक जीवन में पत्रों को लाभ कर उद्योग के रूप में देखा तथा धन इकट्ठा करने के इस नए साधन का लाभ किया। इसमें उन्हें विलक्षण तथा अभूतपूर्व कामयाबी प्राप्त हुई। बड़ी-बड़ी कम्पनियों ने निरन्तर वर्षों तक ज्यादा प्रयोग प्राप्त किया, अपने हिस्सेदारों को फायदे की गहरी रकमें वितरित कीं तथा पत्रों को आई हुई कामधेनु गाय के रूप में पाकर उनका पूरी तरह व्यवसायीकरण कर डाला। धन कमाना उनका एकमात्र प्रयोजन बन गया। पत्रों की उपयोगिता तथा आदर्श की अवहेलना कर, जनहित के हिताहित को भूलकर, पत्रकारी के पुण्य प्रयोजन को दूषित करके भी धन सुलभ करने का प्रयास किया जाने लगा।

आज पत्र उत्तम, लाभ कर सम्पत्ति के रूप में परिवर्तित हो गए हैं। एक तरफ तो यह हुआ तथा दूसरी तरफ हमारा आधुनिक जीवन तथा उसकी

आवश्यकताओं ने भी पत्र-संचालन काम को उद्योग बनाने हेतु मजबूर किया। पत्रों के बिना आधुनिक जगत आज की दुनिया चल नहीं सकती। वह समाज के जीवन से जुड़कर उसका एक जरूरी अंग बन गया है। सभ्यता के विकास ने मानव के जीवन में इतने पहलू उत्पन्न कर दिए हैं, उसे इतनी भिन्नता प्रदान कर दी है, उसके समक्ष इतनी कठिनाईयों तरफ ग्रन्थियों का सर्जन कर दिया है कि हर एक व्यक्ति अपने में ही मानो 'भानमती का पिटारा' हो गया है। आज के मनुष्य की तरफ गौर करिए तो सही। वह खुद एक व्यक्ति है, अपने परिवार का सदस्य है, अपने बच्चों का पिता है। फिर वह अपने समाज का सदस्य है, नगर का निवासी है। नागरिक की हैसियत में उसके अधिकार तथा कर्त्तव्य हैं। सामूहिक दुःख, सुख हिताहित का भार अलग-अलग होते हुए भी हरएक व्यक्ति सामूहिक रूप से उसे उठाने हेतु विवश है। समाज की भलाई में उसकी भी भलाई है। समाज खतरे में पड़े तो वह तथा उसका परिवार खतरे में पड़ जाए। फिर वह अपने राष्ट्र का सदस्य है जिसके विशद हित में उसके नगर का, समाज का हित निहित है। समाज के हित में उसका हित तथा समाज का हित देश के हित में, अतः राष्ट्र के हित में उसका हित सम्मिलित हो गया है।

फलस्वरूप देश के प्रति उसका कुछ उत्तरदायित्व तथा देश का सदस्य होने के नाते उसका अधिकार स्थापित हो गया। देश भी भूमण्डल का, सारी मानव-जाति का ही एक अंश मात्र है; संसार से एक धागों में जुड़ गया है। दिक्काल की बाधाएँ खत्म हो चुकी हैं, भौगोलिक पृथक्कता अपना अस्तित्व ही नहीं रखता। भूमण्डल के क्षितिज पर कहीं किसी घटना के घटित हो जाने की आवाज हजारों मील दूर किसी गाँव की झोंपड़ी पर पड़े बिना नहीं रहता। कहीं सोने की खान प्राप्त हो जाए तो विश्व भर की मुद्राएँ अस्थिर होने लगती हैं। कहीं गेहूँ की पैदावार अच्छी हो जाती है तो संसार की अनाज मण्डियाँ हिल उठती हैं। कहीं युद्ध छिड़ जाता है तो धरती कोने-कोने तक काँप उठती है। हर व्यक्ति अन्तर्राष्ट्रीय बन गया है। हम आस्ट्रेलिया का गेहूँ खाते हैं, फ्रांस की दवा पीते हैं, इंग्लैण्ड का सूती परिधान पहनते हैं, जापान की छुरी काम में लाते हैं, स्विटजरलैण्ड की घड़ी जेब में लटकाते हैं, अमेरिका की 'फाउण्टेनपेन से लिखते हैं, जर्मनी की साइकिल पर चढ़ते हैं। सारा भूमण्डल मेरे लिए तथा मैं भूमण्डल हेतु हो गया, फिर भी मेरा 'मैं' अपनी पृथक सत्ता कायम किए हुए हैं। ऐसे व्यापक जीवन हेतु तरह-तरह की व्यवस्थाएँ जरूरी हैं ही। वितीय सामाजिक, राजनीतिक, धार्मिक, वैयक्तिक, बौद्धिक, नैतिक, आध्यात्मिक आदि सभी पहलू तो हैं जिनकी व्यवस्था करनी होती है क्योंकि उसकी

कमी में जीवन का संचालन हो ही नहीं सकता है। आज का मनुष्य विश्व के करीब आ जाने से विश्व भर की कई तथा देशकालानुसार बनी व्यवस्थाओं का ज्ञान ढूंढ़ता है चूंकि उन सबकी गति से उसका जीवन परोक्ष तौर पर प्रभावित होता रहता है। हजारों मील समुद्र के उस पार रहने वाले अमेरिकन मजदूरों का जीवन किस तरह संचालित है तथा किन व्यवस्थाओं से संचालित है इसकी जानकारी प्राप्त करना एक मजदूर भी चाहता है चूंकि विश्व के एक कोने की स्थिति दूसरे कोने को प्रभावित करती रहती है।

फिर मानव खुद भी मानव तो है ही। उसकी अपनी प्रवृत्तियाँ हैं, लालसाएँ हैं, भौतिक तथा अभौतिक आवश्यकताओं हैं। उसे मनोरंजन चाहिए, ज्ञान पथ द्रष्टा तथा मार्ग-निदर्शक चाहिए, परामर्शदाता तथा सहायक चाहिए जो राग तथा विराग, प्रेम तथा घृणा, काम तथा संयम, स्वार्थ तथा त्याग, द्वेष तथा संवेदन, क्रोध तथा क्षमा, हिंसा-अहिंसा इत्यादि से जन्य अन्तर्द्वन्द्वों से विताड़ित जीवन के प्रवाह का दर्शन करावे, तद्भूत सम्भाव्य परिणामों की ओर इशारा करे तथा अपनी ही मुश्किलों के जाल में उलझे, इस अजीब प्राणी के हितानुकूल उसे आचरण का रास्ता भी प्रशस्त करे। आज के पत्र कदाचित् मनुष्य की इन तमाम जरूरतों को पूरा करने का प्रयत्न करते हैं। निस्सन्देह उनकी प्रयास सफल होकर भी उन जरूरतों की पूर्ति अत्यंत लघु-सीमा तक ही करने में सक्षम होती है तथापि पत्रों के अलावा दूसरा कोई साधन अब तक प्रस्तुत नहीं हुआ है जो उतना भी कर सकता हो जितना वे करते हैं। अतएव हमारे लिए पत्र जरूरी हो गए हैं, उनकी माँग बढ़ने लगी है तथा लाखों की संख्या में रोज उनकी प्रतियाँ प्रकाशित हो जाती हैं। पत्रों के उपकरण तथा उपादान जगत् के कोने-कोने से एक दो नहीं वरन् सैकड़ों व्यक्तियों की मेहनत कई होती है। सम्पादकीय विभाग, संवाददाता, रिपोर्टर, कम्पोजीटर, प्रेसमैन, पत्र बेचनेवाली एजेंसियाँ, पत्र-कार्यालय के कई कर्मचारी इत्यादि मिलकर सैकड़ों की संख्या में पहुँचते हैं जिनके रोज के सामूहिक मेहनत से ही उनकी छपाई हो पाती है।

इतने महान् आयोजन की कामयाबी महती पूँजी के अभाव में सम्भव ही कैसे हो सकती है। जब पूँजी लगी तो पूँजीपति लाभ कमाने की कोशिश करेगा ही। परिणामस्वरूप पत्र-संचालन में औद्योगिकीकरण की रचना हो गई। आज ये पूँजीपति अपने पत्रों को अपनी पूंजी के रूप में देखते हैं। इसलिए उनकी व्यवस्था अपने हित के नजरिये से करने हेतु व्यवस्था-विभाग की स्थापना करने को विवश हुए हैं। पत्रों के जीवन में इस व्यवस्था-विभाग का अधिकार तथा प्रभाव दिन-दिन

बढ़ता जा रहा है। एक समय था जब पत्रकार तथा सम्पादकीय विभाग न सिर्फ मुख्य अथवा बल्कि पत्र-संचालन का समस्त अधिकार भी सम्पादकों के हाथों में था जबकि आज ऐसा नहीं रह गया है। सम्पादकीय विभाग के हाथों में व्यापार का अधिकार तो रहा ही नहीं उसकी विशेषता विवश तौर पर बनी रहने पर भी वस्तुतः शेष नहीं रही। आज पत्र-कार्यालय में, पत्र के संचालन के अधिकार फलक में उसका स्थान गौण हो गया है। व्यवस्थापक ही सर्वप्रमुख हो गया है। इस व्यवसायीकरण ने प्रबन्ध-सम्पादक के नाम से जिस पद की सृष्टि की है उसका महत्वपूर्ण उद्‌देश्य व्यवस्था-विभाग के अन्तर्गत सम्पादकीय विभाग को भी ला पटकने के अलावा तथा कुछ नहीं है। प्रबन्ध-सम्पादक सम्पादकीय विभाग तथा व्यवस्था-विभाग दोनों का मुख्य होता है तथा दोनों पर उसका अधिकार स्थापित रहता है।

प्रबन्ध-सम्पादक की व्यवस्था में पत्रकार होने के कारण हम जो त्रुटि देखते हैं उस पर तो आगे विचार करेंगे पर यहाँ इतना मान लेना ही होगा कि आज के पत्रों के संचालन-कार्य की कठिनाई आवश्यक रूप से व्यवस्था-विभाग तथा व्यवस्थापक की आवश्यकता महसूस करती है। पत्र के जीवन के सभी अंगों को ठीक ढंग से सक्रिय बनाए रखने हेतु यह विभाग तथा उसका एक अधिष्ठाता आवश्यक हो गया है। कोई सम्पादक सम्पादन का काम करते हुए न कई जरूरी प्रबन्धों को सम्पूर्ण रूप में जान सकता है तथा न प्रकृत्या वह कई तरह के गलत कामों में पड़ने की कोशिश करेगा। विज्ञापन की दर क्या हो, कहाँ से विज्ञापन अर्जित किए जाएँ, आय-व्यय का चिट्ठा ठीक है अथवा नहीं, हानि-लाभ का लेखा क्या है, कहाँ अधिक गैर जरूरत व्यय हो रहा है, कहाँ मितव्ययिता की जरूरत है, रोजाना बिक्री से प्राप्त धन ठीक जमा हो रहा है या नहीं, कागज, स्याही आदि का भंडार समाप्त तो नहीं हुआ, समय से नए स्टाक का आवेदन भेजा गया या नहीं, पत्र की प्रतियों को बेचने की व्यवस्था ठीक है या नहीं, ग्राहके संख्या कैसे बढ़ाई जाए, प्रेस-विभाग, कम्पोजिंग-विभाग, टाइपफाउण्ड्री-विभाग, विज्ञापन-विभाग, कमीशन-विभाग, बिक्री-विभाग आदि कई आवश्यक क्षेत्र सफलतापूर्वक काम कर रहे हैं या नहीं, व्यावसायिक नजरिये से पत्र में किन बातों का सुधार किया जाना चाहिए, अधिक से अधिक फायदा किस तरह अर्जित किया जा सकता है, आदि कई सवाल हैं जिनका निपटारा करने के लिए विशेष विभाग तथा विशेष गुणवान व्यक्ति की आवश्यकता जरूरी है।

किसी सम्पादक को इन विषयों में न जिज्ञासा हो सकती है, न इनकी जानकारी हो सकती है तथा न उसे समय मिल सकता है कि अपना समय इधर

दे सके। वह खुद पत्र के सम्पादकीय कामों तक ही सीमित रहना चाहेगा तथा उन्हीं में अपनी शक्ति का उपयोग करेगा। पर पत्र का जो व्यापारिक अंग है उसके लिए व्यवस्था-विभाग तथा कुशल व्यवस्थापक बहुत जरूरी है। इस युग में जब पत्रों को एक-दूसरे की प्रतिद्वन्द्विता भयंकर रूप प्राप्त कर चुकी है, जब उसका व्यापार अपना जगह स्थित हो चुका है तथा जब व्यावसायिकता को स्वीकार किए बिना पत्र अपने अस्तित्व की रक्षा नहीं कर सकते तब व्यवस्था विभाग के बिना काम हो ही नहीं सकता। हम पूर्व में बता चुके हैं कि पत्रों के व्यापारीकुरण के नाम से भी हमें चिढ़ होती है। इससे हमारा मतलब यह नहीं है कि पत्रों का संचालन व्यापारिक आधार पर होना ही नहीं चाहिए। जो आधुनिक स्थिति से परिचित हैं वे आदर्शवादी होते हुए और पत्रों में व्यवसायवाद के प्रवेश को अनावश्यक मानते हुए भी इतना जानते हैं कि एक सीमा तक उसे स्वीकार किए बिना पत्र जीवित ही नहीं रह सकते। अतः व्यावसायिक तरीके से पत्र का संचालन हमारी नजर में विरोधपूर्ण नहीं है। हमारा विरोध तो उस नग्न व्यापारीकरण से है जो पत्रों को मात्र धन इच्छा की पूर्ति का स्रोत बनाना चाहता है। ऐसे लोग यह भूल जाते हैं कि पत्र मुख्य रूप से जनता के सेवक हैं, उन पर नैतिक जिम्मेदारी है जिसका पालन करना उनका पहला काम है। ऐसा करते हुए जरूरी व्यापारिकता को पालन तो धारण करना ही चाहिए।

जब पत्र का व्यापारिक हिस्सा भी है तब उसकी कामयाबी व्यवस्थापक पर तथा उसके विभाग की उपयुक्तता, सक्रियता, सचेष्टता तथा सुचारु कार्य पद्धति पर ही आधारित है। अतएव यह स्पष्ट है कि किसी समाचार पत्र के व्यवस्थापक का पद कार्यगुरुता तथा उत्तरदायित्व की नजर से बहुत प्रमुख है। मात्र मात्र पूँजी या धन के उपयोग से पत्र का सृजन नहीं किया जा सकता। सफल पत्र की स्थापना कठिन कार्य है जिसके लिए पूँजी तो जरूरी होती है, पर उसकी व्यवस्था करने वाले की योग्यता तुलनात्मक रूप से उससे भी कहीं ज्यादा आवश्यक है। उपयुक्त तथा योग्य व्यवस्थापक के कमी में, प्रबन्ध के कारण वजह से जाने कितने पत्र पर्याप्त धन का आधार रहते हुए भी काल का ग्रास बन गए। निर्विवाद रूप से यह सिद्ध है, तथा आवश्यकता भी इसका समर्थन करता है कि कामयाबी के साथ उचित प्रबन्ध ने डूबते हुए पत्रों को फिर से सजीव कर दिया है। फिर से व्यवस्था के महत्त्व को देखते हुए हम कह सकते हैं कि उसके बारे में लिखने हेतु स्वतन्त्र ग्रन्थ की बारे होगी तथा लिखने वाला भी ऐसा व्यक्ति होना चाहिए जिसे पत्र-व्यवस्थापन का अनुभव हो। पर इन पृष्ठों में विषय का पत्र के जीवन से गहरा

सम्बन्ध होने की वजह से उसकी सामान्य-रूप रेखा अंकित कर देने का कोशिश की जाएगी।

पत्र के कार्य का क्षेत्र कई रूप लिए होता है। पूर्व के पृष्ठों से ज्ञात हो गया होगा कि छपाई, कम्पोजिंग, टाइप की ढलाई, समाचार-संकलन, लेखन, सम्पादन, प्रूफ-संशोधन, विज्ञापन-संग्रह, पत्र की बिक्री, विज्ञापन तथा बिक्री से होने वाली आय तथा होने वाले आय-व्यय का लेखा, इत्यादि कई विभाग मिलकर किसी पत्र का संचालन करते हैं। उचित प्रबन्ध का कुशल आयोजन करने हेतु जरूरी हो जाता है कि विविध विभाग पृथक् रहते हुए भी एक-दूसरे से जुड़े रहें, तथा सामूहिक प्रबन्ध के नजरिये से संचालित हों। व्यवस्थापक वास्तव में वह मूल बिन्दु है जहाँ से कई कड़ियाँ आगे को बढ़ती हैं पर मूलतः एक स्थान पर ही मिली रहती हैं। सम्पादकीय विभाग के कई विभागों को एक स्थल पर जुड़ने का कार्य जैसे सम्पादक करता है वैसे ही पत्र के जीवन के सभी अंगों का समावेश व्यवस्थापक में होता है। कोई भी विभाग अपना काम कर अपनी जिम्मेदारी पूर्ण करता हुआ समझेगा पर मात्र उसका कार्य पत्र-प्रकाशन हेतु पूरा नहीं होता। उदाहरणार्थ सम्पादकीय विभाग को देखें जो सर्वश्रेष्ठ तथा सर्वोत्कृष्ट विभाग माना जाता है—समाचार का संकलन, मत प्रकाश, सम्पादन तथा छपने योग्य लेखों इत्यादि का जरूरी बदलाव करके पत्र स्तम्भों हेतु आवश्यक यन्त्र तैयार कर देना, कापियाँ भेज देना, कम्पोज हुई कापियों का प्रूफ-संशोधन करने पत्र का मेक-अप कर देना। क्रमबद्ध हुए स्तम्भों का फरमा बाँधकर जहाँ तैयार हुआ वहाँ सम्पादकीय विभाग का काम तथा जिम्मेदारी समाप्त हुई।

प्रेस-विभाग का कार्य इसके बाद बाद आरंभ हो जाता है। पत्र के छपकर बाहर आते ही, प्रेस-विभाग का काम खत्म हो जाता है। अब 'सरकुलेशन-विभाग'—बिक्री- विभाग—का कार्य आरंभ हो गया। इसी प्रकार एक के बाद दूसरे विभाग कार्य करते हैं पर ग्राहक के हाथ में प्राप्त हुआ पत्र अपने उस आकार को सभी विभागों के सम्मिलित काम के परिणामस्वरूप ही मिलता है। एक ऐसी कड़ी का होना आवश्यक है जो कई लड़ियों को एक-दूसरे से जोड़े रखे तथा व्यवस्थित तरीके से काम का संचालन करे। व्यवस्थापक वस्तुतः यही कड़ी है। उसे सब पर नजर रखनी होती है क्योंकि सबके लिए वही उत्तरदायी है। समय से सब विभाग अपना कार्य निपटा न दें तो पत्र अपने नियत समय पर छप नहीं सकता। समय का मूल्य तो सभी जगह होता है पर दैनिक पत्रों हेतु उसका जितना महत्त्व है उतना शायद ही किसी हेतु होगा। विलम्ब न मात्र बुरा है बल्कि पत्रों हेतु तो

निर्धारित रूप से घातक है। दो, चार अथवा दस मिनट के फेर-फार से हजारों रुपए की हानि हो सकती है। डाक छूट जाएगी; ग्राहकों के हाथ में दूसरे पत्र दिखाई देंगे तथा पत्र की प्रतिष्ठा को गहरा आघात होगा। दो-चार बार इसी तरह से देरी हुई तो पत्र की वह बदनामी हो जाएगी जो उसे ही ले डूबेगी, चूंकि कोई ऐसे पत्र का ग्राहक होना पसन्द न करेगा जो सदैव विलम्ब से प्राप्त होगा।

पत्रों के जीवन हेतु समय अधिक मूल्यवान होता है तथा व्यवस्थापक का प्रथम कार्य यह होता है कि सभी विभाग से उसका सम्पूर्ण कार्य निर्धारित समय के भीतर करा सके। एक-एक विभाग तथा एक-एक कार्यकर्ता पर उसकी निगाह रहती है। किसके लिए कौन-सा कार्य है, कौन अपने कार्य में ढिलाई कर रहा है इत्यादि कई बातों पर वह नजर रखता है। व्यवस्थापक खुद नियत समय से कार्यालय में आ जाता है तथा अपने अधीन सभी सहायकों को समय से आ जाने हेतु प्रेरित करता है। उच्चाधिकारी यदि अपने कर्त्तव्य की पूर्ति में चुस्त है तो उसके अधीनस्थ भी कर्त्तव्यनिष्ठ होंगे। लापरवाह तथा स्वयं काम की उपेक्षा करने वाला अपने अधीनस्थों से पूरा कार्य करने में कभी सक्षम नहीं होता। कार्यालय में व्यवस्थापक अपना कार्य अपनी डाक देखने से आरंभ करता है। दैनिक पत्रों में डाक की उपेक्षा कभी नहीं की जा सकती। न सम्पादक तथा न व्यवस्थापक ही डाक देखने के कार्य की उपेक्षा कर सकते हैं। इतना भी नहीं टाल सकते कि 'दूसरे कार्य करने के पश्चात् अन्त में देखेंगे।' पत्र सम्बन्धी वे कई बातें जो सम्पादकीय विभाग के अलावा हैं। व्यवस्थापक के नाम से ही डाक के माध्यम से भेजी जाती हैं। कहीं विज्ञापन के प्रकाशन का चेक आया है, कहीं पत्र के बिक्री-एजेण्टों का आवेदन है, कहीं नए एजेण्टों की दरखास्त है, कहीं नया विज्ञापन है, कहीं विज्ञापन प्राप्त करने के लिए कनवेसिंग करने वालों की रिपोर्ट है जो कतिपय बातों में व्यवस्थापक के आदर्श की इंतजार करते हो सकते हैं। ऐसी बातें हो सकती हैं जिनका आज ही शाम को निकलने वाले पत्र से सम्बन्ध हो सकता है, ऐसे आदेश देने हो सकते हैं जिनमें देर हो जाने से सैकड़ों रुपए का नुकसान हो सकता है। इसलिए व्यवस्थापक डाक देखने से ही कार्य आरंभ करेगा। आई हुई चिट्ठियों को पृथक् करेगा तथा उपरोक्त आदेश के साथ जिसका जिस विभाग से सम्बन्ध है उन्हें वहाँ भेज देगा।

जिस पर व्यवस्था-विभाग की जिम्मेदारी हो वह डाक की अवहेलना न करने का दृढ़ संकल्प कर ले। डाक का कार्य समाप्त करने के उपरान्त व्यवस्थापक को तुरंत अपने विविध विभागों की रिपोर्ट निरीक्षण करना चाहिए। सुव्यवस्थित पत्रों

के कार्यालयों में कुशल व्यवस्थापक नियत कर देता है कि हरएक विभाग का अधिकारी गत दिवस की अपने विभाग की रिपोर्ट तैयार करके उसके मेज पर रख दे। प्रेस में ठीक समय से फर्मा पहुँचा तथा छपाई का काम ठीक तरीके से किस समय खत्म हो गया, यदि कोई गड़बड़ी अथवा विलम्ब हुआ तो उसका वजह क्या है तथा कौन जिम्मेदार है, प्रेस-विभाग इसकी जानकारी प्रस्तुत करेगा। कम्पोजिंग-विभाग भी जानकारी प्रस्तुत करे। किस समय सम्पादकीय विभाग ने कापियाँ पूरी कीं, फर्मा किस समय प्रेस में भेजा गया, देर तो नहीं हुई, हुई तो क्यों हुई? इसी प्रकार सभी विभाग अपनी-अपनी रिपोर्ट पूरी करके व्यवस्थापक के मेज पर प्रस्तुत कर देता है। डाक समाप्त करके अब व्यवस्थापक उन रिपोर्टों पर नजर डालेगा। सभी तफसील की बातें उसके समक्ष आ जाएँगी। जहाँ जो त्रुटि हुई है या हो रही है उसकी जाँच की जाएगी, जिससे भूल हुई, उससे उसकी भूल का कारण पूछा जाएगा, प्रबन्ध में जो त्रुटि दिखाई देगी पूरी की जाएगी।

यह काम पूरा करके व्यवस्थापक एक बार सारे कार्यालय का अवलोकन कर आएगा। कम्पोजिंग-विभाग से लेकर सम्पादकीय विभाग तक क्रमशः जाकर देख लेगा कि सब जगह कार्य आरंभ हो गया है तथा सही तरीके से चल रहा है। अब व्यवस्थापक को अपने खजांची की तरफ निगाह डालनी चाहिए। दैनिक पत्रों में रोजाना पर्याप्त रकम प्राप्त होती है तथा व्यय होती है। खजांची के माध्यम से लेन-देन होता है। आय-व्यय का लेख, बचत की रकम, सब उसी के पास रहती है। व्यवस्थापक उसके रोजाना के कागज को देखने में कभी न चूके। सावधानी तथा सावधानी के साथ व्यवस्थापक को देख लेना चाहिए कि उसका वह विभाग रोजाना का सारा हिसाब साफ तथा कागज-पत्र पूरी तरह लिखकर तैयार रखता है अथवा नहीं। जिन पत्रों के संचालन में लाखों रुपए की सम्पति लगी हुई है, जहाँ धन के दुरुपयोग होने की सम्भावना भी अल्प नहीं है, जहाँ रोजाना सहस्त्रों रुपए का आय और व्यय हो रहा है वहाँ हिसाब-किताब के प्रति जरा भी लापरवाही भयावह हो सकती है। यह काम समाप्त करते-कराते पत्र के छपने का समय आ जाता है। व्यवस्थापक को जब यह चिन्ता होती है कि उसका पत्र समय से छप जाए, बाहरी डाक का बण्डल बँधकर निकल जाए तथा स्थानीय एजेण्टों के पास बेचने के लिए कापियाँ समय से पहुँच जाएँ। सब विभाग अपने-अपने काम में संलग्न रहते हैं पर व्यवस्थापक की एक निगाह घड़ी पर तथा दूसरे सभी विभागों के काम पर रहती है। कहीं देर न हो जाए, कहीं कोई गलती न हो जाए, कोई दुर्घटना न हो जाए, ठीक समय पर कहीं मशीन का कोई पुरजा खराब न हो जाए,

इत्यादि सभी बातों की चिन्ता उसे घेरे रहती है। ज्ब तक डाक नहीं निकल जाती तब तक वह चिन्ता मुक्त नहीं हो पाता।

मशीन का कोई पुरजा खराब न हो जाए, इत्यादि सभी बातों की चिन्ता से घेरे रहती है। जब तक डाक नहीं निकल जाती तब तक वह चिंता मुक्त नहीं हो पाता।

यहाँ संक्षेप में व्यवस्थापक के बँधे-बँधाए कार्यों को प्रस्तुत कर दिया गया है जबकि हमारा तात्पर्य नहीं है कि उसे इतने से ही अवकाश मिल जाता है ये काम तो सामान्य है जिनके लिए किसी असाधारण योग्यता की आवश्यकता नहीं है। नियत पथ है तथा जिसे भी चलने के लिए कह दीजिए साफ-सुथरे रास्ते पर आखें मूँद चला जाएगा। अगर व्यवस्थापक को इतना ही करना हो तो कोई बात नहीं है जबकि उसका उपयोगिता तथा उसकी विशिष्टता कोल्हू का बैल नहीं है। उसमें वह आन्तरिक सूझ, चेतना क्षमता, प्रबन्ध करने की क्षमता और व्यावसायिक विवेक कल्पनाशीलता तथा दूरदर्शिता होने ही जरूरत है जो न किसी को सिर्फ सफल व्यापारी बनाती हो वरन सक्षम प्रबन्धक भी बना सकती हो। किसी व्यवस्थापक में प्रबन्धक तथा व्यवसायी होने के दोनों गुणों की नितान्त जबकि है। इसके साथ-साथ उसे यदि पत्र के नैतिक कर्त्तव्य आदर्श तथा उसके उत्तरदायित्व का ज्ञान भी हो तो फिर क्या पूछना है। व्यवसाय प्रबंन्ध तथा पत्रादर्श और पत्र के उच्च कर्त्तव्य के ज्ञान से परिपूर्ण व्यवस्थापक किसी पत्र के लिए आभूषण है, उसका जीवन है।

व्यवस्थापक के इन तीनों गुणों का अवलोकन भी संक्षेप में कर ली जाए। प्रबन्धक होने का अर्थ मात्र इतना ही नहीं है कि कोई समस्त विभागों की रिपोर्टों की देखरेख कर लिया करे तथा जरूरत उलट-फेर अथवा जवाबतल्बी को इदमित्य मान ले। कुशल प्रबन्धक में कोई विशेष बात होती है, उसमें कोई ऐसी अन्दरूनी शक्ति होती है जो उसके समस्त विभागों में अमूर्त होते हुए भी चमकती दिखाई देती हैं। हरएक कर्मचारी चाहे छोटा हो या बड़ा, उसके अस्तित्व का अनुभव अनजानते हुए परोक्ष रूप से करता रहता है। सब भीतर-भीतर किसी के किसी के रोब, प्रभाव, किसी की उपस्थिति तथा किसी की निगाह का अनुभव करते रहते हैं तथा यह अनुभूति उन्हें सफलता, योग्यता और उपयोगिता के साथ अपने कर्त्तव्य को पूरा करने के लिए प्रेरित करती रहती है। प्रबन्ध का यह अमूर्त व्यक्तित्व ही किसी कार्यालय की सक्रियता तथा कार्यक्षमता की वजह होता है। किसी कार्यालय में यदि आप पहुँच जाएँ तो वहाँ के माहौल, वहाँ की कार्य-पद्धति तथा कर्मचारियों

के मुख की मुद्रा और हाव-भाव से ही यह अनुभव करेंगे कि उसका व्यवस्थापक कुशल प्रबन्धक है अथवा नहीं। व्यवस्थापक का पहला कार्य अपने इस व्यक्तित्व को सारे फलकों पर स्थापित कर देने का प्रयत्न करना है। प्रयत्न करने का आशय यह नहीं कि बात-बात में शोर शराबा करके, अधीनस्थ कर्मचारियों से कठोरतापूर्वक व्यवहार कर, या अपना रोब जमाने हेतु कई प्रकार के उपायों का प्रयोग कर आप अपना व्यक्तित्व स्थापित कर सकेंगे। व्यक्तित्व स्थापित होता है उसका जो अपने काम को अच्छी तरह जानता है, जिसकी कुशलता का लोहा उसके अधीनस्थ मानने को विवश होते हैं, जिसकी तीव्र निगाह शक्ति को सभी महसूस करते हैं तथा जिसकी कर्त्तव्यशीलता, सक्रियता, परिश्रमशीलता तथा ईमानदारी में जरा सी भी कमी देखने का अवसर किसी को नहीं मिलता।

ऐसे अधिकारी का कार्य तथा उसकी आत्मा मानों उसके हर एक मातहत के अंदर प्रविष्ट हो जाती है। व्यवस्थापक का कार्य इतना ही नहीं है कि वह प्रतिदिन के कार्यों की देखभाल मात्र करे बल्कि अपने कार्यालय की कार्यक्षमता को रोजाना ज्यादा विकसित करते जाने के उपायों को खोजना, सोचना तथा ढूँढ़कर उन्हें लागू करना भी है। इसके लिए गम्भीर चिन्तन से, सूझ से अन्य सुव्यवस्थित कार्यालयों के उदाहरणों से काम लेना चाहिए तथा सदैव इसके उपाय खोज निकालने हेतु चिंतन करते रहना चाहिए। कई विभागों के कई विस्तार से प्रबन्ध का परिचित होना जरूरी है, यह भी है कि सारी तफसील पर उसकी निगाह रहे पर यह आवश्यक नहीं है कि कार्यालय के सारे बोझ को स्वगं अपने ऊपर लादने तथा सब कुछ स्वयं करने की काशिश करे। ऐसी प्रकृति के लोग जो सब स्वयं करना चाहते हैं, किसी पर विश्वास न करते हैं तथा न किसी पर कार्य छोड़ने का साहस, वे बुरी तरह नाकामयाब होते हैं। उनकी नेकनीयती तथा परिश्रमशीलता की तारीफ की जा सकती है लेकिन उसकी प्रवृत्ति तथा कार्य प्रणाली को दोषपूर्ण मानना होगा। सर्वोच्च अधिकारी यदि अपनी सम्पूर्ण शक्ति तथा समय का दुरुपयोग तफसील की बातों को स्वयं पूरा करने में कर देता है तो वह बुद्धि, कल्पना तथा सूझ से काम लेकर अच्छे तरीकों को कैसे खोज सकेगा तथा कैसे कार्यालय में क्रमशः विकास करते जाने में कामयाब होगा?

इसलिए व्यवस्थापक अपने अधीनस्थ कई विभागों को अनुभवी तथा योग्य कार्यकत्ताओं के अधीन कर दे; इन विभाग-अधिष्ठाताओं पर अपने-अपने विभाग को चलाने की उत्तरदायित्व डाल दे; मुमकिन हो तो अपना भी एक ऐसा सहयोगी नियुक्त करे जो समयानुसार उसके कार्य को पूरा करने की जिम्मेदारी ले सके।

व्यवस्थापक को अपने इन सहायकों से निकटता स्थापित करनी चाहिए, उनके कार्यों को देखना चाहिए, कार्य पद्धति के विषय में नीति का निर्धारण करना चाहिये, उनका मार्गदशन करना चाहिए तथा उनकी मदद करनी चाहिये। इसका तात्पर्य यह नहीं है कि विभागों के प्रधान पर कार्य छोड़कर व्यवस्थापक आराम से बैठा रहे अथवा चैन की नींद सोने का प्रयास करे। जैसा कि कह चुके है, सुस्त अफसर के अधीनस्थ कर्मचारी भी सुस्त तथा निष्प्राण ही होते हैं, अतः व्यवस्थापक खुद आलसी या काम-चोर होकर काम नहीं चला सकता। स्वयं सारी तफसील की बातों का जानकार भी होना चाहिए, मशीन तथा कम्पोजिंग-विभाग की छोटी बातों से लेकर सम्पादकीय विभाग तक के समस्त कार्यों का जानकार होना चाहिए। विभाग के प्रधान पर काम छोड़िए पर समस्त कार्य का तन्तु आपके हाथ में हो, सब पर निगाह रहे तथा आप उसी प्रकार अपने काम का संचालन करते रहें जैसे पावर-हाउस में बैठा हुआ व्यक्ति सारे नगर को, एक-एक मकान तथा गली को, बिजली के बल्बों से रोशनी पहुँचाता रहता है। वह चाहे तो सारा नगर में अंधेरा हो जाए तथा चाहे तो गली-गली प्रकाशमयी बनी रहे।

प्रबन्ध की कामयाबी हेतु व्यवस्थापक का जहाँ प्रभाव तथा रोब होना चाहिए वहीं उसमें अपने सहयोगियों का सद्भाव तथा प्रेम सुलभ करने का गुण होना भी जरूरी है। सिर्फ डर से कराया गया कार्य कभी-कभी गहरा धोखा दे जाता है। व्यवस्थापक अपनी व्यवहार कुशलता से, शिष्टता से, प्रेम तथा सवंदेनशीलता से अपने कर्मचारियों के हृदय को प्रभावित कर सकता है। उनके दुःख-सुख की ओर आप यदि सहानुभूतिपूर्ण निगाह रखें, उनकी भूलों हेतु आवश्यकता के अनुरूप सजा देते हुए भी उनके प्रति उदारता का भाव रखें और उनके हित की रक्षा के विषय में अपना उत्सुक और सतर्क भाव स्पष्ट करें तो नियत रूप से अधीनस्थों का सक्रिय मदद तथा हार्दिक मदद प्राप्त होगी। प्रसन्न तथा संतुष्ट कर्मचारी कार्य के सफल संचालन हेतु सदैव जरूरत होते हैं। यह समझना गलत है कि उन्हें सतुष्ट तथा प्रसन्न करना असंभव है, चूंकि वे सदैव ज्यादा पारिश्रमिक पाने के इच्छुक रहते हैं जिसे पूरा करना संभव नहीं होता है। उचित पारिश्रमिक प्रदान करना तो आवश्यक है ही पर यह कहना गलत है कि उपयुक्त वेतन देने के बाद भी उन्हें प्रसन्न करने का एक ही रास्ता ज्यादा वेतन-वृद्धि करते जाना है, इसके अलावा उन्हें संतुष्ट करने को तथा कोई रास्ता ही नहीं है। मनुष्य पैसे का इच्छुक होते हुए भी कुछ बातों की कीमत भी समझता है। प्रेम तथा सहानुभूति, सौजन्य तथा उदारता, सहयोग और संवदेनशीलता से कार्य लेना बिल्कुल व्यर्थ ही है, इसे वही स्वीकार करेगा जिसे मानव मन का ज्ञान जरा भी नहीं है।

कई अमेरिकन तथा ब्रिटिश पत्रों ने अपने कर्मचारियों की सहायता तथा सुविधा हेतु तरह-तरह की योजनाएँ चलाई हैं। पत्रों ने अपने नगर बसा रखे हैं जहाँ कर्मचारियों के रहने हेतु मकान है; टेनिस-कोर्ट, सिनेमा भवन, क्लब, नृत्यागृह इत्यादि मनोरंजन के साधन प्रदान किए गए हैं उनके बच्चों की शिक्षा हेतु स्कूल हैं, स्वास्थ्य की रक्षा हेतु अस्पताल हैं, उनकी वृद्धावस्था हेतु अथवा असामयिक मृत्यु अथवा असामयिक मृत्यु या किसी दुर्घटना की स्थिति में बाल बच्चों की पालन-पोषण की व्यवस्था की गई है। अधिकांशतः पत्रों ने बीमे की योजनाएँ चलाई हैं जिनमें बीमे की किस्त की एक तिहाई अथवा एक चौथाई रकम कर्मचारी के वेतन से काट ली जाती है तथा बाकी कार्यालय की तरफ से प्रदान की जाती है। कहीं-कहीं प्राविडेट फंड की व्यवस्था है। कर्मचारियों की प्रसन्नता तथा तुष्टि और उनकी हितरक्षा हेतु की गई ये व्यवस्थाएँ उनकी कार्यक्षमता बढ़ाने में काफी सहायक होती हैं। दुर्भाग्य से भारतीय पत्रों के मुख्य अभी इधर ध्यान नहीं देते हैं। हिन्दी-पत्रों के कर्मचारियों की अव्यवस्था का हाल न पूछिए। बेचारे सम्पादक तक को जब-तक दूध की मक्खी की तरह निकाल बाहर कर देते हैं तो छोटे कर्मचारियों का क्या कहना? हमारे कार्यालयों में निष्प्राणता, उदासीनता, अनुप्रेरणा, तथा अस्फूर्ति स्पष्ट होती है उसका बहुत बड़ा वजह यह स्थिति भी है। कर्मचारियों में यह भाव उत्पन्न उत्पन्न ही नहीं होता कि जिस कार्य को वे कर रहे हैं वह उन्हीं का कार्य है, अतः बेगार में पकड़े गए मजदूरों की तरह काम करते हैं। मुख देखिए तो अजीब उदासी दिखाई देती है।

व्यवस्थापक को कुशल प्रबन्धन हेतु इस जरूरत शर्त को भी अपने निगाह में रखें। यदि कर्मचारियों की वित्तीय आवश्यकताओं की पूर्ति नहीं की जा सकती, उनके हितों की रक्षा हेतु कार्यालय जिम्मेदारी नहीं ले सकता तो कम से कम शिष्ट व्यवहार तथा सहानुभूति से तो वंचित नहीं करना चाहिए। इसके लिए अतिरिक्त व्यय ही नहीं अपितु व्यवस्थापक की उचित व्यवहारकुशलता, मनोवृत्ति तथा इंसानियत की जरूरत है।

प्रबन्ध की बात को अब यहीं छोड़ दीजिए। व्यवस्थापक में कुशल व्यवसायी होने का गुण भी बहुत जरूरी है। पत्र का मालिक व्यवस्थापक की नियुक्ति मुख्य रूप से अपनी फायदा तथा पूँजी हेतु ही करता है। उसे वह अपना प्रतिनिधि समझता है तथा तुलना करता है कि उसके वित्तीय हित तथा उसके रोजगार की रक्षा में व्यवस्थापक कोई कसर नहीं छोड़ेगा। व्यवस्थापकों की नजर भी रोजगार की तरफ ही विशेषतः रहती है। सफल व्यवसायी होने हेतु उसमें कल्पनाशीलता

तथा दूरदृष्टि होनी चाहिए। किस प्रकार पत्र की बिक्री दर में वृद्धि हो, विज्ञापन से होने वाली आय में कैसे अधिकाधिक वृद्धि की जाए, कैसे प्रतिद्वन्द्वियों पर विजय हासिल की जाए, कैसे अपव्यय का मार्ग अवरूद्ध किया जाए। मितव्ययिता किस तरह कार्यान्वित की जाए, इत्यादि प्रश्न सदैव उसके समाने रहते हैं इनके बारे में चिन्तन करना, नवीन उपयोगी उपाय खोज निकालना उसकी प्रमुख कोशिश होती है।

पत्रों की आमदनी के मूलरूप से दो ही रास्ते हैं—प्रमुख आमदनी विज्ञापन से तथा फिर पत्र के विक्रय से। व्यवस्थापक हेतु जरूरत होता है ज्यादा से ज्यादा विज्ञापन प्राप्त करे, जबकि विज्ञापन मिलते हैं पत्रों के विक्रय के अनुसार। पत्र की जितनी ज्यादा बिक्री होगी विज्ञापन दाता उतनी अधिक मात्रा में प्राप्त होंगे। इस स्थिति में व्यवस्थापक का मुख्य प्रयोजन पत्र की विक्रय दर में वृद्धि करना है। इसके लिए तरह-तरह के उपाय किए जाते हैं जिनमें कतिपय तो स्पष्ट तथा अनैतिक होते हैं। व्यवस्थापक जनता की तथा जरूरत का अध्ययन करता है तथा जान लेता है कि वह अपने पत्रों में किस प्रकार के समाचार पढ़ना चाहती है, किन प्रश्नों की चर्चा का होना जरूरी समझती है। फिर सम्पादकीय विभाग से अनुरोध करता है कि वह विशेष विशेष पर ध्यान दे, तत्सम्बन्धी बातों का प्रस्तुती मुख्य रूप से करे। व्यवस्थापक की सोच सही होती है तो उससे धूम मच जाती है तथा पत्र लोकप्रिय बन जाते हैं चारों तरफ उन्हीं की चर्चा आरंभ हो जाती है तथा बिक्री बढ़ने लगती है। बिक्री के साथ-साथ आमदनी भी बढ़ती है।

पर जहाँ व्यवस्थापक आय बढ़ाने में सक्षम होता है वहाँ कई बार सम्पादकीय विभाग से उसका संघर्ष आरंभ हो जाता है। सम्पादक अपने सामने धन अर्जित का स्वभाव नहीं रखता; वह पत्रकार के जनहित का विचार, आदर्श, सही-गलत, नैतिक-अनैतिक का विवेक छोड़ना नहीं चाहता। व्यवस्थापक की माँग जब तक इन बातों के प्रतिकूल नहीं होती तब तक सम्पादक उसके हस्तक्षेप को अवांछनीय अनुभव करते हुए भी पूरा करता चलता है, पर जब बातें इससे आगे ऊपर उठ जाती हैं तब दोनों में खीचातानी आरंभ हो जाती है। इस आन्तरिक संघर्ष का फल अच्छा नहीं होता। चतुर व्यवस्थापक तथा सावधान और बुद्धिमान सम्पादक, दोनों ही इस स्थिति को बचावें, इसी में पत्र की हित है। व्यवस्थापक को चाहिए कि अपनी व्यावसायिकता का अत्यंत न होने दे कि पत्र का कलेवर तथा प्रयोजन ही दूषित हो जाए।

बिक्री में वृद्धि करने हेतु उपाय चाहे जितने खोज निकाले जाएँ जैसे—पाठकों को उपहार बा ँटना, प्रलोभन देना, वासानात्मक काम-लिप्सा और अन्य गलत

भावों तथा उत्सुकताओं की शान्ति के लिए तरह-तरह के दूषित समाचारों, नग्न कहानियों तथा चित्रों को छापना इत्यादि, ये किसी एक की जेब भले ही भर दें पर जनहित को अत्यधिक आघात पहुँचाएंगे। बिक्री में वृद्धि करने हेतु पत्र के वितरण का अच्छा आयोजन भी जरूरी है। योग्य एजेण्टों की नियुक्ति तथा समय से पत्र का पहुँचना ऐसी बातें हैं जो बिक्री में वृद्धि कर देती हैं। विदेशों में पत्र वितरण के लिए पत्रों ने अपने विशद प्रबन्ध कर रखे हैं। उनकी अपनी मोटरें, ट्रेन, मोटर साईकिल तथा अब तो हवाई जहाज तक चलते हैं जिससे पत्र कई एजेंटों तक शीघ्रता से पहुँचते हैं। जहाँ रेल की सुविधा नहीं है, डाक नियत समय से नहीं पहुँचती वहाँ पत्र के कार्यालय अपनी व्यवस्था रखते हैं। इस देश में अभी इतनी विकसित यातायात व्यवस्था नहीं है फिर भी समय से डाक पकड़ना, विविध जिलों में कथित एजेण्टों को नियुक्त करना, उनकी सुविधाओं का ध्यान रखना, उन्हें अच्छा कमीशन देना, अपने पत्र का प्रचार करना, पत्रकार कला के स्तर को विकसित करना इत्यादि ऐसी बाते हैं जो बिक्री में वृद्धि करने में सहायक हो सकती है। व्यवस्थापक इन बातों में अपनी व्यवसायिक विवेक लगाए, आदमियों का चयन ठीक से करे, ऐसे स्थानों का चुनाव करे जहाँ पत्र की खपत हो सकती हो, कन्वेसरों से कन्वेसिंग कराए। रोजाना के दफ्तर के कार्यों को करते हुए भी उसका प्रमुख कर्त्तव्य इस फलक में है जिसके लिए चिन्तन, सोचने करने को तथा योजना बनाने और उस कार्यान्वित करने में अपना समय देना चाहिए।

देश की जनता की आवश्यकताओं और मौजूद प्रश्नों को समझाने की योग्यता तथा शक्ति यदि हो तो व्यवस्थापक अपने पत्र की लोकप्रियता में सफल हो सकता है उन प्रश्नों को उठाकर पत्र जनता के समक्ष आ सकते हैं। देश में खाद्य समस्या जटिल हो गई हो, प्राकृतिक विपत्ति अथवा कहीं भयावनी बाढ़ से लोग पीड़ित हों, किसी सरकारी नीति के दुष्परिणाम की वजह से देश के बाजारों पर मुसीबत आ गया हो तो पत्र इन प्रश्न को लेकर आन्दोलन खड़ा कर दे सकते हैं। व्यवस्थापक यदि जन-जीवन की गति का अच्छा जानकार हो अपने पत्र के स्तंभों का निरीक्षण सतर्कता के साथ करता जाता हो तो ऐसी समस्याएँ झट से उसकी नजर में आ जाएँगी। सम्पादकीय विभाग से अनुरोध किया जा सकता है कि तत्सम्बन्धी समाचार को प्रस्तुत किया जाए तथा सम्पादकीय स्तम्भ तद्विषयक अपने मत को बल और दृढ़ता के साथ सामने रखने की कोशिश करे। बिक्री में वृद्धि के ये सब उचित तरह हैं। व्यंगचित्र, शिष्ट मनोरंजन, संवादों का समाचीन, आकर्षक चित्र तथा समायानुकूल छपायी इत्यादि कई तरह की विशेष बातों का

समावेश करके अपने आप अपने पत्र को लोकप्रिय बनाने में सक्षम होंगे। यह सर्वविदित है कि दिल्ली के 'हिन्दुस्तान टाईम्स' की विशिष्टता शंकर के माध्यम से बनाये गये व्यंगचित्र थे। शंकर जैसा कलाकार जिस पत्र को मिल जाए उसके जनप्रिय होने में कोई सन्देह नहीं है। हमारे पत्र पत्रकार-कला की सभी आधुनिक प्रमुखताओं को न जानते हैं तथा उन्हें अपनाने हेतु जिज्ञासु हैं। भाग्य के सहारे रहना हमारे रक्त में ही मानों निहित हो गया है।

बिक्री के प्रश्न के अलावा विज्ञापन की समस्या है। उसकी प्राप्ति हेतु किन उपायों का अवलम्बन किया जा सकता है इसका परीक्षण भी व्यवस्थापक का कार्य है। अच्छे कनवेसरों की नियुक्ति और विज्ञापन अर्जित करने के बाजार चुनना उसी की विवेक पर निर्भर है। किस प्रकार के तथा वस्तुओं के व्यापारी आपके पत्र में विज्ञापन देना चाहेंगे यह सोच निकालना भी प्रबंधक का ही कार्य होगा। हिन्दी के दैनिक पत्रों में, जिनके ग्राहक अधिकतर मध्यम वर्ग के लोग होते हैं, बड़ा उद्योगपति अपना विज्ञापन प्रकाशित न कराएगा। यदि कोई व्यवस्थापक इस प्रकार के विज्ञापनों को अर्जित करने की कोशिश में समय तथा शक्ति को नष्ट करता है तो उसकी विवेक को क्या कहें? तात्पर्य यह कि प्रबंधक हेतु विज्ञापनदाताओं की कोटि का चुनाव कर लेना प्रमुख कार्य है तथा उनसे कार्य पाने हेतु उचित सफल तथा योग्य कनवेसरों की नियुक्ति हो जाए, उन्हें उचित कमीशन दिया जाए। अपने पत्र का विज्ञापन-विभाग समझदार तथा योग्य व्यवसाय में कुशल व्यक्ति के अधीन कर दिया जाए। उसका विभाग सुसंघठित हो चूंकि काम यदि सही तरीके से न हो सकेगा तो विज्ञापन देने वाले भी आदेश बन्द कर देंगे।

जिस प्रति हेतु जो विज्ञापन लिया जाए वह उसी दिन छपे, प्रकाशित हो, एक प्रति विज्ञापनदाता के यहाँ जाए, विज्ञापन की कीमत समान हो, एक ही जगह हेतु किसी से कम तथा किसी से अधिक न वसूल किया जाय, काम में चुस्ती हो, हिसाब किताब ठीक हो। कनवेसरों के कमीशन की पूर्ति में भी दिक्कत न हो, जो शर्त दी जाएँ उनका पालन हो। ये बातें कुछ ऐसी हैं जो कार्यालय की कार्यक्षमता ही साफ नहीं करती बल्कि लोगों के मनमस्तिष्क में विश्वास भी पैदा करती है। कनवेंसरों ने क्या कार्य किया, आगे क्या करें, इसका निरीक्षण करना तथा बताना व्यवस्थापक की ही जिम्मेदारी है। रोजाना की रिपोर्ट उसे प्राप्त होनी चाहिए एवं सावधानी के साथ उसे आदेश देना चाहिए। जिन व्यवसाइयों से विज्ञापन अर्जित करने की प्रयत्न की जा रही है उनके व्यवसाय की बातों को कनवेसर यदि समझ ले कामयाबी प्राप्त होना आसान हो जाता है। फला व्यापारी जिन पदार्थों को

बेचता अधिक बनाता है वे किस बाजार में खपते हैं, उनके क्रेता किस वर्ग के लोग हैं, उनके व्यापार की दशा कैसी है इत्यादि बातों की जानकारी होने पर कनवेसर विज्ञापनदाता को अधिक आसानी से समझा सकेगा कि उसके पत्र में विज्ञापन प्रकाशित कराने में उसका कौन-सा विशेष फायदा है। अच्छे व्यवस्थापक विज्ञापन का मसविदा तक बनवाकर कनवेसरों को दे देते हैं। वे कनवेसरं जब विज्ञापनदाता को तैयार कर लेते हैं तब वह मसविदा भी सामने रख देते हैं तथा अनुरोध कहते हैं कि इस प्रकार के विज्ञापन से उन्हें फायदा होने की सम्भावना है।

विज्ञापन का मसविदा बनाना सरल कार्य नहीं हैं। किस तरह अधिक से अधिक प्रभावी और आकर्षक विज्ञापन बनाया जाए और क्रेता को सामान खरीदने के लिए कैसे प्रेरित किया जाए, इन बातों को जो मसविदा पूरा करता होगा वही श्रेष्ठ समझा जाएगा। इसकी रचना हेतु व्यवस्थापक कुशल मनुष्यों को नियुक्त कर सकता है। विज्ञापनदाता जब यह देखता है कि विज्ञापन की आकर्षक रचना भी अमुक पत्र का कार्यालय कर देता है तथा उसे बिल चुका देने के अलावा तथा कोई दिक्कत नहीं उठाना है तब वह स्वभावतः अपना विज्ञापन छपवाने के लिए ज्यादा आसानी से राजी हो जाता है। कई बार विज्ञापनदाता महीने-महीने हेतु विज्ञापन देते हैं इन्हें 'सीजन एडवर्टाइजमेन्ट' कहा जाता हैं। पत्रों में 'बीमे की कम्पनियों' अथवा 'चाय' के ऐसे विज्ञापन प्रकाशित होते हैं। पत्र भी ऐसे विज्ञापनों को पसन्द करते हैं कि चूंकि एक तो बँधी आमदनी हो जाती है तथा दूसरे बँधे विज्ञापन का ब्लॉक बना लेते हैं जिसके परिणामस्वरूप बार-बार के कम्पोजिंग का श्रम तथा व्यय बच जाता है। जबकि कुशल व्यवस्थापक विज्ञापनदाता को प्रसन्न करने के लिए एक ही विज्ञापन को कई प्रकार से प्रकाशित करता है। महीनों तक एक ही प्रकार की बात को प्रकाशित करना उसके सारे आकर्षण को गंवा देता है। भले ही व्यवस्थापक को कुछ सुविधा हो जाए, खर्च कुछ बच जाए किन्तु विज्ञापनदाता का उससे कोई फायदा नहीं होता। अगर अवधि विज्ञापनों को दो-दो सप्ताह बाद नए तरीके तथा रूपरेखा के साथ छापा जाए तो उनकी नवीनता, रोचकता तथा आकर्षण स्थापित रहता है। इस तरह के कई अगर की बातों को सोचना योजनाएँ बनाना तथा उन्हें कार्यान्वित करके पत्र का आर्थिक विकास करना व्यवस्थापक का मुख्य कार्य है।

व्यवस्थापक का प्रबन्धक होना जितना आवश्यक है उतना ही आवश्यकता व्यवसायी के गुणों से अलंकृति होने की भी है। इसके साथ ही यदि उसमें जनसेवा तथा आदर्शवादी और उसकी हितरक्षा की भी भावना हो तो इसे सोने में सुगन्ध

समझना चाहिए। यह सच है कि व्यवस्थापक की नियुक्ति पत्र-प्रभु अपने शुद्ध वित्तीय फायदा के नजरिये से ही करता है। जो व्यवस्थापक-पद पर आसीन होता है वह अपने मालिक के सामने जिम्मेदार होता है अतः उसे उसके हित, आदेश तथा आज्ञा और मन के अनुकूल ही चलना पड़ता है। इस अवस्था के कारण पत्रों के कार्यालय में कई बार दो परस्पर विरोधी धाराएँ प्रवाहित रहती हैं जो मौके-बेमौके टकराकर उसके सुव्यवस्था शान्ति तथा मदद के माहौल को विक्षुब्ध कर देती हैं जो कार्य की सफलता हेतु अत्यंत आवश्यक होता है। ये परस्पर विरोधी धाराएँ कौन-सी है? एक तरफ पत्रकार तथा उसका आदर्श, दूसरी तरफ पत्र का मालिक तथा उसका वित्तीय स्वार्थ, एक ओर सम्पादक तथा दूसरी ओर व्यवस्थापक। सम्पादक की नज़र में पत्र-संचालन का वित्तीय व्यापार नहीं न्याय पूजा तथा जनसेवा है, प्रबंधक हेतु उसका उद्देश्य मात्र पैसा अर्जित करना है। सम्पादक व्यवसाय को पूरी प्रकार स्थान देता है उसकी उपयोगिता तथा आवश्यकता मात्र इतने हेतु समझता है कि पात्र घाटे में न चलें, दीर्घ आयु हो जाएँ तथा मुकाबले में टिक सकें। व्यवस्थापक के लिए व्यापार ही सब कुछ है। धन कमाने हेतु, फायदा प्राप्त करने हेतु स्तम्भों में जो भी प्रकाशित करना उचित जान पड़े उसे प्रकाशन के लिए वह तैयार रहता है। उसके लिए पत्रकार का आदर्श गौण है।

ये परस्पर विरोधी प्रवाह जो एक ही स्थान पर उपस्थित रहते हैं। सम्पादक अपने को स्वतंत्र समझता है तथा पत्र के स्तम्भों पर अपने सम्पूर्ण अधिकार का दावा करता है। वह चाहता है तथा उचित ही चाहता है कि उसके स्तम्भ में जो छपे वह उसकी स्वीकृति से छपे हो। अप्रकाशनीय एवं प्रकाशनीय के निर्णय करने का पूरा अधिकार उसका है। प्रबंधक स्तम्भों में अपना अधिकार घुसेड़ता है। वह चाहता है कि वित्तीय फायदा के लिए जो आवश्यक हो वह नियत छपे हों तथा उस सम्बन्ध में उसका निर्णय सर्वमान्य हो। पत्र के कार्यालय का यह अन्तःकलह काफी हानिकारक होता है पर दुर्भाग्य से यही स्थिति विशद तौर पर व्याप्त है। पत्र मालिकों का रुझान स्वभावतः व्यवस्थापक के अधिकारों को समर्थन प्रदान करने के लिए ही होता है। सम्पादक इसे पसंद नहीं करता। इस कठिनाई से निकलने के लिए एक नया उपाय खोज निकाला गया है जो प्रबन्ध-सम्पादक के नाम से प्रसिद्ध है। पत्र के मालिकों ने सम्पादन तथा प्रबन्ध दोनों को एक व्यक्ति में केन्द्रित कर दिया जिसके फलस्वरूप प्रबन्धन-विभाग तथा सम्पादकीय एक ही के अधीन हो गए। अब सम्पादक को यह कहने का मौका नहीं रह गया कि वह प्रबंधक के अधीन नहीं है तथा स्तम्भ पर सम्पादकीय विभाग का ही अधिकार है। प्रबन्ध-सम्पादक

सम्पादक भी है, वह सारे सम्पादकीय विभाग का सर्वोच्च अधिकारी भी है अतः स्तम्भ पर सम्पादक का ही अधिकार बना रहा।

अगर इस पर गौर करें कि सम्पादकीय विभाग को अपने अधीन कर देने के लिए यह एक तरह से पत्र-मालिकों की साजिश है तथा जहाँ प्रबंधन अखण्ड मण्डलाकार रजतमुद्रा के अलावा तथा कुछ नहीं देखना चाहता वहाँ सदैव संघर्ष चलता रहता है। परन्तु प्रबंधक अगर आदर्शवादी मिल जाए, अगर पत्रों के प्रयोजनों को, उनके नैतिक जिम्मेदारी को तथा पत्रकार-जीवन की उपयोगिता को समझने वाला हो धन अर्जित करने की भूख उसमें न हो तो वह अपने व्यवसायवाद तथा सम्पादक के आदर्शवाद में पूरी प्रकार सामंजस्य स्थापित कर लेने में सक्षम होता है। इन सब बातों की सीमा वह नियत कर लेता है तथा किसी के 'वाद' का अतिरेक होने नहीं देता। सिर्फ वह प्रबन्ध करने में और मालिक के वित्तीय हित की रक्षा करने में ही सक्षम नहीं होता है वरन पत्रकारिता की उज्जवलता तथा उसकी परम्परा की रक्षा में भी मदद प्रदान करता है। जिस पत्रों को सौभाग्य से ऐसे प्रबंधक प्राप्त हो जाते हैं उनकी कामयाबी असन्दिग्ध हो जाती है। हमारी कामना है कि भारत का पत्रकारिता क्षेत्र ऐसे ही आदरणीय प्रबंधकों को अधिकाधिक उत्पन्न कर सके जिसमें हम यूरोप के धनलोलुपतावाद तथा व्यवसायवाद की निकृष्टतम और घृणित विभिषिका से अपने पत्रों की रक्षा करते हुए मानवता की सेवा कर सके।

8

हिन्दी पत्रकारिता और साक्षात्कार कौशल

साक्षात्कार या भेंटबात पत्रकारिता का एक बहुत प्रमुख भाग है। यह उतनी सरल नहीं जितना कि यह देखने में होता है। अन्य देशों में साक्षात्कार पत्रों का उत्तरदायित्व साक्षात्कारों पर ही निर्भर होता है। ये सम्पादक के एक अंग होते हैं। भेंटबात में भेंटदाता की बात को विशिष्ट जगह प्रदान किया जाता है।

भेंटबात समाचार-संकलन का ही एक माध्य है। इसे दो हिस्सों में बांटा जा सकता है—प्रथम, प्रमुख व्यक्तियों का साक्षात्कार जो समाचार की नजर में प्रमुख होते हैं तथा पहले पृष्ठ की सामग्री होते हैं। द्वितीय, कम प्रमुख मनुष्यों के साथ भेंटबात, जो किसी नई घटना के कारण अखबार की शोभा बढ़ाते हैं। प्रथम श्रेणी में राष्ट्रीय अथवा अन्तर्राष्ट्रीय नेताओं तथा राजनीतिज्ञों के साक्षात्कार आते हैं। दूसरे, में किसी घटना विशेष का वर्णन होता है। अतः दोनों प्रकार के साक्षात्कारों का उद्देश्य अलग-अलग होना चाहिए तथा उनकी तैयारी और उनका लेखन-कार्य विविध प्रकार से करना चाहिए।

पत्रकारिता की नजर में ऐसी भेंटबात मनोरंजक नहीं होती जिसमें प्रस्तुतकर्त्ता शब्द छपा हो, चूंकि यह अच्छा नहीं लगता। अगर भेंटकर्ता ने भेंटदाता से सीधा सम्पर्क नहीं किया है तो उसे साक्षात्कार अथवा भेंटबात कहना गलत है।

भेंटकर्ता का ज्ञान—भेंटकर्ता किसी नेता से साक्षात्कार करने जा रहा है तो उसे उस नेता के तत्कालीन भाषणों पर तीव्र नजर रखनी चाहिए तथा जिस विषय पर भेंटबात करनी है उस विषय का पूरी प्रकार से ज्ञान होना चाहिए। यदि भेंटदाता किसी घटना-विशेष अथवा यात्रा से लौटा है तो उसके सम्बन्ध में प्रकाशित जानकारी होनी चाहिए। भेंटकर्ता को भेंट में से समाचार निकालने की कला में पारंगत होना चाहिए। निम्न स्तर की बातों को नहीं दोहराना चाहिए। घटना अथवा यात्रा से सम्बन्धित सभी घटनाओं का ज्ञान भी होना चाहिए। उस घटना को दुसरे उदाहरणों के साथ भी दिया जा सकता है। उदाहरणार्थ, आपको भारत के उद्योग मन्त्री से भेंटबात करनी है। इसलिए आपको ज्ञात होना चाहिए कि इस समय कितना उत्पादन होता है, आयात कितना होता है तथा ज्यादा उत्पादन की क्या सम्भावनाएँ हैं, इत्यादि इस विषय से सम्बन्धित विषयों का ज्ञान होना अत्यंत आवश्यक है।

अगर भेंटकर्ता भेंटदाता को ऐसी बातों का स्मरण करा देता है जो उसके ध्यान से निकल गई हों अथवा पुरानी बातें याद दिला देता है तो भेंटकर्ता का अच्छा असर पड़ता है।

भेंटकर्ता को भेंट से पूर्व ऐसी बातों का ज्ञान होना चाहिए जिससे उसके तथा भेंटदाता के बीच आत्मीयता का वातावरण स्थापित हो सके। यदि भेंटकर्ता भेंटदाता को यह जानकारी अपनी कुशलता से दे दे कि वह क्या-क्या करता है, कहाँ उसका जन्म हुआ तो दोनों के बीच आत्मीयता का वातारण बन जाता है। उदाहरणार्थ यदि आप भारत के प्रधानमन्त्री से भेंटबात करने जा रहे हैं तथा आपने उसी विद्यालय में शिक्षा धारण की है जिसमें प्रधानमन्त्री ने तो भेंटबात काफी संतोषप्रद रहेगी। यदि आपके पिता अथवा सम्बन्धी ने अथवा आप खुद किसी आन्दोलन में उनके साथ कार्य किया हो तथा उसको याद दिला दें तो माहौल में सौन्दर्य सहजता पैदा हो जाएगी।

भेंटकर्ता को भेंटदाता से कोई भी सवाल गलत ढंग से नहीं पूछना चाहिए। यदि कोई बात राजनीतिक हवा में चल रही है तथा आप अपनी विवेक चातुर्य से भेंटदाता से कहलवा सकें तो वह समाचार प्रमुख हो जाएगा। यदि आपने ऐसी बात अपनी भेंटबात में जोड़ दी जो भेंटदाता ने नहीं कही है तो यह भयंकर भूल साबित

हो सकती है। इससे पत्र बदनाम होता है। क्योंकि बाद में भेंटदाता उस बात को नकार देता है। इसलिए तथ्य पूरी प्रकार से सही तथा प्रमाणित होने चाहिए।

भेंटबात को रोचक, ज्ञानवर्द्धक बनाना भी एक कला है। इसलिए भेंटबात को ज्यादा-से-ज्यादा प्रभावशाली ढंग से बनाना चाहिए, तथा भेंटबात से पाठकों को नई बातें प्राप्त होनी चाहिए। भेंटकर्ता को स्वयं को सन्तुष्ट नहीं करना होता अपितु पाठकों को सन्तुष्ट करना और उन्हें सही वस्तुस्थिति की जानकारी प्रदान करनी होती है।

भेंटबात से जो जानकारी आपको मिली है उसे अपने विवरण में प्रस्तुत करते समय इस बात का ध्यान रखना चाहिए कि भेंटदाता को किसी प्रकार की चोट न पहुँचे। यदि कोई बात उसने आपके लगाव की वजह से बता दी हो तथा वह समाज या देशहित में नहीं हो तो उसे पत्र में जगह देना गलत है।

भेंटबात के समय भेंटकर्ता को तैयार तथा चुस्त रहना चाहिए ताकि भेंटदाता के मुँह से निकले शब्दों को तुरन्त तथा पूरी तरह से पकड़ा जा सके। आपको यह कहने का समय नहीं लाना चाहिए कि क्षमा कीजिए मैं समझा नहीं अथवा सुना नहीं, कृपया दोहरा दीजिए। इससे दुबारा फिर कभी भेंटदाता भेंट देने से पीछे नहीं हटता।

भेंटबात को प्रकाशित करते समय इस बात पर गौर करना चाहिए कि जिस भेंटदाता से भेंट की जा रही है उसकी बोलने की शैली एवं स्वभाव की बारीकियों का उल्लेख करना चाहिए जिससे पाठकों के सामने उसका वास्तविक रूप प्रस्तुत किया जा सके। भेंटबात से प्राप्त जानकारियों का विवरण पूर्ण गम्भीरता के साथ प्रस्तुत करना चाहिए।

समय का ध्यान—भेंटबात करते समय का विशेष ख्याल रखना चाहिए। अधिकांशत मुख्य नेताओं के पास समयाभाव होता है तथा भेंटकर्ता को उससे बहुत-सी जानकारियां जाननी हैं तो वातावरण को इतना विनोदपूर्ण बनाइए कि समय की सीमा अपने आप समाप्त हो जाए। अथवा अपने प्रश्न को इस प्रकार प्रस्तुत करिये कि समय व्यर्थ न हो। ऐसी बात सफल बात मानी जाती है।

अगर भेंटदाता के चारों ओर भीड़ है तथा समयाभाव है तो महत्वपूर्ण प्रश्नों को संक्षेप में पूछना चाहिए तथा तत्पश्चात् उनका उचित सही तरीके से विस्तार करना चाहिए। अतः भेंटकर्ता को शार्ट-हैंड का ज्ञान होना चाहिए। ताकि कम समय में समस्त सामग्री का संकलन हो जाए। भेंटकर्ता को इधर-उधर की बातों में समय बरबाद नहीं करना चाहिए।

साक्षात्कार का अर्थ

"साक्षात्कार" शब्द अंग्रेजी शब्द "इन्टरव्यू" का हिन्दी रूपान्तर है । हिन्दी में "साक्षात्कार" शब्द का मतलब होता है–साक्षात् कराना या करना अर्थात् वह प्रक्रिया जो साक्षात् करा दे। अब प्रश्न उठता है कि किसको तथा क्यों? इस संदर्भ में आगे विचार करेंगे। साक्षात्कार का अंग्रेजी शब्दार्थ "इन्टरव्यू" से ज्यादा संवेदनशील शब्द है। उसके आधार पर साक्षात्कार का अर्थ है किसी के अन्त के अन्तस् का अवलोकन करना अर्थात् जो बाहरी रूप में दिखाई नहीं देता हो और जिस प्रक्रिया के माध्यम से वह अदृश्य मूर्तिमान हो जाये, उसी को "इन्टरव्यू" या साक्षात्कार कहते हैं। किसी भी व्यक्ति को पहचानने, किसी कृतित्व को उभारने अथवा किसी व्यक्ति या कृति/ कार्य के अंतस् को टटोलने हेतु प्रयुक्त प्रश्नावली विधि "साक्षात्कार" या "इन्टरव्यू" कही जा सकती है।

आज के संदर्भों में साक्षात्कार के दो क्षेत्र दिखाई देते हैं–एक माध्यमोपयोगी दूसरा-प्रतियोगितात्मक। हमारा अभीष्ट माध्यमोपयोगी साक्षात्कार से है, किन्तु इस समय सामान्य जनजीवन में, जीविकोपार्जन तथा शिक्षा के क्षेत्र में प्रतियोगितापरक लिखित परीक्षा के बाद अभ्यर्थी के व्यक्तित्व, योग्यता, उपयोगिता, विश्वास, जीवन-शैली, हाजिर-जवाबी आदि को जाँचने हेतु साक्षात्कार प्रणाली ज्यादा प्रचलित है। अतः अन्त में इसकी बात भी कर लेना निरर्थक नहीं होगा।

इस प्रकार के साक्षात्कार का उद्देश्य उचित अभ्यर्थी का चयन होता है। इसमें असफलता अभ्यर्थी के भविष्य को अंधकार में धकेल देती है। अतः अभ्यर्थी को इसमें खरा उतरने की कला से भलीभाँति परिचित होना चाहिए। साक्षात्कार दाता उम्मीदवार वाले व्यक्ति को इस बात की पूर्ण जानकारी होनी चाहिये कि उसे किस तरह अभिवादन करना है? प्रश्नों के उत्तर किस तरह देने हैं, किस तरह के कपड़े पहनने हैं? किस तरह भाव-भंगिमाएँ बनानी हैं।

साक्षात्कार की तैयारी करने से पहले उम्मीदवार को यह तथ्य भलीभाँति समझ लेना चाहिए कि वह जिस व्यवसाय, पद या प्रतियोगिता हेतु साक्षात्कार दे रहा है, क्योंकि व्यवसाय तथा पदानुरूप साक्षात्कार प्रविधि परिवर्तित हो जाती है। जैसे कि संघ लोक सेवा आयोग के साक्षात्कार में प्रश्न अधिक विचारात्मक होते हैं। अतः उम्मीदवार को विश्लेषणात्मक उत्तर देने हेतु अपने ऐच्छिक विषय, राष्ट्रीय-अन्तर्राष्ट्रीय, सामाजिक गतिविधियों की पूरी जानकारी होनी चाहिए। इसके विपरीत लिपकीय या अन्य सामान्य परीक्षाओं में तथ्यपरक प्रश्न ज्यादा पूछे

जाते हैं। इसके भी कुछ ऐसी बातें हैं जो सामान्य रूप से हर साक्षात्कारदाता हेतु अनिवार्य है और साक्षात्कारदाता को इनकी जानकारी होना जरूरी है—

1. उम्मीदवार को अपने सम्बन्ध में पूरी जानकारी होनी चाहिए अर्थात् जन्म, निवास, शैक्षिक योग्यता, विशेष उपलब्धियाँ, अभिरुचियाँ और सम्बन्धित साक्षात्कार का रूप अर्थात् व्यवसाय और पद की गरिमा एवं कार्य।
2. साक्षात्कार से जुड़े व्यवसाय, उसके कार्य-क्षेत्र उसके उत्पादन, उसके कार्य, बाजार, सामाजिक स्थिति आदि का पूर्वाभास तथा ज्ञान।
3. वेशभूषा स्वच्छ और सुरुचिपूर्ण हो।
4. प्रमुख राष्ट्रीय अन्तर्राष्ट्रीय घटनाचक्रों वर्तमान समस्याओं की जानकारी और अपना स्पष्ट विचार।
5. साक्षात्कार लेने वालों का अभिवादन करना है।
6. साक्षात्कार कक्ष में प्रवेश करते समय शरीर सीधा रखते हुए। मुस्कराते हुए प्रवेश करना चाहिए।
7. आज्ञा प्राप्त होने पर कुर्सी पर बैठना चाहिये, झुक कर बैठना, सुसंगत नहीं लगता। बार-बार पहलू बदलना भी ठीक नहीं पैरों को फँसाकर नहीं बैठना चाहिए।
8. प्रश्नों के असलियत को समझने के बाद ही उत्तर अत्यन्त शांत भाव से सुविचरित, विषयानुकूल एवं स्पष्ट उच्चारण के साथ देना चाहिए।
9. प्रश्न का उत्तर देते समय प्रश्न के प्रति नकारात्मक रवैया अपनाते समय आत्मविश्वास होना चाहिए जहाँ तक सम्भव हो "शायद अथवा हो सकता है" जैसे संदेहास्पद वाक्यों के प्रयोग से बचना चाहिए।
10. "अगर आपका चयन नहीं हुआ है" जैसे नकारात्मक शैली के प्रश्न से घबराना नहीं चाहिए। इस तरह के प्रश्न उम्मीदवार के धैर्य की परीक्षा है।
11. सिर खुजाना, पेन खोलना-बन्द करना, मेज थपथपाना, हिलाना, बिना आवश्यकता के हाथ-पैर हिलाना, चेहरे के भाव-भंगिमाएँ बदलना आदि आपके कमजोर आत्मविश्वास की सूचना देते हैं।
12. साक्षात्कार के अन्त में मुस्कराते हुए साक्षात्कारकर्ता को धन्यवाद देकर यदि हाथ बढ़ाए तो हाथ मिलाकर बिना पीछे मुड़कर देखे कमरे से बाहर जाना चाहिए।

यह तो थी प्रतियोगितापरक साक्षात्कार की बात अब हम बात करते हैं माध्यमोपयोगी साक्षात्कार की जो आकाशवाणी, दूरदर्शन या प्रिन्ट माध्यम (समाचार-पत्र-पत्रिकाएँ) आदि में किए जाते रहते हैं।

सवाल यह उठता है कि माध्यमों के माध्यम से किसी व्यक्ति का साक्षात्कार क्यों लिया जाए, किस तरह की परिस्थिति में लिया जाये? क्योंकि जिन माध्यमों की जनता के प्रति प्रतिबद्धता होती है और उनका लक्ष्य समूहगत हित को देखना है। ऐसी परिस्थिति में किसी व्यक्ति, उसके व्यक्तित्व, उसके विचार, उसकी जीतन-शैली आदि को जनता पर थोपना कहाँ तक उचित है? वास्तव में यह प्रश्न छोड़े गए प्रश्न कि "साक्षात्कार किसका तथा क्यों?" को दोहराता है। यह ध्यान देने योग्य है कि किसी भी समय, किसी भी व्यक्ति का साक्षात्कार जनसंचार माध्यमों पर नहीं किया जाता और न ही किया जाना चाहिए। जरूरत है–साक्षात्कार की प्रासंगिकता को जानने की, समझने की। इसमें सबसे महत्त्वपूर्ण तथ्य है–जन प्रतिनिधित्व अर्थात् व्यक्ति नहीं, समूह अभिरुचि जरूरी है अर्थात् जब कोई व्यक्ति सामान्य जीवन से हटकर कोई ऐसा कार्य करता है जिसके पीछे समूहगत हित है अथवा उसकी सम्भाधना है तो वह जनसाधारण में चर्चित हो जाता है, वह व्यक्ति मीडिया हेतु विशेष बन जाता है और इस विशेष को जानना तथा पहचानना मीडिया का कर्त्तव्य बन जाता है।

विदेश से आकर अपना जीवन, गरीबों, कोढ़ियों, बीमारों हेतु समर्पित कर देने वाली मदर टेरेसा "नोबेल पुरस्कार" या "भारत रत्न" पाकर विशेष बन जाती हैं। अर्थात् जनता के बीच लोकप्रिय होना, जनता की रुचि, व्यक्ति विशेष में होना, उसे मीडिया हेतु लोकप्रिय होना, जनता की रुचि, व्यक्ति विशेष में होना, उसे मीडिया हेतु विशेष बना देता है। इस तरह कहने का मतलब यह है कि साक्षात्कार उसका लिया जाये जो विशेष हो।

किन्तु किसी भी विशेष व्यक्ति का साक्षात्कार कभी भी लेना प्रासंगिक नहीं होता। यह विशेष अवसर आता है–उसके जीवन की किसी विशेष उपलब्धि से। जैसे कि "मदर टेरेसा" को जब नोबेल या भारत रत्न पुरस्कार प्रदान किया गया तो उनका साक्षात्कार आवश्यक हो गया। उसी प्रकार "द सेटेनिक बर्सेज" "लज्जा" "द स्युटेविल बॉय" पुस्तकों के लोकप्रिय होने पर क्रमशः सलमान रुश्दी, तसलीमा नसरीन, विक्रम सेठ के साक्षात्कार की जरूरत दिखाई पड़ती है। इसी तरह किसी लोकप्रिय व्यक्ति के जीवन में विशेष परिवर्तित अवसर के समय साक्षात्कार लिया जा सकता है।

महत्त्वपूर्ण अवसरों पर साक्षात्कार की उपयोगिता दिखाई पड़ती है। जैसे कि साहित्यकार, राजनेता, कलाकार, खिलाड़ी आदि के जन्मदिन, षष्ठीपूर्ति, पुण्यतिथि अथवा उपलब्धियों में वृद्धि के कारण होने पर, सम्बन्धित व्यक्ति या उन व्यक्तियों

के सम्बन्धियों, आलोचकों, मित्रों आदि से साक्षात्कार उपयुक्त होता है। जैसे कि 2 अक्टूबर के दिन महात्मा गांधी की जन्मतिथि पर उनको श्रद्धांजली देने के उद्देश्य से तथा नई पीढ़ी को उनके व्यक्तित्व से परिचित कराने हेतु गांधी जी के वंशजों सहयोगियों आदि का साक्षात्कार प्रासंगिक होगा। तुलसी जन्मशती पर किसी प्रख्यात तुलसी समालोचक से साक्षात्कार प्रासंगिक दिखायी पड़ता है अथवा सचिन तेंदुलकर के कम उम्र में कप्तान बन जाने पर टीम पर पड़ने वाले प्रभाव आदि के सम्बन्ध में गावस्कर, कपिलदेव आदि सीनियर एवं विशेषज्ञों की प्रतिक्रिया और विचार जानना उचित होगा।

इसके अलावा कुछ लोग ऐसे हैं जो किसी असाधारण कार्यों के कारण प्रसिद्ध हो जाते हैं तथा पब्लिक फीगर बन जाते हैं, जैसे कि जादूगर बी. एन. सरकार आनन्द या टेनिस स्टार सानिया मिर्जा, इंग्लिश चैनल पार करने वाली आरती आदि। यहाँ तक कि असमाजिक व्यक्ति साक्षात्कार के योग्य बन जाते हैं, जैसे—पूर्व चन्दन तस्कर वीरप्पन, माफिया डॉन दाऊदइब्राहिम आदि।

कहने का मतलब यह है कि माध्यमों के माध्यम से किसी विशेष लोकप्रिय व्यक्ति का किसी विशेष अवसर पर, उपलब्धियाँ, योग्यता, परिचय आदि जानने हेतु साक्षात्कार आयोजित किया जाता है।

कब तथा क्यों के बाद आता है कि साक्षात्कार कैसे लिया जाए, या दिया जाए? अच्छे साक्षात्कारकर्ता या दाता के अन्दर कौन-कौन से गुण होने चाहिए आदि?

सबसे पहले बात करते हैं कि साक्षात्कार कैसे लिया जाए? हर माध्यम की अपनी-अपनी सीमाएँ हैं, उपकरण हैं। अतः हमें सबसे पहले यह, विचार करना पड़ता है कि हमारा माध्यम क्या है? प्रिन्ट, रेडियो या दूरदर्शन। यह जानना इसलिए आवश्यक है क्योंकि रेडियो ध्वनि-बिम्बों का माध्यम है तो समाचार-पत्र छपे अक्षरों का एवं दूरदर्शन दृश्य-श्रव्य दोनों का, हमें रेडियो हेतु साक्षात्कार लेना है तो हमें टेपांकन विधि के बारे में जानकारी अवश्य होनी चाहिए। अधिकतर समाचार-पत्र, पत्रिकाओं आदि के साक्षात्कार हेतु भी टेपरिकार्डर का प्रयोग किया जाता है, ताकि बातचीत की प्रामाणिकता और स्थायित्व बना रहे। वैसे समाचार-पत्र हेतु लेखन-विधि का प्रयोग किया जाता है। यहाँ तक कि टेपांकित वार्ता को लिप्यंकित करके ही समाचार-पत्र में प्रस्तुत किया जाता है। इस पद्धति का यह फायदा है कि अनुपयोगी, बेकार, अनुपयुक्त या अकथनीय तथ्यों का काट छाँटकर किया जा सकता है। हालाँकि रेडियो हेतु टेपांकित साक्षात्कार में भी सम्पादन

सम्भव है, किन्तु उसमें वाक्यों को काटने-छाँटने में मुश्किल होती है, क्योंकि वाक्य को काटने-छाँटने से वक्ता के बोलने की लय, गति में परिवर्तन आ जाता है जो कि स्पष्ट सम्पादन की सूचना देता है। इन सबके अतिरिक्त दूरदर्शन हेतु आयोजित साक्षात्कार में जो कहा जा रहा है, जिस अवसर की चर्चा है, जिस उपलब्धि की बात है, उसको दिखा कर और अधिक समीक्षा पैदा कर दी जाती है। साथ ही साथ यह भी जान लेना चाहिए कि रेडियो तथा प्रिन्टमीडिया हेतु होने वाली बातचीत तो दो लोगों के मध्य होती है, किन्तु दूरदर्शन के साक्षात्कार का तृतीय पक्ष द्रष्टा भी होता है, कैमरामैन। कैमरे के बगैर दूरदर्शन साक्षात्कार असम्भव है। अतः दूरदर्शन साक्षात्कार टीम वर्क है—बाकी एकल।

प्रायः यह देखा गया है कि साक्षात्कार को करने हेतु प्रश्नोत्तर शैली का प्रयोग होता है। रेडियो तथा दूरदर्शन पर तो यह बहुत जरूरी है, किन्तु समाचार-पत्र-पत्रिकाओं में प्रश्नोत्तरी के अतिरिक्त वर्णनात्मक ढंग से भी साक्षात्कार किया जाता है जैसा दिखाई पड़ता है, किन्तु उसके कन्टेन्ट को पढ़कर बातचीत का अहसास होने लगता है। बीच-बीच में प्रश्नों का वर्णन भी होता है। ऐसे साक्षात्कार प्रस्तुत करने हेतु साक्षात्कारकर्ता को विशेष शैली अपनानी पड़ती है, जैसे विशेष विषय पर अपने मन्तव्य को स्पष्ट करते हुए बोले विशेष स्थिति पर उनके विचारों को सुनकर लगा कि....” उपवाक्य तथा वाक्यांश को प्रयोग में लाना पड़ता है। किन्तु यदि यह शैली रेडियो और दूरदर्शन पर अपनाई जायेगी तो यह साक्षात्कार क्रमशः वार्ता तथा डाक्यूमेन्ट्री कहलायेगा। अतएव हर माध्यम की सीमाओं को ध्यान में रख कर ही साक्षात्कार किया जाना चाहिए। सच तो यह है कि साक्षात्कार हेतु प्रश्नोत्तर शैली सबसे उत्तम हैं। माध्यम के आधार पर प्रस्तुति के प्रारूप भिन्न-भिन्न होने पर भी कई ऐसे तथ्य हैं जो कि समान रूप से सबमें पाए जाते हैं। इस पर हम विशद चर्चा करेंगे।

साक्षात्कार द्विपक्षीय विधा है अर्थात् साक्षात्कार में दो घटक होते है पहला साक्षात्कारकर्ता तथा दूसरा साक्षात्कारदाता है।

हम दोनों पक्षों पर विचार प्रस्तुत करेंगे किन्तु साक्षात्कारकर्ता इस विधा का नियामक है, अतः सबसे पहले उसी के संदर्भ में विचार करते हैं—

1. चयन—साक्षात्कार का यह पहला चरण है जो बहुत महत्त्वपूर्ण है। साक्षात्कारदाता का, परिस्थिति का, अवसर का विषय का यहाँ तक कि साक्षात्कारकर्ता के चयन का साक्षात्कारकर्ता का चुनाव सम्भवतः चौंकने वाली बात लगे लेकिन सच्चाई यही है कि परिस्थिति तथा व्यक्ति के अनुरूप साक्षात्कारकर्ता का भी चयन किया जाता है।

समाचार पत्रिकाओं में तो स्वतंत्र पत्रकार होते हैं, जब कि रेडियो, दूरदर्शन, सरकारी तंत्र से संबंधित होने के कारण सरकार से प्रतिबद्ध। अतः पत्र-पत्रिकाओं हेतु साक्षात्कार लेने वाला व्यक्ति स्वयं के विचारानुसार व्यक्ति, परिस्थिति का चयन कर सकता है, किन्तु रेडियो-दूरदर्शन पर ऐसा संभव नहीं। ऐसी स्थिति में कार्यक्रम निर्देशक अपने विवेक से परिस्थिति और मौके को देखकर साक्षात्कार का विषय निर्धारित करता है। इसके बाद उपयुक्त साक्षात्कारदाता की खोज करता है फिर उसके व्यक्तित्व के अनुसार, विषयानुसार साक्षात्कारकर्ता की। समाचार-पत्र-पत्रिकाओं हेतु स्वतंत्र साक्षात्कारकर्ता भी होते हैं।

साक्षात्कारकर्ता का चयन विषय तथा साक्षात्कार दाता के चयन के बाद होता है। जैसे कि वर्ष 1997 स्वर्ण जयन्ती वर्ष के रूप में मनाया जा रहा था। इस अवसर पर यदि भारत की 50 वर्षों की उपलब्धियों का विश्लेषण करना हो तो उसके लिए साक्षात्कारदाता स्वतंत्रता आन्दोलन से संबद्ध राजनेता, स्वतंत्रता सेनानी या स्वतंत्रता पूर्व भारत का कोई एक नागरिक हो सकता है और साक्षात्कारकर्ता कोई प्रसिद्ध चुनाव समालोचक आदि।

2. सम्पर्क—विषय और व्यक्ति का चयन होने के बाद साक्षात्कारकर्ता के माध्यम से दाता से सम्पर्क करके समय, तिथि, स्थान आदि का निर्धारण किया जाता है।

3. व्यक्ति/विषय का विधिवत अध्ययन—सम्पर्क-तिथि तय होने के बाद साक्षात्कारकर्ता को साक्षात्कारदाता के व्यक्तित्व की भी पूरी जानकारी करनी होती है, सम्बन्धित विषय का सही ढंग से अध्ययन करना पड़ता है। इस समय अध्ययन तथा जानकारी की कोई सीमा नहीं है, जितना ज्यादा साक्षात्कारकर्ता विषय या व्यक्ति से संबंध स्थापित करेगा, उतना ही उसके अन्तस् को जनसाधारण के सामने उकेरने में सफल रहेगा। साथ ही अगर हो सके तो कर्ता का दाता या विषय से जुड़े पूर्व इन्टरव्यू देख-पढ़ लेने चाहिए, लेकिन उनका अध्ययन पुनरावृत्ति के रूप में नहीं करके कुछ उनसे हटकर कुछ नया करने हेतु किया जाना चाहिए।

4. प्रश्नावली बनाना—संबंधित विषय से ज्यादा जानकारी प्राप्त करके प्रश्नों को लिखना चाहिये।

पत्र-पत्रिकाओं में पत्राचार के माध्यम से भी साक्षात्कार लिया जाता है, लेकिन एक पक्षीय हो जाने की वजह से कुछ बात निकल कर नहीं आती। फिर कहा भी गया है कि बात से बात निकलकर सामने आती है। अतएव जहाँ तक सम्भव हो सके साक्षात्कार-कर्ता को साक्षात्कारदाता से आमने-सामने बातचीत

करनी चाहिए। अधिकांशतः देखा गया है कि रेडियो-दूरदर्शन के साक्षात्कार कार्यक्रमों में प्रश्नावली पहले तैयार करके दाता को प्रश्नों से परिचित करा दिया जाता है, जिसके पीछे तर्क होता है कि माध्यमों में जीवंत प्रसारण की स्थिति में सुधार की संभावना नहीं होती। अतः कर्ता-दाता के साथ-साथ टेक्निकल गड़बड़ी या कमजोरी न दिखाई पड़े इसलिए प्रश्नोत्तर का अभ्यास कर लिया जाए। किन्तु मुझे ऐसा लगता है कि साक्षात्कारकर्ता को दाता के साथ बैठकर मात्र विषय पर चर्चा करके कंटेन्ट का परिचय देना चाहिए तथा जहाँ तक हो सके कर्ता को अपने प्रश्नों को उसी पर केन्द्रित करना चाहिए, लेकिन सभी प्रश्नों को शब्दशः दाता को नहीं बताना चाहिए क्योंकि इस स्थिति में दाता पूर्वाग्रह से प्रेरित होकर प्रश्नों के उत्तर देगा जिससे वास्तविक तथ्य छुप सकते हैं, किन्तु साक्षात्कारकर्ता को अपने मन में प्रश्नावली पहले से अवश्य बना लेनी चाहिए। प्रश्नावली तैयार करते समय इस बात से पूरी प्रकार आश्वस्त हो जाना चाहिए कि कोई भीतरी पहलू छूटा तो नहीं है तथा फिर अपने प्रश्नों को क्रमबद्ध होने पर साक्षात्कार ट्रैक से अथवा पकड़ कर बाहर नहीं जा पाएगा।

प्रश्नावली तैयार करते समय साक्षात्कारकर्ता को सतर्क रहना अत्यन्त जरूरी है क्योंकि यदि उद्देश्य, विषय, स्थिति, व्यक्ति का यथोचित परिचय पाठक/श्रोता/दर्शक को नहीं मिला तो उद्देश्य असफल हो जाएगा। जैसे यदि किसी साहित्यकार का साक्षात्कार करना हो तो कर्ता को प्रश्नावली तैयार करते समय कुछ प्रश्न परिचयात्मक रखने चाहिए। इसके पश्चात् कृतित्व की बात करनी चाहिए। कृत्य की प्रेरणा पर ध्यान केन्द्रित करना चाहिये, पारिवारिक सामाजिक परिस्थिति का व्यक्तित्त्व कार्य पर प्रभाव ज़ाँचना चाहिए और अंततः कार्य की प्रासंगिकता-उपादेयता के संदर्भ में लेखक की मूल दृष्टि भी जान लेना उत्तम होगा। अगर लेखक या उसके कृतित्व के संदर्भ में, पाठकों की प्रतिक्रिया मालूम हो, तो उसके संदर्भ में लेखक से अवश्य प्रश्न पूछना चाहिए जिससे बात स्पष्ट हो जायेगी। अगर अवसर विशेष पर साक्षात्कार है तो उस अवसर से संबंध स्थापित करना चाहिए। जहाँ तक सम्भव हो आरंभ में सरल प्रश्न पूछने चाहिए तथा फिर धीरे-धीरे गंभीर प्रश्नों की ओर बढ़ना चाहिए।

प्रश्नावली तैयार करने के बाद उसको अच्छी प्रकार जाँच-परख लेना चाहिए और साक्षात्कारदाता को दिन, समय, विषय आदि को याद दिला देना चाहिये।

जब कर्ता-दाता आमने-सामने हों तो साक्षात्कारकर्ता को निम्नलिखित बातों का ध्यान अवश्य रखना चाहिए—

1. प्रस्तुति के पहले अनुच्छेद में व्यक्ति/परिस्थिति का परिचय दें।
2. दर्शक/श्रोताओं का परिचय साक्षात्कारदाता से अभिवादन के बाद कराएँ। रेडियो में साक्षात्कारकर्ता और साक्षात्कारदाता का अभिवादन दिखाई नहीं देता है, अतः कर्ता का यह कर्त्तव्य है कि श्रोताओं को संकेत करे कि दाता अभिवादन कर रहा है, जैसे—अच्छा तो श्रोताओं आपको मेरा नमस्कार और मेरे साथ पधारे.... को नमस्कार।
3. आरंभ में हल्के प्रश्न पूछें जिससे दाता सहज हो जाए।
4. प्रश्नों के उत्तर अत्यन्त धैर्य के साथ सुनें तथा आवश्यकता पड़ने पर दाता से प्रति प्रश्न करके या स्वयं समीक्षा करके श्रोताओं, दर्शकों की समीक्षा विश्लेषित कर दें।
5. प्रश्नोत्तर निर्धारित विषय से हटकर न हो, यदि साक्षात्कारदाता विषय से विचलित होने लगे तो बहुत शिष्टता के साथ अपने वाक्चातुर्य एवं प्रत्युत्पन्नमति से उसे विषय पर केन्द्रित करें।
6. स्पष्ट उच्चारण के साथ प्रश्न पूछे जाएँ।
7. साक्षात्कारदाता के संवाद में अनावश्यक हस्तक्षेप अच्छा नहीं है।
8. दूरदर्शन साक्षात्कार की स्थिति में बिना आवश्यकता हाथ-पैर, आँख, मुँह आदि न नचाएँ।
9. दूरदर्शन पर साक्षात्कार लेते समय अगर सम्भव हो तो साक्ष्य/पुरस्कार/कृति आदि को दर्शकों के सामने प्रस्तुत करें, रेडियो पर भी यह संभव है, जैसे—"अच्छा...। आप अपनी यह कृति लाए हैं। ... अच्छा यही वीणावादिनी की मूर्ति आपको पुरस्कार में प्राप्त हुई थी। ...अरे यह तो आपके गुरु की तस्वीर है। ....लगता है कि आप अपनी किताबें सब जगह साथ ले जाते हैं।" आदि वाक्य सहायक होंगे।
10. अंत में सम्पूर्ण साक्षात्कार कर संक्षिप्त समीक्षा करते हुए साक्षात्कारकर्ता को साक्षात्कारदाता और दर्शकों/श्रोताओं का अभिवादन करके बात समाप्त करनी चाहिए।

साक्षात्कारकर्ता के गुण

1. व्यक्तित्व में आकर्षण—व्यक्तित्व में आकर्षण से आशय मात्र बाह्य या शारीरिक सौन्दर्य से नहीं है बल्कि साक्षात्कारकर्ता के चलने-फिरने, पहनने-ओढ़ने, बोलने-चालने आदि की गतिविधियाँ इसमें सम्मिलित रहती हैं। अच्छे व्यक्तित्व में निम्नलिखित गुण पाये जाते हैं—

(क) **सुन्दर नयन-नक्श**—आकर्षण का प्रथम सोपान शरीर या बाहरी व्यक्तित्व होता है। यदि साक्षात्कारकर्ता का चेहरा अच्छा होगा तो सहज रूप से कार्यक्रम अधिकारी साक्षात्कारदाता, आम व्यक्ति उससे मिलकर खुशी का एहसास करेगा। प्रिन्ट मीडिया और रेडियो माध्यम हेतु सुंदर चेहरे भले ही जरूरी प्रतीत नहीं होते हैं, लेकिन दृश्य माध्यमों में यह जरूरी अंग है क्योंकि दूरदर्शन आदि के साक्षात्कारकर्ता को एक हद तक अभिनेता भी बनना पड़ता है।

(ख) **भाव-भंगिमा**—शरीर की अपनी भाषा होती है, जिसे हम बॉडी लैंग्वेज कहते हैं अतः साक्षात्कार के समय साक्षात्कारकर्ता को अपनी भाव-भंगिमाओं को जरूरत के अनुरूप रखना चाहिए, बिना आवश्यकता के हाथ-पैर हिलाना, आँख नचाना, हुंकार भरना आदि अनुपयुक्त है। विशेषतः दृश्यमाध्यम पर कैमरे पर कैमरे की आँख आपके एक-एक भाव दर्शक के समक्ष रख देती है, अतः कभी-कभी भंगिमाएँ शब्द के अर्थ को विश्लेषित करती है तो कभी हास्यास्पद भी बना देती है।

(ग) **पोशाक**—पोशाक का उपयुक्त भी होना व्यक्ति में चार चाँद लगाता है। अतः कपड़ों को ढंग से पहनना चाहिए। आवश्यकता के मुताबिक परिस्थितिजन्य वेशभूषा पहननी चाहिए। जैसे कि यदि खेलकूद के मैदान में किसी खिलाड़ी का साक्षात्कार लेना है तो साक्षात्कारकर्ता भी यदि खिलाड़ियों वाले कपड़े पहने तो साक्षात्कारदाता और वातावरण बिलकुल सहज एवं स्वाभाविक दिखाई पड़ते हैं। वहीं राजनीतिज्ञों के साक्षात्कार में कुर्ता-पाजामा और धार्मिक व्यक्ति से मिलने पर धार्मिक वेशभूषा उचित रहेगी।

(घ) **मिलनसारिता**—जल्दी घुलने-मिलने वालों की प्रवृत्ति साक्षात्कार लेने वाले हेतु अत्यावश्यक होती है। यदि साक्षात्कारदाता से साक्षात्कारकर्ता अपनापन स्थापित कर ले तो उसके व्यक्तित्व में निखार आएगा तथा उसका कार्य सरल हो जाएगा।

(ङ) **मृदु भाषिता**—निश्चित रूप से मृदुभाषी व्यक्ति बिगड़ते हुए कार्यों को बना लेते हैं तथा अपनी वाणी से परिस्थिति को बदल देते हैं। अतएव साक्षात्कारकर्ता को मृदु भाषी होना चाहिए।

2. स्पष्ट उच्चारण—साक्षात्कार हेतु यह बिन्दु बहुत महत्त्वपूर्ण है क्योंकि यदि उच्चारण में जरा भी गड़बड़ी हुई तो अर्थ का अनर्थ हो जाएगा और दाता तथा श्रोता/दर्शक बात समझने में असफल हो जायेंगे। अतः साक्षात्कारकर्ता को अपनी शंकाएँ, विश्लेषण अत्यन्त स्पष्ट उच्चारण के साथ प्रस्तुत करना चाहिए। विशेषतः

रेडियो तथा दूरदर्शन हेतु कार्य करने वालों में यह गुण माध्यम की आवश्यक माँग है।

3. पक्षपातरहित दृष्टि—साक्षात्कारकर्ता को किसी पूर्वाग्रह से ग्रसित नहीं होना चाहिए विषयानुकूल, व्यक्तित्वानुकूल प्रश्नों को पूछना चाहिए। कर्ता को इस बात का आभास होना चाहिए कि उसकी प्रतिबद्धता पाठक/श्रोता/दर्शक से सही बात प्रस्तुत करनी है न कि साक्षात्कारदाता से अर्थात् कर्ता को साक्षात्कार लेते समय जनता से सम्बन्धित प्रश्नों को जरूर पूछना चाहिए। विनोद दुआ, दीपक बोहरा दूरदर्शन पर साक्षात्कार लेते समय अक्सर इस बात का ध्यान रखते हैं जिस कारण उनके कार्यक्रम जनप्रिय साबित हुए हैं। साथ ही इस बात का भी ध्यान रखना चाहिए कि साक्षात्कारदाता कर्ता का अतिथि है, इसलिए उसकी अवहेलना न हो उसकी प्रतिष्ठा को आघात न पहुँचे।

4. अच्छा श्रोता—साक्षात्कारकर्ता को एक उत्तम श्रोता होना भी आवश्यक है अर्थात् साक्षात्कारकर्ता की विशेषता यह है कि वह कम बोले तथा दाता से ज्यादा-से-ज्यादा बुलवाए, तभी उसका प्रयोजन पूर्ण होगा, किन्तु इस बात का ध्यान रखना चाहिए कि दाता उस पर हावी होकर फालतू बातें न कह पाए अर्थात् दाता का प्रभुत्व इतना स्वीकार न किया जाए कि साक्षात्कार का ट्रैक ही बदल जाए।

5. प्रत्युत्पन्नमति—सभी जानते हैं कि बात में से बात उभरकर सामने आती है। कभी-कभी अप्रत्याशित मौके आ जाते हैं साक्षात्कारकर्ता को बात सँभालनी होती है। अगर साक्षात्कार लिखवा कर प्रस्तुत किया जा रहा है तो वहाँ काट-छाँट सम्भव है, लेकिन रेडियो, दूरदर्शन पर प्रश्न को पूछते, बूझते, उत्तरों को परिष्कृत क़रके साक्षात्कार का उद्देश्य प्राप्त करना कौशल का कार्य है चूँकि इन माध्यमों से सब कुछ एक ही साथ सामने आता है। कोई रिहर्सल या कट आदि नहीं होता तथा फिर अगर जीवन्त प्रसारण हो तो स्थिति तथा भी नाजुक हो जाती है। अतः किसी अनचाही असामाजिक बात का मुँह से निकल जाने पर साक्षात्कारकर्ता का ही उत्तरदायित्व है कि वह परिस्थिति को ठीक बनाए, जिसके लिए प्रत्युपन्नमति का होना आवश्यक है।

6. आत्मविश्वास—सभी क्षेत्र में आत्मविश्वास सफलता की कुंजी है। अतः माइक्रोफोन के सामने बोलते हुए या कैमरे का सामना करते हुए या किसी बड़े व्यक्ति से आमने-सामने होते हुए साक्षात्कारकर्ता को अपना आत्मविश्वास बनाये रखना चाहिए नहीं तो उसके भीतर आई हीन भावना लक्ष्य-प्राप्ति में बाधक होगी तथा प्रस्तुति फीकी पड़ जाएगी।

7. तार्किक शक्ति–साक्षात्कारकर्ता के अन्दर तर्क करने की अद्‌भुत समर्थ होनी चाहिए । तभी वह सही बात दाता से उगलवा पाने में सफल होगा तथा दर्शकों/श्रोताओं/ पाठकों के समक्ष सही तथ्य रख पाएगा, लेकिन तर्क सकारात्मक होने चाहिए, नकारात्मक नहीं।

8. दाता में समन्वय–दाता तथा साक्षात्कारकर्ता में जितना संयोजन होगा, प्रस्तुति उतनी ही सजीव, वृद्धि व प्रभावी बनेगी अतः अच्छे साक्षात्कारकर्ता हेतु आवश्यक है कि वह दाता के सम्बन्ध में अधिक से अधिक जानकारियाँ पहले से संगृहीत करके उससे अपनापन स्थापित करने का प्रयास करे। दोनों के बीच जितना बढ़िया समन्वय होगा, साक्षात्कार उतना ही अच्छा।

साक्षात्कारदाता के गुण

साक्षात्कारदाता, साक्षात्कार का वह दूसरा तथा महत्त्वपूर्ण घटक है, जिसके बिना साक्षात्कार का कोई अस्तित्व ही नहीं है। साक्षात्कारकर्ता अगर साक्षात्कार का नियामक है तो दाता उसका आधार। अतः साक्षात्कारदाता के सम्बन्ध में भी बातचीत अवश्य होनी चाहिए।

साक्षात्कार की ही विधा के माध्यम से साक्षात्कारकर्ता तथा दाता दोनों घटकों में कई बातें समान रूप से प्राप्त होती हैं, जैसे–आकर्षक व्यक्तित्व, आत्मविश्वास, तार्किक शक्ति, धैर्य, प्रत्युत्पन्नमति आदि परन्तु कुछ बात ऐसी भी हैं जिनका सीधा सम्बन्ध दाता और उसके व्यक्तित्व से होता है। इनमें कुछ निम्नलिखित पहलुओं पर यह प्रकाश डाला जा रहा है–

1. विवेक–साक्षात्कारदाता हेतु चिन्तक होना भी आवश्यक है क्योंकि कर्ता के माध्यम से पूछे गए प्रश्न के उत्तर में दिये गए उत्तर उसके व्यक्तित्व ज्ञान एवं मानसिकता को परिलकक्षित करते हैं। अतएव उत्तर देते समय तेजी से प्रश्नों पर विचार करना आवश्यक है।

2. हाजिर-जवाबी–साक्षात्कारदाता का हाजिर-जवाब होना अनिवार्य है क्योंकि उसके अन्दर यह गुण विद्यमान है तो वह बड़े से बड़े प्रश्न का अत्यन्त स्वाभाविक ढंग से अपनी प्रत्युत्पन्नमति की मदद से सामना कर लेगा तथा गम्भीर से गम्भीर प्रश्न को स्वयं की इच्छा होने पर हल्का बना देगा नतीजन मानसिक दबाव से मुक्त रहेगा।

3. धैर्य–धैर्य का गुण दाता के व्यक्तित्व को गम्भीर बना देता है। इस गुण के कारण दाता तटस्थ होकर पाठक/श्रोता/दर्शक की सहानुभूति प्राप्त कर लेते हैं।

कभी-कभी साक्षात्कारकर्ता ऐसे प्रश्न पूछता है जो कि दाता की कमजोरियों, व्यक्तिगत जीवन और बहुत कटु सत्य से जुड़े होते हैं। इन प्रश्नों से दाता में बौखलाहट पैदा हो जाती है, जो आत्मविश्वास की कमी को प्रखर करता है। अतः शांत भाव से हर परिस्थिति का सामना करके दाता अपने व्यक्तित्व को उभार सकता है।

4. अच्छी भाषा—हमेशा अच्छी भाषा का प्रयोग साक्षात्कारकर्ता को करना चाहिए। बड़ी से बड़ी कटु बात को सुन्दर शब्दावली में व्यक्त किया जा सकता है। अच्छी भाषा दाता की वक्तृत्वकला को दर्शाती है।

5. सत्यप्रियता—साक्षात्कारता की सत्यप्रियता व्यक्ति सबको प्रिय लगती है, उनकी मित्रों में समाज में अपनी निजी पहचान होती है। अतः साक्षात्कारदाता में स्पष्टवादिता होगी तो एक ओर जहाँ वह अपने व्यक्तित्व को आकर्षक बनाएगा, वहीं दूसरी ओर जनता में प्रसिद्ध होगा। प्रश्नों को समझ-बूझकर बिना उलझाये सामाजिक प्रतिबद्धता और आवश्यकता को ध्यान में रखकर, साक्षात्कारदाता के माध्यम से स्पष्ट उत्तर देना साक्षात्कार की सार्थकता के साथ-साथ व्यक्तिगत रूप से भी प्रभावित करता है।

इस तरह साक्षात्कार काल में निपुण व्यक्ति कुशल पत्रकार माना जाता है। साक्षात्कार पत्रकारिता की आधारशिला मानी जाती है।

8

हिन्दी पत्रकारिता तथा इलेक्ट्रॉनिक मीडिया

हिन्दी पत्रकारिता और रेडियो तथा दूरदर्शन

आधुनिक संचार-क्रान्ति ने समाचार जगत में पूरी प्रकार उथल-पुथल कर दी है। इस क्रांति ने पहले चरण आकाशवाणी (रेडियो) का रखे थे, उसके बाद टी.वी. (दूरदर्शन) प्रचलन में आया जो समाचार क्रांति के लिये ही नहीं अपितु सांस्कृतिक क्रांति का भी नया चरण रखती प्रतीत होती है। कम्प्यूटरों का पूरा-पूरा वर्चस्व संचार माध्यमों पर इण्टरनैट पत्रकारिता के माध्यम से हुआ जो संचार जगत को विज्ञान की नई देन है। आकाशवाणी और दूरदर्शन की अपनी विशिष्टता है तथा उनके माध्यम से समाचार-सम्प्रेषण की अपनी तकनीक। इस कारण उनके समाचार लेखन तथा संपादन की कला भी मुद्रण-माध्यम के समाचार-संपादन और लेखन से भिन्न है।

टी.वी समाचार चैनलों ने समाचार लेखन को एक नया आयाम प्रदान किया है। उपग्रह और आधुनिक संचार तकनीक ने समाचार में दूरी और समय के अन्तर

को पार कर दिया है, जिसका परिणाम है दूरदर्शन और केबिल टेलीविजन। बीस प्रतिशत से ज्यादा अमरीकी घर केबिल न्यूज सिस्टम से जुड़े हुए हैं। उपग्रह संचार व्यवस्था के माध्यम से भारत में भी इस प्रकार टेलीविजन तथा केबिल न्यूज टेलीविजन कार्यक्रम प्रसारित किये जा रहे हैं। वीडियो टेप दृश्य तथा ध्वनि को हाथों में ले लेने का एक बहुत ही परिवर्तनशील अद्‌भुत माध्यम है। माइक्रोवेव सर्किट के माध्यम से तस्वीर और वर्णन सीधे समाचार कक्ष में भेजना आजकल सम्भव हो गया है। आज तो समाचार कक्ष की काया ही पलट गई है। कापी राइटिंग, संपादन, चयन, संवाद और उससे जुड़ी सभी प्रक्रियाएँ वीड़ियो स्क्रीनों तथा कम्प्यूटरों के माध्यम से सम्पन्न होने लगी हैं।

उपग्रहों के माध्यम से प्रेषित संवाद रात-दिन पृथ्वी की परिक्रमा कर रहे हैं जिसे रेडियो के माध्यम से सुना जा सकता है और दूरदर्शन के माध्यम से देखा जा सकता है। समाचार जगत में उपग्रहों के माध्यम से कई चमत्कार हुए हैं। इन्सेट बी की मदद से मद्रास में मध्य रात्रि में तैयार होने वाले समाचार-पत्र 'द हिन्दू' को गुड़गाँव (हरियाणा) से प्रकाशित किया जाता है। दक्षिण भारत में उसका प्रकाशन कार्य सम्पन्न करने का चमत्कार अन्तरिक्ष के अनुसंधान में लगे उपग्रहों की सार्थकता के कारण ही सम्पन्न हो पाया है। लम्बे-लम्बे लेख, समाचार तथा तत्काल अभिलेख पलक झपकते ही एक स्थान से दूसरे स्थान पर पहुँच जाते है। इसके परिणामस्वरूप समाचार-पत्र अत्यन्त तीव्र गति से नये से नये समाचारों की जानकारी विश्व के बुद्धिजीवियों को देते हैं। फोटो ट्रांसमीटर के माध्यम से एक देश में होने वाली प्रतिक्रिया का सीधा प्रसारण दूसरे देश में किया जाता है। सीधे प्रसारण का कार्य दूरदर्शन के माध्यम से किया जाता है। उपग्रह की मदद से ही समाचार-पत्रों के तैयार पृष्ठों की प्रतिच्छाया एक केन्द्र से दूसरे केन्द्र पर मुद्रण के लिये भेजी जाती है, जिससे समाचार-पत्रों की काया ही बदल गई है। यही कारण है कि आधुनिक विस्मयकारी संचार उपकरणों ने समाचार-संकलन, सम्पादन, मुद्रण, प्रतिशोधन, प्रकाशन तथा प्रसारण के क्षेत्र में अद्‌भुत क्रान्ति उत्पन्न कर दी है। समाचार-पत्रों के क्षेत्र में जो क्रान्तिकारी परिवर्तन हुए हैं, उनमें रेडियो (आकाशवाणी) तथा टेलीविजन (दूरदर्शन) की भूमिका भी अनदेखी नही की जा सकती। रेडियो तथा दूरदर्शन पत्रकारिता इसी की देन है। समाचार तथा उनके सम्प्रेषण के प्रमुख समाचार लेखन की सीढ़ी पर इन दोनों समाचार सम्प्रेषण माध्यमों को चढ़ना पड़ता है। इस क्रम में पहले हम रेडियो (आकाशवाणी) समाचार लेखन की विशेषताओं पर चर्चा करेगें।

रेडियो समाचार—रेडियो अपनी प्रकृति में मुद्रण और श्रव्य-दृश्य दोनों ही माध्यमों से भिन्न है। रेडियो की भिन्नता उसकी भाषा के सन्दर्भ में भाषित होती है क्योंकि वह मात्र सुनी जा सकती है। अतः उसकी भाषा का वैशिष्ट्य कुछ पृथक प्रकार का ही होता है, अथवा यों कहा जाय कि उसे पृथक ही प्रकार से प्रस्तुत किया जाना सम्भव होता है। इस कारण यह भी कहा जा सकता है कि रेडियो की भाषा उसकी अपनी भाषा है। तकनीकी दृष्टि से रेडियो ध्वनियों का प्रसारण करता है। अतः जब हम जनसंचार के क्षेत्र में मात्र ध्वनियों के माध्यम से प्रवेश करते हैं तो श्रोताओं के मन में एक कल्पनालोक का सृजन करके ही उनके ज्ञान चक्षुओं को किसी घटना की प्रतिच्छवि प्रदान कर सकते हैं। अतएव रेडियो के माध्यम से ऐसी भाषा का प्रयोग जरूरी होता है जो श्रोताओं के मन में विभिन्न बिम्बों की रचना करने में सक्षम होगी, उसी में रेडियो के माध्यम से सम्प्रक्षण हेतू लिखे गये समाचार श्रेष्ठ होंगी, यह एक स्वाभाविक बात है।

रेडियो प्रोड्यूसर के पास ध्वनियों की विविधतामयी श्रृंखला रहती है। यह उसका अपना तकनीकी कौशल है कि वह रेडियो प्रसारण के लिये सार्थक रूप से ध्वनि प्रतीकों का चयन करे। रेडियो की शब्दावली भी तीन प्रकार की सामग्री से तैयार होती है–वाक (Speech), संगीत सहित ध्वनि प्रभाव (Sound effect including music) और मौन (Silence) अर्थात् वाक् यानी वाणी का रेडियो-सम्द्रेबन विशेष ढ़ंग से करना होता है हालाँकि वह बिना ध्वनि प्रभावों के भी सम्प्रेषित की जा सकती है। अतः जो कुछ बोला जाता है वह जितना सरल होगा उतना ही अच्छा तथा स्पष्ट सुनाई देगा तथा बोला वह जायेगा जो लिखा जायेगा। यह जरूरी है कि जो कुछ बोला जाय वह श्रोता के मस्तिष्क में दृश्यात्मक बिम्बों का रूपष्ट सृजन करे। मुद्रित वाक्यों को दुबारा-तिबारा पढ़कर समझा जाता सकता है परन्तु रेडियो श्रोताओं को यह सुविधा नही देता। अतः रेडियो के लिए समाचार अथवा संवाद लेखन में यह ध्यान रखने की बात होती है कि जो भाषा श्रव्य का माध्यम बनाई जा रही है वह श्रोता के मस्तिष्क में तुरन्त, जो कहा जा रहा है उसका बिम्ब बना दे। लेकिन यह तभी हो सकता है जब लेखन की भाषा सरल तथा सहज हो।

यह सभी जानते हैं कि रेडियो में वाचन भी लेखन की प्रकार ही महत्वपूर्ण होता है। भाषा, में अटकाव, वाचन को अवरूद्ध करता है अतः ऐसे शब्दों से बचना आवश्यक होता है जो उनके वाचन को अवरूद्धकरें। फिर भी रेडियो-सम्प्रेषण में श्रोताओं का ध्यान आकर्षित करने के लिय वक्ता को अपनी वाणी में उतार-चढ़ाव

और ताल (Tempo) तथा स्वर (Tone) में विविधता लानी पड़ती है। अतः समाचार लेखन में इस बात का भी ध्यान रखना आवश्यक होता है, कि लेखक वक्ता को अपनी भाषा में उचित उतार-चढ़ाव, ताल तथा स्वर के सार्थक प्रयोग का अवसर दें।

ध्वनि प्रभावों के माध्यम से जीवन के विविध दृश्यों को विम्बित करने में मदद मिलती है। अतः वह जब किसी कहानी का भाग होते हैं तो स्वयंमेव शब्दों का काम करते हैं। यह कौशल प्रोड्यूसर के माध्यम से उत्पन्न किया जाता है।

मौन अथवा चुप्पी क्षणिक निःशब्दता, शब्दों के प्रभाव को बढ़ाता है, लेकिन लेखक को भी यह ध्यान देना जरूरी है कि वक्ता को वह मौन का अवकाश किन शब्दों में प्रभाव उत्पन्न करने के लिये होता है।

नाटक हो अथवा वार्ता, समाचार हो अथवा अन्य कोई विधा रेडियों के लिये लेखन में रेडियो की भाषा की प्रकृति अवश्य की ध्यान रखनी चाहिये। इसके साथ यह बातें भी ध्यान में रखनी चाहिये–

(1) साधारण बोलचाल में आने वाले शब्दों का यथासम्भव प्रयोग करना चाहिये।
(2) वाक्य विधान लम्बा नहीं होना चाहिये। किसी बात को छोटे-छोटे वाक्यों में बाँधना उचित है। यह ध्यान देने की बात है कि छोटे-छोटे वाक्यों के बीच अगर मौन को प्रक्षेपित कर दिया जाय तो वह वाक्य के प्रभाव को उसकी लम्बाई का रूप दे सकता है।
(3) विषय के अनुरूप भाषा में प्रभाव क्षमता लाने की चेष्टा करनी चाहिये।
(4) यह भी रेडियो पर प्रसारण के लिए लेखन में ध्यान रखने की बात होती है कि लेखक अपनी बात की क्या प्रतिक्रिया चाहता है अर्थात् उसे ऐसी भाषा का प्रयोग करना चाहिये जो श्रोताओं के मन में वही प्रतिक्रिया उत्पन्न करे, जिसकी उसे उनसे आशा हो सकती है।
(5) रेडियो हेतु लेखन में सबसे महत्व की बात है–समय सीमा। लेखक को उस समय सीमा का ध्यान रखना चाहिये जो समाचार वार्ता, अथवा अन्य विधा के लिये निर्धारित है।

संकलन तथा प्रेषण के लिए आकाशवाणी के माध्यम से भी संवाददाता नियुक्त किये जाते हैं, जिनका कार्य अप्रत्याशित घटनाओं के तथ्य संगह करना और अन्य ऐसे कार्यक्रमों में जाकर सूचनाएँ एकत्र करने का होता है, जो आकाशवाणी को अपेक्षित होती है। संवाददाताओं के माध्यम से प्रषित और अन्य स्त्रोतों से प्राप्त सामग्री में से ऐसी सामग्री का उपयोग करना, जो सम्प्रषणीय होती है, रेडियो

स्टेशन में स्थित जनरल न्यूज रूम का कार्य होता है। रेडियो स्टेशन में स्थित जनरल न्यूज का वही कार्य होता है जो किसी समाचार-पत्र के संपादन-कक्ष का होता है। रेडियो स्टेशन से प्रेषित किये जाने वाले ज्यादातर सभी समाचार जनरल न्यूज रूम के माध्यम से ही लिखे जाते हैं तथा चूँकि भारत में आकाशवाणी एक सरकारी तन्त्र है अतः वहाँ से जो समाचार अथवा अन्य आलेख प्रसारित किये जाते हैं, वह निर्धारित सरकारी नीति के अनुरूप ही किये जाते हैं।

सभी स्त्रोतों से प्राप्त समाचारों का अन्तिम रूप से लेखन कार्य पूरा हो जाने पर उन्हें पूल में, जिसे हिन्दी में 'समाचार सरोवर' कहा जाता है, में रख दिये जाते हैं। वहाँ से वाचन के लिये उनमें चयन किया जाता है और वाचन के लिए अभीष्ट समाचार वाचक को दिये जाते हैं।

दूरदर्शन समाचार–टीम वर्क–टेलीविजन लेखन को एक लेखक के लिये चुनौतीयुक्त कार्य कहा गया है। ज्यादातर साहित्य के क्षेत्र में स्थापित नाटककारों तथा कहानीकारों की यह धारणा होती है कि उनके लिये यह कोई कठिन काम नही है। परन्तु जब वह क्रियात्मक स्थिति में पहुँचते हैं तो उन्हें यह देखकर आश्चर्य होता है कि ऐसे लेखक जिन्हें न कोई साहित्यिक समझ होती है तथा न लेखन कला की गहराइयों की अनुभूति, बड़ी सरलता से सिनेमा तथा टेलीविजन के क्षेत्र में अधिष्ठित हो रहे हैं और उनके सामने फिल्म अथवा टेलीविलन पर दिखाये जाने वाले सीरियलों के निर्माता स्थापित साहित्यकारों को पूछता तक नही है। वास्तविक बात यह है कि टेलीविजन के लिये लेखन कार्य एक पृथक प्रकार की तकनीकी लेखन कला है तथा रेडियो आलेखन से ज्यादा बारीक है, क्योकि लेखक को हर स्थिति में दृश्यों तथा बिम्बों में सोचना पड़ता है; उसे इन दोनों बातों में उचित समाजस्व तो करना ही पड़ता है, परन्तु इस बात के अतिरिक्त निर्माता, निर्देयाक, सृजन सहायक, तल प्रबन्धक, अभिनयकर्मियों, कैमरा मैन, दृश्य बन्ध अभिकल्पकार, लेखचित्र और पर्यवेक्षक एवं कलाकार, रूप सज्जाकार, सामग्री पर्यवेक्षक, आदि चित्रण-टीम के लोगों की सुविधाओं, आवश्यकताओं का ध्यान भी रखना होता है। विशेष रूप से निदेशक, निर्माता और अभिकल्पकार के साथ जो दृश्य बन्ध की रूपरेखा बनाता है, टेलीविजन-लेखन में सामाजस्व होना बहुत जरूरी है। अतः टेलीविजन-लेखन मात्र लेखन अथवा मात्र लेखक कल्पना बन्ध न होकर टीम-प्रसूत परिणाम होता है।

भाषा–यों तो टेलीविजन के सक्रीन पर दिखाई वाले पात्र वही भाषा बोलते हैं जो कागज पर अंकित भाषा को जो भाषा चैतन्यता प्रदान करती है, वह

टेलीविजन की भाषा होती है। यह भाषा यान्त्रिक तथा तकनीकी वर्णमाला की होती है। जिस तरह रेडियो की भाषा का वेश दूसरा है, उसी तरह टेलीविजन की भाषा का विन्यास भी भिन्न होता है। इस भाषा के शब्द भी बोलते हैं, रंग भी, चेहरे भी, दृश्य तथा उसका वातावरण भी, मौन भी, संगीत भी और सज्जा भी। अतः लेखक के लिये यह जरूरी है कि वह टेलीविजन की भाषा की प्रकृति को समझे।

टेलीविजन की भाषा वह है जो उसके बिम्बों से वह अनुभूति प्रदान करवा सके जिसकी लेख कल्पना करता है। अतः उसे टेलीविजन कार्यक्रम के लिये लिखते समय यह ध्यान में रखना पड़ेगा कि दृश्य बन्ध में शिथिलता तो नहीं है, वह अचेतन अथवा गतिहीन तो नही है। पात्र जो बोलते हैं, वह टेलीविजन की भाषा में रूपान्तरित हो रहा है अथवा नहीं। दृश्यों की तारतम्यता स्वाभाविक रूप से जुड़ी हुई है अथवा नहीं।

टेलीविजन में भी रेडियो की भांति ही वाणी, ध्वनियों और मौन का सार्थक प्रयोग किया जा सकता है परन्तु कैसे। अगर ऐसे प्रयोग के माध्यम से कही कथा-कहानी अथवा अन्य आलेख-दृश्यों में ज्यादा ऊर्जा प्रदान की जा सकती है तो लेखक को ऐसी दृश्यात्मकता उत्पन्न करने की कला का निक्षेप लेखन में करना उपयुक्त रहता है ताकि ओजस्वी दृश्य बन्ध की कल्पना की जा सके। वस्तुतः किसी भी आलेख के आधार पर निर्देशक तरह-तरह के दृश्यांकन की कल्पनाएँ करते हैं, उस स्थिति में अधिकतर वह लेखनीय दृश्य बन्ध अथवा सीक्वेंस (दृश्य-क्रम) में वाणी, ध्वनियों और मौन के प्रयोग से प्रभाव लाने के लिये उन्हें बदल देते हैं। कभी यह कार्य सम्पादन कक्ष में होता है, कभी दृश्यांकन (शूटिंग) के अवसर पर।

लेखन–दूरदर्शन विधा का जो उपयोग पत्रकारिता के क्षेत्र में किया गया है, वह एक बहुत बड़ा चमत्कार है। विश्व में किसी भी कोने में घटित होने वाली घटनाओं को आज हम सीधे रूप में उसी पल देख भी सकते हैं जब वह घटित होती है अथवा फिर उनके दृश्यांकन को बार-बार उनके जीवन्त रूप में देख सकते हैं। यह सबसे प्रभावशाली 'इलैक्ट्रोनिक जनमाध्यम' के रूप में आज प्रकट हुआ है, जिसने समस्त विश्व को एक ऐसे छोटे से ग्राम के रूप में बदल दिया है, जहाँ कोई भी व्यक्ति जल्दी ही किसी घटना को उसी प्रकार देख सकता है जैसे वह उसके पास ही घटित हो रही हो। ऐसी स्थिति हालांकि बड़ी अविश्वसनीय सी लगती है परन्तु विज्ञान ने उसे वास्तविक रूप दे दिया है। दूरदर्शन-पत्रकारिता के माध्यम से यह साध्य हो गया है कि वह प्रमाण सहित समस्याओं का प्रसारण कर सकती है।

वर्तमान युग में पत्रकारिता का अर्थ मात्र समाचारों का ज्ञान कराना अर्थात् किसी घटना की यथावत सूचना दे देने तक ही सीमित नही रहा है, वह सर्वागींण ज्ञान-प्रसार का मूर्तरूप बन चुकी है, वैचारिक उद्वेलन की कारक तथा ज्ञान की गहराइयों तक पहुँचाने के उसके प्रयत्नों ने व्यापक रूप ले लिया है। अतः जब हम विभिन्न ज्ञान-विज्ञान की सूचना देने वाले कार्यक्रमों को घटनाओं की सूचना देने के अतिरिक्त देखते है तो समझना चाहिये कि वह दूरदर्शन पत्रकारिता के ही रूप हैं। इसी तरह की बात समाचार-पत्रों और रेडियों के माध्यम से ज्ञान-विज्ञान वर्द्धक लेखों, रूपकों आदि को देखकर समझी जानी चाहिये। ज्यादातर सभी टी.वी. चैनल आज समाचार-प्रसारण कार्यक्रम प्रस्तुत करने लगे हैं। अतः दूरदर्शन के लिए पत्रकारिता लेखन पर भी विशेष रूप से दृष्टि डालनी उचित है।

प्रस्तुतिकरण–जैसा कि हमने दूरदर्शन-लेखन पर पहले लिखा है, वह सब तो टी.वी. के आलेखों में जरूरी है ही, परन्तु पत्रकारिता के दृष्टिकोण से किस तरह के लेखन की उपयुक्तता होती है, वह उससे कुछ भिन्न है। टी.वी. समाचार चैनलों ने समाचार लेखन तथा उसकी प्रस्तुतिकरण को नया आयाम प्रदान किया है। यह ध्यान देने की बात है कि दूरदर्शन के माध्यम से प्रेषित किये जाने वाले समाचारों में मात्र वाचक की ही भूमिका नहीं रहती, अपितु उन दृश्यों की भी होती है, जो हमें समाचारों के साथ दिखाये जाते हैं तथा दूरदर्शन-संवाददाताओं के माध्यम से हमें घटनाओं की यथास्थिति से भी परिचय कराया जाता है और घटनास्थलों के चित्र भी दिखाये जाते हैं। अतः दूरदर्शन के पत्रकार लेखकों को भी अविलम्ब दृश्यों तथा बिम्बों में सोचना पड़ता है। दूरदर्शन-समाचार सम्प्रेषण के दो मुख्य पक्ष है–

(1) सृजन पक्ष, जिसमें समाचार संयोजन तथा सम्पादन भी सम्मिलित हैं।

(2) वाचन के माध्यम से समाचार सम्प्रेषण।

(1) समाचार संयोजन, सृजन और सम्पादन–दूरदर्शन के लिये समाचार लेखन क्रियाओं को समाचार-पत्र और रेडियो के लिए लेखन का ऐसा परिष्कृततम रूप कह सकते हैं जो समाचार केन्द्रित भी हो, बिम्बधारक भी हो और दृश्य बिन्दुओं की पूर्णरूपेण सापेक्षिक भी हो। अर्थात् उसका दृश्यात्मक चरित्र पूरी प्रकार उभरकर सामने आता हो। इस कार्य में समाचार वाचन के साथ दिखाई जाने वाली सामग्री की समय सीमा और दृश्यों के सन्दर्भों का विशेष ध्यान रखा जाता है। कभी-कभी दृश्य अथवा चित्र उपलब्ध नही होते तो लेखन के माध्यम से ही समाचार में भाव-प्रवणता का समावेश करना पड़ता है। अतः दूरदर्शन लेखन में ध्यान रखने की मुख्य बातें निम्नलिखित हैं–

(i) **तारतम्यता**–समाचारों की विषय-वस्तु तथा दृश्य और चित्र-सामग्री के क्रम में तारतम्य और पूर्ण सापेक्षता अनिवार्य रूप से महत्वपूर्ण होता है। अतः लेखक को घटना इस तरह उल्लेखित करनी चाहिये, जिस तरह वह घटी हो तथा जिस तारतम्य में उसके चित्रों का प्रसारण किया जाना हो। किसी महत्वपूर्ण भाषण को ज्यों का त्यों दिखाना समाचार-प्रसारण में न तो उपयुक्त होता है तथा न दर्शकों के लिये रूचिपूर्ण। अतः उसके मुख्य अंश को बोलते हुए ही, अथवा फिर वाचक के माध्यम से कहलवाते हुए ही दिखाना उचित समझा जाता है। अतः ऐसे भाषण के अंशों को सम्पादित करना भी समाचार लेखक का काम है और अगर दृश्यों के साथ समाचार प्रकाश में लाना है तो उनके विवरण में तारतम्य होना जरूरी है।

(ii) **चित्रात्मकता**–दूरदर्शन-समाचारों में चित्रात्मकता होती है। दर्शकों को दूरदर्शन से यह अपेक्षा होती है कि वह समाचारों को चित्रों के माध्यम से प्रेषित करे। दूरदर्शन विधा में ध्वनि और दृश्य; दोनों ही विशेष आकर्षण की वस्तु होते हैं। यही कारण है कि जिन समाचारों को दृश्यात्मक बनाया जाता है, उनके उन अंशों को ज्यादा उजागर किया जाता है जिनमें दृश्यों अथवा चित्रों के प्रयोग का संयोजन किया गया होता है।

(iii) **संक्षिप्तता**–दूरदर्शन समाचार लेखन में भी रेडियो समाचार लेखन की प्रकार यथार्थ घटना का पूर्ण विवरण संक्षिप्ततम अभिलेखों में होना चाहिये। जिन चित्रों को दिखाया जा रहा है, वह अपने आप में दूरदर्शन की वाणी की प्रकार ही दर्शक स्वीकार करते हैं। अतः ऐसे दृश्यों के सम्बन्ध में क्या कहता है, यह अत्यन्त संक्षिप्त होना चाहिये।

(iv) **प्रमाणक ग्राह्यता**–दूरदर्शन से समाचार प्रेषण के साथ-साथ घटनास्थलों को दिखाना, घटना से प्रभावित लोगो, अथवा भाषण स्थलों से भाषणकर्ताओं को सीधे दृश्य प्रसारण आदि ऐसी क्रियाएँ हैं जिनका समावेश समाचार-लेखन में प्रसारण के प्रति ग्राह्यता तथा प्रामाणिक होने का विश्वास उत्पन्न करते हैं। अतः लेखन में इनके समावेश और वाचन-सामञ्जस्य करना दूरदर्शन पत्रकारिता की स्वयं की विशेषता है। यह विशेषता अधिकाधिक कुशलता से लाना समाचार लेखन को विशिष्टता प्रदान करती है।

(2) **समाचार-बुलेटिन की तैयारी तथा प्रसारण**–दूरदर्शन माध्यम से प्रसारित किये जाने वाले समाचार भी उनके कुशल सम्पादन की देन होते हैं। दूरदर्शन में समाचार-संकलन के मुख्य स्त्रोत हैं– रिपोर्ट्स, एजेन्सीज की फीड, एम. एस. आर. (बाहर की फीड), सैटेलाइट, डी. एल. एस आदि। समाचारों के साथ

प्राप्त चित्रात्मक सामग्री जैसे– फिल्म, वी.सी.आर. कवरेज आदि और अन्य सामग्री भी प्रसारण काल तक अपेक्षित रहती है।

समाचार सम्पादक का कार्य आरंभ होता है प्राप्त समाचारों की भीड़ में से प्रसारण योग्य समाचारों का चयन करने तथा उसके साथ दृश्यात्मक सामग्री को संयुक्त करने के लिये उसका सम्पादन करने से। इस तरह से चयन करते हुए वह हर समाचार में लगने वाले समय का भी निर्धारण करता है। समाचार-सम्पादक तथा समाचार-वाचक के अतिरिक्त एक महत्वपूर्ण व्यक्ति तथा सम्पादक-कक्ष से जुडा होता है, तथा वह है समाचार-प्रस्तुतकर्त्ता। यह व्यक्ति सम्पादक के परामर्श से चित्रों का सम्पादन करता है तथा क्रम से उन्हें अलग-अलग टे ों पर चिमपका देता है। यह कार्य समाचार-प्रसारण के लिये निर्धारित समाचार-क्रम के अनुरूप किया जाता है। इन टेपों के अनुरूप समाचार सम्पादक समाचारों का लेखन करता है। उनका सम्पादन भी करता है तथा उन पर संख्या क्रम लिखकर समाचार वाचक को सौंप देता है।

दूरदर्शन की समाचार-प्रसारण क्रिया में इलैक्ट्रोनिक स्लाइड प्रोजेक्टर और फिज्म चलाने का एक अन्य प्रोजेक्टर; जिससे फिल्म चलाई जाती है, भी होता है जिसे **टैलीसिने** कहते हैं। वर्तमान में टेलीसिने का प्रयोग बहुत कम हो गया है क्योंकि उसकी जगह वी.डी.ओ. टेप का प्रयोग किया जाता है।

समाचार सम्पादक के अन्य काम हैं–(1) समाचार के आलेख पर उससे सम्बन्धित चित्र सामग्री का प्रयोग समाचार में कहाँ करना होगा। (2) इन वी.सी. आर. को कहाँ होल्ड करना है तथा उसे पुनः कहाँ चालू करना है। समाचार वाचक जब दो व्यक्ति होते हैं तो जो समाचार जिस वाचक को दिये जाते हैं, उसका नाम समाचार के हर पृष्ठ पर सम्पादक के माध्यम से अंकित किया जाता है अतः जिस समाचार पर जिस वाचक का नाम अंकित करना है, वह उसी को वाचन के लिए दिया जाता है।

समाचार वाचक में निम्न विशेषताएँ होनी चाहिए–

(1) प्रसारणीय समाचार की भाषा का तो समाचार-वाचक को पूर्ण ज्ञान होना चाहिये और उसे अन्य प्रमुख भाषाओं की भी पूरी प्रकार से जानकारी होनी चाहिये, अगर उसमें कोई कमी है तो अन्य भाषा में प्रसारण सुनने से अपनी गलतियों में सुधार होता है।

(2) वाचक का उच्चारण स्पष्ट तथा दोष रहित होना चाहिये।

(3) वाचक की वाणी में सहज प्रवाह तथा लोच होनी चाहिये, ताकि वह समाचार का प्रभावशाली वाणी में प्रेषण कर सकें।

(4) वाचक के हृदय में आत्म-विश्वास होना चाहिये।

(5) त्वरित बुद्धि हो तो वाचक प्रसारण में त्रुटि होने पर उसे उसी पल सुधार लेता है।

(6) एक तथा विशेषता समाचार वाचन करने वाले में हेनी चाहिये। वह हैं– उसका प्रियदर्शी होना अर्थात् वह जितना वाणी से प्रभावशाली हो, उतना ही अपने स्वरूप से भी सुदर्शन होना चाहिये।

वीडियो पत्रकारिता

जब अमेरिका में टी. वी. की धूम मची थी, तभी वहाँ टी.वी. पत्रकारिता का भी जन्म हुआ। जल्दी ही इसके प्रति लोगों का आकर्षण इतना तीव्र हुआ कि इसमें नेयं-नयें प्रयोग होने लगे। इन्हें विभित्र आन्दोलनों के रूप में पहचाना गया। टी. वी. की शुरूआत अमेरिका में सन् 1940 ई. हो गई थी। साठ-सत्तर के दशक में वहाँ 'नई पत्रकारिता' नयू जर्नलिज्म' आन्दोलन का काफी जोर रहा। **न्यू जर्नलिज्म** के दृश्य श्रव्य संचार माध्यम से समाचार वाचक की भूमिका में परिवर्तन हुआ। वह कोरा समाचार वाचन करने वाला न रहकर एक टिप्पणीकार भी बना दिया गया। समाचार वाचक में तटस्थता और भावहीनता की नीरस भूमिका श्रोता तथा दर्शको को पसन्द नहीं आई। समाचारों के वाचक का प्रचलन कुछ इस तरह से आरम्भ हुआ कि वाचक को समाचार सम्प्रेक्षण करते हुए अपने मुखमण्डल पर कुछ भाव लाने भी जरूरी हुए। आवाज में उतार-चढ़ाव, अपने चेहरे तथा भंगिमा पर समाचारों की विषय-वस्तु के अनुकूल-प्रतिकूल प्रवाह लाने की कला 'न्यू जर्नलिज्म' में एक आधार तत्त्व के रूप में स्वीकृत हुई। इस प्रकार के समाचार वाचन का उद्देश्य यह था कि भाषा तथा पृष्ठभूमि में दिखाये जाने वाले दृश्यों से भी कुछ अतिरिक्त प्रभाव संप्रेषण में उत्पन्न हो। ऐसा प्रतीत हो कि जैसे वह श्रोता से बातचीत कर रहा हो। परन्तु जल्दी ही अमेरिका में 'न्यू जर्नलिज्म' पुराना कहकर समाप्त हो गया। दो दशक पहले वहाँ की पत्रकारिता ने इसे तिलांजलि दे दी। वहाँ इस दिशा में नई तकनीक तथा परम्पराएँ विकसित होने लगी। लेकिन यह-न्यूजर्नलिज्म भले ही अमेरिका ने कूड़ेदान के हवाले कर दिया था, भारत में इसका स्वागत **'विडियो पत्रकारिता'** के रूप में हुआ। भारत में विडियों पत्र-पत्रिकाओं हेतु यह बड़े काम की चीज साबित हुई। विडियों पत्रकारिता के रूप में इसने यहाँ प्रवेश पाकर वाचन क्रिया को कई रूपों में प्रकट करने की स्वतन्त्रता में नाटकीयता के रूप के दृष्टिकोण से भी और स्वयं को जनता के सामने प्रस्तुत करने में विडियों पत्रकारिता में बुद्धिजीवियों हेतु बहुत अवसर थे।

इंण्डिन बुक हाउस के वीडियों कैसेट पर एक पत्रिका 'मूवी वीडियो' के प्रकाशन से भारत में यह कार्य आरम्भ हुआ। हिन्दी वीडियो पत्रकारिता 'कालचक्र' प्रथम प्रयत्न के रूप में सामने आई। इसके सृजन से विनित नारायण ने हिन्दी वीडियों पत्रकारिता जगत में हलचल मचा दी है। गरवारे फिल्मस के माध्यम से भी 'लहरें' नामक कैसेट पत्रिका दर्शकों में लोकप्रिय हुई। प्रतिमाह हजारों कैसेट बाजार में आते है। फिल्मस वीडियो पत्रिकाओं की इस सफ़लता ने तथा भी लोगों को इसकी ओर आकर्षित किया। चेत्रई की 'गणभूमि विजन' ने रामायण, महाभारत, वेद-पुराणों से संबंधित 'गणभूमि विडियो पत्रिका' का प्रकाशन आरम्भ किया। आध्यात्मिक जगत में इसका हार्दिक स्वागत किया गया। इसी तरह 'अमर चित्रकथाओं को लेकर अनन्तयै ने आडियों कैसेट के क्षेत्र में पैर रखा है। वे 'टिंकल' 'जैसी बालपत्रिकाओं' के सम्पादक हैं। इस श्रृंखला का नाम है-'टिंकल टाइम विद अंकल'। इस कार्यक्रम को बच्चों हेतु समर्पित रखा जाता था। बच्चों के स्वास्थ मनोरंजन का ध्येय इसके प्रकाशन से जुड़ा हुआ है। इनके कैसेट भी तैयार किये जाते हैं।

समाचार-पत्र पत्रकारिता का मात्र पठनीय माध्यम है तथा आकाशवाणी मात्र श्रव्य लेकिन इन दोनों से ज्यादा रुचिकर माध्यम दूरदर्शन और बी. सी. आर. सिद्ध हुए हैं, क्योंकि वे श्रव्य तथा दृश्य भी हैं, साथ ही पठनीय भी। इन्हीं तीनों विशेषताओं के कैसेट बाजार को बहुत गर्म कर रखा है। क्षेत्रीय भाषाओं में भी कैसेट कार्यक्रम तैयार किये जा रहे हैं।

राजनीतिक रूप से कुछ घटनाएँ इतनी महत्त्वपूर्ण और रुचिकर होती हैं कि लोग उनके प्रति हमेशा आकर्षित रहते हैं। उन्हें वह लोक कथाओं के रूप में याद रखना चाहते है; जैसे-हिन्दुस्तान-पाकिस्तान का कारगिल युद्ध, पूर्व-पाकिस्तान पर भारत का आक्रमण तथा बंगला देश का प्रादुर्भाव, इन्दिरा गाँधी और राजीव गाँधी की हत्याए','बाबरी मस्जिद का विध्वंस, मेहम काण्ड मण्डल आयोग की सिफारिशों पर हुआ देश की राजनीतिक हवा में परिवर्तन आदि। इसी तरह की कई घटनाएँ होतीं है, जो कैसेट पत्रिकाओं के बाजार को काफी गरम किये रहती हैं।

टेड टर्नर **सी. एन. एन** के मालिक हैं। इन्होंने खाड़ी युद्ध का आँखों देखा हाल कैसेट में कैद किया था। दैनिक 'नवभारत टाइम्स' 27 फरवरी, 1992 के अंक में जब सन् 1991 की वीडियो पत्रकारिता की समीक्षा की गयी तो उन्हें 'पिछले साल का आदमी' कहकर महत्त्व दिया गया था।

यदि वीडियो पत्रकारिता पर ध्यान दिया जाय तो इसका भविष्य बहुत उज्ज्वल है। कुछ समय पहले इसकी चर्चा काफी रही, लेकिन अब वह चर्चा कम ही सुनी जाती है।

केबल

हमारे नित्य का जीवन विद्युत तथा दूरभाष के बीच सिमटा हुआ सा प्रतीत होता है। अधिकांश लोग विद्युत का प्रयोग करते है तथा अब तो विद्युत का जाल गाँव-गाँव तक फैलता जा रहा है। टेलीफोन अर्थात् दूरभाष के माध्यम से संसार से जुड़ जाने का क्रम भी बहुत तेजी पर है। यह दोनों ही आधुनिक समय में मनुष्य की जीवनचर्या में एक जरूरी स्थान ले चुके प्रतीत होते है। मनुष्य जीवन की इस जरूरत पूर्ति में अगर सबसे ज्यादा महत्त्व है तो उस तार का जो तंतुवाही अथवा प्लास्टिक आदि से ढँका रहता है तथा अपने भीतर विद्युत और समाचार-संदेश प्रवाही बनकर लोगों के घरों से जुड़ा होता है। बिजली कंपनियाँ केबल का उपयोग विद्युत प्लास्टिक से मढ़े हुए तार जो पहले इसी काम में आता था। दूरदर्शन के आविष्कार के बाद आपके हमारे टेलीविजन यन्त्रों को श्रव्य-दृश्यों तथा पाठ्य-दृश्यों का आनन्द प्रदान करने हेतु बड़े काम की वस्तु बन गया है। अगर आप दूरदर्शन के विभित्र प्रक्षेपण केन्द्रों से संबंध स्थापित रखना चाहते हैं, (जिसके बिना टी. वी. सैट रखने का कोई आनन्द नहीं) तो आपको तथा हमें केबल की शरण में जाना ही पड़ेगा। पहले समय में भारी-भारी केबल समुद्रों के बीच होकर दूर देशों तक समाचार-संदेश प्रवहन हेतु डाले जाते थे, घरों में लगे दूरभाषों को सक्रिय रखने हेतु केबल की भूमिका बड़ी महत्त्वपूर्ण थी। विद्युत प्रवाह हेतु तो इनका उपयोग प्रारम्भ से ही रहा है।

आधुनिक समय में सामान्य केबल इण्टरनेट से जोड़ दिया गया है। टी.वी. सेट से एक्सेल केबल को जोड़ने की विधि से यह कार्य किया जाता है। इसका उपयोग टेलीविजन सेटों अथवा नेटवर्क कार्ड के माध्यम से कम्प्यूटर में किया जाता है। आज मात्र के माध्यम से भारतवर्ष में स्थापित सभी देशों तथा विदेशी टी.वी. चैनलों का प्रसारण कार्य चल रहा है। सभी प्रमुख शहर केबलों से जुड़े हुए हैं। इन टी.वी. चैनलों पर ज्ञान-विज्ञान, खेल-कूद, व्यापार-उद्योग, सिनेमा, स्वास्थ्य, ज्योतिष, भजन-कीर्तन शिक्षा के कार्यक्रम प्रसारित किये जाते हैं। केबल संयुक्तीकरण ने इण्टरनेट के कार्यक्रमों की उपलब्धि भी सभी लोगों हेतु सम्भव कर दी है।

सभी भाषाओं में दूरदर्शन चैनलों के माध्यम से कार्यक्रम तैयार किये जाते हैं तथा उनका प्रसारण होता रहता है। चाहे रात हो अथवा दिन, प्रसारण निरन्तर

चलता रहता है। टी.वी. चैनलों पर होने वाले सभी कार्यक्रमों मे ज्यादातर मनोरंजन के लिए निर्मित कार्यक्रमों का प्रसारण अधिकाधिक होता है, परन्तु ज्ञानवर्द्धक कार्यक्रमों का भी अभाव नहीं होता, लेकिन बिना केबल माध्यम के इन्हें देख पाना संभव नहीं है। इस तरह हमारे मनोरंजन क्षेत्र से लेकर ज्ञान के क्षेत्र तक केबल बहुत महत्त्वपूर्ण हो गया है।

मल्टी-मीडिया

मीडिया का अर्थ है-संचारतन्त्र अर्थात् समाचार तथा सन्देश प्रसारण का तन्त्र। (Medium) अर्थात् माध्यम।Media इसी शब्द का बहुवचनीय रूप है। आरम्भ में समाचार अथवा सन्देश प्रसारण के माध्यम थे-दूरभाष (टेलीफोन), तार (टेलीग्राम), समाचार-पत्र, रेडियो (आकाशवाणी), टेलीविजन (दूरदर्शन), सिनेमा (चलचित्र)। अतः यह सभी संचारतंत्र चूँकि समाचार-संदेश के माध्यम थे, अंग्रेजी शब्द(Media) में रूपान्तरित हो गये। इसी क्रम में संचारतन्त्र ने इलेक्ट्रानिक तथा अन्तरिक्ष विज्ञान के युग में प्रवेश किया, जिन्होंने संचारतन्त्र को नये आयाम दिये, अतः इसके व्यापक तथा विराट परिवेश ने इसे नाम दे दिया-मल्टी मीडिया (Multi-Media) अर्थात् बहुव्यापक अथवा विराट संचारतन्त्र जिसने कम्पयूटर से जुड़कर अपने स्वरूप को वास्तव में ब्रह्मण्डीय रूप दे दिया था। अब पूरा संचारतन्त्र कम्प्यूटर से संबद्ध हो गया था-समाचार पत्रों से लेकर अन्तरिक्ष संचार प्रणाली तक। अतः सम्पूर्ण संचार व्यवस्था, संचार उपकरण, साधन और समाचार-सन्देशों के प्रस्तोता संस्थान; जैसे-भारत के पत्र सूचना संस्थान तथा कार्यालय (प्रेस ट्रस्ट आफ इण्डिया, यूनाइटेड न्यूज ऑफ इण्डिया, समाचार भारती, हिन्दुस्तान समाचार, केन्द्र और राज्य सरकार के सूचना कार्यालय और प्रकाशन विभाग आदि) और विदेशों के ऐसे ही संस्थान, मल्टी-मीडिया के ही अंग हो गये थें। इस तरह मल्टी-मीडिया के यह अंग बने–

(1) **इलेक्ट्रानिक मीडिया**–इसमें दूरदर्शन (Telivision), आकाशवाणी (Radio), दूरभाष (Telephone), तार (Telegraph), फैक्स (Fax), अन्तःजाल (Internet), स्पीकर (Speaker), केबल (Cable) आदि।

(2) **अन्य माध्यम**–इसमें समाचार-पत्र सूचना कार्यालय, प्रकाशन विभाग, डाक-प्रणाली, चलचित्र आदि आते हैं।

(3) **अन्तरिक्ष विज्ञान**–यह मल्टी-मीडिया का तीसरा अंग है। इसकी योजनाएँ भू-उपग्रहों की स्थापना से संबंधित हैं।

(4) **कम्प्यूटर**—कम्प्यूटर ही वह वैज्ञानिक उपकरण है, जिसने मीडिया को मल्टी-मीडिया बना दिया है। वर्तमान यूग में कम्प्यूटर ने जीवन के हर क्षेत्र की ओर हाथ पसार दिये हैं। इसके माध्यम से काम्बो डॉस, सी.डी.बी.डी., सी.डी. राइटर उपकरण संचालित होते हैं। ये इण्टरनेट से सम्बद्ध होकर सी.डी. प्लेयर, विण्डोमीडिया, प्लेयर माध्यमों से उपलब्ध समस्त सामग्री को विश्वव्यापी संचार क्रिया का पात्र बना देते हैं। ज्यादातर मानव जीवन से संबंधित सभी विषयों को विश्वव्यापी संचार क्रिया का पात्र बनाने का श्रेय कम्प्यूटर प्रणाली को ही जाता है।

मल्टी-मीडिया के उपकरण

मल्टी-मीडिया जिन उपकरणों के सहारे कार्य करती है, वह ये हैं—

(1) **ध्वनि संबंधी उपकरण**—इनमें आडियों फर्स्टमिक्स इण्टीग्रेड, डिजिटल आडियो आदि आते हैं।

(2) **एम. आई. डी. आई. डिवाइसें तथा उपकरण**—इनसे एम. आई. डी आई पर एम. पी. यू. 401 कम्पेटियाँ होती हैं।

(3) **मिक्सर डिवाइस**—इनमें मिक्सर साउण्ड मेक्स, इण्टीग्रेटेड डिजिटल आडियो होते है।

(4) **लाइनपुट डिवाइसेन**—इसमें एक्टिव मूवी एम. सी. आई. ड्राइवर-सी. डी., आडियो डिवाइस, एम. आई, सिक्वेन्सर डिवाइस, मोशन वीडियो डिवाइस, पायोनियर लेजर डिस्क डिवाइस, विस्का वी. सी. आर. डिवाइस, वेव वीडियो डिवाइस सम्मिलित है।

(5) **वीडियो काम्प्रेशन कोडेक्स**—इसमें सिनेपात्रक, डिप्डियों आर 3.1, आई. वी. व्ही. यू. 1.32, कम्प्रेशन ड्राइवर, वीडियोनेट, वीडियावेन, वीडियो कोडेक आते है।

(6) **आडियो कम्प्रेशन कोडेक्स**—इसमें लर्न आउट एण्ड होस्पाई कोडेक्स विण्डो मीडिया आडियो, सिप्रोलैव टेलीकॉम, ए.सी. ई. एल. पी. नेट, ट्रु स्पीच साफ्टवेयर इत्यादि आते हैं।

(7) **विडियो कैप्चर डिवाइसेज**—ये गेम पार्ट आपस्टिक अथवा विभिन्न खेलों से संबंधित हैं।

वर्तमान युग में मल्टी-मीडिया ने सांस्कृतिक तथा सामाजिक संक्रमण में बहुत बड़ी भूमिका का निर्वाह किया है। ज्ञान के क्षेत्रों का विकास विश्वव्यापी स्तर पर कर दिया है और मनोरंजन के संसार में क्रांतिकारी वातावरण की सृष्टि कर दी

है। अब हम किसी भी भाषा के चलचित्रों, दूरदर्शन कार्यक्रमों को किसी भी दूसरी भाषा में देख अथवा सुन सकते हैं। संसार की हर सूचना को इण्टरनेट से प्राप्त कर सकते हैं। दूर देशों में बैठे लोगों से गपशप कर सकते हैं।

पत्रकारिता के क्षेत्र ने तो इतना व्यापक रूप ले लिया है कि दूरदर्शन पर समाचार वाचक हमें सीधे समाचार क्षेत्र के दर्शन भी करा देता है। हमें घटनास्थल पर खड़े अपने संवाददाता से ही नहीं, वहाँ के अन्य लोगों की वैचारिकता से भी सीधे रूप में अवगत करा देता है। समाचारों की प्रामाणिकता पर कोई भी दर्शक अब स्वयं समाचारों के स्रोत का ज्ञान कर सकता है। हम संसार के किसी भी कोने में घटित होने वाली घटनाओं को अपनी आँखों से घटित होते हुए घर बैठे देख सकते हैं। कहने का आशय यह है कि मल्टी-मीडिया ने आधुनिक जीवन तथा संस्कृति को व्यापक रूप में प्रभावित किया है, क्योंकि इसकी गिरफ्त से न तो समाचार संवाहक क्षेत्र बचा है न मनोरंजन के लीला रूप तथा न ही ज्ञान संवर्द्धन के प्रयत्न।

जिस तरह से मल्टी-मीडिया का स्वरूप प्रखर हुआ, उस पर संक्षिप्त चर्चा करना उपयुक्त होगा।

समाचार-पत्र के चलन ने ज्यादातर जनजीवन को समाचारों से अवगत होने की मानवीय उत्सुकता तथा जिज्ञासा की तृप्ति की थी। साहित्यिक विधा को पत्र-पत्रिकाओं ने प्रमुखता दी, जिसमें मनोरंजन साहित्य भी सम्मिलित था और ज्ञानवर्द्धन तथा वैचारिक साहित्य भी। साहित्य की विधा में नये-नये रचना प्रयोग भी सामने आये। इन्हीं का पदार्पण रेडियो और बाद में दूरदर्शन के क्षेत्र में हुआ, परन्तु समाचार-पत्रों की उपयोगिता और उनके प्रति जन-प्रेम में कोई अन्तर नहीं आया। आज भी अगर लोगों के घर प्रातः काल में ही समाचार-पत्र नहीं पहुँचता तो वह उसके लिए छटपटाते हुए से देखे जा सकते हैं। सामान्य रूप में देखा जाय तो समाचार-पत्रों, रेडियो अथवा दूरदर्शन पर प्रकट किये जाने वाले सभी समाचारों को जान लेने का कोई प्रयोजन आम जनता का नहीं होता परन्तु उसकी रुचि फिर भी सभी तरह के समाचारों को जानने की होती है। इसी रुचि में समाचार पत्रों की ग्राहक फिर भी सभी तरह के समाचारों को जानने की होती है। और आम जनता की विचारधारा पर समाचारों के आक्रमण का भी भेद निहित है। इसके पश्चात् आती है समाचार पत्रों की मनोरंजक और ज्ञानवर्द्धक सामग्री। यह जनता को प्रभावित करने वाला संचार साधनों का दूसरा तंत्र है। मल्टी-मीडिया के रूप में स्वयं तो संचारतन्त्र के क्षेत्र में क्रांति की ही, सामान्य जनजीवन में भी ने इसके

बीच बाये। उसने रहन-सहन से लेकर सच के ढ़ंग को भी बदला। अतः क्रांति दोनो ही पक्षों में हुई। परिणाम यह हुआ कि संचार आधुनिक युग में एक पूर्ण व्यवसाय के रूप में जम सकने में सफल हुआ तथा पत्रकारिता, समाचार पत्रों की प्रथम सीढ़ी से चढ़ती हुई अन्तरिक्ष तक पहुँच गई और मल्टी-मीडिया स्वाभाविक रूप से घर-घर की सेवा में लग गई।

मल्टी-मीडिया का प्रबल रूप अन्तरिक्ष जनसंचार के रूप में प्रकट हुआ। अभी तक सूर्य के चारों ओर चक्कर लगाने वाले दो प्राकृतिक उपग्रह थे, लेकिन आधुनिक विज्ञान ने पृथ्वी की कक्षा में कक्षीय तथा भूस्थिर उपग्रह प्रक्षेपण करके संचार क्षेत्र को यह वरदान दे दिया। सन् 1956 ई. से वैज्ञानिकों ने यह कार्य करना आरम्भ किया। इन कृत्रिम उपग्रहों का कार्य होता है, पृथ्वी से उन तक भेजे गये संकेतों को धारण करना तथा तत्काल ही उन्हें परावर्तित कर देना। इन परावर्तित संकेतों का आवर्द्धन सभी दिशाओं में होता है, जिन्हें पृथ्वी पर स्थित कई केन्द्र धारण करके प्रसारित कर देते हैं। विषवत् रेखा के ऊपर एक नियत ऊँचाई पर स्थापित किये भूस्थिर नामक उपग्रह अन्तर्राष्ट्रीय संचार प्रणाली के आधुनिकतम आधार हैं।

इन उपग्रहों के माध्यम से समुद्र विज्ञान, मौसम विज्ञान, मत्स्य पालन, सूखा तथा बाढ़ की स्थिति, पेट्रोलियम उद्गमों एवं प्राकृतिक संसाधनों संबंधी सामाजिक सूचनाओं को प्राप्त करना सुलभ हो गया। पृथ्वी पर मौसम की सतत् जानकारी, रेडियो के क्षेत्रीय और राष्ट्रीय कार्यक्रमों का प्रसारण, पूरे देश में दूरदर्शन कार्यक्रमों का सीधा प्रसारण और दूर-संचार व्यवस्था को इन्होंने विकसित कर दिया। उपग्रह एपल के सहारे 13 अगस्त, 1981 को भारतीय दूरदर्शन के इतिहास में एक अनोखी घटना अवतरित हुई। इसी उपग्रह के माध्यम से दिल्ली, मुम्बई, चन्नई और तीन अन्य महानगरों में हजारों लोगों ने दूरदर्शन पर देखा कि प्रधानमंत्री इन्दिरा गाँधी दिल्ली दूरदर्शन के स्टूडियो से अहमदाबाद के स्पेस सेण्टर में इकट्ठे हुए वैज्ञानिकों से इस तरह वार्तालाप कर रही थीं, जैसे वह एक प्रत्यक्ष वार्तालाप हो।

उपग्रहों के माध्यम से प्रेषित सैकड़ों संवाद रात-दिन पृथ्वी की परिक्रमा कर रहे हैं। उन्हें टी. वी. तथा रेडियो के माध्यम से देखा तथा सुना जा सकता है। समाचार-जगत में चमत्कार हो रहा है।'इन्सेट 1-बी' के सहारे चेन्नई में आधी रात को तैयार समाचार पत्र 'द हिन्दू' गुड़गाँव (हरियाणा) से भी उसी समय प्रकाशित हो रहा है। दक्षिण भारत में समाचार-पत्र की पूरी तैयारी हो तथा हजारों मील दूर

उत्तर भारत से भी वह उसी समय प्रकाशित किया जा सके। यह चमत्कार अन्तरिक्ष में उपस्थित उपग्रह विज्ञान के कारण ही सम्भव हो सका है। इन्सटेण्ट डाक्यूमेण्ट ट्रान्समिशन (Instent Document Transmission) के माध्यम से पलक मारते ही लम्बे लेख तथा समाचार एक स्थान से दूसरे स्थान पर पहुँच जाते हैं। फोटो ट्रांसमीटर के माध्यम से एक देश में खेले जा रहे मैच के चित्र कुछ ही घंटों के बाद दूसरे देश के पत्रों में छप जाते हैं। एक ही समाचार-पत्र के कई संस्करण विभिन्न नगरों में एक साथ प्रकाशित हो रहे हैं। इलेक्ट्रानिक विधियों के माध्यम से विजुअल डिस्प्ले टर्मिनल पर मुद्रण, संघटन, प्रतिवाचन एवं पृष्ठ सज्जा का कार्य एक ही व्यक्ति के माध्यम से पूरा किया जा रहा है।

मल्टी-मीडिया ने संचार का स्वरूप ही बदल दिया है। यहाँ तक कि अब सन्देशों के अतिरिक्त समाचारों का अवलोकन मोबाइल दूरभाष पर भी देखा जा सकता है। इण्टरनेट के माध्यम से आप जहाँ से चाहें विश्व में अपना सम्पर्क साध रखते हैं। यह नियत है कि आगे आने वाला समय अथवा युग इण्टरनेट का होगा। यह अब तक के सर्वाधिक शक्तिशाली सूचना माध्यम के रूप में उभरा है। हम अगर चाहें तो इण्टरनेट पर समाचार-पत्रों में छपे ताजा समाचार पढ़ सकते हैं। इण्टरनेट के माध्यम से हम घर पर बैठे-बैठे ही खरीददारी कर सकते हैं। दूरदराज रहने वाले किसी व्यक्ति से विचार-विमर्श कर सकते हैं। किसी सेमिनार अथवा विवाद में भी भाग ले सकते हैं। खेल तथा सिनेमा देख सकते हैं। कोई व्यवसाय कर सकते हैं, बिना कागज के कार्यालय चला सकते हैं। वीडियो ई-मेल से विश्वभर में फैले अपने सम्बन्धियों से सम्पर्क स्थापित कर सकते हैं।

ई-मेल की प्रकार ही 'ई-कॉमर्स' भी लोकप्रिय हो रहा है। ऐसा लगता है कि निकट भविष्य में सारा कारोबार इलेक्ट्रानिक्स कॉमर्स के माध्यम से होने लगेगा।

इंटरनेट का सीधा-सादा अर्थ है अन्तर्जाल। जब हम आधुनिक जीवन में संचार प्रौद्योगिकी के साहसिक क्रियाकलापों के प्रवेश पर दृष्टि डालते हैं तो चकित रह जाना पड़ता है। अब वह समय नहीं रहा कि आप संसार के किसी भी कोने से अविलम्ब संबंध स्थापित न कर सकें। इंटरनेट कम्प्यूटरी अन्तर्जाल है जिसने समग्र संसार को एक सूत्र में बाँध दिया है। समाचार वाहक के रूप में इसने पत्रकारिता को ज्यादातर अपने आश्रित ही कर लिया है। इसके अतिरिक्त यह बहुत तेजी से मानवीय व्यवहार क्रिया के बीहड़ धरातल से लेकर ज्ञान के क्षितिज आयाम तक की सूक्ष्म कलाओं को अपने भीतर आत्मसात करता चला जा रहा है। आप इंटरनेट के माध्यम से संसार में होने वाली अथवा हो चुकी सब घटनाओं के सूक्ष्म

विवरण तुरन्त इंटरनेट पर प्राप्त कर सकते हैं। इंटरनेट के माध्यम से आप अपना संदेश क्षणमात्र में संसार भर में पहुँचा सकते हैं, आप अपने मन का मित्र प्राप्त कर सकते हैं, साहचर्य हेतु साथी की तलाश कर सकते हैं। संसार जगत भी इंटरनेट की हम अगर क्रान्ति कहें तो अत्युक्ति नहीं होगी। इंटरनेट का प्रारम्भ सबसे पहले अमेरिका में हुआ। नब्बे के दशक में इसने अपनी पहचान अमेरिका में बनाकर संसार की यात्रा आरम्भ की तथा पाँच वर्ष की यात्रा करके यह भारत पहुँचा। जहाँ भी पहुँचा, इसका पूरे विश्व में खूब स्वागत हुआ। इसमें कोई आश्चर्य की बात नहीं थी, न विस्मय की ही थी, परन्तु कुतूहल विशेष की बात अवश्य थी। यह क्या-क्या सेवाएँ प्रदान करता था, इसे जानने के लिये बड़ी उत्सुकता भी थी।

भारत में 15 अगस्त, सन् 1995 ई. को इंटरनेट सेवाएँ विदेश संचार निगम लिमिटेड ने आरम्भ कीं। उस समय इसके मात्र सात सौ तीन ग्राहक थे। जब भारत में यह सेवा आरम्भ की गई थी, मात्र चौसठ लाइनें और एक इंटरनेट बिन्दुओं से काम चलाया जा रहा था। वर्तमान समय में विदेश संचार निगम लिमिटेड के पास बारह हजार लाइनें हैं तथा लगभग एक लाख पच्चीस हजार ग्राहक हैं, जिन्हें चालीस बिन्दुओं के माध्यम से जोड़ा गया है। उपभोक्ताओं की संख्या छः लाख है। एक औसत वेब पृष्ठ पर लगभग पाँच शब्द होते हैं। इस समय भारत की इंटरनेट सेवा के पास पाँच करोड़ वेब क्षमता है। जब यह आंकड़े लिये गये थे, तब से अब तक आँकड़ों की संख्या में कितनी वृद्धि हो चुकी है, इसकी सही-सही जानकारी अगर हम करना चाहें तब भी नहीं कर सकते, क्योंकि जानकारी प्राप्त करते-करते आँकड़ों में तेजी से वृद्धि हो जाती है। इंटरनेट उपभोक्ताओं की संख्या दिन-प्रतिदिन क्या प्रति मिनट बढ़ती चली जा रही है।

सूचना सम्प्रेषण—इंटरनेट प्रविधि का जन्म एक विचित्र संयोग के माध्यम से ही हुआ, क्योंकि इसका उद्देश्य व्यापक-संचार-प्रणाली का संगठन करना नहीं था। इसको सूचना सम्प्रेषण हेतु, अमेरिकी रक्षा विभाग की एक अनुसंधान ऐजेंसी ने चार कम्प्यूटरों को जोड़कर आरंभ किया था, जिसका कार्य सैनिकीय कार्य-व्यवहार में प्रयोग किया गया। चार कम्प्यूटरों के इस छोटे से नेटवर्क में तीन कम्प्यूटर कैलिफोर्निया में तथा एक यूदा में। बाद में इस नैटवर्क में सैंतीस कम्प्यूटर तथा सम्मिलित किये गये। इस प्रणाली के आविष्कार के समय तक इसकी भविष्यगत जाल-विस्तार-संभावना की लोग कल्पना नहीं करते थे, लेकिन यह प्रणाली सन् 1990 तक अमेरिका में ही अपने वर्तमान रूप में आ गई। एक अनुमान के अनुरूप सन् 2000 ई. तक अमेरिका की आधी आबादी इंटरनेट के जाल में आ चुकी थी।

यह तो इस विवरण से समझ ही लिया होगा कि इंटरनेट एक से ज्यादा कम्प्यूटरों को आपस में जोड़ देने से निर्मित होता है। अतः इंटरनेट ऐसे कई नेटवर्कों को परस्पर जोड़ने वाला नेटवर्क है।

इस समय पूरे विश्व में लगभग दस लाख वेबसाइट विद्यमान हैं। हर वेबसाइट अपने आप में एक वेबसाइट है। समस्त वेबसेट किसी न किसी माध्यम से परस्पर संबंद्ध है। परिस्थिति अब यह है कि इंटरनेट को भंग नहीं किया जा सकता उसे बढ़ाया तो जा सकता है। इसकी तुलना टैलीविजन से कर सकते हैं, क्योंकि टैलीविजन पर जिस तरह रोक लगाना सम्भव दिखाई नहीं देता, उसी तरह नैटवर्क को भी भंग कर पाना अब मुमकिन नहीं है।

सूचना-सागर—इंटरनेट नैटवर्क इस ब्रह्माण्ड के जितने विषय मनुष्य की जानकारी में हैं, उतने ही इंटरनेट के गर्भ में भी समाये हुए हैं। वे समस्त सांसारिक जानकारी का सबसे बड़ा भण्डार है। समाचार-पत्र, टी.वी. अथवा आकाशवाणी भी समाचार प्रेषक होते हैं, परन्तु इंटरनेट के सामने यह कुछ नहीं हैं। इंटरनेट आप अगर जानकारी करना चाहे तो हर विषय पर पूरी की पूरी माध्यम इंटरनेट से पहले कोई नहीं था, लेकिन इंटरनेट के आने के बाद अब लोग इन माध्यमों से जानकारी में आये समाचारों को पहले ही सब समाचार जान लेते हैं। दूसरी बात यह है कि समाचार-पत्र आदि की सूचनाएँ संपादक के माध्यम से अपने अनुसार छाँटकर और अखबार की नीतियों को ध्यान में रखकर दी जाती हैं। समाचारों की व्याख्या संपादन विभाग के अपने दृष्टिकोणों से प्रभावित रहती है, जो ज्यादातर पाठकों पर एक विषय होते हैं, समाचार-पत्रों के माध्यम से जिनकी जानकारी प्राप्त होती है, वह ज्यादातर अधूरी होती है, लेकिन इंटरनेट पर वह अपने पूर्णरूप में प्राप्त रहती है।

इंटरनेट पर सूचनाओं का प्रवाह निरन्तर चलता रहता है। इस कारण यह सबसे बड़ी सुविधा होती है कि जानकारी प्राप्त करने के लिंये समाचार-पत्रों के प्रकाशन की नियमित कालावधि के आधीन नहीं रहना पड़ता। इंटरनेट पर जो भी सूचना प्राप्त होती है, उसका स्रोत कोई न कोई कम्प्यूटर होता है, जो उससे जुड़ा रहता है। इसे 'सर्वर' कहा जाता है। 'सर्वर क्लाइण्ट' एक कम्प्यूटर प्रोग्राम होता है, जो मांगी गई सूचनाओं का संकलन करता है। क्लाण्इट को यह ज्ञात होता है कि किसी सर्वर पर उपलब्ध सूचनाओं को किस तरह प्राप्त किया जाय।

पत्रकारों के लिये किसी भी अधूरी सूचना का पूरा रूप जान लेना इंटरनेट पर सरल हो गया है। इंटरनेट के माध्यम से अनेकानेक घटनाएँ विभिन्न स्रोतों से प्राप्त होती हैं। समाचारों के इंटरनेटीय प्रवाह-क्रम पर पत्रकार ही नहीं बैठे होते,

वह उनके अखबारों के अनेकों पाठकों को उनसे भी ज्यादा ज्ञान उपलब्धि का साधन बना रहता है, जो बहुत से विषयों से संबंधित होता है। इस कारण पत्रकारों को सावधान भी रहना पड़ता है, अतः अब वह समाचार संपादक की टेबिल पर उपलब्ध कराने के रूप में बहुत ध्यान देने को बाध्य होते हैं। इसका एक परिणाम इस रूप में भी सामने आया है कि समाचार-पत्रों को स्वयं में पाठकों की रुचि जागृत करते रहने के लिये विशेष प्रयास करते रहने के लिये समाचारों के प्रस्तुतीकरण में नई-नई शैलियाँ अपनाने को विवश होना पड़ा है।

डाटा बैंक—कम्प्यूटर हमें वही जानकारी देने में सक्षम होता है, जो उसमें भरी जाती है। लेकिन इंटरनेट पर हमें वह सामग्री भी प्राप्त होती है जो किसी बात के विशद रूप से संबंधित होती है। यह 'डाटा बैंक' की महिमा है। विश्वभर के लोग उसे नवीनतम जानकारी उपलब्ध कराते रहते हैं। यह जानकारी इंटरनेट के माध्यम से कोई भी प्राप्त करने में सक्षम होता है।

सूचना संप्रेषण—इंटरनेट पर सूचनाएँ छोटे-छोटे भागों में विभक्त होकर संप्रेषित होती रहती है। सर्वर सूचना को नियत आकार देता है तथा क्लाइण्ट के पास पहुँचाता है। क्लाइण्ट के कम्प्यूटर पर जब सूचना के कई टुकड़े पहुँच जाते हैं तो वह इन्हें एक-एक करके प्रस्तुत करने के कार्य को पूरा कर लेता है। सर्वर का कार्य है विभिन्न स्थानों से मिली सूचनाओं को उसके पते पर पहुँचाने की व्यवस्था करना। टुकड़ों को जोड़ने की प्रक्रिया ट्रान्समीशन कण्ट्रोल प्रोटोकोल के नियमों के तहत की जाती है। यह कार्य 'ई-मेल' के माध्यम से होता है। इसके माध यम से संदेश एक कम्प्यूटर से दूसरे कम्प्यूटर में हस्तान्तरित किये जाते हैं। इस तरह कम्प्यूटर धारक अपने कम्प्यूटर पर सूचनाएँ उपलब्ध कर लेते हैं।

सर्वाधिक शक्तिशाली सूचना माध्यम—अब तक के सभी सूचना माध्यमों से इंटरनेट सूचना माध्यम सर्वाधिक शक्तिशाली रूप में सामने आया है। यह पत्रकारिता के क्षेत्र में सर्वाधिक उपयोगी सिद्ध हुआ है। इसे विचारों की स्वतन्त्र अभिव्यक्ति का इकलौता माध्यम कहा जा सकता है। रेडियों और इंटरनेट बहुमुखी प्रयोगो का माध्यम बन गया है, जैसे—

(1) अगर कोई चाहे तो इंटरनेट पर समाचार-पत्रों में छपे समाचार पढ़ सकता है। अब समाचार-पत्रों और संवाद-समितियों के अपने-अपने वेबसाइट बनने आरम्भ हो गये हैं। ऐसी संभावनाएँ उत्पन्न हो गई हैं कि शायद समाचार-पत्रों को घर तक पहुँचाने वाले हॉकरों का कार्य ही न कहीं समाप्त हो जाय। लेकिन ऐसा शायद नहीं होगा, क्योंकि पाठक मात्र समाचार ही नहीं पढ़ना

चाहता वह तत्कालीन समाचारों की व्याख्याओं को उनकी अपनी मानसिक व्याख्या से संबंद्ध करने एवं पढ़ने में ज्यादा रुचि लेता है।

(2) कोई भी इंटरनेट के माध्यम से घर बैठे ही खरीददारी कर सकता है। उसे बाजार जाने का कष्ट करने की जरूरत ही नहीं होगी।

(3) दूर-दराज स्थानों पर रहने वाले अपने बन्धु-बान्धवों, मित्रों अथवा परिचितों-अपरिचितों से विचार-विमर्श तथा गप-शप कर सकता है। वह किसी सेमिनार अथवा वाद-विवाद में भाग ले सकता है। कोई व्यवसाय कर सकता है, बिना कागज के कार्यालय चला जा सकता है।

(4) ईमेल से बधाई कार्ड भेजे जा सकते हैं।

(5) संवाददाता घटनाओं की रिपोर्ट के साथ उससे संबंधित चित्र भी संपादक को प्रस्तुत कर सकते हैं।

(6) बैंकों के लेन-देन में बैंकों में जाना भी जरूरी नहीं होगा, अब बैंकों से घर बैठे लेन-देन कर सकते हैं।

व्यापार—अनेक बड़े-बड़े देशों के सरकारी प्रतिष्ठानों, निजी संस्थानों, बैंकों आदि की निजी वेबसाइट स्थापित हो गई है तथा अब ई-मेल की प्रकार ई-कामर्स भी लोकप्रिय हो रहा है। ई-कामर्स के विषय में ज्यादा जानकारी www.internet news.com/cc.news कमाण्ड का प्रयोग करके इलेक्ट्रॉनिक्स कामर्स से संबंधित सभी सूचनाएँ प्राप्त की जा सकती हैं। ई-कामर्स में उन सब सूचनाओं का भण्डार होता है जो सौदे को अन्तिम रूप देने के लिये जरूरी होती हैं।

बैंकों में अब एटीएम पद्धति के माध्यम से पैसा निकालने की सुविधा प्राप्त होने लगी है। भारत में भी कई बैंकों ने इसे आरम्भ कर दिया है। इसमें अब तक क्रेडिट अथवा डेबिट कार्ड का उपयोग करना होता है, लेकिन अब जल्दी ही ऐसी प्रक्रिया का विकास हो रहा है, जिसके के माध्यम से बैंकों से पैसा प्राप्त कराने के लिये ग्राहकों के शरीर तथा अंगों के आधार पर पासवर्ड बनाये जाएँगे तथा आँखों के रंग या उंगलियों के निशानों से ही मशीनें अपने खातेदारों को पहचान कर भुगतान करने लगेंगी।

इंटरनेट ने टी.वी. को पीछे धकेलने की भूमिका बना दी है, लेकिन इंटरनेट के साथ उसका उपयोग करने वालों के साथ उसके शिक्षित होने का संबंध जुड़ा हुआ है, क्योंकि यह उपकरण अथवा पद्धति मुख्य रूप से ज्ञान का प्रसार करने वाली है, मनोरंजन अथवा अन्य तरह के इसके उपयोग बाद में आते हैं, लेकिन मनोरंजन भी एक मुख्य कारण है, जो इसकी ओर विशेष रूप से युवकों को

आकर्षित करता है तथा उन्हें तरह-तरह के सपने भी दिखाने लगता है। टी.वी. कम्पनियाँ शायद इसी प्रयत्न में लगी हुई हैं कि टी.वी. सेट को ही व्यक्तिगत कम्प्यूटर के रूप में विकसित कर दिया जाय। व्यक्तिगत (पर्सनल) वीडियो रिकार्डर के माध्यम से यह कार्य किया जा रहा है। यह उपकरण टी.वी. को इण्टरएक्टिव टी.वी. में बदल देता है। इस तरह टी.वी. में कई संभावनाओं की खोज की जा रही है। इस तरह से इंटरनेट को घर-घर पहुँचाना सरल है। पत्रकारिता जगत में इसी कारण इंटरनेट का स्वागत जोरों से किया गया है।

मानव-जीवन के अत्यन्त व्यक्तिगत परिवेश में भी इंटरनेट ने प्रवेश कर लिया है। यहाँ तक कि वर-वधू ढूँढ़ने के काम के साथ विवाहादि समारोह की तैयारियों में भी इंटरनेट एक साधन बन चुका है। समाचार-पत्रों को यह भय सताने लगा है कि कहीं उनको क्लासीफाइड विज्ञापनों की आय से हाथ न धोना पड़े। लेकिन भारत जैसे देश में अभी समाचार-पत्रों को इसकी घोर चिन्ता करने की जरूरत नहीं है। ऐसे समय आने की भी संभावना है कि लोग शायद पत्र लिखना छोड़ दें तथा फैक्स से ही काम चलाने लगे। अब फैक्स का स्थान इंटरनेट ने ले लिया है। अभी भारत में इंटरनेट फोन पर वार्तालाप करने को कानूनी मान्यता नहीं मिली है क्योंकि इससे राजस्व में भारी गिरावट आने की संभावना है, लेकिन आशा यह है कि इस संबध में कानूनी मान्यता शायद जल्दी ही मिल जाय।

9

हिन्दी पत्रकारिता एवं इन्टरनेट

यन्त्रों की दुनिया ने तीव्रता से संसार के स्वरूप को बदला है। इन्टरनेट मनुष्य के सबसे महत्वपूर्ण तथा पेचीदा आविष्कारों में से प्रमुख है। यह मनुष्य के माध्यम से निर्मित एक ऐसा जादुई आविष्कारहै जिसकी तुजना जिलस्मी कहानियों के जादू की छड़ी से की जा सकती है, छड़ी घुमाया मनचाही वस्तु हाजिर। वैसे ही आज किसी प्रश्न का जवाब चाहिए, किसी समस्या का समाधान चाहिए तो बस कम्प्यूटर का बटन दबाइये आपके प्रश्न का उत्तर मिल जाएगा। इन्टरनेट सूचना प्रौद्योगिकी के क्षेत्र में आता है। लेकिन इसका प्रयोग करने हेतु किसी कम्प्यूटर विशेषज्ञ की मदद नहीं लेनी पड़ती। यह विश्वव्यापी कम्प्यूटर नेटवर्क है, जहाँ विभिन्न क्षेत्रों से सम्बन्धित विशद जानकारी इकट्ठी की गई है तथा जिसे कम्प्यूटर पर उपलब्ध कराया जाता है। इन्टरनेट का कनेक्शन रखने वाला व्यक्ति किसी भी विषय पर जल्दी ही जानकारी प्राप्त कर सकता है, उस क्षेत्र से सम्बद्ध विशेषज्ञ का पता लगा सकता है। विश्व स्तर पर उसके साथ पत्र व्यवहार भी कर सकता है तथा अपने सवालों का जल्दी ही उत्तर प्राप्त कर सकता है।

वर्तमान समय में इन्टरनेट हमारे जीवन का अभिन्न हिस्सा बनता जा रहा है। इसका उपयोग शिक्षा, व्यापार, सूचनाओं का आदान प्रदान, चिकित्सा, सामाजिक

सम्बन्ध स्थापित करनें जैसे कई कार्यों में किया जा रहा है। इन्टरनेट सेवा के प्रसार से कोई भी व्यक्ति घर बैठे इन्टरनेट पर अखबार, किताबें, पत्रिका इत्यादि पढ़ सकता है, दूर देश के व्यक्ति का पत्र सेकेण्ड़ों में प्राप्त कर सकता है व तरह-तरह से मनोरंजन आदि भी कर सकता है।

हकीकत में इन्टरनेट मनुष्यों का सबसे बड़ा समूह है तथा इसका बुनियादी नियम है कि इस समूह का कोई भी इंचार्ज अथवा प्रभारी नहीं है। इससे स्पष्ट है कि इस प्रणाली में कोई सेन्सरशिप नहीं है, यह स्वतन्त्र है। सूचनाओं के मुक्त प्रवाह तथा ज्ञान में हिस्सेदारी के कारण इसकी लोकप्रियता दिन-प्रतिदिन तीव्रता से बढ़ती जा रही है।

कम्प्यूटर नेटवर्क

कम्प्यूटर नेटवर्क के विषय में यह प्रश्न उठता है कि आखिर कम्प्यूटर नेटवर्क होता क्या है? कम्प्यूटर नेटवर्क कम्प्यूटरों का एक ऐसा समूह है जो आपस में इस तरह जुड़े रहते हैं कि वह उक-दूसर को सूचनाओं का आदान-प्रदान कर सकते हैं। ये कम्प्यूटर तार, लाइन, टेलीफोन, फाइबर आप्टिक केबल, सेटेलाइट प्रसारण अथवा रेड़ियो सम्पर्क के माध्यम से जुड़े होते हैं। नेटवर्क को सामान्यता इस तरह स्थापित किया जाता है जिसमें सामान लक्ष्य रखने वाले समूह या संगठन कम्प्यूटरों के माध्यम से सूचनाओं का आदान-प्रदान कर सकते हैं, एक-दूसरे को कम्प्यूटर और आँकड़ा प्रणाली का उपयोग कर सकते हैं। हर कम्प्यूटर नेटवर्क में एक मेजबान अथवा होस्ट कम्प्यूटर होता है जिसे सर्वर (सेवक) के नाम से सम्बोधित किया जाता है। नेटवर्क पर नियन्त्रण रखने का दायित्व इन्हीं सर्वरों पर होता है। कम्प्यूटर नेटवर्क हेतु कम्प्यूटर एक ही स्थान पर पास-पास रखे जा सकते हैं एक ही भवन के अलग-अलग कमरों में रखे जा सकते हैं अथवा फिर विश्व भर में भिन्न-भिन्न स्थानों पर रखे जा सकते हैं। कहने का तात्पर्य है कि नेटवर्क छोटे से छोटा तथा बड़े से बड़ा हो सकता है। छोटे से छोटे नेटवर्क के अन्तगर्त एक आफिस में टेलीफोन लाइनों के माध्यम से जुड़े मात्र दो कम्प्यूटर भी हो सकते हैं, इसके विपरीत सम्पूर्ण विश्व में फैले जाखों, करोड़ों, कम्प्यूटरों टेलीफोन लाइनों, आप्टिक केबल, सेटेलाइट प्रसारण फाइबर, अथवा रेड़ियो सम्पर्क के माध्यम से जुड़े हो सकते हैं।

कम्प्यूटर नेटवर्क के अन्तग्रर्त अगर एक ही भवन में छोटे से क्षेत्र में रखे गये कम्प्यूटर सम्मिलित होते हैं तो इन्हें 'स्थानीय नेटवर्क' कहा जाता है, यदि कम्प्यूटर

का प्रसार बड़े क्षेत्र में होता है तो उन्हें विशद क्षेत्र नेटवर्क (W.A.N.) कहते हैं। स्थानीय नेटवर्क ऐसे कार्यालयों में स्थापित किये जाते हैं जिसके कई विभाग होते हैं व सभी विभागों के कम्प्यूटर एक दूसरे से जुड़े रहते हैं। इसमें हर विभाग अन्य विभागों के कम्प्यूटरों में सूचनाओं को तत्काल प्राप्त कर सकता है। विशद क्षेत्र नेटवर्क (W.A.N.) के अन्तगर्त अलग-अलग शहरों, देशों अथवा महाद्वीपों में कम्प्यूटर गले रहते हैं। उदाहरण के तौर पर हमारे देश के कई विश्वविद्यालयों में कम्प्यूटर नेटवर्क उपलब्ध है। जिसके माध्यम से विद्यालयों को उन सभी विश्वविद्यालयों के पुस्तकालयों में उपलब्ध पुस्तकों, पत्र-पत्रिकाओं और अन्य सुविधाओं से सम्बन्धित जानकारी प्राप्त करने में मदद मिलती है। इन सुविधाओं का फायदा तभी उठाया जा सकता है जब पुस्तकालय का कैटलॉग कम्प्यूटरीकृत हों।

कम्प्यूटर नेटवर्क से फायदा

आज के आधुनिक युग में मनुश्य के जीवन में कम्प्यूटर की महता तीव्रता से बढ़ रही है। आज का समाज जिस तेजी के साथ प्रगति के पथ पर अग्रसर है उसमें कम्प्यूटरों को अपना विशेष महत्व है। कम्प्यूटर नेटवर्क का आज विकित्सा, खिक्षा, अनुसंधान, कृषि, मनोरंजन, व्यापार आदि हेतु उपयोग होने लगा है। कम्प्यूटर नेटवर्क से निम्नांकित फायदा हैं–

1. संचार (इलैक्ट्रानिक मेल)
2. आँकड़ों का (एक कम्प्यूटर में एकत्र किए गये) का आदान-प्रदान।
3. संसाधनों (बाहरी संसाधनों तैसे प्रिन्टर तक पहुँच) का आदान-प्रदान किया जा सकता है।

साफ्टवेयर की सहायता से नेटवर्क से जुड़े कम्प्यूटरों के बीच इलेक्ट्रानिक माध्यम से आँकड़ों का संचार जल्दी ही किया जा सकता है। इस तरह के संचार को 'ई मेल' (इलेक्ट्रानिक मेल) कहा जाता है। 'ई मेल' के माध्यम से लम्बी दूरी तक जल्दी संचार संभव हो गसा है। उदाहरण स्वरूपप हमारे देश में रेलवे विभाग काफी हद तक कम्प्यूटराइल्ड हो गया है। एक रेलवे स्टेशन का आरक्षण विभाग दूसरे से कम्प्यूटरों के माध्यम से जुड़े हुए हैं। इस तरह जिन-जिन रेलवे स्टेशनों को कम्प्यूटराइज्ड़ कर दिया गया है सभी आपस में जुड़े हुए हैं। दूसरा उदाहरण है- किसी पुस्तकालय में कैटलॉग (पुस्तकों की सूची) जैसे आँकड़े आदि नेटवर्क से सम्बद्ध सभी उपभोक्ताओं को उनके कम्प्यूटर पर मौजूद कराया ला सकता है। यदि पुस्तकालयाध्यक्ष नेटवर्क पर आँकड़ों में कोई संशोधित करता है तो वह जल्दी

सभी उपभोक्ताओं तक पहुँच जाता है। संसाधनों में हिस्सेदारी से आशय है नेटवर्क से जुड़े सभी कम्प्यूटर, प्रिन्टर, हार्डडिस्क ड्राइवर तथा साफ्टवेयर इत्यादि का आपस में प्रयोग किया जा सकता है।

इन्टरनेट

प्रश्न यह उठता है कि प्रगति की गति देती इन्टरनेट सेवा क्या है? इन्टरनेट का अर्थ है- 'इन्टरनेट वर्क' यानी आन्तरिक संजाल। इन्टरनेट वर्क सिस्टम का संक्षिप्त नाम इन्टरनेट है। यहाँ भिन्न-भिन्न तरह की कई नेटवर्क प्रणालियाँ (जो लगभग 40 हजार से ज्यादा हैं) उपलब्ध है जिसका भरपूर फायदा इन्टरनेट के माध यम से आसानी से उठाया जा सकता है। यह एक ऐसी प्रौद्योगिकी है जिसमें करोड़ों कम्प्यूटर एक नेटवर्क से जड़े हुए है। यह डिजिटल स्त्रोत तथा रिसीवर को जोड़ने की प्रक्रिया है। यह सामान्य तरीके पर कम्प्यूटरों के विश्वव्यापी नेटवर्क के रूप में पारिभाषित कर सकते हैं, जो एक प्रोटोकोल (सूचना के आदान-प्रदान सम्बन्धी नियम) के आधार पर संचार करते हैं। इसके माध्यम से सबसे ज्यादा विभिन्न स्त्रोतों से सूचनाओं तक पहुँचा जाता है, जिसमें व्यक्तियों तथा विश्व भर के संगठनों का योगदान होता है, इसे नेटवर्क ऑफ सर्वर्स (सेवकों का नेटवकी) कहा जाता है।

इन्टरनेट का एक 'वर्ल्ड वाइड वेब' (W.W.W.) है जिसका लघु नाम 'वेब' है। जो विभिन्न संगठनों, औद्योगिक इकाईयों, वाणिज्यिक प्रतिष्ठानों, शैक्षिक प्रतिष्ठानों आम व विशेष हितों से सम्बद्ध समूहों अथवा निजी व्यक्तियों के माध यम से बनाए गये हजारों सर्वसो को आपस में जोड़ता है। सर्वर्स पर भरे गये 'वेब' पृष्ठों (पेजिज) में अनेकों तरह की जानकारी मौजूद होती है उदाहरणार्थ- पाठ सामग्री (प्लेन टेक्स्ट), तस्वीर एनिमेशन, मल्टीमीडिया इत्यादि। इसे प्राप्त करने हेतु सामान्य शुल्क देना पड़ता है। कभी-कभी बिना शुल्क भुजान किए ही जानकारी उगलब्ध हो जाती है। 'वेब' पृष्ठों से 'ई मेल' कांफ्रेसिंग, इलेक्ट्रानिक पब्लिकेशन्स जैसी सेवाएँ और अन्य व्यावसायिक सुविधाएँ भी मौजूद होती हैं। इन्टरनेट पाठ सामग्री (टेक्स्ट) या सूचना को विश्व भर में एक स्थान से दूसरे स्थान पर पहुँचाने का एक नवीन माध्यम है जो तीव्रता के साथ कम खर्च में सुगमतापुर्वक संचार करता है। यह स्वयं अन्तरक्रिया नहीं करता लेकिन उपभोक्ता कम्प्यूटरों के माध्यम से इस पर नियंत्रण रखते हैं, जो उन्हें नेटवर्क पर सूचना भेजने और प्राप्त करने में सहायता पहुँचाते हैं।

नेट के तहत सूचना इंटरपीडिएट नोड्स के माध्यम से स्त्रोत से उद्देश्य तक पहुँचती है। ये नोड्स सूचना को सही उद्देश्य तक पहुँचाने में पर्याप्त सक्षम होती हैं। स्त्रोत तथा लक्ष्य स्थलों के बीच सूचना पैकेट विभिन्न मार्गों से होकर गुजरते हैं। किसी भी जानकारी को लक्ष्य तक पहुँचाते समय इन्टरनेट आधारित सभी प्रणालियों को नियमों तथा प्रक्रियाओं के एक समान समूह का पालन करना पड़ता है जिन्हें प्रोटोकोल कहा जाता है। इन नियमों तथा प्रक्रियाओं को ट्रॉंमिशन कन्ट्रोल प्रोटोकॉल तथा इन्टरनेट प्रोटोकोल मैकनिज्म के रूप में जाना जाता है।

इन्टरनेट का इतिहास

इन्टरनेट के इतिहास के विषय में कहा जाता है कि नार्थ अमेरिका में सन् 1969 में जब सरकार और खिक्षण संस्थाएँ, समस्याओं के समाधान हेतु कम्प्यूटर का उपयोग सीख रही थीं, उस समय उन्होनें साधारण 'वर्ड प्रोसेसर' पर इपनी उपलब्धियों को लिखित रूप में कम्प्यूटर पर संगृहीत किया लेकिन उस समय कोई ऐसी आधुनिक लाइब्रेरी नहीं थी वहाँ व्यक्ति यह पता कर सके कि दूसरे लोगों ने क्या लिखा है जिसमें वे अपनी खोज को भी जोड़ सकें। इसी बात को ध्यान में रखकर 'डिफेंस एडवांस्ड रिसर्च प्रोजेक्ट एजेंसी' के एक कर्मचारी के मस्तिष्क में यह बात आई कि यदि कई कम्प्यूटरों को टेलीफोन लाइनों के माध्यम से जोड़ हिया जाए तो वे एक दूसरे से बात कर सकते हैं, सम्पर्क स्थापित कर सकते हैं व कम्प्यूटर पर लिखे गये नोट को तत्काल दूसरे सभी जुड़े हुए कम्प्यूटरों पर मौजूद कराया जा सकता है। प्रारंभ में उस कर्मचारी ने चार कम्प्यूटरों को एक दूसरे से जोड़कर 'नेटवर्क डानपेनेट' का सृजन किया।

अतः सन् 1969 में अमेरिकी रक्षा विभाग ने एडवांस्ड रिसर्च प्रोजेक्ट एजेन्सी के माध्यम से टेलीफोन लाइनों पर उपयोग के तौर पर पैकिट स्विच्ड नेटवर्क की स्थापना की। नेटवर्कों के इस प्रारम्भिक संग्रह से ए॰ आर॰ पी॰ ए॰ नेटवर्क का जन्म हुआ, जिसे इन्टरनेट के प्रारम्भिक नेटवर्क का शुभारम्भ माना जाता है। ए॰ आर॰ पी॰ ए॰ नेटवर्क से वैज्ञानिकों, अनुसंधानकर्ताओं तथा सैनिक कर्मियों को अलग-अलग स्थानों पर इलेक्ट्रानिक-मेल (इ-मेल) के माध्यम से सूचनाएँ भेजने का मौका मिला। तुरन्त ही वे स्थान भी जो ए॰ आर॰ पी॰ ए॰ नेटवर्क से जुड़े हुए नहीं थे यह एहसास करने लगे कि इलेक्ट्रानिक संचार से जुड़ने के कई फायदा हैं। ये स्थानीय नेटवर्क अपने कम्प्यूटरों को ए॰ आर॰ पी॰ ए॰ नेटवर्क से जोड़ने के उपायों पर विचार करने लगे। इन प्राइवेट नेटवर्कों के पास

उसी प्रकार के होस्ट (मेजबान) कम्प्यूटर नहीं थे। इस तरह उन्हें ऐसी कम्प्येटर प्रणालियों से जुड़ने की आवश्यकता पड़ी, जो मूलतः एक-दूसरे से भिन्न थे (जैसे आई॰ बी॰ एम॰ तथा गैर आई॰ बी॰ एम॰ मशीनें) आठवें दशक के पूर्वाद्ध में ए॰ आर॰ पी॰ ए॰ ने नियमों का एक सेट विकसित किया, जिसे प्रोटोकोल नाम दिया गया। जिससे अलग-अलग प्रकार के होस्ट कम्प्यूटर रखने वाले भिन्न-भिन्न नेटवर्कों को जोड़ने में मदद मिली। इस दशक के आखरी चरण तक आते-आते इस तरफ लोगों का झुकाव इजनी तेजी से बढ़ा कि सम्पूर्ण विश्व के कई नेटवर्क ए॰ पी॰ आर॰ ए॰ नेटवर्क से जुड़ गए। सन् 1982 में ए॰ पी॰ आर॰ ए॰ नेटवर्क एम॰ आई॰ एल॰ नेटवर्क (मिलिटरी नेटवर्क) और कुछ अन्य नेटवर्कों के साथ जुड़ गया। अतः विभिन्न नेटवर्कों का आपस में इस प्रकार से एकीकरण हो जाने से इन्टरनेट का जन्म हुआ।

इन्टरनेट का संचालन

आश्चर्यजनक बात यह है कि इसका संचालन करने के लिए कोई नियमित संस्था नही है, जबकि इसका प्रयोग करने वालों का एक संगठन है जिसे 'इन्टरनेट सोसायटी' (आई॰ एस॰ ओ॰ सी॰) के नाम से जाना जाता है। यह संगठन पूर्णतः स्वयंसेवी संगठन है जिसका एक मात्र लक्ष्य इन्टरनेट के माध्यम से अन्तरराष्ट्रीय सूचनाओं के आदान-प्रदान को बढ़ावा देना है। संगठन में प्रयुक्त प्रतिनिधियों को मिलाकर इन्टरनेट आर्किटेक्ट बोर्ड का गठन किया जाता है। यह बोर्ड इन्टरनेट मामलों को तकनीकी प्रबन्ध व संचालन का कार्य करता है । यह संगठन सम्पर्क सम्बन्धी प्रोद्योगिकी के मानकीकरण संचार और इन्टरनेट के अन्दरूनी कार्यों के प्रति जिम्मेदार है। इन मामलों का विकास आवश्यकतानुसार किया जाता रहा और इनमें इच्छुक लोगों के बहुतायत में आँकड़े उपलब्ध कराये। निवेश सामग्री आई॰ एस॰ ओ॰ सी॰ के एक अन्य संगठन इन्टरनेट इंजीनियरिंग स्टाक फोर्स से भी प्राप्ति हुई। यह कार्य दल भी उन स्वयंसेवकों से मिलकर बना है जो इन्टरनेट की तकनीकी समस्याओं का समाधान करना चाहते थे।

इन्टरनेट की विशेषताएँ

आज इन्टरनेट सारी दुनिया का एक ज्ञान मंच बन चुका है। इस दशक के पहले तक इन्टरनेट की सुविधा का फायदा विशेष रूप से विकसित देशों को ही प्राप्त था। लेकिन सदी से अन्तिम दशक में विकासशील एवं अर्धविकसित देशों में

इसकी लोकप्रियता बढ़ी है। इस नेटवर्क से किसी भी विषय पर जानकारी प्राप्त की जा सकती है। यहाँ इतनी ज्यादा जानकारी उपलब्ध है जिसे आत्मसात् करने या इतनी ज्यादा मात्रा में जानकारी प्राप्त करने का कोई दूसरा साधन नहीं है। किसी भी सूचना-माध्यम की भांति इन्टरनेट पर मौजूद जानकारी को भी सूचीबद्ध किया गया है। यह अनुमानित किया गया है कि अगर इसके इन्डैक्स के पन्नो को प्रतिदिन सौ की दर से पढ़ा जाए तो पूरी सूची पढ़ने में लगभग चार वर्ष लग जायेगें।

नवम्बर 1996 में विश्व भर में इन्टरनेट सेवा उपयोगकर्ताओं की संख्या जहाँ 2 करोड़ 20 लाख थी वहीं अक्टूबर 1998 में यह संख्या बढ़कर 4 से 6 करोड़ के बीच में आंकी गई है। हाल में किए गये सर्वोक्षण के आधार पर यह संकेत मिला है कि इस शक्तिशाली सूचना स्त्रोत के उपयोगकर्ताओं की संख्या अगले दो वर्षों में हर वर्ष 54% की वृद्धि होगी। जिसके फलस्वरूप सन् 2000 तक विश्व भर में इसके 15 करोड़ से ज्यादा उपभोक्ता हो जायेंगे। जुलाई 1997 तक विश्व भर में इंटरनेट के मेजबान कम्प्यूटरों की संख्या 1 करोड़ 90 लाख से ज्यादा हो गई तबकि सन् 1993 में इसकी संख्या मात्र 22 लाख थी।

समग्र रूप से इन्टरनेट की निम्नांकित विशेषताओं का उल्लेख किया गया है—

1. सम्पर्क साधन—'ई मेल' व 'चैट ग्रुप्स' के माध्यम से संसार में किसी से भी वार्तालाप किया जा सकता है। जिस तरह बीस-पच्चीस वर्ष पहले 'पैन्-फ्रेन्ड' बनते थे आज इसके माध्यम से 'की पोल' बना सकते हैं। दूसरे देश के किसी वैज्ञानिक से बात किया जा सकता है। बोलने तथा सुनने की इस दिशा में हम भिन्न-भिन्न स्थानों के व्यक्तियों से सम्पर्क स्थापित करके जीवन के प्रति उनके विभिन्न दृष्टिकोणों की जानकारी प्राप्त कर सकते हैं। देखा जाय तो यह शत-प्रतिशत सच है कि इन्टरनेट पर सम्पूर्ण विश्व पड़ोसी है।

पत्र व्यवहार हेतु पहले के जमाने में कमूतरों की सहायता लेनी पड़ती थी, उसके बाद डाक विभाग यह कार्य करने लगा। आज के वैज्ञानिक युग में यह कार्य अब 'ई-मेल' के माध्यम से किया जा सकता है। इसमें समय भी नहीं लगता, आप अपने कम्प्यूटर पर टाइप करते जाइए आपका पत्र पलक झपकते ही उसके कम्प्यूटर पर आ जाएगा जिसे आप भेज रहे होते हैं। टेलीफोन की सरल सुलभता के कारण आजकल लोगों में पत्र-लिखने की प्रवृति कम हुई थी, इन्टरनेट के कारण यह पुनः फलने-फूलने लगी है।

2. चैटिंग—वार्तालाप भी इन्टरनेट के 'चैट ग्रुप्स' के माध्यम से टेलीफोन की प्रकार ही है, अन्तर मात्र इतना ही है कि टेलीफोन पर मुँह से बात करते हैं, इन्टरनेट पर 'की बोर्ड' के माध्यम से सम्पर्क स्थापित किया जाता है। इन्टरनेट पर सूचना भेजने अथवा पत्र-व्यवहार की एक आम विधा तथा भी है। जिस तरह हम अपनी मनपसन्द पत्रिका हेतु चंदा देते है, उसी तरह हम यहाँ भी मेलिंग लिस्ट हेतु चंदा दे सकते हैं। इसका फायदा यह होगा कि जब हम किसी ऐसे ग्रुप को पत्र लिखते हैं तो लिखे गये पत्र की कॉपी लिस्ट के सब व्यक्तियों को एक साथ ही हमल जाती है। सभी को अलग-अलग लिखने की आवश्यकता नहीं होती है।

3. अन्वेषण—इन्टरनेट पूरे संसार को एक-दूसरे से जोड़ता है, जिसके माध्यम से हम विभिन्न देशों, स्थानों तथा विचारों की जानकारी हासिल करते हैं। इतना ही नहीं इन्टरनेट की सहायता से विभिन्न देशों-शहरों का भ्रमण किया जा सकता है, घर बैठे ही अमेरिका, जापान आदि घूम सकते हैं। यूरोप का म्यूजियम देख सकते हैं चाँद, तारों की यात्रा कर सकते हैं आदि। पहले कहा जाता था कि 'जहाँ न पहुँचे रवि, वहाँ पहुँचे कवि' आज इन्टरनेट ने कवियों को भी बहुत पीछे छोड़ दिया है। यह पलक झपकते ही मनचाही जगह पहुँचा देता है। यह मनुष्य के मन में उठी जिज्ञासा को शान्त करता है।

4. ज्ञान में वृद्धि—इन्टरनेट के माध्यम से मानव के ज्ञान में तीव्रता से वृद्धि होतीं है। इन्टरनेट पर एक सवाल का जवाब खोजने के सिलसिले में कई दूसरे तरह का ज्ञान भी प्राप्त हो जाता है जो अचानक ही खेज के दौरान जाहिर होते हैं। इन्टरनेट की भाषा में इसे 'सिरेनडियिटी' आकस्मिक लाभवृत्ति कहा जाता है।

5. अनुसंधान—इन्टरनेट पर हर वस्तु एक-दूसरे से जुड़ी हुई है। अपनी खोज को कहीं से भी आरंभ किया जा सकता है और लक्ष्य तक पहुँचा जा सकता है। यहाँ संगीत, खेल, इतिहास, विज्ञान, शब्दकोष, साहित्य, मनोरंजन, कृषि, पाकविद्या इत्यादि समस्त विषयों की जानकारी उपलब्ध है। उपयोगकर्ताओं को इसकी जितनी ज्यादा जानकारी प्राप्त होगी वह उतनी ही तीव्रता के साथ अपने खोज के बारे में ज्ञान प्राप्त कर सकता है। सूचना को अतिशीघ्र कैसे प्राप्त किया जाय, इसकी विशद जानकारी प्राप्त करने हेतु 'पैट्रिक विनसेंट' की लिखी पुस्तक 'फ्री स्टफ फ्राम द इन्टरनेट' का अध्ययन करके फायदा उठाया जा सकता है। इस पुस्तक का प्रकाशन पुस्तक महल, दिल्ली की शाखा कॉमडेक्स कम्प्यूटर पब्लिशिंग ने किया है।

शुरूआती दौर में इन्टरनेट का प्रयोग अनुसंधान सम्बन्धी उद्देश्यों हेतु ही विशेष रूप से किया जाता था क्योंकि सूचना के तीव्र विनिमय की इसकी क्षमता

से अन्तरराष्ट्रीय पहुँच, लागत में किफायत तथा डिजिटाइज्ड मोड उपलब्ध होने से सूचना का उपयोग काम हेतु आसानी से हो सकता था। वर्तमान स्थिति यह है कि दुनिया भर के शोधकर्ता एक साथ काम करने, विचारों तथा परिणामों का आदान-प्रदान व अलग-अलग जगहों से एक साथ उपयोग अथवा अनुकरण हेतु संचार के मौकों का फायदा उठाने की योजना बना रहे हैं।

6. मनोरंजन—मनुष्य ने जीवन में मनोरंजन को विशेष स्थान दिया जाता है। बिना मनोरंजन के जीवन में नीरसता आ जाती है, सारे समय काम करते-करते वह बोर होने लगती है। ऐसे समय में मनोरंजन मन को असीम शान्ति प्रदान करता है। मनोरंजन यानी विविध तरह के खेलों से मनुष्य की कल्पना शक्ति का विकास होता है। इन्टरनेट पर भी मनोरंजन की कई विधाएँ उपलब्ध हैं जो मस्तिष्क को तरोताजा बनाए रखती हैं व मानसिक मनोरंजन देती हैं जिससे सन्तुष्टि तो प्रदान होती है साथ में दुनिया और जीवन के प्रति एक नई दिशा दृष्टि भी मिलती है।

इन्टरनेट का अनोखा प्रयोग

भारत सहित संसार के अन्य देशों में इन्टर नेट का उपयोग कई तरह से किया जा रहा है। जो निम्नांकित हैं—

(क) वरचुअल हास्पिटल—इन्टरनेट की Sitehtpp,//indy.radiologu.vniowa.edu/virtuaths Bital.html नाम की सेवा एक तरह का अस्पताल है, जहाँ से चिकित्सा जगत् सम्बन्धित हर सूचना को प्राप्त किया जा सकता है। यह डाक्टरी की शिक्षा प्राप्त कर रहे विद्यार्थियों हेतु दूरस्थ शिक्षा प्रणाली की एक सुविधा है जिसे निरन्तर अद्यतन किया जाता है जिससे मरीजों की चिकित्सा तथा देखभाल हेतु समस्त यप्रकार की नवीन सूचनाएँ उपलब्ध हों। यह प्रणाली चिकित्सा सम्बन्धी कई पत्रिकाओं के कम्प्यूटरों से भी जुड़ी हुई हैं। चिकित्सा जेत् में नवीनतम अनुसंधान और विकास की सम्पूर्ण जानकारी यहाँ से प्राप्त की जस काती है।

(ख) मैरिज ब्यूरो—आज इन्टरनेट के माध्यम से दुनिया के किसी भी कोने से अपने पसन्द का वर-वधू तलाश किया जा सकता है। दिल्ली के एक कम्पनी पैनालिक इन्टरनेट सर्विसेज ने इन्टरनेट पर http:llwwwIndiaconnect.com नाम की मैट्रिमोनियल सेवा आरंभ की है। इसके माध्यम से विवाह हेतु इच्छुक युवक-युवतियाँ अपने चित्र, बायोडाटा, जन्मकुण्डली आदि वैवाहिक विज्ञापन की भांति इन्टरनेट पर भी उपलब्ध करा सकते हैं। इसका शुल्क 500/- है जिसमें

संक्षिप्त बायोडाटा, जन्मकुण्डली तथा फोटोग्राफ दिखाने का भी खर्च सम्मिलित है। इस प्रकार का विज्ञापन एक महीने तक इन्टरनेट पर रहता है। इस सेवा का फायदा अमेरिका व अन्य देशों में रह रहे उन भारतीयों को विशेष रूप से मिल रहा है जिन्हें भारत में वर या वधू की तलाश है। इन्टरनेट की इस सुविधा को देखकर यह कहना अतिशयोक्ति नहीं होगा कि अब विवाह स्वर्ग में नही इन्टरनेट पर तय होते हैं।

(ग) टेलीविजन एवं समाचार पत्र—टी॰ वी॰ के समान ही आज इन्टरनेट पर चुनाव प्रचार-प्रसार किया जा यरहा है, चुनाव परिणामों की घोषणा और अन्य जानकारी उपलब्ध कराया जा रहा है। कहने का मतलब यह है कि जो कार्य पहले टी॰ वी॰, रेड़ियों के माध्यम से किया जाता था आज उसे इन्टरनेट के जरिए से किया जा रहा है। वर्तमान समय में इन्टरनेट पर कई पत्र-पत्रिकाएँ उपलब्ध हैं। जिसके पास इन्टरनेट कनेक्शन है उन्हें अखबार या पत्रिकाएँ खरीदने की आवश्यकता नही है। इन्टरनेट पर इन्हें पढ़ा जा सकता है। इन्टरनेट पर उपलब्ध पत्र-पत्रिकाओं की प्रति व छपी हुई प्रति में कोई अन्तर नहीं होता है।

(घ) एस.टी.डी., आई.एस.डी. टेलीफोन सेवा इन्टरनेट पर—विज्ञान के क्षेत्र में हुई प्रगति के कारण अब एस.टी.डी./आई.एस.डी. काल हेतु टेलीफोन की आवश्यकता नही रह गया है। इसकी जगह इन्टरनेट कनेक्शन का उपयोग कर काफी पैसा बचाया जा सकता है।

इन्टरनेट कनेक्शन की प्राप्ति

इन्टरनेट का कनेक्शन लेने वाले के पास कुछ न्यून्तम कम्प्यूटर हार्डवेयर तथा साफ्टवेयर होना आवश्यक है। इसके लिए न्यूनतम अपेक्षाओं में- एक पर्सनल कम्प्यूटर (पी॰सी॰), एक मॉडेम (मॉडयुलेटर तथा डीमॉडयुलेटर), जिसमें संचार साफ्टवेयर हो व एक टेलीफोन कनेक्शन होना चाहिए। उल्लेखनीय बात यह है कि कम्प्यूटर पर्सनल और पुरानी हो तो कोई फर्क नही पड़ता लेकिन वह मॉड़ेम से सम्पर्क स्थापित करने तथा संचार साफ्टवेयर के संचालन में सक्षम होना चाहिए। मॉडेम के माध्यम से एक मानक टेलीफोन लाइन पर दो कम्प्यूटरों के बीच मोडेम सम्पर्क की प्रक्रिया में कम्प्यूटर के डिजिटल संकेत ऐनलॉग (तुल्यरूप) संकेतों में परिवर्तित (माड्युलेटिंग) करके टेलीफोन लाइन पर भेजे जाते हैं, प्राप्त होने के साथ इन संकेतों को डीमॉडयुलेट करके वापस डिजिटल रूप में लाया जाता है। जिन्हें कम्प्यूटर समझ सकता है।

इन्टरनेट का कनेक्शन इन्टरनेट सर्विस (सेवा) प्रदान करने वालों के माध्यम से दिए जाते है।, भारत में पहले 'डॉट' और विदेश संचार निगम लिमिटेड (वी॰एस॰एन॰एल॰) का इस पर एकाधिकार था, लेकिन नयी इन्टरनेट नीति की घोषणा के बाद यह निजी क्षेत्र हेतु भी खोल दिया गया है।

भारत में प्रगति को गति देगी इन्टरनेट सेवा योजना

नवें दशक के मध्य से भारत में सूचना प्राद्योगिकी क्षेत्र में व्यापक क्रान्ति हुई है, जिसके फलस्वरूप आज भारत अन्तर्राष्ट्रीय सूचना प्रौद्योगिकी के क्षेत्र में आगे माना जा रहा है। देश में सूचना प्रौद्योगिकी की पहचान एक ऐसे एजेन्ट के रूप में हुई है जो मनुष्य जीवन के सभी पहलुओं में बदलाव लाने वाला है तथा जिससे 21वीं शताब्दी में हमारे यहाँ ज्ञान पर आधारित समाज का सृजन होगा। नौवीं पंचवर्षीय योजना के तात्पर्य पत्र में इसके महत्व को स्वीकार करते हुए देश में सूचना प्रौद्योगिकी तथा संचार ढाँचे को विकसित करने हेतु विशेष बल दिया गया है। इस योजना के आधार पर सन् 2000 तक देश के सभी गाँवों में टेलीफोन सुविधा उपलब्ध कराने की बात कही गयी है।

सन् 1998 के आखरी चरण में सरकार ने नयी इन्टरनेट नीति की घोषणा करके इस क्षेत्र को निजी क्षेत्र हेतु भी खोल दिया गया है। इस क्षेत्र में अब निजी कम्पनियाँ अपनी इन्टरनेट सेवा आरंभ कर सकती है। जबकि पहले इस सेवा पर 'डॉट' एवं 'वी॰ एस॰ एन॰ एल॰' का एकाधिकार था। नवीन सूचना प्रौद्योगिक कार्य योजना के तहत विश्व स्तर के सूचना-ढाँचे की स्थापना हेतु अभियान चलाने पर विशेष जोर दिया गया है, जिसमें फाइबर आप्टिक नेटवर्कों, दूरसंचार नेटवर्क तथा स्थानीय राष्ट्रीय व अन्तर्राष्ट्रीय प्रसार की बात कही गई है जिससे राष्ट्रीय स्तर पर इन्टरनेट, ऐक्स्ट्रानेट्स तथा इन्ट्रानेछ्स की द्रुत गति से विकास सम्भव हो सके।

इस कार्य योजना के रिर्पोट में उल्लिाखित है कि दूरसंचार विभाग इन्टरनेट नोड्स खोलेगा तथा सभी जिला मुख्यालयों व लोकल चार्जिंग क्षेत्रों में 26 जनवरी 2000 तक आई॰एस॰ पी॰ आप्रेशॅन्स कीस्थापना हेतु लाइसेंस शुल्क नहीं लिया जाएगा। बाद के दस वर्षों में पाँच वर्ष पर एक मात्र एक रूपया शुल्क लिया जाएगा। अन्तर्राष्ट्रीय गेटवे पर वी॰एस॰एन॰एल का जो एकाधिकार है उसे खत्म कर दिया जाएगा और प्राधिकृत सार्वजनिक सरकारी संगठनों को सीधे इन्टरनेट गेटवे ऐक्सेस (पहुँच) उपलब्ध करायी जाएगी। नयी इन्टरनेट कार्य योजना के तहत प्राइवेट आई॰ एस॰ पी॰ की रक्षा विभाग से सुरक्षा सम्बन्धी मंजूरी के बाद

इन्टरनेट गेटवे प्रदान करने की आज्ञा प्रदान कर जाएगी व सुरक्षा मानदण्डों का ध्यान रखने के लिए चुस्त-दुरूस्त निगरानी तंत्र स्थापित किया जाएगा।

सूचना प्रौद्योगिकी तथा इन्टरनेट को केबल टी॰वी॰ हाउसिज तथा अधिकृत केबल टी॰वी॰ औप्रेटर्स के विशद नेटवर्क के माध्यम से जन-जन तक पहुँचाने में सहायक प्रौद्योगिकी को बढ़ावा देने के नये-नये उपायों पर विचार कि क्रियान्वित किया जाएगा। उन्हें बिना किसी अलावा लाइसेंस के इन्टरनेट ऐक्सेस उपलब्ध कराने की आज्ञा होगी। भारत में साफ्टवेयर उत्पादों और इसके बहुआयामी उपायों को मद्देनजर रखते हुए पैकेजों के विपणन तथा उन्हें प्रोत्साहित करने हेतु इन्टरनेट पर मैगा वेब साइट्स बनाये जायेगें, साथ ही भारत में स्थित सर्वर्स पर वेब साइट्स बनाने तथा उसकी मेजबानी को भी विशेष रूप से बढ़ावा दिया जाएगा। इस कार्य योजना के मुताबिक सन् 2008 तक सबके लिए 'सूचना प्रौद्योगिकी' पर समुचित धन दिया गया है जिसके तहत देश भर में व्यक्तिगत कम्प्यूटर/सेट-टॉप बाक्स के प्रसार की दर 1998 के मुकाबले 500 में से एक व्यक्ति के पास से बढ़ाकर हर 50 में से एक व्यक्ति उपलब्ध कराने का संकल्प लिया गया है व आर्थिक, राजनैतिक, सामाजिक व जीवन के समस्त पहलुओं में सूचना प्रौद्योगिकी के प्रयोग को बढ़ावा देने हेतु इन्टरनेट तक सार्वभौमिक पहुँच पर विशेष बल दिया गया है।

भारत में सूचना प्रौद्योगिकी को ज्ञान का अग्रणी क्षेत्र स्वीकार करते हुए ऑप्रेशन नॉलिज नाम की एक कार्य योजना प्रस्तावित की गई है। जिसका मुख्य उद्देश्य है–समान रूप से कम्प्यूटर साक्षरता उपलब्ध कराना, शिक्षा के क्षेत्र में कम्प्यूटरों और सूचना-प्रौद्योगिकी का प्रचार-प्रसार करना। इस योजना के अन्तर्गत स्कूल, पोलिटेक्निक कालेज एवं सार्वजनिक अस्पतालों में सन् 2003 तक कम्प्यूटर तथा इन्टरनेट सेवा करा दी जाये। देश भर के सभी विश्वविद्यालयों, इंजीनियरिंग एवं मेडिकल कालेजो, अनुसंधान, विकास संगठनों एवं उच्च अध्ययन संस्थानों में सन् 2000 तक शिक्षा गुणवत्ता में सुधार करने के उद्देश्य से दूरस्थ शिक्षा के पूरक कार्यक्रम हेतु नेटवर्क स्थापित किया जाएगा। ऐसा अनुमानित किया जाता है कि इस सदी के अन्त तक देश में इन्टरनेट उपभोक्ताओं की संख्या 15 से 20 लाख तक पहुँच जायेगी क्योंकि भारत सरकार के माध्यम से नवम्बर सन् 1998 में लागू की गई 'नई इन्टरनेट नीति' की घोषणा के बाद निजी क्षेत्रों के पदार्पण से इसका प्रसार तीव्रता से बढ़ेगा। ग्रामीण स्तर पर लोगों को इन्टरनेट संचार सेवा उपलब्ध कराने हेतु कई नीतिगत उपाय राष्ट्रीय स्तर पर किए जा रहे हैं।

अतएव भारत सरकार की नयी इन्टरनेट नीति की घोषणा से यह बात साफ जाहिर हो जाती है कि देश में इन्टरनेट सेवा शहरों तक ही सीमित नही होगा जबकि गाँव-गाँव में भी इसे उपलब्ध कराया जाएगा। इसी सदी के प्रारम्भ में ही भारत सुपर इन्फार्मेशन हाइवे (उच्चकोटि का सूचना राजमार्ग) का लक्ष्य प्राप्त कर लिया है। आज हमारे देश में जिस तीव्रता के साथ सूचना प्रौद्योगिकी के क्षेत्र में क्रान्ति आई है। उससे ही यह आम व्यक्ति तक अपनी पहुँच बनाली है। छोटे-छोटे कस्बों, नगरों में साइबर कैफे का प्रसार इसका प्रमाण है।

❒❒❒